Debates Contemporâneos
Economia Social e do Trabalho

6

O Sistema Público de Emprego no Brasil: Uma Construção Inacabada

Campinas
Universidade Estadual de Campinas — Unicamp
Instituto de Economia — IE
Centro de Estudos Sindicais e do Trabalho — CESIT
2009

UNICAMP

Reitor
Fernando Ferreira Costa

Vice-Reitor
Edgar Salvadori de Decca

INSTITUTO DE ECONOMIA

Diretor
Mariano Francisco Laplane

Diretor Associado
Claudio Schuller Maciel

CESIT

Diretor Executivo
Paulo Eduardo de Andrade Baltar

Diretor-adjunto
José Dari Krein

Universidade Estadual de Campinas
Instituto de Economia <www.eco.unicamp.br>

CESIT
Centro de Estudos e de Economia do Trabalho
<www.eco.unicamp.br/cesit>
Caixa Postal 6135   (019) 3521-5720
cesit@eco.unicamp.br
13083-970 — Campinas, São Paulo — Brasil

DEBATES CONTEMPORÂNEOS
ECONOMIA SOCIAL E DO TRABALHO
Organizador: Eduardo Fagnani

6

O SISTEMA PÚBLICO DE EMPREGO NO BRASIL: UMA CONSTRUÇÃO INACABADA

AMILTON JOSÉ MORETTO

Dados Internacionais de Catalogação na Publicação (CIP)
(Câmara Brasileira do Livro, SP, Brasil)

Debates contemporâneos, economia social e do trabalho, 6 : o sistema público de emprego no Brasil : uma construção inacabada / [coordenador Eduardo Fagnani]. — São Paulo : LTr, 2009.

Vários autores.

Parcerias : UNICAMP, CESIT, IE — Instituto de Economia.

Bibliografia.

ISBN 978-85-361-1401-9

1. Brasil — Condições econômicas 2. Brasil — Condições sociais 3. Brasil — Sistema Público de Emprego 4. Economia do trabalho 5. Economia social 6. Estrutura social 7. Mobilidade social I. Fagnani, Eduardo. II. Título.

09-07989   CDD-330.981

Índice para catálogo sistemático:

1. Brasil : Economia social e do trabalho   330.981

Produção Gráfica e Editoração Eletrônica: **R. P. TIEZZI**
Projeto de Capa da Coleção: **TRAÇO PUBLICAÇÕES DESIGN — FLÁVIA FÁBIO E FABIANA GRASSANO**
Finalização de capa: **ELIANA C. COSTA**
Imagem da Foto: **MONICA VENDRAMINI**
Impressão: **HR GRÁFICA E EDITORA**

© Todos os direitos reservados

EDITORA LTDA.

Rua Apa, 165 — CEP 01201-904 — Fone (11) 3826-2788 — Fax (11) 3826-9180
São Paulo, SP — Brasil — www.ltr.com.br

Sumário

Apresentação — *Marcio Pochmann* 9

Prefácio 11

Introdução 17

Capítulo 1 — O serviço público de emprego no capitalismo avançado: surgimento, evolução e as mudanças recentes 29

1.1. O surgimento do serviço público de emprego 29

1.2. O serviço público de emprego no pós-guerra: pleno emprego e desenvolvimento social 38

1.3. As mudanças no serviço público de emprego a partir da crise dos anos setenta 44

1.4. As mudanças recentes nas políticas de mercado de trabalho e no serviço de emprego nas economias capitalistas desenvolvidas 50

    1.4.1. O serviço público de emprego da Grã-Bretanha 50

    1.4.2. O serviço público de emprego da França 60

    1.4.3. O serviço público de emprego da Alemanha 77

    1.4.4. O serviço público de emprego dos EUA 92

1.5. O sentido das mudanças nos serviços públicos de emprego das economias desenvolvidas .. 102

Capítulo 2 — Experiência brasileira nas políticas de mercado de trabalho 109

2.1. As iniciativas até a década de 1970: medidas pontuais num contexto de dinamismo econômico 110

2.2. Crise, desemprego e a emergência das políticas de mercado de trabalho 127

2.3. A transição para o século XXI 145

Capítulo 3 — Os desafios para a construção do sistema público de emprego 154

3.1. O papel do sistema público de emprego para o mercado de trabalho 154

3.2. As funções do sistema público de emprego 162

    3.2.1. Função de colocação (intermediação de mão de obra) 163

    3.2.2. Função de informação sobre o mercado de trabalho 171

    3.2.3. Função de administração de programas de ajuste de mercado de trabalho e apoio ao emprego 173

    3.2.4. Função de administração de benefícios de desemprego 178

3.2.5. Função de contenção da oferta de mão de obra 181
3.3. O sistema público de emprego como instituição estratégica das ações de emprego no mercado de trabalho brasileiro 182
3.4. O desenho do sistema público de emprego brasileiro: ampliando sua abrangência 188

Apêndice 207

Considerações finais 217

Referências bibliográficas 225

Lista de Tabelas, Gráficos e Quadros

Tabelas

Tabela 1.1 — Gastos com políticas de mercado de trabalho como percentagem do PIB. Alemanha, França, Reino Unido e Estados Unidos, 2004 105

Tabela 1.2 — Total de funcionários e número de pessoas economicamente ativas por funcionário do serviço de emprego. Alemanha, França, Reino Unido e EUA, anos selecionados 106

Tabela 1.3 — Indicadores do mercado de trabalho, 2005. Alemanha, França, Reino Unido e EUA 106

Tabela 2.1 — SINE: Evolução do número de Inscritos, das Vagas, dos Colocados, Taxa de Aderência e Taxa de Admissão. Brasil, 1990-2004 (em %) 135

Tabela 2.2 — Execução financeira do FAT e comparativo de saldos finais com e sem desvinculações (em R$ milhões) 143

Tabela 3.1 — Sistema Público de Emprego, Trabalho e Renda. Distribuição do pessoal segundo nível administrativo. SINE Paraná, 2006 208

Tabela 3.2 — Sistema Público de Emprego, Trabalho e Renda. Distribuição do pessoal segundo função. SINE Paraná, 2006 209

Tabela 3.3 — Distribuição das despesas operacionais do Sistema Público de Emprego, Trabalho e Renda do Estado do Paraná por tipo de despesa, 2004-2006. (em R$ mil) 209

Tabela 3.4 — Atendimento no Sistema Público de Emprego, Trabalho e Renda por tipo de atendimento/operação. SINE Paraná, 2006 212

Tabela 3.5 — Estimativa do custo operacional total do Sistema Público de Emprego, Trabalho e Renda 216

Gráficos

Gráfico 2.1 — Seguro-desemprego: evolução dos segurados (1990=base 100) e taxa de cobertura. Brasil, 1986-2006 130

Gráfico 2.2 — Evolução da participação na habilitação do seguro-desemprego por tipo de posto. Brasil, 1994-2006 134

Gráfico 2.3 — Distribuição da arrecadação do PIS-PASEP (em %) 142

Gráfico 2.4 — Composição da despesa do FAT segundo suas principais destinações (em % do total das despesas) 144

Gráfico 3.1 — Distribuição das despesas segundo origem dos recursos. Estado do Paraná, 2004-2006 210

QUADROS

Quadro 1 — As quatro fases das Reformas Hartz 86

Apresentação

Marcio Pochmann[*]

Após a abolição da escravatura, em 1888, o capitalismo no Brasil desenvolveu-se desgarrado do sentido geral de civilidade que as experiências reformistas nas sociedades modernas conseguiram consagrar durante o século XX. Sem a realização das chamadas reformas clássicas do capitalismo contemporâneo (fundiária, tributária social), os traços primitivos — por que não dizer selvagens — de uma economia comandada pelas forças de mercado seguiram quase que intocáveis no âmago da sociedade brasileira.

A transformação vigorosa da realidade concedida pelo avanço das forças produtivas permitiu que o país abandonasse a condição de uma mera economia primário-exportadora imposta pela divisão do trabalho do século XIX hegemonizada pela Inglaterra. Pelos movimentos de industrialização e urbanização nacional, o país incorporou-se — em menos de cinco décadas — no seleto grupo das dez principais economias do mundo, com importante presença de classes média e trabalhadora em plena periferia do capitalismo global.

Contudo, a expressiva metamorfose econômica e social não se mostrou suficiente para libertar — por si só — o conjunto da sociedade brasileira da condição do subdesenvolvimento. Por conta disso, o país ingressou no século XXI contando com apenas 6% de sua população proprietária dos meios de produção[1], com desigualdade secular da riqueza[2] e absurda exclusão social[3].

Todo o enriquecimento gerado tornou-se, em consequência, injusto, fortalecido pela ausência da democratização da propriedade e pelas oportunidades quase sempre monopolizadas pelo andar de cima da sociedade. Essas características do desenvolvimento capitalista no Brasil concederam especificidades ao mundo do trabalho.

O *charme* da mobilidade social reinante durante o ciclo de elevada expansão econômica (1930-1980) permitiu que parcela significativa da população rural fosse convertida em diversos segmentos de trabalhadores urbanos geralmente associados a condições de vida e labor superiores àquelas vigentes anteriormente no campo. Mesmo nas favelas dos grandes centros, com operariado das cidades apartado dos principais frutos do progresso econômico, as condições de vida e trabalho eram, em geral, menos indecentes daquelas prevalecentes no meio rural.

Se adicionada à hegemonia dos regimes autoritários (1937-1945 e 1964-1985) ou à débil experiência democrática (1934-1937 e 1945-1964), percebe-se porque as contestações

---

[*] Professor licenciado do Instituto de Economia e do Centro de Estudos Sindicais e de Economia do Trabalho da Universidade Estadual de Campinas. Presidente do Instituto de Pesquisa Econômica Aplicada (IPEA).
[1] Ver mais em: GUERRA, A. et al. (orgs.) *Proprietários*: concentração e continuidade. São Paulo: Cortez, 2009.
[2] Mais detalhes em: CAMPOS, A. et al. (orgs.) *Os ricos no Brasil*. São Paulo: Cortez, 2003.
[3] Ver em: AMORIM, R. et al. (orgs.) *Atlas de exclusão social no Brasil*. São Paulo: Cortez, 2003.

políticas do andar de baixo da sociedade foram — quase sempre — sufocadas pela força das ditaduras ou pelos acordos e contemporizações arranjadas no interior do andar de cima da sociedade brasileira. Para isso, contudo, coube papel central diretivo ao próprio desenvolvimento do Estado, com políticas sociais estratégicas e antecipadamente adotadas para evitar o mal maior.

Nesse sentido, constata-se a especificidade nacional da trajetória das políticas sociais e trabalhistas. Seus dois pilares principais surgiram justamente no interior dos regimes políticos autoritários, como nos casos da Consolidação das Leis do Trabalho para trabalhadores urbanos em pleno Estado Novo (1937-1945) e da regulação social e trabalhista para os trabalhadores rurais (Funrural) durante ditadura militar (1964-1985). Os avanços nos direitos sociais e trabalhistas eivados da Constituição Federal de 1988 podem ser considerados uma exceção dos últimos 500 anos, embora suas regulamentações tenham sido contidas pela preponderância das políticas neoliberais de inegável processo de regressão econômica e social na década de 1990.

É dentro desta perspectiva que o professor *Amilton José Moretto* inscreve a sua contribuição necessária para desvendar a inacabada construção do Sistema Público de Emprego no Brasil. Antes de tudo, cabe destacar que a publicação desta obra por *Amilton Moretto* consagra muito mais do que o cumprimento dos requisitos acadêmicos estabelecidos por anos de investigação e reflexão sistemática sobre o mundo do trabalho e as políticas públicas.

Com a edição de *O sistema público de emprego no Brasil: uma construção inacabada*, não somente o público especializado tem a possibilidade de tomar conhecimento da linha de interpretação profunda e crítica do autor sobre as agruras das condições de ocupação e desemprego dos que dependem de suas próprias forças físicas e mentais para sobreviver. A leitura fácil da obra do professor *Amilton Moretto* permite observar que o autor não se satisfaz com a importante descrição da complexa experiência brasileira de políticas do mercado de trabalho. Ele vai mais longe. Também oferece ao leitor a imprescindível análise a respeito do surgimento, evolução e mudanças mais recentes do Serviço Público de Emprego nos países de capitalismo avançado.

Não bastasse isso, o professor *Moretto* confere ineditismo ao livro pela oportunidade de discutir os principais desafios atinentes à construção do Sistema Público de Emprego no Brasil neste começo do século XXI. Urgente e necessária, a política social e trabalhista de reorganização do mundo do trabalho não terá efetividade e eficácia esperada sem a consagração de um verdadeiro sistema às ações atualmente existentes, sobretudo quando operadas na maior parte das vezes com baixa articulação e com vocação à setorialização do corporativismo cada vez mais anacrônico.

Em síntese, este livro reflete o esforço intelectual corajoso de seu autor em combinar a análise sistêmica da política pública para o tema do trabalho com o rigor da interpretação analítica sobre questões que emergem das transformações atuais do mundo do trabalho. Não somente o entendimento sobre a complexidade do trabalho o leitor poderá alcançar, bem como obterá uma ampla visão a respeito das linhas estratégicas de uma imprescindível implementação plena do Sistema Público de Emprego no Brasil. Passo inegável da grande reforma por que o país precisa passar tanto para romper com o seu passado-presente como, sobretudo, refazer a trajetória do seu presente com o futuro.

Prefácio

Grandes são os desafios colocados para a sociedade brasileira nesse início do século XXI. Para nos tornarmos um país plenamente democrático social e economicamente, é preciso eliminar práticas que remontam ao início o século passado. Práticas como o uso do trabalho infantil, do trabalho em condição similar ao trabalho escravo ou a exploração do trabalho doméstico, quando este se equipara ao trabalho servil, são exemplos de que nem todos adquiriram plenamente a cidadania.

Este livro destaca as dificuldades de se implementar políticas públicas de proteção social para o mercado de trabalho e as limitações que elas enfrentam. Essas dificuldades, resultantes da formação do mercado de trabalho nacional, acentuaram-se ao longo dos anos noventa em decorrência do baixo crescimento do produto e das mudanças no modelo econômico, refletidas no aumento do desemprego e das ocupações mais precárias (por conta própria, sem registro em carteira e o emprego doméstico).

Diante desse quadro, as políticas de mercado de trabalho surgiram como resposta aos problemas do mercado de trabalho. Contudo, dado o elevado nível de desemprego, elas se mostraram insuficientes e incapazes de responder aos anseios dos trabalhadores. O seguro-desemprego foi a única política que se consolidou como medida efetiva de proteção da renda, porém sua abrangência é limitada à parcela dos trabalhadores assalariados com registro em carteira. Por outro lado, a política que ganhou destaque foi a qualificação profissional, apresentada como a solução para as exigências de um novo mercado de trabalho. O tempo encarregou-se de mostrar que, sem crescimento econômico e, portanto, dos postos de trabalho, de pouco adiantaria aos milhares de trabalhadores colecionarem certificados de cursos de qualificação. Ademais, é necessário lembrar que tal política deve estar em consonância com uma formação educacional básica de boa qualidade, o que está longe de ser uma realidade no Brasil.

Em meados dos anos 2000, houve uma reformulação na forma de olhar para essas políticas de mercado de trabalho. Depois de um período de debates em torno do tema, foi criado o Sistema Público de Emprego, Trabalho e Renda. Essa iniciativa buscou eliminar alguns dos problemas existentes na operação daquelas políticas, dando-lhes maior racionalidade. Ao longo do texto, procuro apresentar como se deu essa construção e quais as questões que não foram resolvidas. Procuro ainda, a partir de um levantamento sobre as políticas de mercado de trabalho em quatro países desenvolvidos, mostrar a influência que as reformas recentes tiveram sobre as políticas de mercado de trabalho no Brasil, e distinguir o que pode ser aproveitado dessas experiências.

Dado que a construção de uma política pública não é um processo acabado, necessitando que a cada momento ela avance para responder aos novos desafios colocados e também considerando a possibilidade de ocorrer retrocesso ou paralisia na sua evolução, nosso trabalho mostra a necessidade do aprimoramento do Sistema, bem como das políticas. Isso porque a própria natureza do mercado de trabalho brasileiro exige políticas diferenciadas que sejam capazes de atender àqueles trabalhadores situados fora do chamado mercado formal de trabalho e com acesso às políticas de proteção social.

Por fim, quero agradecer àqueles que de uma ou outra forma ajudaram a concluir esse estudo. Primeiramente, ao Instituto de Economia (IE) da UNICAMP e ao Centro de Estudos Sindicais e Economia do Trabalho (CESIT) que propiciaram as condições adequadas para a realização deste. Aos colegas e mestres do curso de doutoramento em Desenvolvimento Econômico do IE e do Cesit, *Alexandre, Alice, Anselmo, Carlos Alonso, Dari, Davi, Dedecca, Denis, Eugenia, Gori, Marcelo, Marcio Pochmann, Paulo Baltar, Walter Barelli, Waldir Quadros*. Agradeço, também, aos gestores e operadores das políticas de mercado de trabalho do Ministério do Trabalho e Emprego, e das Secretarias Estaduais do Trabalho e dos SINEs, com os quais pude discutir e aprender sobre as questões prementes das várias políticas e do Sistema nascente, sendo impossível nomeá-los todos neste espaço. Um último agradecimento vai à minha família e à *Marisa,* que esteve sempre a meu lado em todos os momentos dessa travessia.

"lo que importa realmente no es un 'presupuesto equilibrado',
sino una 'economía equilibrada'."
(MYRDAL, Gunnar. *El reto a la sociedad opulenta*, p. 94)

"A troca torna supérflua a gregariedade e a dissolve."
(MARX. *Fundamentos da crítica da economia política*)

"Se não podemos pensar por nós mesmos, se não estamos dispostos a questionar a autoridade, somos apenas massa de manobra nas mãos daqueles que detêm o poder. Mas, se os cidadãos são educados e formam as suas próprias opiniões, aqueles que detêm o poder trabalham para nós."

(SAGAN, Carl. *O mundo assombrado pelos demônios*)

Introdução

Desde a segunda metade dos anos noventa, tornou-se lugar comum reportagens dos jornais e revistas semanais, bem como dos noticiários e programas das emissoras de televisão, sobre a questão do emprego e do desemprego. Alguns exemplos podem esclarecer melhor como o problema tem sido tratado nos meios de comunicação de massa, que são os principais formadores de opinião no País.

O primeiro tipo de notícia exibe a disputa por um emprego. A foto do jornal ou a imagem da tevê mostra a fila de trabalhadores para inscrever-se em concurso público para a função de gari na prefeitura de uma grande cidade. Noutra reportagem, outra fila com um contingente enorme de trabalhadores, agora para concorrer aos empregos abertos por um hipermercado. O comum a ambos é o fato de que um simples anúncio de abertura de vagas para ocupações que exigem um mínimo de qualificação, tanto no setor público como no setor privado, foi suficiente para arrebanhar um grande número de indivíduos para concorrerem às vagas. O interessante é que muitos dos trabalhadores que estavam interessados nesses empregos tinham qualificação e escolaridade mais elevadas que as exigidas pela vaga. Outros exemplos poderiam ser colhidos, especialmente nos concursos públicos, nos quais um emprego estável, mesmo que com uma remuneração não muito alta, leva trabalhadores com nível superior a disputarem com outros menos escolarizados e qualificados empregos que exigiam escolaridade fundamental ou média.

O segundo tipo de notícia mostra as oportunidades abertas nas "ilhas de emprego". Estas são regiões comumente localizadas no interior dos estados e que apresentam um dinamismo econômico que não é visto nas grandes metrópoles. Geralmente, são enclaves industriais ou áreas de agronegócios ligados à atividade exportadora. São comuns reportagens que mostram um personagem vencedor, que após perder seu emprego numa grande empresa e cansado de procura por um novo posto, arriscou sair da cidade grande para um emprego no interior. A conquista de um emprego deve-se em grande medida ao fato de ser um trabalhador qualificado, com experiência, justamente o tipo de trabalhador que falta na região e, portanto, é uma área aberta para aqueles trabalhadores que possuem certa qualificação e estão dispostos a mudar de vida e de residência. A impressão que fica, ao final da reportagem, é da existência de regiões dinâmicas fora dos grandes centros que necessitam de mão de obra para crescerem. Assim, a persistência do desemprego deve-se em parte ao fato de que essas regiões ainda não foram descobertas pelos trabalhadores ou que esses, mesmo cientes dessa informação, não se dispõem a mudar de residência.

O terceiro tipo de notícia mostra os trabalhadores que arregaçaram as mangas e não se entregaram diante das dificuldades. Na grande maioria, essas matérias mostram mulheres e homens que, diante da impossibilidade de conseguir um emprego, ou de um emprego que lhes é insuficiente para cobrir suas despesas, arrumaram um jeitinho para sobreviver. Assim, temos exemplos de jovens que, na periferia, criaram uma rede de acesso à *internet* para a população local com computadores usados, o trabalhador que perdeu o emprego na indústria e passou a viver de pequenos consertos, temos o trabalhador que vende pipoca e criou um diferencial, fez um curso no Sebrae e abriu uma franquia. Temos ainda uma trabalhadora que, além do emprego em um disk-pizza, durante o dia faz bolos e salgadinhos sob encomenda, revende produtos de toucador, produz trufas e vende como ambulante na rua. Enfim, temos um conjunto de trabalhadores que aprenderam a "se virar", não esperando que o emprego batesse à porta e conseguiram conquistar uma vida melhor. Evidentemente, raras vezes aparece o caso que não deu certo — certamente a grande maioria.

Esses exemplos trazem mensagens que se disseminaram nos meios de comunicação nos anos noventa: a ideia de que não haverá emprego para todos; a compreensão de que para conquistar um emprego será necessária maior qualificação do trabalhador; o entendimento de que é preciso criar alternativas ao emprego, sobretudo para aqueles trabalhadores com baixa qualificação, incentivando-lhes o espírito empreendedor. Em todos os casos, o espírito empreendedor é bem-sucedido quando há sacrifício, determinação, muito trabalho e a percepção de uma oportunidade diferenciada de ganho.

Em outros termos, diante do vultoso crescimento dos níveis de desemprego na década de 1990 — que sabemos, resultou das políticas macroeconômicas adotadas (abertura comercial abrupta, liberalização financeira e sobrevalorização cambial), assim como da forte reestruturação das empresas e baixa elasticidade emprego-produto durante o período —, foi sendo forjado um novo discurso a respeito da responsabilidade individual pelas situações vulneráveis que se multiplicavam. A dimensão do problema era sinal, para alguns, de que no novo quadro de uma economia aberta e globalizada a geração de postos de trabalho seria menor e seriam gerados empregos que exigiriam maior escolaridade e qualificação do trabalhador. Essa percepção ganhou força e dominou o debate sobre as decisões de políticas a serem tomadas.

Assim, diante do elevado desemprego e do crescimento das ocupações não regulares e regulamentadas em ritmo maior que o emprego com registro em carteira de trabalho, as diretrizes governamentais caminharam, por um lado, para tornar o mercado de trabalho ainda mais flexível por meio de medidas pontuais, que desregulamentavam as relações de trabalho, e de menor fiscalização no cumprimento da legislação. Por outro lado, foram reforçadas as políticas existentes e implementadas novas ações voltadas para o mercado de trabalho, com o objetivo de facilitar a reinserção dos desempregados em um mercado de trabalho mais competitivo e exigente.

O fato de existir um número elevado de ocupações não formalizadas não é novidade no mercado de trabalho brasileiro. Este sempre foi marcado pela heterogeneidade de situações ocupacionais e de renda. Porém, durante cerca de quarenta anos (até 1980), a evolução do mercado de trabalho caminhou na direção de uma maior estruturação com a incorporação de parcela crescente da população ativa em empregos com contratos por tempo indeterminado e registro em carteira de trabalho. Apesar do dinamismo na geração de emprego, este foi acompanhado pela crescente diferenciação salarial, sobretudo a partir do final dos anos sessenta e início dos setenta. A partir da crise da década de 1980, verifica--se uma interrupção nesse processo, com o fraco desempenho da economia gerando um número insuficiente de postos de trabalho para incorporar a população economicamente.

No início da década de 1980, a forte recessão colocou o desemprego aberto como um problema a ser enfrentado. A inexistência de um mecanismo de proteção da renda dos trabalhadores desempregados obrigava-os a buscar sua sobrevivência em ocupações precárias no setor informal, deixando parte dos desempregados fora das estatísticas do desemprego, característica dos países com estruturação incompleta do mercado de trabalho. Em grande medida, esse fato — e a recuperação do emprego a partir de 1984 — fez com que o desemprego não ganhasse a dimensão que tomou na década seguinte (*Sabóia*, 1986). A questão principal estava relacionada às perdas salariais decorrentes do processo inflacionário, e a recuperação dos salários foi a bandeira que unificou os trabalhadores e fortaleceu o sindicalismo mais combativo que ressurgia com o ocaso do governo militar. Será no bojo da luta pela redemocratização do país, e na luta por melhores salários, que se avançará em conquistas sociais como o seguro desemprego e as cláusulas sociais da Constituição de 1988. Não se pode negar que houve avanços nos mecanismos de proteção social, ainda que parte dessas conquistas sociais obtidas pela Constituição tenham sido abortadas no processo de definição da legislação infraconstitucional, como mostra *Fagnani* (2005).

Durante o período de rápido desenvolvimento até o início dos anos oitenta verificou-se um movimento de estruturação do mercado de trabalho. Este processo de estruturação deve ser entendido como o progressivo predomínio da relação de assalariamento na contratação da mão de obra para exercer as atividades produtivas em qualquer setor de atividade econômica. Isto é, como indica *Freyssinet* (2005, p. 41), a "generalização progressiva de uma forma dominante de emprego: o contrato de trabalho por tempo indeterminado, em tempo integral, com um empregador único (no sentido jurídico), que era também o utilizador efetivo da força de trabalho" que ocorreu após a II Guerra Mundial. Essa relação de assalariamento deve ter, necessariamente, controle social por meio de legislação e ser fiscalizada pelo Estado, garantindo ao trabalhador uma remuneração suficiente para manter uma vida digna e proteção contra os riscos associados ao desemprego ou à impossibilidade de exercer uma atividade produtiva devido à incapacidade física ou mental, temporária ou permanente. Isso não significa que um mercado de trabalho estruturado não contemple outras formas de inserção ocupacional. Estas, porém, devem satisfazer as condições de remuneração e proteção social capazes de permitir ao trabalhador condições adequadas de exercício ocupacional, dentro de padrões mínimos, durante toda a sua vida ativa.

Apesar do movimento de estruturação, sempre tivemos um mercado de trabalho frouxo, com excesso de oferta de força de trabalho, convivendo-se com uma proporção elevada de formas atípicas de inserção no mercado de trabalho e grande rotatividade de mão de obra. O serviço de emprego, aqui introduzido em 1975, ainda que tenha sido implementado para ajudar a mão de obra pouco qualificada a encontrar uma ocupação, atuou num mercado de trabalho sem a estruturação presente nas economias desenvolvidas. Ademais, as condições em que foram implementadas aquelas políticas destinadas ao mercado de trabalho, no Brasil, eram diferentes das condições verificadas nos países desenvolvidos. E os desdobramentos verificados ao longo dos anos 1980 também guardam peculiaridades.

Já na década de 1990, o desemprego tornou-se um problema de primeira ordem. A recessão dos primeiros anos, a abertura comercial e financeira, a sobrevalorização da moeda, tiveram impacto sobre os níveis de investimento e resultaram num ritmo de crescimento do produto insuficiente para absorver o crescimento da população economicamente ativa. A situação agravou-se com a destruição de postos de trabalho na indústria, resultante da modernização defensiva desencadeada por esse setor como forma de reduzir custos e manter as empresas competitivas frente aos concorrentes estrangeiros. O aumento do desemprego ocorreu simultaneamente com a redução do emprego assalariado com registro em carteira e ampliação do emprego sem registro em carteira e das ocupações por conta própria e do trabalho doméstico.

A implementação de políticas de mercado de trabalho nos anos noventa procurou responder ao movimento de desestruturação e ao crescimento do desemprego. Essa resposta considerava que esses problemas decorriam das deficiências do próprio mercado de trabalho. Os críticos do modelo econômico implementado na década de 1990 viam na política econômica liberalizante a origem da deterioração das condições do mercado de trabalho. Por outro lado, os seus defensores apontavam para fatores relacionados exclusivamente ao mercado de trabalho, e defendiam o aprofundamento das reformas liberalizantes, para flexibilizar ainda mais o mercado de trabalho do ponto de vista salarial, do tempo de trabalho e das normas de contratação e demissão.

Nessa diretriz, as políticas de mercado de trabalho teriam o papel de mitigar os efeitos deletérios da reestruturação econômica, necessária para a modernização do país. Ao mesmo tempo, essas políticas preparariam o trabalhador para conviver num mercado de trabalho mais competitivo, que passava a exigir maior flexibilidade, maior escolaridade e qualificação do trabalhador. Em grande medida, essas políticas serviram como forma de minimizar as críticas de amplos setores da sociedade, dado que sua operacionalização incorporou ONGs, entidades sindicais e universidades, mobilizando vários níveis de governo — tanto da situação como da oposição. Assim, dividiu-se a responsabilidade pela baixa efetividade das políticas em relação à redução dos níveis de desemprego e procurou-se dar legitimidade às políticas com o envolvimento de distintos atores sociais.

Após uma década de reformas, e diante da continuidade do baixo dinamismo econômico e dos elevados níveis de desemprego, a ênfase desloca-se para a questão do aperfeiçoamento das políticas de mercado de trabalho. As críticas passam a ser tanto no desenho das políticas, que não são capazes de atender os trabalhadores mais vulneráveis, sobretudo o seguro-desemprego, como na falta de integração e articulação entre elas, fazendo com que as mesmas tivessem baixa eficiência e eficácia.

Será com a elaboração feita pela OCDE, especialmente a partir do estudo de 1994 (OCDE, 1994), que se promoverá o debate sobre as reformas nos serviços públicos de emprego e nas políticas de mercado de trabalho nas economias desenvolvidas[1]. A ênfase na ativação das políticas ocorre sob a hegemonia de governos conservadores, que levou ao movimento de reforma do sistema de *welfare*, sobretudo nos países europeus, em que este sempre foi mais amplo. Esse movimento, no âmbito das políticas de mercado de trabalho,

---

(1) A OCDE não é a única instituição multilateral a divulgar e promover propostas de reformas no âmbito do mercado de trabalho. Outras instituições como o FMI e o Banco Mundial têm atuado sistematicamente para divulgar propostas de reformas conservadoras, que visam, sobretudo à redução dos mecanismos de proteção do trabalhador — as chamadas flexibilizações —, especialmente em relação à legislação trabalhista, mas também como promotor das chamadas políticas ativas de mercado de trabalho. No entanto, no nosso entender, a principal elaboração nesse campo deve-se à OCDE. Para uma análise exaustiva das propostas das instituições multilaterais no âmbito do mercado de trabalho, ver: Gimenez, 2007.

centrou-se na imposição de restrições aos benefícios de desemprego (seguro-desemprego e assistência ao trabalhador desempregado) como forma de evitar a acomodação à situação de desemprego e com isso aumentar a taxa de emprego da economia. Isso porque a política de garantia de proteção da renda é vista pelos conservadores como um dos principais fatores de desestímulo à busca de emprego, levando aos elevados níveis de desemprego, especialmente de longa duração. O remédio prescrito foi criar maiores restrições ao acesso aos benefícios associando-os a um maior empenho do desempregado na procura por uma forma de inserção no mercado. A implementação e operacionalização dessas medidas mais restritivas exigiu ações dirigidas do serviço de emprego para acompanhar as atividades do desempregado. Para tanto, havia a necessidade de integrar e articular a concessão do benefício com as atividades de colocação do serviço de emprego.

A nosso ver, essa ênfase na ativação das políticas e na necessidade de um trabalhador melhor qualificado para as novas condições de concorrência no mercado de trabalho foi capturada pelos formuladores dessas políticas no Brasil e por parte dos estudiosos, internalizando-se um debate sem as devidas mediações históricas. Isso porque, após a II Guerra Mundial, nos países desenvolvidos o serviço público de emprego operou como um instrumento de auxílio da política de pleno emprego. A partir dos anos oitenta, as reformas nesse serviço e nas demais políticas de mercado de trabalho tiveram como contexto um mercado de trabalho estruturado, que passava a apresentar uma alta taxa de desemprego e crescimento de contratos de trabalho atípicos. Porém, apesar desses contratos atípicos terem um movimento ascendente, seu peso era muito pequeno em relação ao total do mercado de trabalho. Além disso, o sistema de proteção social, especialmente o seguro-desemprego, tinha grande abrangência, o que fazia que a falta de postos de trabalho se expressasse, sobretudo pelo desemprego de longa duração.

No caso brasileiro, o debate na década de 1990 sobre a reforma do serviço público de emprego e das políticas a ele associadas, não deveria ter reproduzido os mesmos termos da discussão registrada nos países mais avançados, em razão das especificidades brasileiras. Mudanças que podem fazer algum sentido no caso do serviço de emprego francês ou inglês, por exemplo, podem assumir significado totalmente diverso para o nosso caso. Não que a experiência de outros países não possa ajudar a aperfeiçoar nossos instrumentos de proteção ao trabalho, inclusive pela adaptação das propostas lá implementadas. No entanto, parece-nos necessário que esse aperfeiçoamento das políticas esteja associado a uma estratégia que promova uma maior estruturação do mercado de trabalho e conduza a relações de trabalho mais civilizadas. Sem isso, todo esforço para melhorar os procedimentos e a gestão das várias políticas existentes pode perder sua legitimidade.

Nesses termos, o debate sobre a consolidação de um sistema público de emprego que surge na década de 1990 se circunscreve, em grande medida, à discussão sobre o aperfeiçoamento das políticas de mercado de trabalho nas economias desenvolvidas. Consolidar o sistema público de emprego torna-se sinônimo de integração e articulação das várias políticas executadas em busca do melhor desempenho destas. *Azeredo e Ramos* (1995, p. 111), por exemplo, viam na organização de um sistema público de emprego um "passo indispensável para estruturar uma política que, de forma eficaz e eficiente, associe o auxílio financeiro ao desempregado com a intermediação e reciclagem". *Chahad* (1996) vê na implementação definitiva do Sistema um passo estratégico para se ter mecanismos mais eficientes para o funcionamento do mercado de trabalho, permitindo-se aumentar a "empregabilidade", reduzir o tempo de procura por emprego, facilitar o equilíbrio entre oferta e demanda de mão de obra, e controlar melhor o seguro-desemprego.

Mas, por trás da busca de integração e articulação das políticas de mercado de trabalho, nas nações europeias mais avançadas está o intuito de reduzir os custos do seguro--desemprego diminuindo-se o tempo de permanência do beneficiário na situação de desemprego. No caso brasileiro, o seguro-desemprego é pago por um período de três a cinco meses, um período muito curto, ao fim do qual o desempregado deixa de receber o benefício mesmo que continue na mesma situação. Ou seja, a integração e articulação das políticas deveriam ter, no mercado de trabalho brasileiro, um sentido diferente, já que nosso problema é distinto dos prevalecentes nos países desenvolvidos.

Aqui o serviço de emprego não precisa ampliar os controles sobre os beneficiários dos programas, ainda que sejam necessários mecanismos de fiscalização para coibir fraudes e usos indevidos. Medidas para evitar que o trabalhador caia em desalento e desista de procurar um emprego são, evidentemente, positivas. Porém, dado o baixo dinamismo da economia brasileira desde os anos oitenta (que tem tornado o mercado de trabalho bastante restritivo), a procura por emprego sofre grandes limitações de sucesso. Assim, maiores restrições ao acesso ao benefício do seguro-desemprego significa ampliar a oferta de mão de obra, já que esses trabalhadores, sobretudo os de menor qualificação e experiência de trabalho, teriam como alternativa imediata procurar atividades não organizadas, justamente o que se quer evitar. Do mesmo modo, aumentar a "empregabilidade" não amplia a demanda por trabalho, podendo simplesmente aumentar a concorrência entre os desempregados em algumas ocupações.

Na década atual, este debate incorporou novas abordagens e ganhou novas nuanças. O próprio Ministério do Trabalho e Emprego promoveu uma série de congressos para ampliar as discussões em torno da construção do sistema público de emprego. A busca de maior integração e articulação das políticas de mercado de trabalho por meio do sistema público de emprego deveria agora caminhar no sentido de aperfeiçoar a complementaridade dessas políticas, criando-se procedimentos que facilitassem o acesso e o trânsito do trabalhador pelos vários programas, possibilitando-lhe obter um emprego "decente" no menor tempo possível. Em nossa compreensão, o papel de um sistema público de emprego vai além de simplesmente aumentar a eficiência e eficácia das políticas de mercado de trabalho. Ele deve ser capaz de organizar o conjunto das políticas de mercado de trabalho sob a coordenação nacional do Estado, visando facilitar a estruturação do mercado de trabalho ao possibilitar a todos os indivíduos construir uma trajetória profissional. Isto significa dar condições de desfrutar de uma ocupação estável, uma renda suficiente e condições de trabalho dignas. Em suma, permitir que todos se beneficiem dos frutos do progresso material da sociedade.

Saliente-se que o sistema público de emprego é um dos instrumentos que levam a essa estruturação, não lhe cabendo exclusividade nessa tarefa. Outros instrumentos ou instituições são imprescindíveis para isso: a Legislação Trabalhista, a Justiça do Trabalho, o Ministério Público do Trabalho, a fiscalização das relações de trabalho, da saúde e segurança no trabalho, assim como o Contrato Coletivo de Trabalho. Ou seja, o sistema público de emprego é parte de um sistema mais amplo de proteção ao trabalho, que podemos chamar de "administração geral do trabalho" e cuja ação conjunta permite organizar e regular socialmente a vida laboral.

Se o sistema público de emprego não é a única instituição responsável pela estruturação do mercado de trabalho, podemos argumentar que sua importância varia de acordo com o desempenho das demais instituições e em função da conjuntura econômica. Procuraremos mostrar que com a integração e articulação das várias políticas de mercado de trabalho obtém-se um efeito sinérgico, possibilitando que estas realizem com maior proveito as suas respectivas funções, dando-lhes maior eficiência e eficácia. Por outro lado, embora a organização sistêmica das políticas possa dar-lhes mais eficiência e eficácia, não garante que sejam eficazes, isto é, atinjam o objetivo último de ajudar na estruturação e no melhor funcionamento do mercado de trabalho. Assim, procuraremos mostrar que para o mercado de trabalho brasileiro, marcado por grande heterogeneidade da inserção ocupacional, as funções do sistema devem inclusive ser capazes de promover a incorporação dos trabalhadores que se encontram excluídos do setor organizado da economia. Ou seja, são necessárias políticas que estimulem essa incorporação, o que implica a implementação de novas políticas ou o redesenho das políticas existentes, além de uma maior capacidade de articular-se com outras políticas governamentais. Finalmente, e é importante frisarmos esse ponto, a efetividade das ações do sistema subordina-se a um modelo de desenvolvimento que gere crescimento sustentado da produção e dos serviços para absorver o contingente de trabalhadores que se encontra em situação de desemprego ou que transitam entre a inatividade e o setor não organizado. Em outros termos, o crescimento econômico é pré-requisito para a estruturação de um mercado de trabalho mais homogêneo, fundamento de uma nação razoavelmente civilizada.

Parece-nos oportuno, nesse momento, fazer uma diferenciação entre o que entendemos como "política de emprego" e "políticas de mercado de trabalho". As políticas de qualificação profissional, de intermediação de mão de obra, o seguro-desemprego, os programas de geração de emprego e renda, assim como outras ações focadas no trabalhador, têm sido comumente chamadas de *políticas de emprego*. Neste estudo, denominaremos essas ações como *políticas de mercado de trabalho*. Com isso, queremos explicitar nosso entendimento em relação à determinação do nível de emprego e à capacidade de regulação do mercado de trabalho. Consideramos que a política de emprego deve ser coerente com o modelo de desenvolvimento adotado pelo país, compondo fundamentalmente os instrumentos que influenciam as decisões sobre investimento e ocupação da capacidade produtiva, decisões que, em última instância, definem o nível de emprego na economia.

Dessa forma, para evitar que a utilização do termo "políticas de emprego" transmita a ideia de que as mesmas podem elevar o volume de emprego em proporção suficiente para reduzir o desemprego, preferimos utilizar o termo "políticas de mercado de trabalho". Estas incluem o conjunto de políticas cuja ação é direcionada à demanda ou à oferta de mão de obra com o objetivo de facilitar o funcionamento do mercado de trabalho, proteger a renda do trabalhador no momento de desemprego e auxiliá-lo a encontrar uma nova ocupação, bem como ajudar as empresas a preencherem, rapidamente, os postos de trabalho vagos. As políticas de mercado de trabalho podem contribuir para reduzir o nível de desemprego, mas essa redução é limitada pelo nível das atividades econômicas, que é dado exogenamente ao mercado de trabalho.

Assim, propomos que a política de emprego seja entendida como desdobramento das políticas de desenvolvimento regional e de estímulo a certos ramos de atividade prioritários, assim como do perfil do gasto público em áreas prioritárias e da orientação dada pela política macroeconômica, por meio de seus diversos instrumentos. Todas estas políticas têm impacto sobre o nível de emprego da economia. De fato, a partir desta abordagem é possível pensar dois tipos de intervenção governamental no campo do combate ao desemprego. O primeiro corresponde à implementação de uma política de emprego ativa, na qual o Estado assume a responsabilidade de garantir os gastos necessários para manter a demanda agregada em níveis suficientes para incorporar todos os indivíduos capacitados que desejam trabalhar. Neste caso, temos uma "política de pleno emprego" como a defendida por *Lord Beveridge*, isto é, a geração de um número de novos postos de trabalho superior ao aumento do número de indivíduos em busca de trabalho. A segunda possibilidade é adotar uma política de emprego passiva, em que o Estado deixa às forças de mercado a determinação do nível de emprego "adequado". Neste caso, a incorporação ao mercado de trabalho de todos que desejam um trabalho remunerado é sacrificada em nome da liberdade de iniciativa, de baixas taxas de inflação e da redução do tamanho do Estado, tendo-se como resultado uma taxa de desemprego significativa, aceita como "normal" ou natural.

O primeiro tipo de intervenção surgiu no interregno dos anos dourados do pós-guerra, período em que o compromisso assumido nos países de industrialização avançada de ocupar toda a força de trabalho disponível resultou em forte crescimento econômico, com incorporação crescente da população ativa, desemprego desprezível, crescimento da renda pessoal e do padrão de vida da população operária. O segundo tipo foi característico nos anos de auge do liberalismo, até a década de 1930, e retornou com nova roupagem nos tempos atuais, com o neoliberalismo que conhecemos a partir do final dos anos setenta. A característica principal desses períodos é o desemprego massivo de parte importante da população ativa, especialmente dos jovens. O que se tem verificado atualmente é o aumento da desigualdade social, com um crescente percentual da população excluída do mercado de trabalho ou com restrição no consumo, minando as fontes de solidariedade social.

Portanto, feita tal distinção, as políticas de mercado de trabalho assumem um caráter subordinado e sua efetividade depende da adoção de uma política de pleno emprego. Assumimos, na verdade, a posição defendida por *Beveridge, Joan Robinson* e *Gunnar Myrdal*, que tem na política de elevação da demanda agregada o ponto principal para a geração de empregos em níveis necessários para atender a oferta de mão de obra da economia. Por outro lado, apesar do caráter secundário em relação à política de pleno emprego, as políticas de mercado de trabalho têm um papel importante para organizar o mercado de trabalho fazendo com que o desemprego seja baixo e de pouca duração, tornando-se uma situação mais suportável para os indivíduos e para a sociedade, particularmente por meio do programa de seguro-desemprego.

O esquema de proteção da renda do trabalhador desempregado funciona melhor num mercado de trabalho que apresenta baixos níveis de desemprego. A proteção ao trabalhador implica a continuidade do emprego, ou seja, é necessário que a economia forneça outras oportunidades ao trabalhador que perdeu o seu posto de trabalho (enquanto procura um novo emprego que atenda suas necessidades e sua capacidade profissional, ele tem garantida uma renda para sua manutenção). Esse esquema funcionou muito bem para as economias desenvolvidas nos chamados anos dourados, mas começou a enfrentar problemas quando o compromisso com o pleno emprego foi abandonado pelos governos em exercício e o desemprego tornou-se um problema crônico, estrutural. Com isso, ao perder o emprego, o trabalhador passou a encontrar maiores dificuldades para encontrar outro posto de trabalho, tanto pelo fato do ritmo de geração de empregos ter caído como pelo aumento da concorrência com a ampliação da oferta de trabalho.

No momento em que o mercado de trabalho perde seu dinamismo em decorrência de múltiplos fatores, as políticas de mercado de trabalho passam a ser menos efetivas. Em um mercado de trabalho no qual tanto o setor privado como o setor público apresentam baixa geração de empregos, o serviço de emprego terá menores possibilidades de encontrar um posto de trabalho para aquele trabalhador que se candidatou a uma ocupação. Assim, o ajuste entre oferta e demanda de trabalho terá maiores dificuldades, pois os esquemas de requalificação do trabalhador que perde o emprego por conta de uma reestruturação produtiva terão efeito reduzido (nem todos serão absorvidos em outro posto de trabalho). Significa, portanto, que novas oportunidades são mais escassas, reduzindo as possibilidades do trabalhador, mesmo requalificado, mudar de ocupação ou de setor de atividade (e mesmo de residência com a finalidade de obter um emprego). No caso da proteção da renda, o seguro-desemprego permanece garantindo a manutenção do trabalhador, porém, agora a chance deste ocupar um novo emprego diminui, o que o faz permanecer um tempo maior na condição de beneficiário, minando a capacidade de financiamento desses benefícios.

A hegemonia do pensamento ortodoxo, diante de um contexto de desemprego massivo, diagnosticou o problema como sendo um problema intrínseco ao mercado de trabalho e, assim sendo, a solução estaria em rever os instrumentos de regulação das relações entre capital e trabalho, tornando-as mais flexíveis para permitir chegar a uma nova situação de equilíbrio. Por outro lado, o aumento dos gastos com benefícios aos desempregados foi visto como um elemento de desestímulo para que eles se empenhassem na procura por nova colocação. Ou seja, diante de um mercado de trabalho mais competitivo, a existência de benefícios "generosos" seria um fator de acomodação do indivíduo desempregado. A resposta conservadora, no momento em que o desemprego massivo voltou a assombrar os países desenvolvidos, apontou para reformas no sistema de benefícios e maior ênfase nas medidas que "estimulassem" o beneficiário a procurar emprego e aceitar uma ocupação, mesmo que não fosse adequada à qualificação do trabalhador. Como consequência, ampliaram-se as formas atípicas de contratação e a precariedade do mercado de trabalho nessas economias.

Essa visão implicou mudanças significativas nos serviços de emprego das economias desenvolvidas, inclusive no seu arranjo institucional. O objetivo das mudanças foi dar maior eficiência às políticas de mercado de trabalho para reduzir o desemprego, especialmente de longa duração, por meio de mecanismos que aumentem o empenho dos desempregados na procura por emprego e da aceitação de ocupações de menor qualidade. Isso implicou, sobretudo, a imposição de maiores restrições aos benefícios de desemprego, até daqueles de cunho assistencial, e a busca de uma maior integração e articulação das políticas existentes — inclusive com o fornecimento de vários serviços num mesmo local.

Como já dissemos, no Brasil, a implementação das políticas de mercado de trabalho ao longo dos anos noventa sofreu a influência das mudanças por que passava o serviço de emprego nas economias desenvolvidas. De tal modo que se deu atenção excessiva para a questão da qualificação profissional, como se a questão do desemprego decorresse da dificuldade de ajustar o perfil da oferta ao da demanda por trabalho, desconsiderando-se a questão central, que tem sido o baixo dinamismo da economia. Contudo, a permanência de uma taxa de desemprego elevada fez ganhar evidência o discurso da baixa eficiência e da baixa eficácia dessas políticas, vistas como decorrentes de problemas intrínsecos às mesmas. Nesse contexto, sobressai a necessidade de consolidação do sistema público de emprego, visto como medida capaz de eliminar as deficiências de integração e articulação das políticas. Mais uma vez as dificuldades devidas à contenção do gasto público e a uma política macroeconômica prejudicial ao emprego foram desconsideradas. E mesmo após a mudança do governo federal, em 2003, os responsáveis pela condução da política econômica mantiveram uma preocupação quase exclusiva com a estabilidade monetária.

Neste estudo, tratamos do Sistema Público de Emprego procurando responder duas questões centrais. A primeira é bem elementar: em que sentido a constituição de um sistema público de emprego pode melhorar o desempenho das políticas de mercado de trabalho? A segunda questão é mais complexa: qual o papel que esse sistema pode desempenhar para a estruturação e melhor funcionamento do mercado de trabalho brasileiro, marcado pela heterogeneidade e precariedade das ocupações, num período de baixo dinamismo da economia associado a mudanças profundas na relação entre Estado e economia?

Nossa hipótese é que, diferentemente das economias desenvolvidas, as características do mercado de trabalho brasileiro exigem que as políticas de mercado de trabalho desempenhem funções diferenciadas, uma vez que uma proporção expressiva dos trabalhadores encontra-se em atividades não organizadas. Explicando melhor, a constituição de um sistema público de emprego, num contexto favorável de retomada do dinamismo econômico, ao melhorar o desempenho das políticas de mercado de trabalho, poderá incorporar novas funções que atendam aos trabalhadores excluídos (ou com maior probabilidade de serem excluídos) do mercado de trabalho formal. Dessa forma, o fortalecimento do setor produtivo será capaz de impulsionar a geração de um volume expressivo de novos postos de trabalho, tornando as ações das políticas de mercado de trabalho mais efetivas. Isso tanto do ponto de vista da incorporação dos desempregados a um novo emprego, como do aumento das possibilidades de incorporação (ou regularização) dos trabalhadores atualmente no segmento informal.

A necessidade de desenvolver funções diferenciadas deve-se a características do próprio desenvolvimento tardio do capitalismo brasileiro. Nas economias desenvolvidas, as políticas de mercado de trabalho foram introduzidas para atender ao mercado de trabalho de economias industriais, com predominância do trabalhador urbano, assalariado, sobretudo o empregado na grande empresa. No caso brasileiro, o desenvolvimento do mercado de trabalho urbano ocorre num espaço de tempo relativamente curto, fazendo com que num espaço de cinquenta anos o País se transformasse: de uma economia rural agrário--exportadora para uma economia urbana e industrial. O fluxo intenso de população do campo para a cidade inundou o mercado de trabalho das cidades com uma mão de obra pouco qualificada, levando a um excedente estrutural da força de trabalho. Ademais, com a instalação da grande empresa multinacional, a partir da década de 1950, criou-se uma grande diferenciação entre os trabalhadores nela inseridos e os demais trabalhadores do mercado geral de trabalho (e, também, um mercado de trabalho interno, no qual a ascensão se devia ao mérito pessoal e às boas relações com os superiores hierárquicos). Grande parte dos trabalhadores esteve alocada em empresas onde a regulação social das relações e das condições de trabalho sempre foi mais frágil, o que resultou numa incompleta homogeneização do mercado de trabalho.

As especificidades do desenvolvimento brasileiro ajudam a compreender por que as políticas de mercado de trabalho são implementadas tardiamente em relação aos países desenvolvidos e também o motivo de ser necessária a adaptação dessas políticas ao contexto do brasileiro. Por exemplo, o excedente de mão de obra, além de deprimir os salários, inibe aumentos de produtividade, pois os baixos salários permitem que empreendimentos de baixa produtividade tenham lucros, não criando incentivos para a introdução ou atualização tecnológica. Portanto, um desafio importante para o sistema público de emprego em construção é a implementação de políticas que possibilitem a redução da oferta de trabalho.

Nesse sentido, nossa análise deverá considerar inicialmente o sentido das mudanças pelas quais passaram e passam os diversos sistemas públicos de emprego nas economias desenvolvidas, para avaliarmos que aspectos ajudam no aprimoramento do serviço público de emprego brasileiro e das políticas de mercado de trabalho de um modo geral. Para isso, devemos confrontar essas mudanças, que tomam lugar em mercados de trabalho bastante estruturados, com a realidade do mercado de trabalho brasileiro. Trata-se de destacar as medidas que sejam aplicáveis ou cujo sentido abra possibilidades novas para a execução das políticas ou para a organização do sistema público de emprego. A importância de olharmos essas experiências está no fato de terem servido como modelo para as políticas implementadas no mercado de trabalho brasileiro. Além do mais, as reformas das políticas e dos serviços de empregos naquelas nações têm pautado o debate sobre as reformas e a constituição do sistema público de emprego no Brasil.

Outro aspecto a ser analisado refere-se à construção institucional do sistema público de emprego. Essa construção deverá levar em consideração as especificidades brasileiras, a dimensão territorial e a diversidade regional do País, bem como a relação entre os vários níveis de governo. Além do mais, há o problema da operacionalização dos serviços, que provoca uma série de novas perguntas: estes deverão ser realizados unicamente pelo Estado, ou devem ter a participação de organizações privadas e públicas não estatais? Como se inserem as agências de emprego privadas? Estas serão incorporadas ao sistema ou serão somente reguladas? Como deve ser a relação do sistema com os programas sociais dirigidos à inclusão social?

Para atingirmos nosso objetivo, organizamos nosso trabalho em três capítulos. No primeiro, apresentamos as linhas gerais da evolução do serviço público de emprego nos países de industrialização avançada ao longo do século XX, visando compreender o papel desempenhado pelo serviço de emprego no mercado de trabalho dessas economias até o final da II Guerra Mundial e no período que se seguiu até meados dos anos setenta. Concentramo-nos, contudo, nas mudanças mais recentes que os serviços de emprego e as políticas de mercado de trabalho têm passado desde a crise do modelo de desenvolvimento do pós-guerra, para apreendermos o sentido dessas mudanças. Para isso, analisamos as experiências de quatro economias industriais desenvolvidas, para as quais apresentamos de forma pouco mais detalhada as reformas implementadas nas diversas políticas de mercado de trabalho.

No segundo capítulo, voltamo-nos para o caso brasileiro. Procuramos recuperar a trajetória das políticas destinadas para o mercado de trabalho desde a experiência da política de imigração para fornecer mão de obra para a cafeicultura, passando pelo período de industrialização do País entre 1930 e 1980, chegando enfim às iniciativas advindas com a crise do modelo desenvolvimentista a partir de 1980. Procura-se mostrar que, até o começo da década de 1980, as várias medidas que foram introduzidas atenderam os trabalhadores urbanos que pertenciam ao núcleo duro do mercado de trabalho, especialmente aqueles empregados nos estabelecimentos organizados da economia (os que possuíam a relação de trabalho registrada em carteira ou os funcionários públicos estatutários). Os demais trabalhadores não tinham acesso às políticas existentes, restando-lhes recorrer a esquemas de filantropia e ajuda mútua quando necessitavam de algum auxílio. Veremos que a crise da dívida externa abriu caminho para a redemocratização do País e que existia a expectativa de que fossem feitas reformas no âmbito do mercado de trabalho (tanto os que defendiam o governo como os setores oposicionistas e os sindicatos), tais como o fim do FGTS, a implementação do Contrato Coletivo de Trabalho, o restabelecimento da liberdade sindical e a implementação de políticas de mercado de trabalho, especialmente o seguro-desemprego. A derrota sofrida com a rejeição da proposta de eleições diretas para presidente da republica em 1984 impediu que se implementasse a agenda reformista. A negociação para a realização de eleições indiretas representou a transição conservadora para o restabelecimento da democracia, com enfraquecimento do ímpeto reformista. Assim mesmo, conquistou-se o seguro-desemprego e, durante o processo constituinte, definiu-se que seu financiamento seria feito por meio de um fundo, que foi instituído em 1990. A criação do fundo de amparo ao trabalhador (FAT) e as reformas na lei do seguro-desemprego abriram espaço para a implementação de outras políticas de mercado de trabalho (com recursos do FAT) na década de noventa.

A compreensão da trajetória e da implantação tardia das políticas de mercado de trabalho nos ajuda a discutir no terceiro capítulo a importância estratégica para o mercado de trabalho brasileiro da constituição de um sistema público de emprego. Antes, porém, discutimos o papel que essas políticas têm para o mercado de trabalho a partir do pressuposto do caráter secundário ou subordinado no enfrentamento ao desemprego, já que este resulta do nível de emprego definido, em grande medida, no âmbito das medidas macroeconômicas e seus efeitos sobre a economia. Na sequência, analisamos as funções desempenhadas pelo sistema público de emprego e discutimos as possibilidades e limites para a organização de um sistema desse tipo no Brasil. Para isso, partimos da análise das propostas de constituição que emergiram no II Congresso Nacional — Sistema Público de Emprego, Trabalho e Renda. Contrapomos a experiência de execução dessas políticas no estado do Paraná, apresentada no apêndice ao capítulo, e consideramos as tendências dos países desenvolvidos.

Ao final da tese, seguem as considerações finais, em que procuramos alinhavar os principais resultados do estudo para evidenciar as possibilidades de construção do sistema público de emprego como um instrumento para a estruturação e o melhor funcionamento do mercado de trabalho brasileiro, dadas suas características históricas e sua evolução recente.

CAPÍTULO 1

O Serviço Público de Emprego no Capitalismo Avançado: Surgimento, Evolução e as Mudanças Recentes

Neste capítulo, nosso objetivo é compreender como surgiu o serviço público de emprego no início do século XX e sua importância para o mercado de trabalho nas economias desenvolvidas. Para isso, analisamos o contexto histórico em que foi criado, bem como foi sua evolução ao longo de todo o século nessas economias, concentrando-nos nas mudanças recentes por que tem passado os serviços públicos de emprego e também as políticas de mercado de trabalho.

O capítulo está dividido em quatro seções. Na primeira, apresentamos o contexto de surgimento do serviço público de emprego e sua evolução no período entre guerras. Na segunda seção, apresentamos o seu desempenho num contexto de dinamismo econômico mundial. Na terceira, voltamo-nos para a crise dos anos setenta e como isso impactou o serviço público de emprego nos países de industrialização avançada, apresentando-se as principais reformas introduzidas em quatro desses países. Na quarta e última seção, fazemos uma síntese das reformas para verificarmos qual o significado dessas mudanças para o mercado de trabalho.

1.1. O surgimento do serviço público de emprego

A forma como o serviço público de emprego se estruturou nos países de industrialização avançada não foi uniforme. A implementação no tempo e a sua configuração guardam as especificidades de cada país. No entanto, essas experiências possuem em comum o fato de que eram economias industriais, com instituições democráticas fortes, um movimento sindical atuante e com mercado de trabalho estruturado. Fatores que foram fundamentais para a consolidação do serviço público de emprego nesses países.

A origem do serviço público de emprego está ligada ao desenvolvimento da indústria. Desde o início da indústria, a intermediação feita por recrutadores privados deslocava a mão de obra pelo território para os locais onde ela fosse necessária. O trabalho era negociado como uma mercadoria qualquer e não existia nenhuma proteção. Com o crescimento da população proletária e sua organização em sindicatos, começam os movimentos que se contrapõem à intermediação feita no livre mercado. Começam a surgir, então, as Bolsas de Trabalho que foram sendo criadas ao longo da segunda metade do século XIX e atendiam demandas localizadas. Por outro lado, ainda existia a força dos grêmios ou associações de ofício que ainda controlavam o processo de intermediação nas ocupações tradicionais. É somente com o surgimento de uma classe operária com a grande empresa industrial que se vão criar as condições para a implantação de um serviço público.

O desenvolvimento industrial no último quartel do século XIX levou à concentração da produção, à racionalização do processo de trabalho (taylorismo/fordismo) e ao surgimento da grande empresa capitalista. Isso levou à concentração de um grande contingente de trabalhadores em uma única fábrica, possibilitando maior disseminação de informações e o desenvolvimento da solidariedade de classe entre os trabalhadores. Como decorrência desse processo, verificou-se grande expansão do movimento sindical nos países da Europa ocidental, o novo sindicalismo de que nos fala *Hobsbawn* (1987). O crescimento e a importância das organizações de trabalhadores fortaleceram suas lutas por melhores condições de vida e de trabalho, criando um ambiente de conflito com o setor industrial. Além disso, a I Guerra Mundial tinha exposto, de forma crua, para os trabalhadores as injustiças e desigualdades sociais (*Aldcroft*, 2003).

O crescimento da insatisfação e da contestação do movimento operário, seja por meio da ação sindical ou dos partidos trabalhistas, possibilitou que fossem alcançadas algumas conquistas como a jornada de oito horas; o reconhecimento dos sindicatos como interlocutor nas negociações salariais coletivas; e de alguns outros avanços nos direitos sociais, sendo que "o poder político, contudo, nos grandes países industrializados estava ainda em mãos de partidos que representavam e defendiam, interna e externamente, os interesses da burguesia-mor" (*Abendroth*, 1977, p. 79).

A organização industrial que surge com a grande empresa segmenta o mercado de trabalho, criando um mercado de trabalho institucionalizado no qual está o núcleo dos trabalhadores de uso interno às grandes empresas (os oligopólios e setores de maior dinamismo) e outro desregulado (mercado geral)[1]. No mercado institucionalizado concentra-se a parcela da força de trabalho de uso do grande capital, com maior qualificação, experiência profissional e maiores salários e segurança no emprego. Já no mercado geral — desregulado — encontra-se a grande massa de trabalhadores assalariados, que ocupam os empregos que exigem baixa qualificação e experiência profissional, de fácil substituição e, portanto, de baixa remuneração e segurança (*Pochmann*, 1995). Por outro lado, com a grande empresa, a concorrência intercapitalista alterou-se completamente, tornando obsoleta a capacidade de "autorregulação" das forças de mercado, defendida pelo liberalismo econômico, exigindo a crescente intervenção do Estado.

Além disso, dois fatores contribuíram para a implantação de um serviço público. O primeiro foi dar maior transparência ao mercado de trabalho, uma vez que as bolsas de trabalho criadas por sindicatos e por empregadores geravam a desconfiança mútua entre capital e trabalho. Um segundo fator era que o desemprego era fonte de pobreza e de mal-estar social e, ainda considerando que o mesmo decorresse dos ciclos econômicos, alguns reformadores consideravam a importância na redução do nível de desemprego friccional e estrutural. Assim, a existência de um serviço de intermediação poderia contribuir para esse objetivo.

Beveridge e *Churchill*, a partir do conhecimento da experiência das Bolsas de Trabalho — municipais, de sindicatos e de empregadores — da Alemanha, criam entre 1910 e 1911 uma rede nacional de Bolsas de Trabalho no Reino Unido. Associam a essa rede um plano

---

(1) Sobre segmentação do mercado de trabalho, ver: Doeringer & Piore, 1985; Reich & Gordon, 1975.

de benefícios de desemprego gerido pelo Estado, que em 1920 cobria todos os trabalhadores. A associação entre o pagamento do benefício e o serviço de colocação executado pelas Bolsas de Trabalho foi feito para que estas pudessem ter certo controle sobre o pagamento do benefício, controle esse visto como necessário para se evitar desvios (*Thuy, Hansen & Price*, 2001). Será, contudo, após a criação da OIT que se impulsiona a criação dos serviços públicos de emprego. O Canadá criou uma Bolsa em 1918. A Alemanha cria uma Bolsa de Emprego Federal em 1922, a Holanda em 1930 e os Estados Unidos em 1933, durante a grande depressão.

Pode-se dizer que no século XX a maior e melhor organização social por meio dos sindicatos de trabalhadores, dos partidos políticos de esquerda, permitiu que suas lutas por maior participação política e ampliação dos direitos civis e sociais fossem vitoriosas. Isso forçou uma maior democratização das sociedades industriais, tornando-se regimes democráticos de massa, o que fez avançar a articulação dos interesses das camadas mais baixas no estrato social, desconcentrando o poder político que, na democracia liberal censitária do século XIX, estava nas mãos dos capitalistas individuais. Nesse novo contexto, de maior democratização, a atuação do Estado no mercado de trabalho tende a tornar-se mais efetiva (*Myrdal*, 1962; *Galbraith*, 1982).

A evolução do sistema público de emprego no período entre guerras

Após o término da I Guerra Mundial, tentou-se restabelecer o sistema do padrão--ouro, ou seja, restaurar aquela sociedade na qual "o trabalho deveria encontrar seu preço no mercado, a criação do dinheiro deveria sujeitar-se a um mecanismo automático, os bens deveriam ser livres para fluir de país para país, sem empecilhos ou privilégios. Em resumo, um mercado de trabalho, o padrão-ouro e o comércio livre" (*Polanyi*, 1980, p. 141). Essa estratégia mostrou-se, no entanto, inviável no decorrer dos anos 20 e 30. Isso porque o capitalismo já não era o mesmo do século XIX, e ainda não se tinha constituído um novo padrão de desenvolvimento que permitisse uma nova forma de regulação capitalista e que se agravara com a concentração e centralização do capital resultante da monopolização advinda com as inovações da segunda revolução industrial (*Mattoso*, 1995, p. 20). Era, pois, necessária a construção de uma nova sociedade, redefinindo-se o papel do Estado, as relações entre capitalistas e os trabalhadores, definir-se uma nova sociabilidade que pudesse trazer a paz social.

A discussão em torno dessa questão foi travada entre aqueles que viam na revolução russa os sinais da insatisfação popular e a necessidade de uma nova ordem social e os que defendiam o restabelecimento da antiga ordem. O debate deu-se em torno das relações internacionais, do papel do Estado e do controle do dinheiro (*Holloway*, 1995). A visão conservadora prevaleceu sobre aqueles que defendiam uma nova ordem, entre os quais estava *Keynes*, que fez uma dura crítica ao acordo de paz pactuado entre os países aliados e a Alemanha no Tratado de Versalhes (*Keynes*, 2002). O período que se seguiu ao armistício foi marcado por uma onda de levantes revolucionários em toda Europa. Pela primeira vez os trabalhadores lutaram "em prol de seus próprios objetivos socialistas em todos os países do continente europeu" (*Abendroth*, 1977, p. 79). Essas lutas foram consequências do desenvolvimento do *novo sindicalismo* que passou a organizar-se por ramos industriais, atingindo seu apogeu em 1918-1920, apesar do fato de, em alguns países, não terem sido eliminados os sindicatos por ofício até 1913 (*Hobsbawn*, 1987)[2].

Diante de um contexto de revolta generalizada dos trabalhadores em relação às condições de trabalho a que eram submetidos, da visão humanista defendida pela Igreja exposta na encíclica *Rerum Novarum* e, também, da Revolução Soviética em 1917, que apontava para uma alternativa à economia liberal, cria-se a Organização Internacional do Trabalho (OIT) em 1919. A criação da OIT, portanto, decorria do reconhecimento dos países aliados de que o trabalho não deveria ser comparado a uma mercadoria e de que a paz universal e permanente dependia da existência da justiça social, como está expresso no preâmbulo da Constituição da organização. Ademais, no próprio preâmbulo reconheciam-se as más condições de trabalho, sendo estas de tal grau que eram vistas como fator de ameaça à paz e, portanto, deveriam ser melhoradas de maneira urgente. Assim, era preciso fazer a regulamentação da contratação e uso da força de trabalho, estabelecendo-se as horas de trabalho, fixando-se a jornada máxima diária e semanal, da forma de contratação da mão de obra e a garantia de um salário adequado às necessidades vitais do trabalhador. Também era necessário estabelecer mecanismos de luta contra o desemprego, de proteção do trabalhador em situações de enfermidades — causadas ou não pelo exercício ocupacional — e contra os acidentes de trabalho. A proteção deveria atingir, ainda, as crianças, os adolescentes e as mulheres, e também os idosos e incapacitados por meio de pensões de velhice e por invalidez. Os países membros deveriam, ainda, proteger os interesses dos seus trabalhadores ocupados no exterior; reconhecer o princípio de liberdade sindical e o princípio de igualdade salarial para quem realizasse o mesmo trabalho; e organizar o ensino técnico-profissional e demais medidas análogas (OIT, 1919).

As convenções e recomendações enunciadas pela OIT vão refletir esses princípios e objetivos, e também o momento histórico em que são concebidas. Nesse sentido, as propostas com relação ao serviço público de emprego (SPE) surgem como um dos instrumentos para a consecução dos objetivos a que se propõe a entidade, contribuindo para a organização do mercado de trabalho. Assim, a Convenção n. 2 de 1919 — sobre o desemprego — no seu art. 2º prevê a constituição de um sistema de agências públicas de colocação gratuitas sob o controle de uma autoridade nacional, com a participação de empregadores e trabalhadores em comitês consultivos sobre o funcionamento das agências. No caso de países em que coexistissem agências gratuitas, públicas e privadas, a autoridade central deveria tomar as medidas necessárias para coordenar as operações de ambas com vistas a um arranjo nacional. Destaca-se a importância dada às agências de colocação de mão de obra não terem fins lucrativos, diretriz que foi reforçada na Convenção n. 34 de 1933, posteriormente revista[3], na qual se estabelecia um prazo de três anos para que os países que a subscrevessem suprimissem as agências de colocação com fins lucrativos.

Agências de colocação públicas como forma de enfrentamento do desemprego — tanto para sua prevenção como para minorar seus efeitos — aparecem também na

---

(2) Hobsbawn destaca como características comuns no desenvolvimento do sindicalismo na Europa continental e na Grã--Bretanha o crescimento "por saltos" e seu desenvolvimento conjunto com os movimentos operários e os partidos trabalhistas.
(3) Essa convenção foi revisada e deixada de lado a partir da entrada em vigor da Convenção n. 96, em 1949.

Recomendação n. 1 de 1919[4], na qual a OIT reforça o caráter público, recomendando aos seus membros a proibição das agências de colocação pagas ou de empresas comerciais de colocação. Nos países em que elas já existissem, deveriam ser tomadas medidas para o controle de seu funcionamento e para sua supressão num curto período de tempo. Nessa recomendação está indicada também a necessidade de se organizar um sistema de seguro contra o desemprego, por meio do Estado ou da concessão a entidades associativas que pudessem pagar indenizações a seus associados. Ademais, recomenda que os governos coordenem as obras públicas de forma a utilizá-las nos períodos de desemprego e nas áreas mais afetadas por ele com o intuito de minorar o desemprego. Essa proposta de obras públicas não se coloca na perspectiva que, na década de 1930, Keynes vai defender na Teoria Geral, ou seja, de impulso à demanda agregada, mas antecipa, em certa medida, a necessidade da intervenção do Estado para enfrentar o desemprego.

Ricca (1983) vê nas primeiras normas da OIT (Convenção n. 2 e Recomendação n. 1, ambas de 1919) o objetivo de minimizar as consequências do desemprego. Esse objetivo seria fruto muito mais de um impulso humanitário do que uma proposta de um novo modelo de gestão da economia. Esse impulso humanitário refletia as decisões do Tratado de Versalhes, que considerou que o trabalho não deveria ser comparado a uma mercadoria e que permeou os princípios da constituição da organização. Entretanto, as normas não questionavam a visão econômica, predominante à época, de que o desemprego era um problema inevitável e parte do funcionamento normal do sistema econômico — e não manifestação de um funcionamento defeituoso. Além do mais, certa "margem de desemprego" ou um "contingente de mão de obra de reserva" era uma forma de garantir o equilíbrio das forças econômicas.

Com relação à função de colocação, as normas apontavam para a necessidade de se criar uma rede de serviços no plano nacional e se contrapunha à manutenção das agências retribuídas de colocação, avançando no propósito de evitar a "comercialização" do emprego em sintonia com o objetivo de dar maior civilidade na tarefa de alocação da mão de obra. Já no que tange ao benefício contra o desemprego, as normas eram mais tímidas. Faziam menção à necessidade de se constituir um sistema de seguro ou pagamento de subvenções aos sistemas existentes. Essa orientação não era, no entanto, tão enfática como no caso do serviço de colocação, o que, para *Ricca*, refletia as dúvidas de que esse instrumento pudesse mudar sensivelmente a natureza de funcionamento do mercado de trabalho, o que estava em sintonia com as crenças da teoria econômica da época. Somente depois de quinze anos uma convenção da OIT (Convenção n. 34) iria sancionar uma prática que se difundiu pelos países europeus sob a pressão dos sindicatos.

Como se pode depreender, o surgimento do Serviço Público de Emprego está associado, por um lado, à ideia de que um serviço desse tipo poderia dar maior flexibilidade e transparência ao mercado de trabalho, evitando que as "bolsas de trabalho" não fossem controladas nem pelos empregadores, nem pelos sindicatos, o que gerava desconfiança mútua. O serviço público e estatal seria, dessa forma, o mediador entre os trabalhadores e

---

(4) Essa recomendação foi cancelada na Conferência Geral da OIT realizada em junho de 2002, bem como a recomendação n. 42 de 1933, que tratava das agências pagas de colocação e orientava os estados membros a tomar medidas para a supressão dessas agências e para o fortalecimento das agências públicas gratuitas.

os empregadores, reduzindo os possíveis conflitos no momento da contratação. Por outro lado, associa-se à constatação de que o desemprego era uma fonte de pobreza e mal-estar popular. Em decorrência desses fatos, e mesmo reconhecendo que uma parte do desemprego resultasse do ciclo econômico, alguns reformadores sociais constatavam a existência de uma parcela de desemprego friccional que poderia ser reduzida se houvesse instrumentos para ajustar a demanda e a oferta de trabalho. Além disso, poder-se-ia realocar (ou deslocar) trabalhadores daquelas indústrias em que o emprego era declinante para outras indústrias ou setores da atividade econômica em que crescia o emprego (*Thuy, Hansen & Price*, 2001, p. 26-27).

A orientação dada pela OIT a partir de seus convênios e recomendações caminha na direção de regular a exploração extrema da força de trabalho pelo capital que, juntamente com o desemprego, era vista como a causa da pobreza, e levava à instabilidade social. Portanto, o desemprego e a pobreza eram incompatíveis com o objetivo da paz universal. Essa constatação indicava a necessidade da regulação do mercado de trabalho tornando-o mais civilizado, com regras mais claras de contratação, uso e remuneração da mão de obra, reduzindo-se os conflitos potenciais ao seu funcionamento, isto é, retirar-lhe o caráter privado da relação de trabalho que vigorava. Um mercado de trabalho civilizado era incompatível com a determinação privada da relação de trabalho, era preciso, portanto, torná-la de determinação pública, com a participação social que incluísse os interessados diretos nessa questão, os trabalhadores. Nesse contexto, a criação de um sistema de agências de colocação deveria contribuir para melhor organizar o funcionamento do mercado de trabalho. Sua atuação permitiria reduzir o tempo que o trabalhador ficaria desempregado — e, simetricamente, o tempo que o empregador ficaria com a vaga disponível —, diminuindo o tempo de desemprego e o montante de desempregados. Evidentemente, o foco da ação das agências estaria no desemprego friccional, ou seja, sua capacidade de resolução do problema do desemprego está associada à capacidade de o mesmo ajustar com rapidez os trabalhadores desempregados às vagas disponíveis. Fica explícita sua limitação a reduzir o desemprego friccional.

Pode-se supor que essa diretriz adotada pela OIT está em sintonia com os pressupostos da criação do sistema nacional de oficinas de emprego no Reino Unido em 1909. O principal argumento para a instituição do sistema de oficinas de emprego em nível nacional era a organização do mercado nacional de trabalho, evitando a saturação da oferta de trabalho, que beneficia o comprador de força de trabalho em detrimento do vendedor[5]. Essa medida deveria evitar a manutenção do método "medieval" da busca de emprego de porta em porta, reduzindo-se o tempo de transição de um posto de trabalho para outro nos diversos setores de atividades econômicas. Ademais, permitiria compor as necessidades de recrutamento de mão de obra específicas de cada setor com as suas necessidades totais. E, no que tange aos grandes estoques de mão de obra subempregada nos setores de emprego eventual, possibilitar a sua substituição por pequenos grupos móveis, devidamente empregados, que executem o trabalho ora em determinado lugar, ora em outro. O objetivo de organizar o mercado de trabalho por meio desse sistema era enfrentar o desemprego (*Beveridge*, 1988, p. 68).

---

(5) Esse movimento está em sintonia com a unificação dos estados nacionais (como Itália e Alemanha), que desde a metade do século XIX caminhava para criar uma unidade territorial, em que o mercado de trabalho era ponto essencial.

Em síntese, pode-se dizer que nesse primeiro momento — da criação da OIT em 1919 até o fim da II Guerra — as normas e diretrizes dadas pela OIT estavam em grande medida influenciadas pelo pensamento liberal sobre o mercado de trabalho. A essa diretriz, contudo, associa-se a visão humanista da Igreja, o crescimento dos movimentos sociais, sobretudo pelo fortalecimento dos sindicatos e dos partidos de esquerda, que ampliaram suas lutas por melhores condições de trabalho e de vida. Assim, as normas refletem essa tensão, e não somente no que diz respeito ao serviço público de emprego, mas também em relação a tudo que diz respeito ao campo do trabalho (jornada de trabalho, trabalho de crianças e mulheres, férias etc.). Somente ao fim da II Guerra é que se verifica um reposicionamento com a mudança na postura dos governos que passam a adotar uma política econômica voltada para a busca do pleno emprego. Mudança essa diretamente ligada à crise dos anos trinta e à incapacidade da teoria econômica ortodoxa de explicar e apontar soluções para o desemprego massivo.

A partir de 1924, a economia recupera-se, porém o desemprego mantém-se elevado. Entre 1924 e 1929, o nível de desemprego permanece entre 10% e 12% na Grã-Bretanha, Alemanha e Suécia, enquanto na Dinamarca e Noruega estes índices chegam a patamares de 17% a 18%. A exceção será os EUA, onde a economia crescia fortemente, e a taxa de desemprego era menor, 4% (*Hobsbawn*, 1995, p. 95). Entretanto, a euforia do crescimento da economia americana durante os anos vinte teve seu final na crise de 1929, com o *crash* da bolsa de Nova York, levando de roldão a economia mundial. À queda da bolsa seguiu-se a

"queda inexorável da produção total, valores e emprego que, em pouco mais de dois anos, reduziu o valor da produção nacional à metade e deixou doze milhões de operários — dez milhões e meio a mais que em 1929 — sem trabalho em sua maioria sem meios certos de sustento. Os que ainda tinham trabalho viviam sob o temor angustiante de que sua vez estaria próxima" (*Galbraith*, 1964, p. 68).

Com a crise de 1929, o desemprego de massa resultante tornou-se um problema de primeira ordem. A necessidade de se estabelecer mecanismos para assegurar aos desempregados sua sobrevivência no momento do desemprego, evitando-se, dessa forma, o agravamento das condições de vida do trabalhador parece ter influenciado a OIT, que introduz a Convenção n. 44 e Recomendação n. 44 em 1934, sobre o seguro-desemprego ou auxílio equivalente. Nessas normas indicam-se os princípios e regras para a constituição de um sistema obrigatório de seguro ou indenizações contra o desemprego, bem como ser implementado um sistema de assistência complementar para aqueles trabalhadores desempregados que tivessem esgotado seu direito de receber o benefício ou nalguns casos em que o trabalhador não conseguisse adquirir o direito a recebê-lo. Entretanto, essa assistência complementar deveria ser de outro caráter e estabelecer-se sobre base diversa da assistência aos indigentes.

Ademais, defende-se que o benefício deve acompanhar toda a vida ativa do trabalho, encerrando-se somente quando o mesmo tenha direito a uma aposentadoria por velhice; que ele possa ser estendido aos trabalhadores por conta própria (independentes) que possuam baixo rendimento; e de definição de critérios para os casos em que o benefício possa ser cortado em virtude da recusa do trabalhador em aceitar um emprego conveniente — sendo estabelecidos critérios do que venha a ser um emprego não conveniente — ou participar de um curso de treinamento/qualificação, desde que esse treinamento lhe traga vantagens. Aliás, defende-se que uma parcela dos recursos destinados à assistência de desemprego seja invertida em cursos de qualificação profissional e em políticas que facilitem a transição de um emprego a outro.

A recuperação econômica ocorreu de forma lenta e com a mão visível do Estado, com os governos implementando medidas diretas para recuperar o emprego. Nos Estados Unidos, o governo *Roosevelt* adotou um plano para poder ter a coordenação sobre a economia. O *New Deal*, numa primeira fase, criou uma série de institutos regulatórios que permitisse ao governo intervir sobre a produção agrícola e industrial de forma a controlar a produção destes por meio de quotas e definição de limites. Por outro lado, suspendeu temporariamente a lei antitruste, permitindo maior concentração industrial, além de serem concedidos créditos e subsídios ao setor bancário e para a indústria. Dessa forma protegeu-se o grande capital e impediu-se que a queda dos preços fosse ainda maior (*Coutinho*, s/d). Quanto à estrutura sindical, o governo manteve o direito à contratação coletiva do trabalho pelo sindicato e a liberdade de organização sindical, medidas que foram importantes no futuro, pois naquele momento a reação sindical foi fraca. Para combater o desemprego, *Roosevelt* instituiu o *Unemployment Relief Act*, que permitia a criação de empregos públicos ou incentivá-la mediante subsídios, além de fomentar diretamente a construção civil. O resultado, contudo, foi evitar o crescimento do desemprego sem, no entanto, conseguir reduzi-lo. Na segunda fase do *New Deal* eliminou-se grande parte do aparato de regulação criado anteriormente, passando a política econômica do governo a ser direcionada para gastos sociais. Assim, criou-se o sistema previdenciário, o serviço público de emprego (1933) e os benefícios de desemprego (1935) e estendeu-se a legislação social para segmentos da população não cobertos, ampliando-se fortemente os gastos sociais e aumentando-se o emprego direto por parte do Estado. Isso permitiu a recuperação, mesmo que lenta e titubeante, da atividade econômica, já que não foi acompanhada pelos investimentos privados, que vão ser retomados somente com o início da Segunda Guerra.

De forma autoritária, a Alemanha nazista vai usar mecanismos similares para sair da crise, isto é, forte intervenção do Estado, que vai direcioná-la, no entanto, para o esforço bélico. A incapacidade da social-democracia alemã em compreender o momento histórico por que passava a economia mundial viu naufragar sua política econômica ortodoxa, totalmente ineficaz para enfrentar o elevado desemprego que atingia cerca de 5 milhões de trabalhadores em 1932, na sua grande maioria jovens[6]. Esse erro permitiu a ascensão dos nazistas ao poder, com um discurso nacionalista e racista, que implementou um governo totalitário. Para acabar com o desemprego, o governo nazista criou um grande programa de obras públicas, o que rapidamente impulsionou a construção civil e fez baixar o desemprego. Entre 1933 e 1936, as linhas gerais da política nazista estiveram voltadas para estimular a manutenção da pequena propriedade, para a cartelização e concentração do capital e a destruição do aparato sindical. A partir de 1936, a política econômica foi direcionada para a produção da indústria pesada e bélica. O gasto do Estado com as atividades militares chegou a 1/3 do orçamento entre 1938/39, e o desemprego chegara a níveis muito baixos (*Coutinho*, s/d).

---

(6) Dois anos mais tarde o desemprego de massa desapareceria, com os jovens desfilando nas fileiras da juventude nazista.

Na Inglaterra a crise não tinha sido de superacumulação, pois a indústria inglesa estava estagnada há muito tempo e o poder do setor financeiro impedia a modernização da indústria. Assim, a crise permitiu as condições para a desvalorização da libra e uma política protecionista para o setor industrial. Conjuntamente, o governo implementou um programa de construção civil residencial que teve efeito positivo sobre a indústria, pois a construção civil, além de ter aumentado o número de empregos, estimulou a demanda por bens duráveis, de material de construção e de transportes coletivos. Isso foi importante para que a Inglaterra modernizasse sua indústria, sem o que teria tido dificuldades para enfrentar os desafios da guerra (*Coutinho*, s/d). O movimento sindical, apesar do fracasso e das sequelas da greve geral de 1926, conseguiu recuperar-se mantendo uma posição forte, tendo atuação importante durante a guerra, inclusive com a participação de membros do partido trabalhista no governo de Churchill (*Galenson*, 1985).

Na França, o resultado da depressão também não foi tão grave como nos demais países europeus. O desemprego recaiu principalmente sobre os imigrantes que tinham suprido a escassez de mão de obra que atingiu o país após a primeira guerra. Em 1936 assume o governo socialista da Frente Popular, sob o comando de *Leon Blum*, que conseguiu fazer uma negociação entre os grevistas e patrões, obtendo destes últimos a aceitação, pela primeira vez, de uma negociação coletiva (*Galenson*, 1985). O governo da Frente Popular implementou um programa de obras públicas bastante amplas que permitiu a recuperação da economia francesa a partir de 1937. O financiamento dessas obras foi feito através do aumento da dívida pública e da emissão de moeda, porém, devido à incapacidade política em fazer uma reforma tributária que permitisse adequar a receita aos gastos, as contas deterioraram-se com a elevação do nível de preços tornando a taxa de câmbio irreal. Ademais, o governo também não conseguiu desvalorizar o câmbio, devido à pressão dos interesses do capital financeiro, deixando o franco sobrevalorizado. As dificuldades do governo em solucionar a crise econômica advindas do financiamento do déficit público obrigaram a saída de *Leon Blum* do governo, pondo fim ao governo da Frente Popular (*Coutinho*, s/d).

Na Suécia, em 1932, assume um governo de orientação social-democrata, consolidando o crescimento da participação política dos trabalhadores cujo sindicalismo crescia desde 1910. Seguindo orientação contrária ao pensamento convencional da época, o governo adotou um programa de gastos em obras públicas financiadas por meio do déficit orçamentário (*Galenson*, 1985). Essa foi a primeira experiência bem sucedida de viés Keynesiano que, no pós-guerra, foi adotado pela maioria dos países da Europa Ocidental.

A crise do período entre guerras, especialmente na Europa, após a depressão causada pela quebra da Bolsa de Nova Iorque, expôs toda a fragilidade do modelo econômico mundial, gerando uma massa de desempregados de proporções jamais vista. Se por um lado a crise de 1929 abriu caminho para a crítica ao pensamento econômico dominante, por outro permitiu que propostas autoritárias ganhassem mentes e corações, e governos totalitários assumissem o poder na Europa. A saída da crise levou o Estado a exercer maior controle sobre a economia e sobre o mercado de trabalho, exigindo medidas que visavam estimular a produção e elevar o nível de emprego, inclusive de forma direta por meio de obras públicas. Além disso, construiu-se um conjunto de normas e regras que passam a regular as relações de exploração da força de trabalho (duração da jornada, horas extras, trabalho infantil e da mulher etc.). Ademais, no campo da proteção social introduz mecanismos que garantem a renda do trabalhador contra os riscos de incapacidade de trabalho (aposentadoria, auxílio-acidente, auxílio-saúde, benefício por desemprego etc.), que permite a sobrevivência fora do mercado de trabalho. A introdução desses mecanismos de regulação e proteção varia de um país para outro, mas após a II Guerra dissemina-se, ainda que com especificidades, para todas as economias capitalistas avançadas.

Essas conquistas no campo trabalhista, no entanto, ficaram restritas aos grupos de trabalhadores sindicalizados, não se disseminando para o restante da população, o que só vai ocorrer após a Segunda Guerra. Porém, foram conquistas importantes para a classe trabalhadora, possibilitando-a sair da condição de proletariado, na qual sua remuneração representava o pagamento por tarefa realizada, para a condição operária, incorporando direitos além da remuneração recebida pela tarefa realizada (como a aposentadoria, o seguro--acidente, o seguro-saúde). Essa mudança permitiu a esses trabalhadores participarem de um mercado de consumo, ainda que fosse um consumo para as camadas populares, mas significou a integração social desse conjunto de pessoas, ainda que de forma subordinada (*Castel*, 1998, p. 7).

A experiência vivida no período entreguerras refletiu-se na Conferência geral da OIT realizada em 1944 na Filadélfia (EUA), que reafirmou os princípios que nortearam a sua criação. A declaração resultante da conferência (que passou a ser conhecida como Declaração da Filadélfia) reflete principalmente o desemprego de massa experimentado no período e permeiam as decisões as obrigações que a OIT deveria assumir daquele momento em diante. Entre os dez pontos listados na referida declaração, o primeiro destaca a necessidade de a OIT fomentar, junto aos países membros, a implementação de políticas destinadas a alcançar o pleno emprego e a elevação do nível de vida. Os nove pontos restantes tratam da necessidade de se implementar programas que garantam uma ocupação a todo o trabalhador de modo a permitir-lhe satisfação no exercício de sua ocupação e contribuir produtivamente ao bem-estar comum, devendo-se, para isso, serem criadas as condições para que o mesmo pudesse qualificar-se para o exercício de uma ocupação. Tratam ainda, do imperativo de um rendimento adequado ao trabalhador e da proteção contra os riscos decorrentes do exercício de uma ocupação bem como dos riscos a que todo indivíduo está exposto ao longo de sua vida.

A difusão do modelo fordista/taylorista de organização do processo de trabalho industrial, combinada à maior presença do Estado na regulação do mercado de trabalho e a liberdade de atuação sindical na negociação coletiva entre empregadores e trabalhadores, permitiu a estruturação do mercado de trabalho. Essa estruturação manifestou-se na disseminação do trabalho assalariado regulado e com proteção social, possibilitando no período que se seguiu ao pós-guerra a elevação dos rendimentos do trabalhador, especialmente daqueles de menor qualificação, levando a uma maior homogeneidade no mercado de trabalho e na sociedade das economias capitalistas avançadas.

1.2. O SERVIÇO PÚBLICO DE EMPREGO NO PÓS-GUERRA: PLENO EMPREGO E DESENVOLVIMENTO SOCIAL

O período que vai do final da Segunda Guerra até quase o final dos anos setenta é marcado pela política de pleno emprego adotada pelos governos dos países avançados como resposta tanto à experiência nazifascista da década de trinta, como à experiência socialista. Busca-se construir um arranjo político social e econômico que permita a incorporação da população ao mercado de trabalho e ao consumo, elevando as condições de vida. Isto, no entanto, não resultou da boa vontade dos capitalistas, porém de um leque amplo de situações que concorreram para este fim.

Os acordos selados em *Bretton Woods*[7] e que redefiniram o novo quadro das relações internacionais tiveram no fator político (o advento da guerra fria) um dos elementos determinantes na posição americana e na política econômica desenvolvida no período. Os partidos trabalhistas e de esquerda saíram fortalecidos da guerra pela posição antifascista e de resistência assumida no período bélico ganhando espaço para tornarem-se uma alternativa de governo. A ajuda americana aos países europeus buscou enquadrar os governos, de forma a controlar e evitar o fortalecimento dos movimentos revolucionários e, com isso, ao mesmo tempo em que se deu maior espaço para o movimento operário poder atuar com maior liberdade, conquistando novos direitos que, sob outras condições, dificilmente seriam alcançados. Neste contexto, os sindicatos passaram a ter papel de destaque — conjuntamente aos partidos trabalhistas e socialistas — como atores ativos nas definições políticas do Estado e dentro da determinação das condições de trabalho e dos salários que, assim, deixavam de ser definidos pelo mercado, passando a ser negociados pelo conjunto dos trabalhadores por meio dos contratos coletivos firmados entre sindicatos e patrões. Ocorreu, dessa forma, uma acomodação em que os trabalhadores admitiram a determinação da organização do trabalho pelos capitalistas e a condução privada da economia, em troca de uma maior participação na renda (por meio do *welfare*, maiores direitos sindicais na definição dos salários e direitos políticos). O Estado passou a ter maior atuação, administrando a demanda agregada por intermédio da definição dos gastos governamentais e atuando para reduzir as desigualdades sociais com o oferecimento de serviços sociais fornecidos pelo Estado de Bem-Estar (*Mattoso*, 1995, p. 28-29).

Verifica-se uma mudança no papel do Estado, que passou a ser o intermediário no conflito entre capitalistas e trabalhadores. Os trabalhadores que antes da guerra haviam passado da condição de proletários para a condição operária, integrando-se ao sistema capitalista, ainda que de forma subordinada, acabam tendo sua posição revolucionária superada pela posição reformista que passa a ser hegemônica com a predominância dos assalariados de classe média. O assalariamento de "colarinho branco" que teve seu início com o advento da grande indústria, que fez surgir o quadro burocrático, desenvolveu-se no pós-guerra principalmente com o crescimento do emprego no setor público e no setor terciário, levou a classe operária a ter um status inferior em relação a estes, ficando na base da hierarquia social. Os conflitos entre capital e trabalho não deixaram de existir, porém a partir desta nova situação eles passam a ocorrer no interior dessa "sociedade salarial", pois não é mais preciso a posse de um grande patrimônio para ter acesso aos bens, ao prestígio, isso é obtido pela posição que se ocupa na hierarquia salarial. A condição de assalariado passa a ser condição de acesso à propriedade — à casa própria, ao automóvel e outros bens —, pois permite acesso ao crédito. O novo Estado pressupôs e contornou o conflito de classes (*Castel*, 1998).

---

(7) Sobre o Sistema de Bretton Woods, ver: Eichengreen, B., 1996, cap. 4.

O crédito[8] foi outro fator importante para o dinamismo econômico do período. Ele permitiu o crescimento do mercado interno dos países avançados, principalmente na Europa e Japão. Isso foi possível porque o emprego tornou-se estável e a renda assegurada, mesmo para aqueles que ficassem desempregados — pois estavam protegidos pelo Seguro-Desemprego. A garantia da renda permitiu acesso ao crédito que, por sua vez, permitiu maior consumo, sobretudo para aqueles produtos cujo valor era muito superior ao salário do trabalhador e que somente poderiam ser adquiridos por meio do parcelamento. Assim, nesse período singular na história do capitalismo, de prosperidade nunca antes vista, verificou-se um rápido e elevado crescimento econômico, ao mesmo tempo em que cresceram a produtividade, os salários e os lucros (*Glyn et al.*, 1990), gerando um círculo virtuoso que sustentou esse crescimento até fins dos anos 60, liderado pelo setor de bens de consumo duráveis e intermediários (*Fajnzylber*, 1983). Com isso, foi possível incorporar parcelas crescentes da população ao mercado de trabalho, caminhando-se em direção à universalização dos serviços do *Welfare State*, o qual permitiu a redução das desigualdades e maior homogeneização social (*Pochmann*, 1995).

A organização do serviço público de emprego no pós-guerra

Próximo ao final da guerra, em 1944, a OIT adota duas normas[9], cuja preocupação central está na transição de uma economia de guerra para uma economia de paz, ou seja, reorganizar a produção, não mais para o esforço bélico, e sim para a produção de bens de consumo e de produção. Isso implicava a realocação da mão de obra desmobilizada ou deslocada, dirigindo-a para os setores e regiões onde fossem necessários. Além disso, aparece também a preocupação com a questão da qualificação, pois para a reconversão econômica seria necessário o (re)treinamento dos trabalhadores para atender à nova demanda das empresas.

As orientações da OIT para os países membros na Recomendação n. 71 consideram a promoção do pleno emprego dos trabalhadores como um objetivo primordial. E, para se atingir tal objetivo, considera necessária a complementação das medidas econômicas que geram empregos com uma organização adequada do mercado de trabalho. Essa melhor organização deve possibilitar aos empregadores encontrar os trabalhadores mais apropriados e capacitados, distribuídos de maneira satisfatória entre as regiões e os ramos de atividade. E deve também ajudar os trabalhadores a encontrar os empregos mais adequados às suas qualificações. Como decorrência das medidas sugeridas para os países na transição de uma economia de guerra para uma economia de paz, e em seu auxílio, a OIT também adota uma norma para o serviço de emprego (Recomendação n. 72). Nela já está colocada a função essencial do SPE, a de garantir a melhor organização do mercado de trabalho que permita o total aproveitamento dos recursos produtivos[10], que vai ser reafirmada na Convenção n. 88.

---

(8) Sobre a importância do crédito para o crescimento do pós-guerra e as consequências para a crise dos anos 70, ver: Guttmann (1994); Aglieta (1979).
(9) Recomendação n. 71, sobre a organização do emprego (transição da guerra à paz); e Recomendação n. 72, sobre o serviço de emprego.
(10) Recomendação n. 72, art. 1º.

Para *Ricca* (1983, p. 14), as normas de 1944 já indicam uma mudança conceitual em relação ao serviço de emprego ao dar ênfase na promoção do emprego em substituição ao auxílio aos desempregados individualmente, que estava mais associado aos escritórios de colocação, e também ao referir-se às medidas ativas para a organização do mercado de trabalho. Essa nova orientação teórica que toma corpo nas normas de 1944, por sua vez, influenciou aquelas normas que foram adotadas no pós-guerra, em 1948 e que dariam as diretrizes para a organização do serviço público de emprego.

Assim, com as normas de 1948 — a Convenção n. 88 e a Recomendação n. 83 — o serviço público de emprego ganha sua forma mais acabada, além das diretrizes para sua organização, explicitam-se os objetivos e as funções do serviço de emprego. Nessa convenção, em seu artigo primeiro, define-se como a principal função do SPE **a melhor organização possível do mercado de trabalho como parte integrante de uma política nacional que visa a assegurar e a manter o pleno emprego**, bem como desenvolver e aproveitar os recursos produtivos. Esse serviço de emprego deveria ser organizado sob a forma de uma rede nacional, com unidades locais e regionais, conforme o caso, para atingir todos os espaços geográficos do país e estar sob a direção de uma autoridade nacional. Da mesma forma, previa-se uma comissão consultiva paritária composta por representantes dos trabalhadores e dos empregadores.

Essas normas, ao reafirmarem o sentido das mudanças na concepção teórica das normas de 1944, vão muito além da simples especificação de como organizar o serviço de emprego, como está expresso no título da convenção. O desemprego passa a ser considerado como resultado do mau funcionamento da economia e não mais como uma adversidade do indivíduo. O pleno emprego passa a ser visto como uma tarefa realizável. E o serviço de emprego passa, então, a ser um órgão com a capacidade de controlar a situação de emprego e não somente a de ajudar individualmente os trabalhadores em situação de desemprego. A ação racional, realizada pelo serviço de emprego, de organização do mercado de emprego — retirando-lhe os obstáculos e reduzindo-lhe os desequilíbrios — contribuiria para se atingir o pleno emprego. Dessa forma, o serviço de emprego passa a ser um órgão organizador e regulador do mercado de emprego (*Ricca*, 1983, p. 15).

Essa mudança é significativa. Ao considerar que a situação de desemprego não decorre, necessariamente, do infortúnio individual, mas do comportamento da economia, retira a responsabilidade do trabalhador pelo desemprego. A função social original do serviço de emprego, de apoiar os trabalhadores desempregados, é mantida, porém uma nova incumbência, de caráter econômico, lhe é dada, a de regulação do mercado de trabalho. Isso é, essa nova atribuição lhe coloca como um instrumento destacado para se atingir o pleno emprego. E isso é possível na medida em que se considera que o pleno emprego é resultado da organização racional do mercado de trabalho, e na medida em que o serviço de emprego possibilita eliminar e reduzir os obstáculos que o mercado de trabalho apresenta, ele se torna um instrumento fundamental para chegar ao nível máximo de emprego.

As normas de 1948 detalham, ainda, quais devem ser os instrumentos básicos que o serviço público de emprego utilizará para atingir seus objetivos de organização e regulação do mercado de emprego: a colocação de trabalhadores, o fomento à mobilidade profissional e geográfica e coleta de informações sobre o mercado de emprego. Mesmo com essas novas funções, as normas conservam suas tarefas tradicionais, quais sejam, contribuir para a administração dos seguros de desemprego, além de arbitrar medidas dirigidas à colocação de jovens e de determinadas categorias de trabalhadores. Assim sendo, além de manter suas funções anteriores às normas, agregam-lhe a função econômica de regulação do mercado de emprego. Em termos da sua estruturação, as normas orientam para que o serviço se organize na forma de uma rede descentralizada, com conselhos locais e regionais nos quais participem trabalhadores e empregadores; facilite a especialização por profissão ou por setor industrial; garanta a competência e probidade de seus funcionários; e coordene suas ações junto às das agências privadas não lucrativas. Estabelece, ainda, que a utilização dos recursos do serviço seja voluntária.

Na visão de *Ricca*, sob alguns aspectos, as normas anteciparam-se ao seu tempo, mesmo que essa orientação de organização do serviço público de emprego, em alguma medida, estivesse já desatualizada. A Convenção n. 88, ao sugerir no seu art. 6º a colaboração do serviço de emprego com outros organismos do setor público ou privado na elaboração de planos sociais e econômicos, de forma a influir favoravelmente no nível de emprego, tomaria como pressuposto que o nível de emprego é determinado pela ação conjunta de instituições públicas e privadas. Isso seria uma indicação de que os programas de emprego resultam de ações múltiplas. Esse fato é importante na medida em que o desenvolvimento das teorias sobre desenvolvimento econômico a partir da década de 1950 altera a visão sobre os fatores determinantes do pleno emprego.

Essa nova visão vai apontar na direção de que o pleno emprego depende tanto de uma decisão política como de ações concertadas, convergentes e permanentes para atingi-lo. *Myrdal* é um exemplo dos autores que se preocuparam com a questão do desenvolvimento econômico das nações, e resume bem o espírito da época. Em vários estudos (*Myrdal*, 1962 e 1977), esse autor se debruça sobre a necessidade de uma atuação pró-ativa dos governos de nações subdesenvolvidas e desenvolvidas na direção de estimular o crescimento econômico como forma de se atingir a meta do pleno emprego. E para atingir o crescimento econômico era necessária uma atitude deliberada e planejada desses governos.

Não se pode ignorar que as deliberações da OIT, ao menos no imediato pós-guerra e em que pese a participação de países de vários continentes, sofrem a influência da realidade europeia na definição de suas diretrizes. Não é diferente o caso das diretrizes que orientam a constituição de um serviço público de emprego em nível nacional. Essas diretrizes refletem o compromisso assumido pelos países da Europa ocidental com o pleno emprego com base na experiência das primeiras décadas do século XX, em que o desemprego massivo teve graves consequências sociais. Como apontam alguns autores (*Offe*, 1984; *Przeworski*, 1989; *Flora & Alber*, 1987), a reconstrução europeia esteve associada à estratégia dos Estados Unidos de barrar a expansão da União Soviética sobre a Europa ocidental. Esse fato foi determinante para criar um ambiente favorável à maior participação social e consolidar um "pacto social" que possibilitou a incorporação de parcela crescente da população ao mercado de consumo.

É interessante observar que esse compromisso com o pleno emprego dos países europeus ocidentais levou a uma homogeneização de seu mercado de trabalho, no qual a relação de trabalho dominante é a relação assalariada — isto é, o emprego regulado por um contrato de trabalho — o que o torna um mercado de emprego, fundamentalmente. Isso tem implicações importantes, pois significa que as relações de trabalho serão mediadas por regras construídas socialmente e fiscalizadas pelo Estado, o que possibilita a construção de um Estado de Bem-Estar social, como mostra *Castel* (1998). Ao mesmo tempo em que a disseminação do assalariamento possibilita a construção desse estado de bem-estar, este reforça o assalariamento e o pleno emprego na medida em que isso significa a ampliação dos serviços sociais, para os quais se necessita de grande contingente de mão de obra.

Dessa maneira, as normas que são adotadas pela OIT na década de 1960 sofrem a influência do debate e das teorias sobre desenvolvimento elaboradas nessa época. Como aponta *Ricca*, a Convenção n. 122 e a Recomendação n. 122 (sobre as políticas de emprego), ambas de 1964, adotadas pela organização, ecoam as ideias daquelas teorias[11]. Nessas, o emprego não é visto como sendo resultado unicamente da organização do mercado de trabalho, mas fundamentalmente da decisão política conjuntamente com ações coordenadas e permanentes na busca do pleno emprego. Em outras palavras, o emprego aparece agora como resultado da intervenção direta dos governos nos mecanismos econômicos para se atingir o objetivo do pleno emprego e, mais do que isso, a necessidade de subordinar todas as ações na busca desse objetivo.

Essas normas, mesmo não tratando diretamente sobre o serviço de emprego, refletem nas suas ações. A consequência direta para o serviço de emprego foi a de retirar-lhe a proeminência da sua função de regulador do mercado de trabalho, a qual se converte em um dos instrumentos da política de emprego, situando-se, a partir de então, no mesmo nível das políticas tecnológica, de gastos públicos etc. Isto é, ela passa a fazer parte daquele conjunto de ações que precisa da boa coordenação do Estado para atingir o objetivo do pleno emprego, que aqui assume o sentido de garantir trabalho a todos os que querem trabalhar.

Ainda que o serviço de emprego deixe de ter a posição central na política de emprego, nem por isso deixa de ter um papel fundamental. Para a formulação da política de emprego tornam-se fundamentais as informações sobre a população ativa, o emprego, o desemprego, enfim, todas as informações sobre o mercado de trabalho, informações essas que têm no serviço de emprego sua principal fonte. Ademais, a função de mobilizador e organizador da força de trabalho torna-se importante para as reestruturações econômicas, para os programas de investimento e de reconversão industrial, o que implica transferência de trabalhadores de uma ocupação para outra, de um setor para outro, ou mesmo de uma região para outra. Nesse sentido, a ação do serviço público de emprego é fundamental para dar agilidade a esse processo. As normas de 1964 acrescentam ainda como funções do serviço de emprego a de administrador, controlador ou participante de programas de obras públicas e programas especiais para os jovens (*Ricca*, 1983, p. 17).

Para *Ricca*, as normas de 1964, mais do que atribuir novas funções ao serviço público de emprego, dão uma nova dimensão às suas atribuições tradicionais: tornam-nas mais ativas, no sentido de que elas devem ser exploradas para além dos objetivos mais específicos

---

(11) Em 1962, a OIT já tinha adotado a Convenção n. 117, sobre os objetivos e normas básicas da política social, em que os planos de desenvolvimento econômico deviam ter como objetivo fundamental de sua execução a melhoria dos níveis de vida da população.

para os quais foram criadas. Como exemplo, o autor aponta a função de colocação. Para o desempenho desta função, o serviço de emprego tem, necessariamente, que registrar as informações tanto do trabalhador em busca de uma ocupação como das informações sobre o posto de trabalho, para então fazer o encontro entre oferta e demanda. As informações recolhidas a partir dessa tarefa devem ser exploradas para constituírem-se em informações para estudos e análises que subsidiem o planejamento e a política de emprego, além, é claro, da própria atuação do serviço de emprego. O sentido dessa mudança é fazer com que o serviço não tenha uma atitude passiva de buscar "emparelhar" a oferta e a demanda de trabalho a partir das informações, mas tenha uma ação mais ativa de prospecção e de promoção do emprego.

Em 1978, a OIT adota a norma sobre a administração do trabalho, Convenção n. 150. Esta norma complementa a norma sobre políticas de emprego de 1964. *Ricca* considera que enquanto as normas de 1964 situam a atuação do serviço de emprego no marco funcional da política de emprego, as normas de 1978 situam o serviço de emprego no marco institucional da administração do trabalho. Dessa forma, a política de emprego não deve ser incumbência única do serviço de emprego, mas este deve ser seu principal executor. O serviço de emprego faz parte, portanto, de uma estrutura administrativa que tem a missão de dirigi-lo e controlar o desempenho de suas atividades em benefício do emprego, e que se utiliza das informações sobre o mercado de trabalho por ele produzidas.

Durante todo o período do pós-guerra até meados dos anos setenta, com poucas exceções, os países apresentaram taxas elevadas de crescimento do produto. Nas economias capitalistas avançadas, a política de pleno emprego possibilitou a incorporação da população ativa no mercado de trabalho como mão de obra assalariada, regulada pelas normas legais e pelos contratos coletivos negociados pelos sindicatos, criando as condições para a disseminação da proteção social sobre o conjunto da população. Os serviços de emprego tiveram uma atuação funcional, na medida em que a atividade de colocação reduzia o desemprego friccional ao mínimo, facilitava a mobilidade ocupacional e espacial. O seguro-desemprego, por outro lado, além de proteger a renda do trabalhador no momento de desemprego, o que no conjunto da economia ajudava a sustentar parte da demanda de bens de consumo dos assalariados, evitava que o trabalhador fosse obrigado a aceitar um emprego em condições inferiores às de seu emprego anterior. Portanto, o serviço público de emprego nas economias industriais avançadas tem um desempenho eficiente e é efetivo em estruturar e organizar o mercado de trabalho ao lado de outros institutos do mercado de trabalho.

1.3. As mudanças no serviço público de emprego a partir da crise dos anos setenta

A economia mundial viveu uma época de grande prosperidade e estabilidade durante o período que vai do fim da II Guerra até meados da década de 1970, que passou a ser chamado de os "anos dourados" do capitalismo. Entretanto, esse foi um período de exceção. As economias dos países de industrialização avançada começam a dar sinais de esgotamento desse modelo de crescimento a partir do final da década de 1960. A década de 1970 foi marcada por movimentos de elevação e queda da atividade econômica resultante das tentativas dos governos em fazer retomar o crescimento. Isto fica mais claro na economia americana, em que, em resposta a um aumento dos gastos governamentais, seguia-se a elevação dos preços, o que levava, no momento posterior à contração dos gastos e redução do nível de atividade econômica. Esta forma de condução da política econômica tornava a economia bastante instável, o que contribuía para aumentar a insegurança em relação ao futuro da economia e desestimular novos investimentos produtivos que alavancassem um novo ciclo de crescimento.

Esse período de instabilidade, com estagnação e inflação, fortaleceu os argumentos conservadores que apontavam para a crescente intervenção do Estado e a excessiva rigidez do mercado de trabalho como responsáveis pela elevação do nível de preços e o baixo crescimento econômico. A forte expansão dos "anos de ouro" proporcionou a incorporação de parcela crescente da população ao consumo de bens duráveis. Essa incorporação e a ampliação do consumo, a certa altura, começaram a crescer a taxas menores, ou seja, à medida que se incorporavam mais pessoas, menor era o número a se incorporar. Considerando que num mercado capitalista as decisões do investimento são individuais, e que este tem a necessidade em manter-se à frente de seus concorrentes para garantir — e ampliar — o seu mercado. Considerando ainda, que as perspectivas nos anos sessenta fossem otimistas, haja vista que o desempenho da economia era favorável, os investimentos no aumento da capacidade produtiva excederam aquilo que o mercado poderia absorver. Como consequência, no momento em que a produção não se realiza, o capitalista revê sua expectativa quanto ao momento futuro da economia, reduzindo seu investimento em nova capacidade produtiva. Esta decisão afeta outros empresários, que também terão suas encomendas diminuídas e reduzirão seus investimentos, num movimento em cadeia que terá como resultado um menor crescimento e nova mudança nas expectativas dos empresários, que levará a nova redução de investimento, num círculo vicioso, inverso ao ocorrido no período anterior. Nesse quadro de excesso de capacidade produtiva, as tentativas governamentais de induzir a retomada dos investimentos por meio do gasto público resultaram em elevação dos preços e não em novos investimentos privados em capacidade produtiva.

O crescimento da inflação levou os trabalhadores a reivindicarem reajustes salariais que compensassem essas perdas e isso foi possível pela força que os sindicatos adquiriram durante o período de crescimento e de pleno emprego. Os aumentos salariais, que por um lado impediram uma queda mais rápida da demanda, contribuíram para o crescimento dos custos de produção das empresas que foram obrigadas a absorvê-los sob a forma de redução nos lucros. Aumenta-se, assim, a participação dos salários na renda total, o que será tomado por alguns autores como um dos fatores que explicam a mudança no acordo entre capital e trabalho realizado no pós-guerra, sob a tese do *profit squeeze* (Glyn et al., 1990). Por essa ótica, a queda na produtividade devida às dificuldades em incorporar os avanços tecnológicos e a elevação dos níveis de preços acirram os conflitos distributivos, o que teria levado os capitalistas a retirarem o apoio à política de pleno emprego.

Aglietta (1979) vê a raiz dos problemas na crise do modo de organização do trabalho baseado no fordismo, que acentuou a luta de classes, ao aumentar a resistência dos trabalhadores quanto à disciplina característica dessa forma de regulação. Isto levou então à redução da mais-valia relativa, pois a mecanização tornou-se incapaz para economizar trabalho direto suficiente para cobrir os custos salariais. Mesmo relativizando o peso dos custos salariais este aparece, para *Fajnzylber* (1983), associado ao aumento dos custos impostos ao setor produtivo devido ao crescimento do setor público e ao esgotamento dos setores dinâmicos que haviam liderado o crescimento industrial durante os anos de ouro (bens de capital, consumo durável e petroquímico), o que colaborou para a queda da taxa rentabilidade.

Já *Eatwell* (1996) considera como principal causa para o crescimento do desemprego o colapso das instituições de *Bretton Woods* que levaram à desregulamentação financeira e a um menor ritmo no crescimento da demanda. A facilidade de movimentação de capitais entre os países e a eliminação dos controles cambiais — deixando taxas de câmbio flutuantes — obrigaram os governos a abandonarem as políticas expansionistas, adotando políticas fiscais e monetárias ortodoxas para tornarem-se confiáveis aos olhos do capital financeiro e atraírem os recursos necessários para o financiamento da dívida pública. Dessa forma, impôs-se uma elevação das taxas de juros, com rígido controle sobre a oferta monetária como forma de se aplacar o crescimento da inflação. Associado a isto, os países responsáveis passaram a cortar gastos para reduzir — a níveis seguros — o déficit público. O resultado foi um menor crescimento econômico com elevação das taxas de desemprego.

De forma mais geral, pode-se ver a crise como a desarticulação do padrão de desenvolvimento americano, que se tornou hegemônico no pós-guerra, e trouxe consigo um novo paradigma tecnológico, baseado na microeletrônica, associado a uma nova forma de organização da produção. Junto a isso, desestruturou-se o sistema econômico mundial e rompeu-se o compromisso do pleno emprego. As consequências foram a crescente insegurança do trabalho, da renda, com o crescimento do desemprego (*Mattoso*, 1995).

Em resumo, a crise dos anos setenta resulta de uma combinação de fatores que desestruturaram os institutos erigidos no pós-guerra e que permitira colocar sob controle as forças capitalistas desencadeadas pela concorrência na busca incessante do lucro, posto como fim em si. Assim, a prosperidade econômica dos anos de ouro, ao induzir o crescimento mais rápido da capacidade produtiva, levou à superacumulação e à redução no ritmo de novas inversões e, consequentemente, do crescimento do produto. A redução do mercado consumidor acirrou a concorrência intercapitalista, forçando as empresas a investirem em novos equipamentos que possibilitassem a redução de custos e a racionalização da produção e não com vistas à ampliação da capacidade produtiva. Se, por um lado, essa estratégia levou a um aumento da produtividade em nível microeconômico, por outro, para a economia como um todo o resultado foi um menor crescimento da produção e da produtividade.

O abandono do compromisso com a política do pleno emprego e a defender políticas de contenção monetária e fiscal, com ênfase na estabilidade da moeda, privilegiando o mercado de capitais em detrimento do setor produtivo ganhou força com os governos conservadores de Thatcher, na Inglaterra, e Reagan, nos EUA. A estratégia dos Estados Unidos de retomar a sua hegemonia no plano econômico com a adoção da política do dólar forte (*Tavares*, 1997) levou — em maior ou menor grau — sua disseminação pelos demais países capitalistas de industrialização avançada. Os resultados observados das mudanças ocorridas foram índices de inflação menores, menor crescimento do produto e maior desemprego — na Europa — ou maior precariedade — nos Estados Unidos.

É nesse contexto de crescimento econômico irregular, de níveis de desemprego elevados e persistentes que o papel e as funções do serviço público de emprego começaram a mudar. Num primeiro momento, a desaceleração da economia foi vista como sendo conjuntural e, diante disso, as medidas de enfrentamento buscavam atenuar os efeitos resultantes da crise. Assim, deu-se ênfase às políticas de redução da oferta de mão de obra, de criação de empregos com financiamento público (subsidiado), e de fornecimento de benefícios monetários por desemprego (assistenciais).

No entanto, a persistência do desemprego mostrava a ineficácia dessas medidas num contexto de fortalecimento da política econômica neoliberal e abriu espaço para as críticas conservadoras[12]. Essas críticas foram direcionadas à excessiva e benevolente proteção ao trabalhador, que desestimulava os desempregados em buscar uma nova ocupação, tornando--se ineficiente frente ao desemprego. A partir dessa crítica conservadora, passou-se a defender políticas que estimulassem os trabalhadores desempregados a um maior esforço na busca por uma colocação, chamadas de ativas, devendo estas ter maior prioridade em relação às chamadas políticas passivas, identificadas como aquelas que transferem renda e consideradas desincentivadoras da busca por trabalho. A atuação dos serviços públicos de emprego passou a ser questionada e surgiram propostas para sua redefinição, tanto em termos das suas funções, como da necessidade de seu monopólio.

A principal diretriz de enfrentamento do desemprego será a da ativação das políticas de mercado de trabalho. O uso dos termos ativação, políticas ativas, tem uma conotação ambígua e, utilizada pelos neoliberais, inverteu o sentido original utilizado pelos países escandinavos. A noção de política de emprego ativa, cujo modelo era sueco, deriva do reconhecimento do direito ao trabalho que todo trabalhador possui e que está expresso em textos das Nações Unidas, da OIT e nas constituições de muitos países. Diante do reconhe-cimento desse direito, caberia à sociedade, por meio do Estado, a obrigação de evitar que um indivíduo permanecesse no desemprego, qualquer que fosse a razão, flutuações cíclicas, crises setoriais etc. Assim sendo, a ação do Estado deveria possibilitar ao trabalhador desempregado situações "positivas" em que ele pudesse ampliar ou pelo menos manter suas habilidades, evitando-se o ócio, visto como fonte da degradação das habilidades ou das atitudes ou comportamentos. Essas ações podiam ser: treinamento, formação profissional, facilitação nos deslocamentos regionais ou trabalhos de interesse geral (*Freyssinet*, 2004).

Essa noção de política ativa é utilizada pelo pensamento econômico neoliberal com um sentido totalmente diverso. Como aponta *Freyssinet* (2004), o sentido dado à palavra ativação (ativação dos desempregados, ativação dos gastos), é o de reduzir sistematicamente a renda transferida ao trabalhador, concentrando os recursos orçamentários nas medidas consideradas positivas que são oferecidas ao desempregado. Essas medidas, no entanto, são concebidas como forma de controle sobre o trabalhador, forçando-o à busca permanente por um novo posto de trabalho. Dessa forma, aqueles desempregados que não estão "ativamente" em busca de um novo emprego são eliminados das listas do seguro--desemprego.

---

(12) Um estudo exaustivo sobre as teorias do desemprego a partir de diferentes abordagens pode ser visto em: Dathein, 2000.

As novas diretrizes para o serviço público de emprego serão resumidas no estudo realizado pela OCDE. Esse estudo mostra que haveria uma concordância geral em relação à necessidade de redirecionar o foco das políticas de mercado de trabalho das medidas passivas — aquelas que transferem renda de suporte aos desempregados — para medidas ativas — aquelas que teriam a capacidade de apoiar (assistir) o reemprego[13]. O estudo aponta para o fato de o gasto público com políticas de mercado de trabalho ser predominantemente realizado com medidas passivas na grande maioria dos países da OCDE. Mesmo considerando que essas medidas sejam importantes para aumentar a efetividade das medidas ativas, o estudo destaca a necessidade de esses programas serem dirigidos para grupos específicos ou serem desenhados para resolver problemas específicos do mercado de trabalho, além de ser importante garantir uma maior proximidade entre as medidas ativas e os sistemas de benefícios de desemprego e outros relacionados (OCDE, 1994; OCDE, 2001, p. 47).

A partir desse diagnóstico, o estudo propõe medidas para melhorar o funcionamento do serviço público de emprego. Entre essas medidas destacam-se a integração das funções básicas do serviço (colocação, benefícios de desemprego e programas de ajuste de mercado de trabalho) e a necessidade de se garantir o contato regular dos recebedores de benefícios por desemprego com o serviço público de emprego para que mantenham o esforço de procura por emprego. Para se atingir este objetivo, são propostos planos de volta ao trabalho (*back-to-work plans*), clubes de emprego (*job clubs*) e entrevistas de reorientação. Uma segunda proposta enfatizava a necessidade de se manter medidas do lado da oferta, tais como treinamento para o desempregado durante as fases de baixa do ciclo (*ciclical downswings*). Uma terceira proposta defendia focalizar as medidas de criação de empregos para aqueles trabalhadores para os quais o desemprego é particularmente prejudicial às perspectivas futuras (*e. g.* jovens desempregados de longa duração) ou para aqueles trabalhadores cujo poder de negociação é relativamente fraco (*e. g.* todos os desempregados de longo prazo). Além dessas medidas, propunha-se, ainda, eliminação do monopólio do serviço público de emprego. Segundo o estudo, as agências de colocação privadas, bem como as agências de trabalho temporário, têm um papel complementar aos serviços de emprego. Eliminando-se o monopólio, e possibilitando a intermediação por meio de agências não estatais, o serviço público de emprego seria forçado a concorrer no mercado de colocação de curto prazo, o que levaria a um aumento do fluxo de vagas (OCDE, 1994).

Em consonância com as propostas da OCDE, a União Europeia (UE), dentro de uma estratégia de emprego para o conjunto de países membros, formulou uma proposta de atuação do serviço público de emprego. Para o Conselho Europeu, o serviço de emprego deve ter a capacidade de antecipar-se ao desemprego de longo prazo, identificando com antecedência os grupos de trabalhadores que são mais vulneráveis no mercado de trabalho e atuando preventivamente. Ademais, deve reforçar o assessoramento ativo e outros serviços para os demandantes de emprego e para os empregadores e desenvolver um papel mais influente e facilitando a transição do trabalhador beneficiado por medidas de apoio temporário ou de qualificação para o emprego (*Thuy, Hansen & Price*, 2001).

---

(13) Documento do Banco Mundial aponta que as políticas ativas de mercado de trabalho teriam a capacidade de a um só tempo dinamizar a demanda e a oferta de trabalho. Ademais, defendia a necessidade de complementaridade entre as políticas ativas e passivas como forma de melhorar a oferta de mão de obra, estimulando-a a entrar no mercado de trabalho (World Bank, 1993).

Mesmo a OIT, que desde sua criação defendia o monopólio da ação do serviço público de emprego, alterou sua posição. Com a adoção da Convenção n. 181 de 1997 — sobre as agências de emprego privadas —, a organização revisa a Convenção sobre essas agências de 1949. Essa revisão é feita por se considerar que a flexibilidade é importante para o funcionamento do mercado de trabalho. Além disso, considera que o contexto dos anos noventa é bem distinto daquele que precedeu a adoção da Convenção de 1949 e que as agências de emprego privadas (AEP) podem desempenhar um papel importante para o bom funcionamento do mercado de trabalho.

A Convenção de 1997 passa a permitir o funcionamento das AEP em acordo com a legislação e prática de cada país, devendo o governo determinar as condições de funcionamento dessas agências por meio de licenças ou autorizações. A convenção busca garantir que os trabalhadores das agências que sublocam seus serviços para outra empresa tenham garantidos seus direitos à associação sindical e de negociação coletiva. A garantia desses direitos deverá ser explicitada na legislação nacional que definirá as responsabilidades das AEP e das empresas usuárias da mão de obra quanto à negociação coletiva, salário mínimo, seguridade social e demais direitos dos trabalhadores.

Mesmo a cobrança pelos serviços prestados pelas AEP passa a ser admitida quando for do interesse do trabalhador e somente para serviços determinados. As agências que venham a cometer fraudes ou abusos deverão ser penalizadas, devendo o Estado estabelecer leis ou normas que definam as sanções, incluindo-se seu fechamento. Quando forem recrutados trabalhadores de outros países, as AEP deverão respeitar os acordos bilaterais. A convenção estipula, ainda, que o Estado deverá regular as condições de cooperação entre as AEP e o serviço público de emprego, dado que é a autoridade pública que detém a competência para elaborar políticas de mercado de trabalho e utilizar e controlar fundos públicos destinados à aplicação nessas políticas.

Como se observa, as mudanças ocorridas na economia mundial a partir dos anos setenta transformaram radicalmente as condições de funcionamento da economia e do mercado de trabalho. A crise do modelo de desenvolvimento erigido no pós-guerra levou ao ressurgimento do desemprego como uma questão social como o fora na década de 1930. O serviço público de emprego, que durante os "anos de ouro" não despertara maiores questionamentos, com a crise e o retorno de uma hegemonia conservadora passa a ter destaque como instrumento de enfrentamento do desemprego. Agora, porém, combina-se a preocupação com a obtenção de maior eficiência e eficácia nas ações do serviço, com mudanças nas políticas de mercado de trabalho. Com a crise, verifica-se que a OIT perde o espaço privilegiado que possuía como centro de elaboração de diretrizes para o mercado de trabalho. Ainda que essa organização mantenha uma posição equidistante das posições de outras agências multilaterais, reforçando sua preocupação com a promoção do emprego e das condições dignas de trabalho, é inegável que sua formulação não passou ilesa aos ventos neoliberais. Por outro lado, a OCDE ganha destaque com a elaboração e promoção de reformas no âmbito do mercado de trabalho, que acabam por influenciar todo um conjunto de reformas que as economias industriais desenvolvidas passam a executar. Mesmo com especificidades nacionais, as reformas nas políticas de mercado de trabalho e nos serviços públicos de emprego seguem uma trajetória comum, como se procurará mostrar na próxima seção.

1.4. As mudanças recentes nas políticas de mercado de trabalho e no serviço de emprego nas economias capitalistas desenvolvidas

Nesta seção apresentamos os serviços públicos de emprego de quatro países de industrialização avançada integrantes da OCDE. Procuramos destacar as principais mudanças ocorridas nesses serviços no período recente, para apreendermos qual o sentido dessa mudança e a direção em que aponta. Não se pretende fazer um levantamento exaustivo, mas tão somente alinhavar os principais aspectos dessas experiências que nos ajudem a analisar o caso brasileiro, em que este se aproxima ou se distingue dessas experiências. Escolhemos para este estudo os casos da Grã-Bretanha, da França, da Alemanha e dos Estados Unidos da América, o que nos permite um quadro de diferentes realidades nacionais. Os casos da Inglaterra e dos Estados Unidos apresentam-nos a experiência de duas economias mais liberais do que as duas outras, que possuem uma economia e um mercado de trabalho mais regulados e um *Welfare State* mais amplo. A França possui uma estrutura com instituições distintas, enquanto a Alemanha mostra uma instituição única para atender as funções do serviço de emprego.

Os exemplos a serem estudados permitem que sejam observados os caminhos seguidos pelo serviço de emprego para sociedades distintas tanto em termos territoriais como na estruturação e funcionamento do mercado de trabalho. A partir dessa análise esperamos compreender os desafios enfrentados pelo sistema público de emprego diante das dificuldades apresentadas pelo mercado de trabalho, especialmente pelo elevado desemprego. O que muda na atuação do serviço de emprego diante dessas dificuldades? Suas funções permanecem as mesmas? Novas funções são introduzidas? Enfim, quais características do serviço de emprego permanecem e quais são alteradas? Assim, vamos nos concentrar nos aspectos mais gerais de como estão estruturados e organizados os serviços de emprego e de como as alterações nas políticas de mercado de trabalho afetam essa organização.

1.4.1. O serviço público de emprego da Grã-Bretanha

A Grã-Bretanha possuía, em 2005, uma população de 59,9 milhões de pessoas, das quais a população feminina representava 51%. A população em idade ativa era de 39,5 milhões (50,2% de mulheres), dos quais 74,1% (29,3 milhões) estavam economicamente ativos. A população ativa feminina representava 46,4% do total. O número de trabalhadores ocupados era de 28 milhões e distribuíam-se da seguinte forma: 76,5% no setor terciário, 22,1% na indústria e apenas 1,4% na agricultura. Do total de ocupados, 23,6% estavam em empregos em tempo parcial, sendo 77,3% de mulheres (OCDE, 2007).

O serviço público de emprego na Grã-Bretanha tem seu início com a instituição da intermediação de mão de obra (*labour exchange*) em 1909, quando W. Churchill era o presidente do Conselho de Comércio. A criação desse sistema nacional de agências de intermediação na Grã-Bretanha teve grande influência de W. *Beveridge*, cujo principal argumento para sua implementação era a organização do mercado de trabalho, evitando que o excesso de oferta de trabalho beneficie o comprador de força de trabalho em detrimento do vendedor. Essa medida deveria evitar a busca de emprego de porta em porta, reduzindo-se o tempo de transição de um posto de trabalho para outro nos diversos setores de atividades econômicas. Ademais, permitiria compor as necessidades de recrutamento de mão de obra específicas de cada setor com as suas necessidades totais. E, no que tange aos grandes estoques de mão de obra subempregada nos setores de emprego eventual, possibilitar a sua substituição por pequenos grupos móveis, devidamente empregados, que executassem o trabalho ora em determinado lugar ora em outro. Ao organizar o mercado de trabalho, esse sistema permitia enfrentar o desemprego (*Beveridge*, 1988).

A lei de 1909 que instituiu o serviço de intermediação — *Labour Exchange Act* — definia como suas funções coletar e fornecer informações tanto para manutenção dos registros como para atividades diferentes, com vistas aos empregadores que desejassem contratar trabalhadores ou trabalhadores que desejavam conseguir um emprego. *David Price* afirma que essas continuam sendo as funções nucleares (*core function*) do serviço público de emprego, cuja importância tem sido considerada altamente relevante pelos estudiosos do mercado de trabalho, a começar por *Beveridge*, que foi o arquiteto do serviço de intermediação (*Price*, 2000).

Estrutura institucional e principais características

Em 1911 foi instituído o benefício de desemprego (*Unemployment Benefit* — UB). Esse benefício passou a ser distribuído pelos escritórios locais da rede nacional de intermediação de mão de obra, que também fazia o acompanhamento da disponibilidade para o trabalho e a busca de emprego (*work test*) do trabalhador beneficiário. Isso implicou a criação de um sistema dual, pois os trabalhadores que não conseguiam se habilitar para o recebimento do UB eram encaminhados para receber a assistência das Autoridades Locais por meio do Sistema da Lei dos Pobres (*Poor Law*). Para o recebimento do benefício da *Poor Law*, o trabalhador devia, também, se submeter a um teste de meios que, na visão de *Beveridge* e outros reformadores de seu tempo, era muito rude, o que tornava o teste do seguro-desemprego um avanço em termos sociais (*Finn et al.*, 2005; *Price*, 2000).

Após a II Guerra, criou-se um sistema nacional de seguridade social (*National Insurance*), dentro de uma estratégia de pleno emprego, cujo financiamento é feito por contribuições dos empregados e empregadores e administrado pelo governo central. Por esse novo sistema os trabalhadores deveriam qualificar-se para receber benefícios por desemprego, doença ou por idade, prevendo-se que um grande número de trabalhadores iria habilitar-se ao recebimento do benefício nos momentos de necessidade. Desse modo, as agências de intermediação passaram a ser agências de benefícios de desemprego (*Unemployment Benefit Office* — UBO). O procedimento do trabalhador desempregado era inscrever-se numa das agências UBO, quando assinaria um termo de disponibilidade para trabalhar. Além dos recursos advindos com as contribuições de trabalhadores e empregadores, recursos suplementares de impostos eram alocados para esse fim, tornando a gestão do sistema mais complexa. O teste de meios remanescente da lei dos pobres foi reformulado dentro de um benefício suplementar, administrado pelo Departamento de Seguridade Social. No entanto, o trabalhador que recebia esse benefício suplementar era obrigado a declarar sua disponibilidade para o trabalho nas agências do benefício de desemprego (*Finn et al.*, 2005).

Nos anos setenta, houve um primeiro movimento de modernização do serviço de emprego. O *Employment and Training Act* permitiu a reformulação da estrutura do serviço de emprego. A primeira mudança ocorreu com a criação da Comissão de Serviços de Mão de Obra — MSC (*Manpower Services Commission*), tripartite, composta por representantes dos trabalhadores, dos empregadores e do governo. Essa comissão passou a supervisionar as atividades do serviço de emprego, que também foi redefinido, separando-se as atividades de assistência ao emprego e de qualificação profissional. Assim, foram criadas duas agências distintas: a Agência de Serviço de Emprego — ESA (*Employment Service Agency*), que passou a ser responsável pela assistência ao desempregado na busca por novo emprego, e a Agência do Serviço de Qualificação — TSA (*Training Services Agency*), responsável pela parte das atividades de qualificação e treinamento da mão de obra. Além da divisão do serviço de emprego em duas agências, houve a separação deste último das atividades de fornecimento de benefício de desemprego. A administração e entrega do benefício passou a ser de inteira responsabilidade do Serviço de Benefício de Desemprego — USB (*Unemployment Benefit Service*), feita por meio de suas agências, as *Unemployment Benefit Office* — UBO. Enquanto a ESA e a TSA estão subordinadas ao MSC, o USB ficou subordinado ao Departamento de Emprego. Outra mudança importante foi a criação dos *Jobcentres*, que substituíram as antigas agências de emprego. Os *Jobcentres* representaram um novo conceito no apoio ao trabalhador em busca de emprego, sendo a principal inovação a introdução do autoatendimento (*Price*, 2000).

Com os *Jobcentres*, ampliou-se o número de vagas captadas, reestruturando-se a atividades de aconselhamento de emprego, que passaram a ser executadas por conselheiros melhor treinados, além das facilidades possibilitadas pelo autoatendimento. Ademais, introduziram-se serviços direcionados especificamente a grupos em desvantagem. O MSC produziu uma ampla gama de programas de treinamento e de criação de emprego que, dada a magnitude de escala para o fornecimento desses programas, passou a subcontratar entidades públicas, privadas e voluntárias por meio de licitações (*contracting out*) para a execução desses programas. Destaque-se que o pagamento a essas entidades era feito mais pelos programas ou cursos fornecidos do que pelos resultados em termos de empregos obtidos pelo programa (*Finn et al.*, 2005).

A meta definida nos Planos e Programas do Serviço de Emprego era criar 100 *Jobcentres* a cada ano, com a expectativa de se chegar a 1.000 *Jobcentres* em funcionamento em uma década (*Price*, 2000). Os trabalhadores desempregados, que solicitavam o benefício de desemprego, faziam-no nas agências de benefício de desemprego (UBO). Por outro lado, a assistência na busca de emprego era feita pelo *Jobcentre*, ao qual o beneficiário devia procurar e fazer sua inscrição, obrigação que não era monitorada com frequência, havendo escassa conexão entre os mesmos. *Finn et al.* (2005) consideram que o funcionamento em separado do *Jobcentre* e das agências de benefício de desemprego enfraqueceu o elo administrativo entre a atividade de busca de emprego e o receptor do benefício. Esse enfraquecimento foi acentuado a partir de 1982, quando se deixou de exigir que o beneficiário fizesse o registro no *Jobcentre*, combinado com a redução do número de funcionários, que diminuiu a capacidade administrativa.

O crescimento do desemprego, especialmente do desemprego de longo prazo que em meados dos anos oitenta atingia 40% do total de desempregados (contra 17% em meados da década de 1960), levou o governo conservador de *Margareth Thatcher* a implementar mudanças na atuação do serviço de emprego. A visão predominante era de que o ajuste do mercado de trabalho deveria se dar via maior flexibilidade do trabalho. No âmbito do sistema público de emprego algumas reformas radicais tomaram forma, alterando a sua configuração anterior, inclusive a gestão tripartite das políticas via MSC foi sensivelmente questionada.

A reforma começa com a implementação do programa *Restart* (Recomeço), de 1986. A partir de então, o beneficiário do seguro-desemprego que estivesse há mais de seis meses desempregado ficava obrigado a comparecer ao *Jobcentre* para realizar uma entrevista (*Restart interviews*). Nesta entrevista deveriam ser detectados os motivos que levavam o trabalhador a continuar desempregado e, a partir desse diagnóstico, oferecer-lhe um menu de estratégias para que ele pudesse conseguir um novo posto de trabalho (*Price*, 2000). O trabalhador assinava, então, um acordo de retorno ao trabalho (*Back to Work Agreement*) e passava a realizar teste de disponibilidade para o trabalho com maior regularidade. Passava-se a ter um controle mais estrito sobre o trabalhador desempregado em relação a sua disponibilidade para o trabalho, além de se prever punições em caso de recusa de vagas consideradas adequadas.

A atuação separada entre o serviço de emprego e de benefícios começava a ser questionada, pois não exercia pressão sobre os beneficiários, o que facilitava fraudes e a acomodação do trabalhador após o registro no *Jobcentre* sem que o mesmo se engajasse na procura por novo emprego. Com o objetivo de integrar a ação dessas duas agências, em 1987 é criada uma nova organização que é nomeada de *Employment Service* (ES), que passa a administrar de forma comum os *Jobcentre* e as agências de benefício de desemprego (UBOs). Essa fusão tinha como objetivo, ainda que não explicitado, fortalecer o regime de benefícios mais rigoroso (*Stricter Benefit Regime*) e, também, capacitar os indivíduos desempregados, especialmente os de longo prazo, a competirem pelos empregos disponíveis. Em abril de 1990, o ES tornou-se uma Agência Executiva, com alguma autonomia financeira. Esta agência também tinha a missão de integrar a rede de *Jobcentres* e a rede de agências de benefícios em uma única rede de 1.100-1.200 agências até 1994 (*Price*, 2000).

Com a introdução da nova legislação da seguridade social — *Social Security Act* — em 1989, sai fortalecido o *Stricter Benefit Regime*. A nova lei passou a requerer a procura ativa por emprego dos desempregados que solicitavam o benefício de desemprego. Assim, os trabalhadores deveriam tomar todas as iniciativas apropriadas para atingir esse objetivo, tais como solicitar emprego, verificar as vagas disponíveis no *Jobcentre*, nos jornais ou em revistas. Essa procura por emprego, por outro lado, deveria ser supervisionada pelos funcionários dos ES nas entrevistas *Restart* e em outras oportunidades. No caso de as atividades serem consideradas insuficientes, o beneficiário receberia uma advertência por escrito e seria marcada uma nova entrevista. Após isso, o trabalhador poderia ter o benefício suspenso.

Outro ponto de reforço do maior controle do benefício foi o fato de a nova lei retirar o direito de o requerente desempregado recusar um emprego sob a alegação de que o mesmo era inadequado, ou seja, o valor da remuneração não era condizente como definido pelo padrão para o posto de trabalho em questão. A nova legislação removeu o conceito de trabalho adequado e, dessa forma, com a obrigatoriedade da procura ativa, a provisão de benefício passou a depender, em grande medida, dos funcionários do ES (*Price*, 2000, p. 270).

No que se refere aos programas de mercado de trabalho, especialmente de qualificação, as mudanças ocorridas no final da década de 1980 levaram à unificação dos vários programas de qualificação num único programa, o *Employment Training*, em 1988. Os participantes somente recebiam seus benefícios depois de serem avaliados pelos agentes de aprovação de qualificação (*Approved Training Agents*), quando, então, eram encaminhados para atividades de qualificação e de experiência de trabalho com técnicos de qualificação ou empregadores por um período de 12 meses. O encaminhamento do trabalhador para o *Employment Training* era feito pelo ES, por meio das entrevistas *Restart* ou de outros contatos.

Com a introdução desse novo programa em substituição aos vários programas existentes, a central sindical dos trabalhadores — TUC (*Trade Union Congress*) decidiu não colaborar com o novo programa. Essa postura do TUC acelerou a decisão do governo em abandonar a comissão sucessora do MSC, a *Training Commission*, e acabar com o corporativismo na execução dos programas nacionais de mercado de trabalho. Dessa maneira, suprimiu-se a *Manpower Services Commission*, que fora criada para administrar as atividades da Agência do Serviço de Emprego — ESA e da Agência de Serviços de Qualificação — TSA, criando-se em seu lugar, em 1988, os Conselhos de Qualificação e Empreendimento — TEC (*Training and Enterprise Council*), um modelo baseado na experiência dos EUA e cuja base era a economia local. Com a TEC, a responsabilidade por colocar em ação os programas governamentais de qualificação passou a ser das empresas do setor privado. Isso criou um contraste administrativo dentro do Departamento de Emprego (*Department of Employment*) entre o ES, com servidores civis, e o TEC, conduzido por empregadores. Porém, a maior diferença entre ambos era a dependência da cooperação mútua, que se mostrou difícil de ser atingida (*Price*, 2000, p. 271).

Nos anos noventa, o sistema público de emprego britânico também passou por novas mudanças, tanto no seu papel, como nos seus objetivos e atividades. *Finn et al.* apresenta quatro tendências. A primeira enfatiza os chamados incentivos ao trabalho, a maximização e o monitoramento do número de desempregados que procuram emprego. A segunda tendência foi o redirecionamento para um sistema que privilegiou o trabalho — *work first system* —, em que a ênfase era a substituição de programas de mercado de trabalho ativos de longo prazo e de grande escala por medidas de baixo custo cujo objetivo imediato era a busca e a inserção no emprego. A terceira tendência apontada é um regime focado no desempenho do sistema, crescentemente engrenado na inserção imediata no emprego, regulamentação dos benefícios e imposição de sanções. A última tendência foi a exigência constante sobre o serviço de emprego para a otimização dos recursos à sua disposição.

Nos primeiros anos da década de 1990, o serviço de emprego tinha se consolidado como agência, com uma clara estratégia de controle de benefício. Continuava ainda o sistema de dois esquemas de benefícios aos desempregados, um benefício de desemprego contributivo e outro benefício baseado em teste de meios, que passara a ser denominado de *income support*. O primeiro era administrado pelo serviço de emprego, e o segundo, principalmente pelas agências de benefícios. Isso implicava que o desempregado tinha pelo menos duas redes distintas para as quais se dirigir. A discussão sobre racionalizar essa tarefa não era nova, mas ganhou força nesse período, com o então primeiro ministro, John Major, defendendo uma agência (*one stop shop*) em que todo trabalhador desempregado fosse atendido independentemente de qual benefício fosse requerido. Assim, eliminar-se-ia o estigma de cidadãos de segunda classe para os recebedores do *income support*.

O debate caminhou na direção de criação de um novo benefício que substituísse o *unemployment benefit* (UB) e o *income support* (IS). Havia vários problemas a serem superados, já que os benefícios existentes eram administrados por dois órgãos governamentais distintos, o primeiro pelo Departamento de Emprego e o segundo pelo Departamento de Seguridade Social. Além de detalhes técnicos, tais como a frequência de pagamento do benefício (diário e semanal, respectivamente para o UB e o IS) e o fato de um ser contributivo e o outro estar somente de forma relativa (teste de meios) associado à renda do requerente. Essa mudança significava alterar a situação de fornecimento dos benefícios. O Departamento de Emprego tinha a seu favor, para assumir a responsabilidade e o orçamento do novo benefício, a facilidade de implementar uma política de mercado de trabalho ativa nos moldes em que a OCDE defendia. Pela proposta da OCDE, o que estava em questão era o *trade off* entre os gastos com políticas de mercado de trabalho (aconselhamento, qualificação e experiência de trabalho, entre outras) e o gasto com benefícios com vistas à redução do desemprego. Contra esse argumento o Departamento de Seguridade Social defendia que isso poderia solapar a coerência do sistema de seguridade social (*Price*, 2000, p. 299).

Em fins de 1996 e nos primeiros meses de 1997 foi implementado o novo auxílio aos demandantes de emprego, o *Jobseekers Allowance* (JSA), que substituiu o UB e o IS. Com essa mudança, os trabalhadores desempregados somente poderiam receber o pagamento após assinarem um acordo de demandante de emprego — *Jobseekers Agreement*. O JSA possui um elemento residual baseado na contribuição que paga um benefício básico (*flat-rate benefit*) sem quaisquer pagamentos dependentes para mais de seis meses, mas muitos desempregados fiam-se em um teste de meios do JSA, calculado e pago nas mesmas bases do antigo IS (*Finn et al.*, 2005).

Os principais objetivos do JSA, segundo o artigo *White Paper on the Jobseekers Allowance*, produzido pelos secretários de estado responsáveis pelo emprego e a seguridade social, eram: i) melhorar a operação do mercado de trabalho; ii) assegurar o melhor aproveitamento dos recursos oriundos do pagamento de impostos; e iii) melhorar o serviço para os próprios desempregados. *Price* destaca o fato de a melhoria do serviço de emprego para seus clientes, que fora o motivo inicial para a introdução do novo benefício, aparecer somente em terceiro lugar entre os objetivos naquele documento. A ênfase dos ministros era na necessidade de os desempregados assumirem suas responsabilidades em dar os passos efetivos para assegurar um emprego. Esse aspecto do JSA, que dominou as mentes públicas, causou apreensão entre os funcionários das agências (*Price*, 2000, p. 301).

Outra mudança importante ocorrera um ano antes da introdução do JSA, a extinção do Departamento de Emprego, sendo este unificado com o departamento de educação, formando o novo Departamento para Educação e Emprego (*Department for Education and Employment* — DfEE). Parte das atribuições do antigo DE foi deslocada para outros departamentos: a responsabilidade pelas relações de trabalho passou a ser do Departamento de Comércio e Indústria e as questões sobre Saúde e Segurança passaram para o Departamento de Meio Ambiente. O núcleo do DE, o serviço de emprego, passou a fazer parte do DfEE.

A criação do JSA foi a culminação da diretriz de tornar mais rigoroso o regime de benefícios. Com a sua introdução, os valores médios dos benefícios foram reduzidos. Essa redução elevaria, supunha-se, os incentivos ao trabalho. Paralelamente, enfatizou-se a necessidade de promover programas de qualificação dos jovens e desempregados, geridos pelos conselhos administrados pelo setor privado, ainda que com recursos públicos. Os resultados, no entanto, foram bastante modestos, tendo em vista os escassos recursos colocados à disposição (*Mclaughlin*, 1992).

Os resultados das novas exigências na procura de emprego, tanto com a introdução do *Restart interviews* em 1986 como do JSA em 1996, tiveram impacto sobre o desemprego tanto imediato como de longo prazo, reduzindo-o. Essa redução deveu-se, em parte, às regras mais rigorosas para elegibilidade e também pela exclusão da contagem de um número significativo de requerentes empregados e inativos. Por outro lado, o Partido Trabalhista criticava os resultados das diretrizes da política. Embora reconhecendo a importância da queda do desemprego, os trabalhistas consideravam que essa queda estava mascarando a exclusão social: o desemprego intergeracional atingia as áreas com maiores desvantagens, 20% dos domicílios não possuíam nenhum indivíduo em idade ativa empregado, em 1996 cerca de um milhão de pais sozinhos, geralmente mulheres, dependiam de benefícios estatais, além do que o número de homens recebendo benefícios por incapacidade ou doença de longo prazo tinha dobrado (*Finn et al.*, 2005). Em outros termos, parte dos desempregados de longa duração saíra dessa condição para ingressar nas "fileiras" da proteção social, por meio da expansão vigorosa dos benefícios para deficientes ou por motivo de doença. Esse fato, entretanto, tornava os desempregados pouco conectados com os serviços de emprego, mas lograva atenuar o gasto com as chamadas políticas de mercado de trabalho passivas.

O programa *New Deal*

A chegada do Partido Trabalhista ao governo em 1997 levou a uma nova onda de reformas no sistema de bem-estar, entre eles o sistema de emprego britânico. As mudanças introduzidas mantiveram, de certa forma, o espírito da reforma realizada pelos conservadores, apesar da retórica de que as reformas visavam à proteção social com ênfase no emprego (*employment first*). Criaram-se os programas de emprego *New Deal*. Estes programas eram dirigidos para grupos sociais específicos: jovens, desempregados de longo prazo, pais e mães solteiros, pessoas com deficiências, aqueles com mais de 50 anos, e os parceiros de pessoas desempregadas.

O objetivo era tratar de forma específica cada um dos diferentes problemas que atingia esses diferentes grupos de "excluídos", fornecendo aos mesmos mais ajuda, mais escolhas e o apoio de um conselheiro pessoal (*Personal Adviser*). No entanto, a principal característica do programa *New Deal*, que o distinguia dos seus predecessores, era o fato desse maior apoio do programa estar associado à exigência de os beneficiários assumirem a responsabilidade de ajudarem a si próprios, no que contariam com o apoio do *Personal Adviser* nos seus esforços em busca de emprego. Esse apoio estava no núcleo do *New Deal*, ou seja, a garantia de assistência intensiva para o emprego após o trabalhador desempregado atingir um determinado tempo de desemprego. Por exemplo, no caso dos jovens com menos de 25 anos de idade, o tempo de desemprego para entrar no programa era de seis meses, entre os indivíduos com 25 a 50 anos de idade, o tempo era de 18 meses (*Finn et al.*, 2005).

O serviço de emprego redefiniu sua atuação visando modernizar-se e reconstruir sua credibilidade junto aos desempregados, empregadores e outras agências. Para isso, introduziu uma nova geração de conselheiros pessoais para atender os beneficiários do *New Deal*, passou a contratar uma ampla gama de organizações públicas, voluntárias e do setor privado para fornecer os novos serviços, emprego e opções de qualificação. Ao focar no seu desempenho, o serviço de emprego foi encorajado a trabalhar com outras agências. Além disso, houve um maior esforço político para incorporar os empregadores e outras organizações na entrega do *New Deal*. A estratégia do governo trabalhista caminhou na direção de estímulo de políticas do tipo *make work pay*, introduzindo medidas como o salário mínimo nacional e subsídios para as famílias de baixa renda (*working families tax credit for low-wage households*) para reduzir o risco de o desempregado começar a trabalhar e deixar de receber o benefício.

O *New Deal* foi um programa desenhado para deixar ao setor público a responsabilidade pelo fornecimento dos serviços aos desempregados. Não obstante, foi introduzida uma variante em quinze áreas onde foram criadas Zonas de Emprego (*Employment Zones* — EZ). Estas zonas, voltadas para os desempregados de longa duração, jovens desempregados e pais sozinhos, são conduzidas pelo setor privado, que tem flexibilidade para definir o conteúdo da assistência de emprego. Por meio dessa "parceria público-privada", busca-se introduzir uma dose de competição no sistema de assistência de emprego (*Finn et al.*, 2005).

Com a queda do desemprego, o governo voltou-se para os indivíduos em idade ativa que eram beneficiários de programas de transferência de renda. O objetivo era criar um portão único focado no emprego para o sistema de benefícios que fornecesse um serviço de assistência de emprego pró-ativo para os novos requerentes de benefícios em idade ativa. O resultado da avaliação do Comitê de Trabalho e Pensões do Parlamento chegou à conclusão de que os pilotos desse "portão único" não estavam atingindo os inativos como o planejado. Em 2000, o governo anuncia uma proposta bastante radical, unificar o Serviço de Emprego e a Agência de Benefícios, o que somente iria ocorrer em 2001 com a vitória dos trabalhistas nas eleições.

O *Jobcentre Plus* e o novo departamento de trabalho e pensões

Em 2001, após a reeleição, o primeiro-ministro Tony Blair introduz mudanças organizacionais importantes no sistema de emprego britânico. O Departamento para Emprego e Educação (DfEE) e o Departamento de Seguridade Social (DSS) são substituídos por dois novos departamentos: o Departamento para Trabalho e Pensões (*Department for Work and Pensions* — DWP) e o Departamento para Educação e Habilidades (*Department for Education and Skills* — DfES). O DWP passa a ser a principal instituição responsável pelas questões do emprego e da política de bem-estar social, porém não o único departamento que tem interesse na política de mercado de trabalho, já que nesse campo atua o novo DfES, o Departamento de Comércio e Indústria — que na reforma de 1995 tinha incorporado a responsabilidade pelas relações de trabalho — além do próprio Gabinete do Primeiro Ministro (EEO, 2004).

O DWP organiza-se em duas grandes áreas: Serviços de Emprego e Serviços de Bem-Estar (*welfare services*). Tem como missão a promoção de oportunidades e independência para todos por meio de serviços modernos e focados no cliente. Tem como objetivos específicos a sustentação de uma alta proporção de pessoas no trabalho enquanto provê seguridade para aquelas que não podem trabalhar; reduzir a pobreza infantil em uma década e eliminá-la em uma geração; combater a pobreza e promover segurança e independência na aposentadoria para os atuais pensionistas e os futuros; melhorar os direitos e oportunidades para pessoas incapacitadas em uma sociedade justa e inclusiva; modernizar o fornecimento de bem-estar tanto como melhorar a acessibilidade, acuracidade e a utilização dos recursos em serviços para os clientes. Para atingir esses objetivos, o DWP fornece serviços para quatro grupos de clientes: crianças, pessoas em idade ativa, pensionistas e pessoas incapacitadas e carentes.

Assim, na área que compete ao DWP em relação à política de bem-estar que complementa a política de mercado de trabalho, os diversos serviços são fornecidos por meio do *Pension Service*; do *Child Support Agency*; do *Appeals Service*; do *Rent Service*, além de outros órgãos do governo que complementam essa atividade em programas específicos. No que nos interessa mais diretamente, isto é, o serviço de emprego, os serviços por ele prestados utilizam uma estrutura que se compõem do *Jobcentre Plus*, do *Disability and Cares Services*, do *Health and Safety Commission* e do *Health and Safety Executive* (EEO, 2004).

O *Jobcentre Plus* foi o resultado da integração do sistema de benefícios de desemprego e de bem-estar que antes de sua criação, em 2002, era administrado por duas organizações diferentes. Os *Jobcentres* somente tinham contato com os trabalhadores em busca de emprego, enquanto os escritórios da Seguridade Social (as Agências de Benefícios) tinham contato com todos os outros requerentes de benefícios. Entretanto, houve uma aproximação gradual dos *Jobcentres* e das Agências de Benefícios e a criação de um serviço mais integrado, que foi denominado *Jobcentre Plus*. Se, por um lado, esse novo arranjo integrou a administração do sistema de benefícios numa única organização, por outro, quebrou o elo entre essas atividades e os programas de desenvolvimento de habilidades que existia anteriormente.

O objetivo básico dos *Jobcentres Plus* é entregar um mercado de trabalho integrado e eficiente e um serviço de benefício para as pessoas em idade ativa. Sendo uma agência executiva do DWP, possui significativa autonomia operacional, mas firma acordo anual com a Secretaria de Estado do Trabalho e Pensões, em que são estabelecidas metas de desempenho e recursos. As metas procuram definir claramente as prioridades a serem atingidas. Por exemplo, a inserção de uma pessoa que seja pai/mãe e vive separada do cônjuge tem maiores recursos do que uma pessoa que está empregada e deseja mudar para outro posto de trabalho. Ademais, outras metas definem qual deve ser o desempenho no pagamento de benefícios, redução de fraudes e erros, ajuda aos empregadores no preenchimento das vagas e na melhoria da eficiência do serviço e da satisfação do cliente.

Outras facilidades e serviços oferecidos pelo *Jobcentre Plus* incluem os *jobpoints*, os *warmphones* e empréstimo de crise (*crisis loans*). Os primeiros são totens de computadores com toque na tela, que substituem os antigos quadros de vagas. Esses totens permitem ao trabalhador pesquisar as vagas de emprego disponíveis por área geográfica e setor e imprimir as informações. Os *warmphones* situam-se, geralmente, em cabines abertas e permitem aos trabalhadores uma ligação gratuita com o Centro de Contato e outras organizações de benefícios, além de poderem, também, entrar em contato com empregadores e organizações de qualificação profissional. Os *empréstimos de crises* são empréstimos reembolsáveis que utilizam recursos do Fundo Social. Destinam-se a ajudar as pessoas que necessitam cobrir gastos com emergências ou desastres e são desembolsados a partir de uma base discricionária que não atende a todos aqueles que o solicitam, o que traz certa tensão entre os clientes e os funcionários do *Jobcentre* (EEO, 2004).

O novo *Jobcentre Plus* divide-se em nove regiões, além de Gales e Escócia, que se subdividem dentro de 90 distritos, contando, em 2002, com 1.500 escritórios integrados e 90 mil funcionários, número que deverá sofrer uma redução para 70 mil até 2006. Planejava-se que em 2006 essa nova agência tivesse assistência de emprego e pagamento de benefícios integrados para mais de cinco milhões de solicitantes em idade ativa e 25 *call centres* para contatos a partir de 2008. Essa nova agência integrada assemelha-se ao *One-Stop Center* dos Estados Unidos, que também busca reunir num único local tanto os serviços relacionados aos benefícios de desemprego como aqueles da assistência social. Deve-se enfatizar a ausência de participação formal dos parceiros sociais na administração do sistema público de emprego, especialmente dos representantes de trabalhadores. O Painel do Emprego Nacional, organização de caráter consultivo, congrega 25 representantes, dos quais 60% são provenientes do grande empresariado, com uma participação sindical de apenas três membros (*Finn et al.*, 2005).

Sistema de informações

As atividades de pesquisa e informação são desempenhadas em algumas divisões e diretorias do DWP. Assim, as atividades de pesquisa e análise da população em idade ativa em todos os aspectos do mercado de trabalho são de responsabilidade de três divisões dentro do DWP: da Divisão de Análise dos Demandantes de Emprego (*Jobseeker's Analysis Division*), da Divisão de Análise de Pais Sozinhos, Idosos e Incapacitados (*Lone Parents, Older Workers and Disability Analysis Division*), e da Divisão Analítica do *Jobcentre Plus* (*Jobcentre Plus Analytical Division*).

Outra fonte de informações é a Diretoria de Análise e Informação (*Information and Analysis Directorate* — IAD), formalmente Diretoria de Serviço Analítico (*Analytical Service Directorate* — ASD). Este é o núcleo central dos analistas que trabalham no DWP. Tem a atribuição de ajudar a resolver todos os problemas relacionados às políticas e à operação do sistema, para o que conta com a contribuição de outros analistas do DWP dentro de funções políticas estratégicas, além de especialistas em computação que ajudam na produção de relatórios estatísticos. Esse diretório também administra o orçamento de pesquisa do DWP e é responsável pelos projetos de pesquisa que são executados por outras instituições, tais como universidades e institutos de pesquisas (EEO, 2004).

A Divisão de Pesquisa Social (*Social Research Division*) integra a Divisão de Análise e Informação do DWP prestando serviços para todo o Departamento. Entre seus pesquisadores estão profissionais de várias formações, tais como economistas, estatísticos, pesquisadores operacionais, além, é claro, de pesquisadores sociais. O núcleo do serviço dessa divisão é prover informação e conselho baseados em pesquisa tanto de forma direta, como por meio de pesquisas contratadas externamente. Os relatórios de pesquisa fornecem informações sobre questões sociais associadas aos benefícios e os serviços oferecidos pelo DWP. Cada projeto de pesquisa deve ter um cliente definido para que se possa garantir o atendimento das necessidades dos formuladores de políticas e, em última instância, dos ministros.

O programa de Pesquisa Social tem a incumbência de gerir e coordenar as pesquisas de todo DWP por meio de um plano anual. O programa de pesquisa é desenvolvido com pesquisadores externos e com o pessoal de analistas e o pessoal das políticas do Departamento, devendo ser aprovado pelos ministros, os quais apresentam suas necessidades de informação. Aprovado o programa, este é anunciado para os potenciais contratantes e outros membros da comunidade de pesquisadores e de políticas interessados. As prioridades são revistas anualmente e o programa deve apoiar o DWP no desenvolvimento, implementação e avaliação das políticas. Além de contribuir para avaliar a efetividade do serviço de emprego, compartilha informação imediata com aqueles que a requerem, e procura antecipar as necessidades emergentes colocando-as à disposição para os tomadores de decisões. O programa de pesquisa é suficientemente flexível para permitir mudanças durante sua execução, uma vez que podem ocorrer mudanças nas prioridades das políticas, dado que o programa é definido em consonância com as prioridades do Secretário de Estado.

O DWP empenha-se para desenvolver e manter elos com a comunidade de pesquisa, interna e externa. Busca, assim, ter boas relações de trabalho com as organizações de pesquisa independentes, os institutos de pesquisa — inclusive privados —, as universidades e com a comunidade acadêmica de pesquisa. A proximidade com essas instituições e organizações visa garantir que a área de pesquisa do Departamento possa se capacitar para identificar possíveis falhas e assegurar que programas sejam complementares entre si e não uma duplicação. Os pesquisadores do DWP participam da rede de Pesquisa Social do Governo, mantendo contato próximo com pesquisadores de outros órgãos governamentais e trabalhando junto em projetos de interesse comum. O Departamento também conta com o trabalho realizado pela Divisão de Pesquisa Social (*Social Survey Division*) da Agência Nacional de Estatísticas (*Office for National Statistics*), que produz levantamentos amostrais do mercado de trabalho, por exemplo, a *Labour Force Survey* (LFS) e a *General Household Survey* (GHS). Mantém ainda relações com organizações de financiamento à pesquisa, incluindo a *Economic and Social Research Council* (ESRC) e a *Joseph Rowntree Foundation*, que são os dois principais financiadores da pesquisa na área de seguridade social, além de ser membro da Associação Internacional de Seguridade Social (*International Social Security Association* — ISSA).

1.4.2. O SERVIÇO PÚBLICO DE EMPREGO DA FRANÇA

A França possuía, em 2005, uma população de 60,8 milhões de pessoas, das quais a população feminina representava 51,4%. A população em idade ativa era de 39,6 milhões

(50,2% de mulheres), dos quais 68,4% (27,1 milhões) estavam economicamente ativos. A população ativa feminina representava 47,3% do total. O número de trabalhadores ocupados era de 24,3 milhões e distribuíam-se da seguinte forma: 73,9% no setor terciário, 22,6 % na indústria e 3,5% na agricultura. Do total de ocupados, 13,6% estavam em empregos em tempo parcial, dos quais 79,1% eram mulheres (OCDE, 2007).

Diferentemente do ocorrido no Reino Unido, onde as iniciativas de introdução do seguro-desemprego e do serviço de emprego datam da segunda década do século XX, na França essas medidas somente são organizadas no período que se segue à Segunda Guerra Mundial até a década de 1970. Nesse período, em que se verificou um vigoroso desempenho econômico com baixos níveis de desemprego, a preocupação era muito mais com a escassez (quantitativa e qualitativa) de mão de obra, o que levou a se estimular a participação da mulher no mercado de trabalho e a imigração, mas também concentrou atenção nas políticas de formação profissional (*Dares*, 1997).

Na França, o modelo do Sistema Público de Emprego seguiu a direção da especialização funcional, com descentralização das funções, em que instituições diferentes executam cada programa separadamente. A vantagem do modelo centralizado é a maior facilidade de coordenação e integração das políticas, o que é mais difícil no modelo descentralizado, porém exige uma grande burocracia para a operacionalização.

Estrutura institucional e principais características

Para a execução das três funções básicas do serviço público de emprego — organização do mercado de trabalho, seguro-desemprego e formação profissional —, foram criadas três instituições distintas, especializadas e com lógicas de atuação próprias: a Associação para a Formação Profissional dos Adultos — AFPA (1949); a União Nacional para o Emprego na Indústria e no Comércio — UNEDIC (1958); e a Agência Nacional para o Emprego — ANPE (1967). O Departamento Geral do Emprego e da Formação Profissional (DGEFP) do Ministério do Trabalho, Coesão Social e Habitação — antigo Ministério do Emprego e da Solidariedade — tem a responsabilidade de definir as diretrizes das políticas de mercado de trabalho. Ademais, o departamento articula-se aos programas e iniciativas de outros ministérios, como o Ministério da Família, Infância e Pessoas Deficientes; Ministério das Cidades e Ministério da Saúde, bem como às Secretarias de Direito das Mulheres, de Formação Profissional, de Economia Solidária e de Pessoas Idosas (EEO, 2002).

A Agência Nacional para o Emprego — ANPE

A Agência Nacional para o Emprego — ANPE[14] é uma instituição pública estatal de atuação nacional, com personalidade civil e autonomia financeira, criada em 1967 e subordinada ao Ministério do Emprego e da Solidariedade. É a entidade responsável pela intermediação de mão de obra, atende as pessoas em busca de emprego, formação ou de aconselhamento profissional, favorecendo seu reenquadramento ou sua promoção profissional. Atende também os empregadores que realizam novas contratações ou buscam o

---

(14) Agence Nationale pour l'Emploi. A partir de 19 de dezembro de 2008 a ANPE e a Assedic se fundiram, originando a Pôle Emploi.

reenquadramento dos seus empregados. Está ainda entre suas funções a gestão da lista de demandantes de emprego, ser a fonte de estatísticas sobre o mercado de trabalho, contribuindo para o desenvolvimento de outras políticas de emprego.

A ANPE tem como objetivo ser o ator proeminente do serviço público de emprego, atuando para melhorar o funcionamento do mercado de trabalho e ser um intermediário ativo no ajuste entre a oferta e a demanda de emprego. Ademais, busca lutar contra o desemprego de longa duração e contra a exclusão; assegurar um serviço personalizado para um novo começo (*nouveau départ*) em direção ao emprego; lutar contra as dificuldades de recrutamento das empresas; ser uma empresa pública moderna com a qualidade de seus serviços reconhecida.

Um instrumento para a consecução de seus objetivos é o "contrato de progresso" que a ANPE estabelece com o Ministério do Trabalho por um período de cinco anos. Nele são definidas as prioridades do período. No terceiro contrato, de 1999-2003, a agência comprometeu-se com a melhoria da qualidade dos serviços prestados e em perseguir a modernização. Porém, o traço distintivo desse contrato em relação aos anteriores foi a prioridade dada ao enfrentamento do desemprego de longa duração e também à inserção profissional dos jovens.

Outro instrumento para atingir os objetivos é o Programa de Ação Personalizada — PAP (*Programme d'Action Personnalisé Pour un Nouveau Départ* — PAP/ND). Neste programa, o demandante de emprego assume um compromisso com a agência local e passa a ter a ajuda contínua e individual de um conselheiro. Num primeiro momento, após uma entrevista, o conselheiro, juntamente com o demandante de emprego, elabora um projeto profissional e define as ações e os meios para a busca de emprego, tais como a formação profissional, avaliação de competências, acompanhamento, entre outras. Após um período de seis meses, faz-se uma avaliação do progresso alcançado e, caso necessário, reorienta-se o projeto.

A ANPE propôs um serviço personalizado de emprego, nos marcos do Plano Nacional de Ação para o Emprego adotado em 1998, para atender os jovens que entram no sexto mês de desemprego, para os adultos com doze meses de desemprego e para o público com risco de exclusão. Nesse programa personalizado a ênfase é dada em quatro tipos de apoio: busca de emprego, acesso à formação, acompanhamento personalizado e o acompanhamento com apoio social no caso dos jovens.

Em relação aos serviços prestados às empresas no nível local e regional, a ANPE mobilizou-se para reduzir as dificuldades de recrutamento, propondo uma nova forma de recrutamento baseada nas habilidades dos demandantes de emprego e não na sua formação escolar e competência técnica. Ao mesmo tempo, procura responder às dificuldades das empresas e dos ramos profissionais no nível regional por meio de parcerias com outras entidades do serviço público de emprego, especialmente a AFPA.

Outro instrumento de ação da ANPE é em relação ao sistema de informação. A ANPE possui um corpo técnico especializado reunido no Observatório da ANPE que se incumbe de disseminar a informação sobre o mercado de trabalho, de acordo com a política de comunicação da agência. Ademais, conta com um trabalho de parceria com todos os atores envolvidos na questão do emprego e se abre para o plano internacional.

A administração da ANPE é de responsabilidade de um Conselho de Administração e dirigida por um diretor geral nomeado pelo Conselho de Ministros e subordinado ao ministro encarregado do emprego. Em 1980, o conselho de administração passou a ser de constituição tripartite, composto por cinco representantes dos trabalhadores, cinco dos empregadores e cinco do governo[15]. O presidente do Conselho é nomeado por decreto, representa a entidade e garante a execução das deliberações do Conselho. O Conselho de Administração, por sua vez, delibera sobre as linhas gerais de ação da agência para a consecução de sua missão e dos planos de desenvolvimento de suas atividades; sobre os convênios de cooperação da ANPE com o Estado e aqueles realizados com entidades de direito privado que gerenciam o sistema de indenização de desemprego (Assedics), centros de formação profissional e as coletividades territoriais. Define também o cronograma de implantação das agências locais a partir da proposição dos Comitês Regionais da ANPE, elabora o orçamento e realiza o relatório anual de atividades (EEO, 2002).

O corpo de funcionários da agência pertence ao quadro regular de gestão de recursos humanos e sua relação funcional é regida pelo estatuto dos agentes de direito público. Do total do quadro funcional, 21.156 trabalhadores em 2001, 5.109 trabalhavam em tempo parcial, e 85% dos funcionários estavam diretamente envolvidos no atendimento ao público. Esses trabalhadores distribuíam-se em oito categorias de emprego: assistentes de gestão; conselheiros adjuntos; conselheiros; conselheiros principais; administradores de classe; administradores de primeira classe; administradores fora de classe; e outros.

As atividades da ANPE são financiadas na sua maior parte com recursos estatais por meio de subvenção anual votada pelo Parlamento (como disposto na Lei de Finanças), que são destinados ao seu funcionamento e também para os investimentos. Além desse recurso, a agência recebe recursos de outros ministérios, sobretudo do Ministério responsável pelo Emprego, que financiam outras atividades que a agência é encarregada de promover para seus usuários. Outros recursos também são recebidos da UNEDIC, das missões locais de permanente apoio, informação e orientação (PAIO), e da AFPA para o desenvolvimento de ações de intermediação de mão de obra em parceria com essas instituições.

Para ampliar seu atendimento, a ANPE lança mão de parcerias tanto com o setor público como com o setor privado. Assim, desenvolve ações conjuntas com o setor externo do Ministério do Emprego para a implementação da política de emprego. Com a AFPA, desenvolve ações de qualificação profissional. Ademais, firma acordos de cooperação com as autoridades locais (coletividades locais), com centros de formação vocacional reconhecidos pelo Estado e grupos locais que viabilizam o atendimento dos centros de serviço da ANPE. As parcerias realizadas pela agência baseiam-se em três objetivos, de acordo com o terceiro contrato de progresso: i) melhorar o acesso geográfico dos demandantes de emprego e dos empregadores; ii) melhorar os serviços individualizados, tais como o acompanhamento social, avaliação, tutoria, entre outros; iii) dar coerência, especialmente geográfica, aos diversos atores intervenientes na oferta de serviços complementares.

A agência procura também apoiar as iniciativas do Estado nas ações de inserção e qualificação profissional por meio da designação de pessoal da agência para trabalhar

---

(15) Um representante do ministério responsável pelo emprego, um representante do ministério da educação nacional, um representante do ministério encarregado do orçamento, um representante do ministério responsável pela indústria e um representante do ministério encarregado das coletividades locais.

conjuntamente com operadores tais como prefeituras, grupos locais para a inserção de jovens etc. Assim, a ANPE colabora com os grupos locais e o PAIO para garantir o melhor acompanhamento dos beneficiários do programa "novo começo" (*nouveau départ*). A agência também é representada no programa de qualificação de alternância por meio de parcerias com organismos paritários e conselhos regionais, e conjuntamente com a Associação para Emprego de Administradores — APEC (*Association pour l'emploi des cadres*) fornece serviços específicos para jovens recém-graduados.

É interessante destacar que a atuação da ANPE não se limita ao espaço territorial francês, mas também tem uma atuação em nível internacional, especialmente na União Europeia, onde desenvolve atividades que buscam a livre movimentação dos trabalhadores dentro de seu espaço. Ademais, parte de seu quadro de funcionários atua em outros países (Alemanha, Bélgica, Grã-Bretanha e Itália), no âmbito de um projeto comunitário, para disseminar a experiência da agência aos vizinhos europeus. Também desenvolve atividades bilaterais de cooperação técnica com países do norte da África e da África Sub-Sahariana e com programas financiados pela União Europeia e o Fundo Monetário Internacional. Em 1999, passou a funcionar em Paris a Agência Internacional de Emprego, uma parceria da ANPE com o Escritório de Migração Internacional (*International Migration Office*), cujo objetivo é aconselhar os estrangeiros exilados e as empresas que contratam internacionalmente.

Outra inovação implementada foi o "projeto de ação personalizado" (PAP), que é desenvolvido pelo demandante de emprego com apoio de um conselheiro da ANPE. Até o seu retorno ao emprego, o trabalhador dispõe de encontros regulares, serviços de apoio e acompanhamento das ações empreendidas. Desde 1998, a ANPE tem atuado de forma mais estreita com a AFPA, de modo a generalizar o acesso à formação por parte dos atendidos pela intermediação enquanto, no âmbito do serviço personalizado de emprego, procura desenvolver uma relação mais direta com as missões locais de inserção de jovens (as PAIO).

A Associação para a Formação Profissional de Adultos — AFPA

A Associação para a Formação Profissional de Adultos[16] — AFPA foi criada em 1949 para estruturar a formação profissional em todo o país. Sua atuação é nacional e está subordinada à autoridade do Ministério do Emprego, o qual define sua orientação. Seu principal objetivo é possibilitar ao demandante de emprego adquirir qualificação profissional que lhe permita inserir-se em um novo emprego. Como objetivos adicionais, a AFPA contribui para a formulação e a implementação de políticas de Estado no campo do emprego e da qualificação profissional; além disso, transfere aos seus sócios o conhecimento e a experiência acumulada na formação profissional.

A direção da agência é feita por instância tripartite. A Assembleia Geral é composta por 39 membros divididos em três colegiados de igual competência: um com representantes dos ministérios concernentes ao trabalho da agência e que se amplia para incluir os representantes das instâncias regionais; o segundo, que incorpora os representantes das organizações dos empregadores; e o terceiro, que inclui os representantes dos sindicatos de trabalhadores.

---

(16) Association Nationale pour la Formation Professionnelle des Adultes.

As atividades da AFPA foram definidas pelo 1º Contrato de Progresso (1994-1998) assinado entre a agência e o Estado a partir do acordo de objetivos de 1991-1993. Esse primeiro contrato visou definir o relacionamento entre o Estado e a AFPA por meio de compromisso mútuo de orientações estratégicas partilhadas; e reorganizar as ações de orientação e formação da agência para atender com a maior proximidade possível as necessidades locais. O segundo contrato de progresso seguiu a mesma direção e buscou aprimorar a gestão da AFPA, a descentralização interna e a distribuição regional dos recursos.

Ademais, foram estabelecidas medidas para melhor localizar a missão da Associação como serviço público. Essas medidas visavam focar a missão da AFPA no provimento de serviços que auxiliem os demandantes de emprego a inserirem-se no mundo do trabalho, complementando a missão desenvolvida pela ANPE. Desse modo, torna-se importante o desenvolvimento de um serviço articulado entre a AFPA e a ANPE para dar suporte ao trabalhador em busca de emprego, para que o mesmo possa construir um projeto profissional para sua colocação no mercado de trabalho. Outra medida é contribuir para a consecução dos objetivos definidos no Plano Nacional de Ação para o Emprego. E, também, tornar claras as relações da AFPA com as regiões e os setores de atividade para fazê-las coerentes com a missão principal da associação de qualificação profissional dos demandantes de emprego.

A Associação organiza-se em termos territoriais e funcionais em 22 diretorias regionais que têm a responsabilidade de desenvolver as atividades gerais da AFPA em nível regional. Possui também 22 centros regionais de orientação profissional (CROP) que, juntamente com as 192 unidades de serviços relacionados, prestam informação, avaliação e orientação aos trabalhadores. Somam-se a essa estrutura mais 266 centros de treinamento e 7 centros de estudos e pesquisas que juntamente com a área técnica elaboram programas de qualificação e fazem o treinamento de formadores.

O desenvolvimento das atividades da AFPA é feito com um corpo de funcionários de cerca de 11,9 mil em média (dados de 2000) em regime de tempo pleno. Deste total, a maior parte (em torno de 2/3) está diretamente ligada à prestação de serviços ao usuário. Em termos de recursos para seu funcionamento, a associação teve um orçamento de 1933 milhões em 2001, sendo 72,5% (1676 milhões) subvenção do Estado. Além dos próprios recursos da AFPA oriundos do governo federal que financiam a execução das atividades de formação profissional, a associação também recebe recursos dos governos regionais. Esses recursos representam cerca de 1/3 do total recebido pelas entidades de formação profissional francesas. É importante realçar que em 2000, do total de pessoas que participaram de formação profissional pela AFPA, quase 2/3 (63,2% de 145 mil indivíduos) eram demandantes de emprego, portanto inscritos na ANPE, sendo que a imensa maioria deles não tinha o curso superior.

A União Nacional Interprofissional para o Emprego na Indústria e no Comércio — UNEDIC

Criada em 1958, a União Nacional Interprofissional para o Emprego na Indústria e no Comércio — UNEDIC[17] foi uma iniciativa dos representantes dos trabalhadores

---

(17) Union Nationale interprofessionnelle pour l'emploi dans l'industrie et le commerce — UNEDIC.

e empregadores e parceiros sociais para implementar um sistema de proteção social contra a perda de emprego. A regulamentação dos benefícios é elaborada por meio de negociação coletiva. Em seguida, os acordos negociados devem ser aprovados pelo Estado para que a regulamentação possa valer para todas as empresas e trabalhadores do setor privado. Os acordos valem por um período de tempo determinado, que considera as limitações financeiras dos governos. O acordo definido para o período 2001-2003 almejava facilitar o retorno do trabalhador desempregado ao trabalho, auxiliando-o tanto neste retorno como na sua requalificação profissional e na procura por uma nova ocupação. O acordo define, ainda, as regras para o pagamento dos benefícios, bem como das contribuições para o sistema de seguro-desemprego.

A UNEDIC é uma associação sem fins lucrativos de direito privado que administra tanto os benefícios pagos aos trabalhadores desempregados como os recursos destinados a esses pagamentos. Sua principal atribuição é garantir a uniformidade na aplicação dos regulamentos sobre a proteção ao desempregado para que todos os trabalhadores tenham atendimento equânime. Ela é responsável também para que todas as organizações de seguro-desemprego operem da mesma forma. Em média, mais de 5,5 milhões de pedidos de seguro-desemprego são feitos a cada ano, sendo gastos perto de 18 bilhões no pagamento desses benefícios. O número de filiados ao sistema gira em torno de 16 milhões de trabalhadores e são feitas cerca de 70 mil consultas diárias pelos demandantes de emprego (dados de 2001).

A operacionalização do sistema de seguro-desemprego é feita pelas representações locais da UNEDIC, que são as Associações pelo Emprego na Indústria e no Comércio — ASSEDIC[18]. Ao todo são 30 associações que gerenciam cerca de 700 unidades descentralizadas que permitem que elas façam o atendimento ao público. Cada ASSEDIC é encarregada, dentro de sua área geográfica, da filiação dos empregadores, da arrecadação das contribuições, da inscrição dos demandantes de emprego desempregados, do pagamento do benefício de seguro-desemprego e/ou dos benefícios de solidariedade. Elas garantem, também, a ligação no plano local, com os organismos e serviços relacionados com o emprego. Para colocar em funcionamento o sistema de seguro-desemprego, o quadro de funcionários que trabalhava para a UNEDIC em 2000 era de 13,6 mil pessoas.

As instâncias de deliberação e administração do sistema de seguro-desemprego são paritárias, com participação em igual número de organizações dos trabalhadores e dos empregadores tanto para a interpretação dos textos como nos órgãos de administração em nível nacional (UNEDIC) e no nível local (ASSEDIC). Tanto a UNEDIC como as ASSEDICs são dirigidas de forma semelhante pelos seus Conselhos de Administração (e seus departamentos), que também têm uma composição paritária, sendo a presidência do conselho ocupada por um período de dois anos, alternadamente por um representante das organizações dos trabalhadores e dos empregadores. O conselho de administração da UNEDIC é assistido por uma Comissão Paritária Nacional (CPN) que auxilia na adaptação da regulamentação geral às especificidades de determinadas categorias profissionais ou na interpretação das regras para resolução de situações complexas.

---

(18) Association pour l'Emploi Dans l'Industrie et le Commerce — ASSEDIC.

O sistema de benefícios por desemprego é dividido em duas modalidades[19]: a primeira refere-se ao benefício de seguro-desemprego, e a segunda, ao benefício de solidariedade, ambos pagos pela UNEDIC. Os benefícios de seguro-desemprego são financiados por contribuições dos empregadores e dos trabalhadores. Já os benefícios de solidariedade são financiados com recursos do Fundo Nacional do Emprego, repassados para a UNEDIC pelo Estado uma vez que os beneficiários dessa modalidade não são contribuintes do sistema de seguro-desemprego da UNEDIC, sendo o custo desses benefícios incluídos no orçamento do Sistema de Solidariedade.

As decisões sobre as formas de pagamento dos benefícios são decididas entre os trabalhadores e os empregadores no caso do sistema de seguro-desemprego e entre os parceiros sociais e o Estado no caso do sistema de solidariedade. No sistema de seguro-desemprego existem as seguintes formas de benefícios:

i) *Abono de ajuda para o retorno ao emprego* (ARE)[20] — esta forma comporta oito categorias baseadas no tempo de contribuição ao sistema e na idade do trabalhador. A partir da combinação dessas duas variáveis cada categoria estipula um tempo de duração do benefício que varia de um mínimo de 4 meses — para aqueles que contribuíram para o sistema quatro meses nos últimos 18 meses — até o máximo de 60 meses — para aqueles que contribuíram para o sistema 27 meses nos últimos 36 meses e têm mais de 55 anos de idade.

ii) *Abono de desempregado idoso* (ACA)[21] — é dirigida para os desempregados involuntários que provarem que são segurados por 160 trimestres (40 anos) e paga benefícios no mesmo montante que o ARE até o beneficiário completar 60 anos. Para ter acesso ao benefício, os requerentes devem preencher os mesmos critérios de habilitação da ARE.

iii) *Abono de formação* — para aqueles que recebem benefícios de desemprego é facultado optarem receber outra forma de benefício durante o período em que estiverem participando de uma atividade de formação que os ajude em uma nova inserção profissional. Estes são de dois tipos: *Abono de ajuda para o retorno ao emprego em formação* (AREF) e o *Abono de fim de formação* (AFF).

Para aqueles trabalhadores que estão excluídos do sistema de seguro-desemprego tanto por informações insuficientes de trabalho como por ter expirado o direito a recebê-lo, há o benefício de desemprego do sistema de solidariedade. São três formas de benefícios:

i) *Abono de Inserção* — dirigido aos demandantes de emprego e aos jovens com o objetivo de elevar o nível de qualificação e facilitar a inserção profissional dos mesmos. Esse benefício é pago em detrimento aos benefícios por tempo determinado e sem contrapartida dos beneficiários. Esse benefício também atende a certas categorias de trabalhadores em busca de emprego, tais como os expatriados, os repatriados,

---

(19) De 1958, quando foi instituído, até 1984 o sistema de indenização por desemprego era único. A partir de então, a legislação criou as duas formas de indenização.
(20) Aide au retour à l'emploi — ARE.
(21) Allocation chômeurs âgés — ACA.

detentos que já cumpriram um período mínimo de detenção, refugiados e pessoas que buscam asilo. O benefício é concedido após teste de meios por um período de seis meses renovável por mais seis.

ii) Abono de Solidariedade Específica (ASS)[22] — é dirigido para o desempregado de longo prazo cujo período de duração do seguro-desemprego tenha se extinguido. Para receber o benefício, o solicitante deve comprovar cinco anos de emprego assalariado nos últimos dez anos, contados a partir da última demissão. O benefício é concedido por um período de seis meses, podendo ser renovado indefinidamente desde que o beneficiário comprove certos requisitos tais como a procura de emprego, renda etc. O valor do benefício é majorado para os trabalhadores com 55 anos ou mais de idade que comprovem 20 anos de emprego assalariado e para aqueles com 57 anos e meio ou mais de idade que comprovem 10 anos de emprego assalariado. Além disso, há um teto para o valor do benefício, diferenciado para o indivíduo solteiro e para casal.

iii) Abono especial de espera (ASA)[23] — foi introduzido em junho de 1998 e é dirigido para os trabalhadores que pagaram o seguro-desemprego por 40 anos e recebem esse benefício em complemento ao ASS.

Prevê-se que o sistema ASS + majoração + ASA seja substituído por um novo benefício, o Abono de Aposentadoria Equivalente (AER), que terá um teto com valor de 1.877,00.

O pagamento dos benefícios de colocação que recebem os trabalhadores em busca de emprego pode ser suspenso caso o trabalhador não cumpra algumas obrigações como, por exemplo, a procura ativa de emprego. O monitoramento da atividade de procura de emprego está previsto para o trabalhador inscrito como demandante de emprego e para a manutenção do pagamento do benefício de recolocação. Os textos legislativos e de regulamentação especificam as formas de gestão das listas de demandantes de emprego e reforçam a base jurídica para exclusão do trabalhador para o recebimento do benefício de colocação. Além de realizar ações positivas e sérias de procura de emprego permanentemente, o trabalhador beneficiário deve responder sempre que convocado pelo serviço de emprego, não recusar emprego ou atividades de formação sem uma justificativa plausível, nem fazer falsas declarações, sob a pena de ser excluído do sistema de registro de demandantes de emprego e ter suspenso o benefício.

Sendo a ANPE a instituição encarregada do serviço público de intermediação, todo trabalhador em busca de emprego deve estar registrado no seu banco de dados. Cabe, portanto, à ANPE a administração desse banco de dados e remover os registros daqueles demandantes de emprego que não reúnam condições para sua manutenção no registro de demandantes. Essa remoção, no entanto, é temporária, de dois a seis meses (e de seis a um ano no caso de fraude), e no caso de o trabalhador ser recebedor de algum benefício, o pagamento do mesmo será suspenso durante o tempo em que o trabalhador estiver fora do

---

(22) Allocation de solidarité spécifique — ASS.
(23) Allocation spécifique d'attente — ASA.

registro de demandantes de emprego. Cabe ao diretor do departamento de trabalho, emprego e formação profissional acompanhar e suspender — temporária ou definitivamente — o pagamento de benefícios para aqueles trabalhadores cujas condições para a manutenção do benefício não estejam sendo atendidas. As ASSEDICS também monitoram as atividades de procura de emprego dos beneficiários do sistema de seguro-desemprego com menos de 55 anos de idade. Essas instituições não podem excluir o beneficiário do recebimento da renda de recolocação, mas em caso de dúvida sobre o cumprimento pelo trabalhador de atividades sérias em busca de emprego, elas podem acionar o diretor do departamento de trabalho, emprego e formação profissional para que uma decisão seja tomada.

A intermediação de mão de obra e o ajuste do mercado de trabalho

À ANPE foi atribuído o monopólio do serviço público de colocação — SPP[24] (intermediação) por legislação em 1945. Esse monopólio tem permitido que o serviço seja expandido de forma controlada, contribuindo para atingirem-se os objetivos definidos pelas mudanças na regulamentação das atividades do SPP feitas em 1987 com vistas à sua atualização à nova realidade socioeconômica. Os principais objetivos dessas mudanças são ampliar as ações do serviço de colocação; facilitar as intervenções das coletividades locais (autoridades locais) no campo do emprego; adaptar o SPP às realidades locais; e estimular a ação conjunta da ANPE e da UNEDIC.

As atividades da ANPE são a base do SPP, e são consolidadas pelas ações de outros organismos que fazem a intermediação por meio de convênios com a ANPE ou por autorização do Estado. Esses organismos são instituições públicas ou instituições paritárias de empregadores, trabalhadores e associações, que devem respeitar os princípios básicos da intermediação: gratuidade, constância dos serviços e tratamento igualitário dos usuários. Devemos ressaltar que as instituições autorizadas a realizar as ações de intermediação não estão autorizadas, no entanto, a administrar o banco de dados dos inscritos no serviço nem das vagas disponibilizadas pelas empresas, cuja responsabilidade é exclusiva da ANPE.

O procedimento de inscrição dos trabalhadores em busca de trabalho no sistema público de emprego exige a coordenação entre as instituições envolvidas. A ANPE é a instituição juridicamente responsável pelo registro dos demandantes de emprego e pelo acompanhamento dos trabalhadores inscritos, monitorando se eles continuam a satisfazer as exigências legais. A agência delega às ASSEDICs a incumbência de receber os pedidos e proceder às inscrições, que passam a compor um banco de dados que é administrado exclusivamente pela ANPE. Esse banco faz parte de um sistema administrativo que inclui as instituições responsáveis pelo pagamento dos benefícios de desemprego (ASSEDICs) e os departamentos do governo federal responsáveis pelo controle das atividades de busca de emprego daqueles que recebem esses benefícios. A informatização da lista de demandantes

---

(24) Service public de placement — SPP.

de emprego possibilita que as informações sejam acessadas pelas Agências de Emprego Locais em tempo real.

O plano de progresso de 1994 (*Contrat de Progrès*) firmado entre o Estado e a ANPE, no qual se colocava a necessidade de tornar claras as atribuições para a busca de emprego e para o requerimento do seguro-desemprego para melhorar o atendimento aos usuários comuns da ANPE e as ASSEDICs, estabeleceu um acordo entre a ANPE e a UNEDIC. Por meio de lei de 1996, a ANPE foi autorizada a confiar às ASSEDICs algumas tarefas administrativas importantes para seus objetivos: o acolhimento e informação aos demandantes de emprego sobre seus direitos e suas obrigações; recebimento e registro dos requerimentos de inscrição na lista de demandantes de emprego, fazendo as renovações e alterações na situação dos trabalhadores em busca de emprego; informar os demandantes de emprego sobre as decisões da ANPE.

Na inscrição do trabalhador utiliza-se um formulário único, comum à ANPE e à ASSEDIC, que ele obtém na própria ASSEDIC ou na prefeitura. Nesse formulário solicitam-se as informações necessárias tanto para o processo de inscrição no serviço de intermediação como para o recebimento do benefício de desemprego. Após o registro do pedido, é enviado um cartão de demandante de emprego ao trabalhador interessado.

Nas localidades onde não existir uma unidade da ASSEDIC, os demandantes de emprego podem inscrever-se nas prefeituras, que têm a responsabilidade de coletar e registrar as declarações dos desempregados e repassá-las à ASSEDIC de sua jurisdição. Para formalizar sua inscrição, o trabalhador deve procurar pessoalmente a ASSEDIC — ou a prefeitura — e comprovar sua identidade, local de residência e sua autorização para trabalhar, no caso de ser estrangeiro. No momento da inscrição o trabalhador é informado sobre seus direitos e suas obrigações e classificado em uma das categorias estatísticas de demandantes de emprego. Essas categorias são definidas por resolução ministerial a partir da disponibilidade do trabalhador e do objetivo de sua demanda. Sua construção se dá a partir de quatro variáveis: i) sua situação em termos de emprego; ii) a sua disponibilidade para ocupar um emprego; iii) o tipo de contrato de trabalho almejado; e iv) a obrigação ou não de empreender procura ativa de emprego (OEE, 2002, p. 35).

Essas categorias adaptam-se às estruturas do mercado de trabalho, bem como estão em conformidade com as definições internacionais de desemprego. Assim, temos as seguintes categorias:

Categoria 1: trabalhadores desempregados, que estão disponíveis para o trabalho, que estão obrigados à busca ativa de emprego, e desejam trabalho permanente em tempo integral;

Categoria 2: trabalhadores desempregados, disponíveis para o trabalho, obrigados à busca ativa de emprego, e desejam trabalho permanente em tempo parcial;

Categoria 3: trabalhadores desempregados, disponíveis para o trabalho, obrigados à busca ativa de emprego, e desejam trabalho por tempo determinado, ou temporário ou sazonal;

Categoria 4: trabalhadores desempregados, não disponíveis imediatamente para o trabalho, e estão procurando trabalho;

Categoria 5: trabalhadores empregados, que estão em busca de outro emprego;

Categoria 6: trabalhadores não disponíveis imediatamente, que estão obrigados à busca ativa de emprego, e desejam trabalho permanente em tempo integral;

Categoria 7: trabalhadores não disponíveis imediatamente, que estão obrigados à busca ativa de emprego, e desejam trabalho permanente em tempo parcial;

Categoria 8: trabalhadores não disponíveis imediatamente, que estão obrigados à busca ativa de emprego, e desejam emprego por tempo determinado ou temporário ou sazonal (inclusive trabalho de curta duração).

Para que sua inscrição seja aceita, o trabalhador deverá satisfazer as seguintes condições: estar em busca de trabalho; estar disponível para trabalhar; estar apto para o trabalho; e estar com a situação de trabalho regularizada, no caso de o trabalhador ser estrangeiro. Uma vez feita a inscrição o trabalhador deverá, obrigatoriamente, apresentar-se para uma entrevista na agência local de emprego. Para a realização dessa entrevista, que deverá ser feita num prazo máximo de quatro semanas após a inscrição, a ASSEDIC encaminha ao trabalhador um documento preparatório. Essa entrevista visa reunir informações sobre o demandante de emprego que ajudem na atividade de colocação, bem como levantar suas expectativas e apresentar-lhe os serviços apropriados. Além dessa primeira entrevista, existe a entrevista de seguimento, que procura renovar o diálogo da agência com os solicitantes de emprego, e a entrevista de contato, que busca assegurar que os trabalhadores em busca de emprego possuam as características solicitadas pelas empresas (*Thuy, Hansen* e *Price*, 2001). No caso do não comparecimento do trabalhador inscrito para a entrevista no período de tempo determinado, ele será convocado pela Agência Local de Emprego. Se novamente o trabalhador faltar à entrevista, ele terá sua inscrição cancelada. Saliente-se que para ter acesso aos serviços da ANPE não é necessário estar inscrito na lista de demandantes de emprego.

A autoridade local pode captar vagas e incumbir-se da intermediação dos trabalhadores que estão sob sua jurisdição desde que exista um entendimento com o Estado e com a ANPE. Ademais, ela pode ir além das atividades de colocação, desenvolvendo atividades que possibilitem a inserção social e profissional dos trabalhadores em busca de emprego por meio de atividades de formação profissional, informação sobre o mercado de trabalho e de reintegração, de acordo com condições definidas com o governo central e, se necessário, com a ANPE. Para isso, a autoridade local tem acesso à lista dos demandantes de emprego inscritos no seu território, cujas informações têm garantida a manutenção da confidencialidade por uma comissão de proteção aos dados (*Commission Informatique et Liberté*).

A responsabilidade pelo encontro entre oferta e demanda de emprego é de um conselheiro na agência local de acordo com alguns critérios como nível de qualificação, localidade, remuneração, entre outras. Esse encontro entre oferta e demanda pode ser realizado de três formas:

i) pelo emparelhamento dos arquivos de demandantes de emprego e das vagas ofertadas, convocando-se o demandante;

ii) no momento da entrevista do trabalhador com o conselheiro, quando este investiga as vagas disponíveis a partir do perfil profissional do primeiro. Apesar de o encontro entre o perfil do trabalhador e a vaga mais apropriada ser mérito e responsabilidade exclusiva do conselheiro, este se beneficia largamente da informatização dos registros tanto das vagas disponíveis como do perfil dos demandantes de emprego;

iii) por iniciativa do próprio trabalhador em busca de emprego que se oferece a uma das vagas divulgadas em vários canais de informação utilizadas pela ANPE (jornais, *internet*, notificação por telefone, cartazes e quadro de avisos nas agências locais etc.). É feita, então, uma pré-seleção de interessados na vaga, sendo os mesmos encaminhados à empresa.

Além das entrevistas, às quais estão sujeitos todos os demandantes de emprego, a orientação profissional converte-se num dos principais diferenciais do sistema público de emprego francês. Por orientação profissional, entende-se uma intervenção profunda e duradoura com apoio personalizado, que faz o diagnóstico dos pontos fortes e frágeis no perfil do trabalhador que lhe permita desenvolver uma diretriz para o retorno ao emprego. São traçados pela ANPE alguns grupos preferenciais para este serviço de orientação: jovens com menos de 26 anos que estão entrando no sexto mês de desemprego, adultos que estão completando um ano de desemprego, demandantes de emprego cadastrados por dois anos e jovens desempregados e beneficiários da renda mínima de inserção (RMI) que se encontram desempregados por mais de um ano. Essa orientação envolve desde o apoio na elaboração de um projeto individual de emprego até o acompanhamento do trabalhador recém-contratado (*Thuy, Hansen* e *Price*, 2001).

As agências locais têm caráter interprofissional como regra geral. Porém, dadas as características específicas de alguns grupos profissionais, algumas delas se especializaram no atendimento dessas categorias. Destacam-se quatro tipos de agências especializadas. A primeira volta-se para atender os executivos, como é o caso dos *espaces cadres*. Nesse tipo de agência, além do atendimento básico para todos os profissionais, elas prestam um serviço adicional para os trabalhadores que têm uma formação e/ou função definida como quadros (*cadres*) tais como engenheiros e técnicos, diretores e executivos. Ademais, atende também os jovens recém-formados e as empresas que estão em busca desses profissionais. São 20 agências desse tipo espalhadas pelo território nacional.

A introdução dos *espaces cadres* implicou uma decisão estratégica importante, a de mudar o perfil das vagas e das empresas que buscam o serviço de intermediação de mão de obra. Atuar no âmbito dos empregos técnicos, geralmente com altos níveis de remuneração, também foi uma resposta ao elevado desemprego de trabalhadores de maior qualificação, ou de trabalho intelectual. Mas também foi uma resposta ao fato de que esses trabalhadores ficavam reféns das agências privadas de contratação. Para se atingir esse objetivo, fez-se necessária a parceria com associações nacionais de executivos, universidades públicas e privadas etc. (*Thuy, Hansen* e *Price*, 2001).

O segundo tipo de agência especializada são os denominados *espaces jeunes*. São denominadas assim todas aquelas estruturas de recepção de jovens, tais como os centros de serviços locais (*missions locales*), centros de apoio a recepção, informação e orientação, assim como todas as organizações que dão apoio e orientação para os jovens em busca de emprego ou de formação profissional. A definição de um *espace jeune* decorre da negociação entre os parceiros envolvidos, o Estado, o governo regional e a diretoria regional da ANPE.

O terceiro tipo são as ações voltadas para os trabalhadores incapacitados. A legislação francesa busca facilitar a inserção do trabalhador com deficiência no mercado de trabalho. A ANPE, dentro de sua competência, define algumas diretrizes nas suas ações para cumprir as normas ditadas pela lei. Assim, encarrega o departamento regional da incumbência de coordenar e animar as atividades dos conselheiros especializados em trabalhadores com incapacidades (CSTH — *Conseiller d'emploi Spécialisé Travailleurs Handicaps*) em nível regional. Por sua vez, em cada departamento, um conselheiro dedica parcial ou integralmente seu tempo à inserção de trabalhadores com incapacidades. Ademais, a ANPE trabalha em conjunto com instituições representativas desse grupo de trabalhadores somando esforços para as atividades de ajuda à inserção ocupacional, ao financiamento de ações de formação profissional e à implementação de programas de informação e sensibilização de empresas.

O último tipo são os clubes de demandantes de emprego (*Clubs de chercheurs d'emploi*). Esses clubes são uma nova forma de pesquisa de emprego e voltam-se para os jovens recém-formados, dando-lhes apoio, organizando a procura de emprego e facilitando o acesso às vagas disponíveis, visando, dessa forma, aumentar as chances de inserção desse grupo no mercado de trabalho.

A gratuidade, a permanência e a igualdade no atendimento aos usuários são princípios básicos do SPE. Sem afrontar esses princípios, algumas iniciativas têm introduzido mudanças na gestão do serviço. Essas mudanças seguem as orientações propostas tanto pela OIT como pela OCDE, e visam à descentralização da prestação dos serviços, inclusive com a participação de organizações privadas com ou sem fins de lucro.

Por exemplo, o Projeto de Lei de Programação para a Coesão Social (*Ministère de l'Emploi, du Travail et de la Cohésion Sociale*, 15 de setembro de 2004) estipula a abertura do sistema público de emprego a novos operadores, enfatizando a necessidade de cooperação com as coletividades territoriais, sem ferir os princípios da gratuidade e não discriminação. Abre-se a possibilidade de os governos locais executarem a função de colocação de mão de obra, por meio de um convênio assinado com a ANPE. Dessa forma, acaba-se com o monopólio da ANPE em relação à recolocação dos trabalhadores. É a partir dessa nova perspectiva de gestão que são criadas as *Maisons de l'Emploi*.

Devemos ressaltar que a ANPE caminhava nessa direção desde os anos noventa, no esforço de competir com a iniciativa privada no segmento de intermediação de executivos e técnicos de alto nível, em que procurou fazer acordos com as organizações das empresas de trabalho temporário e com os representantes daqueles trabalhadores. Buscava-se, ao mesmo tempo, colocar essas vagas para os demandantes de emprego do sistema público e assegurar às empresas a pré-seleção dos candidatos com o perfil adequado (*Thuy, Hansen* e *Price*, 2001).

Em 2004, antes do lançamento do projeto *maisons de l´emploi*, a ANPE contava com 797 agências locais e uma rede de cerca de 1.050 unidades em parceria com a AFPA, com as missões locais (PAIO) e as coletividades territoriais (ANPE, 2005). Esse projeto procura definir uma nova institucionalidade, uniformizando critérios para o conjunto do território nacional, inspirando-se na experiência do O*ne-Stop Center* realizada nos Estados Unidos.

A Maison de l´Emploi

As *Maisons de L´Emploi*, segundo o projeto de lei de programação para a coesão social, anteriormente citado, são "locais de antecipação das necessidades do mercado, de adaptação às necessidades de formação e de integração entre o demandante de emprego e a empresa". Elas podem ser "estabelecimentos públicos, parapúblicos e privados" (Ministère de l´Emploi, dezembro de 2004). O governo francês prevê a criação de 300 *maisons de l'emploi* até 2008. Até dezembro de 2005, 103 dessas unidades tinham sido inauguradas a partir da readequação de postos de atendimento existentes (Ministère de l'Emploi, janeiro de 2006).

A simples implantação dessas agências, no entanto, parece insuficiente para permitir o fornecimento de serviços integrados que considerem o acúmulo de experiências locais e atendam as necessidades de cada região. Para a consecução desses objetivos, algumas iniciativas concomitantes são consideradas fundamentais. A primeira delas é a existência de um convênio plurianual entre o governo federal, a ANPE e a UNEDIC que facilite a coordenação entre as várias agências de financiamento e de execução das políticas de mercado de trabalho. Uma segunda medida é associar esse convênio a uma base territorial, o que deve ser feito por meio de "convênios de desenvolvimento do emprego". Estes são negociados com as autoridades locais de forma a adaptar o serviço público de emprego às características das várias bacias (regiões) de emprego.

A terceira medida é implantar as *maisons de l'emploi* tanto a partir da adequação das estruturas existentes como da criação de novos espaços que inclua o governo federal, a ANPE, a ASSEDIC, pelo menos uma coletividade territorial e, conforme o caso, os atores sociais, a AFPA, as entidades de formação profissional e as próprias empresas. O sentido é que se tenha a construção de organismos diferenciados de acordo com as especificidades de cada região (Ministère de l'Emploi, novembro de 2005).

A criação de novas *maisons de l'emploi* pode contar com o apoio do governo federal por meio de contratos de direito privado. Estes visam assegurar que as agências tenham um mesmo padrão de qualidade na prestação dos serviços e também evitar a concorrência deletéria entre os vários parceiros envolvidos. As novas agências criadas a partir desse mecanismo podem assumir o estatuto de uma associação ou de uma entidade de interesse público. As *maisons de l´emploi* deverão orientar sua atuação a partir de três diretrizes:

i) observação, antecipação e adaptação ao território; ii) acesso e retorno ao emprego; e iii) desenvolvimento regional e criação de empresas.

Na primeira diretriz, inclui-se a realização de estudos prospectivos sobre o comportamento do mercado de trabalho com base nos dados estatísticos disponíveis; sobre as necessidades de mão de obra das empresas, por meio de pesquisa realizada em conjunto com a ANPE; e sobre o perfil dos demandantes de emprego de cada bacia de emprego, na área de atuação da *maison de l´emploi*. Para consecução desses estudos prevê-se a criação de Observatórios de Emprego. Ao mesmo tempo, deverão ser elaborados estudos de avaliação sobre a reinserção dos trabalhadores inscritos em cada região e de adaptação da oferta de qualificação profissional em cada região. Ademais, duas ferramentas devem ser colocadas à disposição dos gestores. A primeira é o Dossiê Único do Demandante de Emprego (DUDE), que congrega as informações necessárias sobre o trabalhador inscrito na agência. A segunda é a oferta de formação ASSEDIC/ANPE, que permite avaliar as várias possibilidades de qualificação profissional de um trabalhador a partir de sua trajetória profissional (Ministère de l'Emploi, nov. 2005).

A segunda diretriz dispõe sobre as ações de promoção dos contratos subsidiados, das atividades de aprendizagem para os jovens com dificuldades de inserção e das ações de mobilização dos trabalhadores desempregados para o retorno ao emprego com orientação personalizada.

A terceira diretriz define um conjunto de atividades relacionadas ao desenvolvimento local. Inclui ações de estímulo aos desempregados que criam novas empresas com apoio do microcrédito; aconselhamento e apoio às empresas; e suporte ao diálogo social no espaço territorial (Ministère de l´Emploi, nov. 2005). Nessa diretriz não ficam claras os instrumentos e a institucionalidade a ser utilizada para se atingir o objetivo do desenvolvimento local. Não há uma proposição concreta, referindo-se de forma vaga a um desenvolvimento construído a partir da região/local, o que transparece ser mais um recurso publicitário para apresentar uma maior participação na definição de um projeto de desenvolvimento.

O sistema de informações sobre o mercado de trabalho

Como nos demais países desenvolvidos, a informatização das atividades do serviço de emprego é uma preocupação presente. Assim, um esforço para modernizar as ferramentas de processamento de dados tem sido realizado. O objetivo é melhorar tanto o gerenciamento das vagas, dos demandantes e do mecanismo de ajuste entre oferta e demanda como melhorar a aplicação das políticas para grupos específicos (grupos-alvo).

O sistema francês dispõe de três ferramentas básicas para o gerenciamento da demanda de trabalho, das vagas, do relacionamento com as empresas e da atividade de colocação. A primeira ferramenta é a Gestão Informatizada da Demanda de Emprego — GIDE (*Gestion Informatisée de la Demande d'Emploi*). Esta ferramenta procura preencher as ocupações oferecidas pelas empresas a partir do melhor conhecimento do perfil do demandante de emprego, tais como a experiência anterior de trabalho, setor de atividade, nível de educação e benefícios recebidos da ANPE. Toda a rede da ANPE está equipada com esse sistema de gerenciamento. Ademais, o sistema é implementado em cooperação com a UNEDIC, que administra o seguro-desemprego. Isso permite o gerenciamento dos demandantes de emprego em tempo real nas agências locais e o recebimento do benefício de desemprego por meio da ASSEDIC.

A segunda ferramenta é o Sistema de Apoio à Gestão do Emprego — SAGE (*Système d'Aide à la Gestion de l'Emploi*). Esta auxilia no acompanhamento das vagas oferecidas pelas empresas, na gestão do relacionamento com as empresas e no conhecimento mais amplo do ambiente econômico local a fim de melhorar os serviços prestados. As informações são organizadas em três bancos de dados: por empresa, por ocupação oferecida e com base nos contatos de relacionamento. Esses bancos de dados podem ser conectados e associados entre si, possibilitando a integração das informações e facilitando o acesso aos usuários. Essa interconexão dos dados permite o detalhamento e a atualização automática das vagas oferecidas, dos contatos de empresas e acompanhamentos previstos por meio da compilação de dados externos. Possibilita também que a informação sobre uma empresa possa ser acessada durante um procedimento. Ademais, permite que critérios sobre as vagas oferecidas e os contatos estejam disponíveis em todos os módulos de pesquisa dos arquivos das empresas.

A terceira ferramenta é o Repertório Operacional de Carreiras e Empregos — ROME (*Répertoire Opérationnel des Métiers et des Emplois*). Esta ferramenta busca explorar novos cenários de ocupação para o planejamento avançado de ocupações e gestão de habilidades, dando maior eficiência no registro e classificação das vagas. O arquivo ROME possibilita o acompanhamento das mudanças que ocorrem no campo ocupacional em virtude das mudanças no quadro econômico, além de aprimorar o relacionamento entre os atores envolvidos (ANPE, usuário, empresa etc.). Essa ferramenta auxilia ainda na identificação das necessidades de qualificação profissional, individuais ou coletivas, e das medidas a serem implementadas para a inserção ou reinserção do trabalhador no mercado de trabalho. Ajuda ainda na ampliação das possibilidades ocupacionais com vistas à mobilidade profissional do trabalhador.

Além dessas três ferramentas, existem outros instrumentos que contribuem para melhorar a administração das informações. A Ajuda para o Usuário de Informática — APUI (*Aide pour l'utilisateur informatique*) é um *software* que possui uma interface gráfica local entre o SAGE e o GIDE, facilitando a troca de informações entre os sistemas individuais. Há também o *Prestations et Mesures* que é um instrumento de utilidade pública de âmbito nacional provido por meio da APUI que visa capacitar às agências locais de emprego, os departamentos e as direções regionais para a execução da administração orçamentária dos serviços tais como a qualificação profissional e os programas de promoção de emprego. Um último instrumento é o Sistema de Informação e Ajuda à Decisão — SIAD (*Système d'Information et d'Aide à la Décision*), que busca auxiliar na organização dos diferentes aspectos do trabalho para se fazer o melhor uso das informações e otimizar o processo de decisão.

1.4.3. O serviço público de emprego da Alemanha

A Alemanha possuía, em 2005, uma população de 82,4 milhões de pessoas, das quais a população feminina representava 51%. A população em idade ativa era de 55,1 milhões (49,5% de mulheres), dos quais 73,9% (40,7 milhões) estavam economicamente ativos. A população ativa feminina representava 45,1% do total. O número de trabalhadores ocupados era de 36,1 milhões e distribuíam-se da seguinte forma: 67,6% no setor terciário, 30% na indústria e apenas 2,4% na agricultura. Do total de ocupados, 21,8% estavam em empregos em tempo parcial, sendo 81,4% de mulheres (OCDE, 2007).

O modelo de organização alemão caminhou na direção da integração funcional, com centralização das ações e da operacionalização das diversas políticas dirigidas ao mercado de trabalho. O objetivo dessa seção é traçar as linhas gerais do sistema público de emprego alemão, por meio de um acompanhamento de sua evolução e do significado das mudanças recentes — iniciadas a partir da Reformas Hartz, de 2002 a 2005 — realçando os mecanismos de integração entre as várias políticas de mercado de trabalho e a distribuição das funções entre os seus vários gestores. Apresentamos também a nova estrutura institucional do sistema público de emprego, a partir da criação dos novos *Jobcentres*.

Estrutura institucional e principais características

O sistema público de emprego alemão, ao contrário dos demais casos estudados, possui uma estrutura centralizada, o que lhe dá uma característica peculiar e grande complexidade. A responsabilidade pela formulação e execução das políticas é de uma agência do governo central, o Instituto Federal para a Intermediação de Mão de Obra e Seguro-desemprego (*Bundesanstalt für Arbeitsvermittlung und Arbeitslosenversicherung*) ou, simplesmente, Serviço de Emprego Alemão (*Bundesanstalt für Arbeit* — BA). Este, dentro de uma estratégia de gestão compartilhada dos programas, tem se associado aos estados e municípios, especialmente no período recente, e conta com forte participação dos atores sociais na supervisão das políticas. Destaca-se, ainda, por ter se mantido fiel aos princípios do financiamento essencialmente contributivo, e, até o final dos anos noventa, da manutenção da proporção do valor do benefício em relação ao rendimento prévio do trabalhador (*Finn et al.*, 2005).

O BA é um órgão público diretamente associado ao governo federal. Assim, ao Ministério da Economia e Trabalho (*Bundesministerium für Wirtschaft und Arbeit* — BMWA) cabe a incumbência legal de supervisionar o BA, além de aprovar o seu orçamento anual[25]. A base legal para a implementação das políticas de mercado de trabalho é dada pelo Código Social III (SGB III), que também define o que é de responsabilidade do BMWA e do BA. Isso impõe que ministério e o serviço de emprego trabalhem de forma conjunta para serem alcançados os objetivos definidos no código social. Dentro dos limites colocados pela lei, o BA possui uma administração autônoma que conta com a participação paritária dos trabalhadores, dos empregadores e dos órgãos públicos (federal e dos demais níveis de

---

(25) Em 2002, foi criado este novo ministério, a partir da junção entre o Ministério da Economia e Tecnologia e o Ministério do Trabalho e Assuntos Sociais. Após a posse da nova chanceler Angela Merkel, em novembro de 2005, o ministério seria dividido novamente entre as pastas da Economia e do Trabalho.

governo) em todos os níveis de administração. Além de um Conselho de Administração central, há os Comitês de Administração dos escritórios locais e regionais. Os membros da administração influenciam diretamente na forma de operação do serviço de emprego, aproximando os vários órgãos do BA da vida pública, econômica e social, garantindo a execução das funções do serviço de forma realista.

O Conselho de Administração, na sua função de instância legislativa, delibera sobre os Estatutos que definem as áreas de responsabilidade e cooperação entre os vários níveis de administração do BA. Também emite as instruções para a implementação das estruturas legalmente prescritas, e decide sobre os limites de cobertura espacial dos escritórios regionais de emprego e sobre implantação de escritórios especiais. Ademais, tem a incumbência de supervisionar o Conselho Executivo e a administração, aprovar o relatório anual, regulamentar sobre as reclamações concernentes aos escritórios regionais de emprego; e, nos eventos em que o comitê administrativo de um escritório local e/ou regional não completar sua tarefa, transferir a autoridade deste último para outra entidade.

É papel do Conselho de Administração fixar o orçamento e outorgar ao Conselho Executivo o pagamento de contas com base na contabilidade anual. Além disso, deve designar os membros dos comitês administrativos dos escritórios regionais de emprego, e funcionar como "ouvidor" para consulta do presidente e dos membros do Conselho Executivo, bem como dos administradores dos escritórios regionais. O Conselho tem comitês especiais (desenvolvimento organizacional; pesquisa e política de mercado de trabalho; finanças) com os quais pode repartir as tarefas. Já as decisões dos Comitês Administrativos limitam-se às decisões fundamentais e concernentes aos assuntos das políticas. Nos casos individuais, especialmente aqueles referentes à política de mercado de trabalho, as decisões poderão ser tomadas pelo comitê, desde que respeite o código social (SGB III) e os estatutos.

O serviço de emprego alemão está organizado para atender a todo o território nacional. Além de um escritório central, localizado na cidade de Nuremberg, possui dez agências regionais e 180 agências locais de emprego. A área de cobertura de cada agência local é definida a partir das características do mercado de trabalho e de fatores econômicos de cada região onde está situada a agência. O escritório central emite as instruções básicas que assegurem a correta e uniforme execução das tarefas do BA em todo o país e conta com um Instituto de Pesquisa sobre Emprego (*Institut für Arbeitsmarkt und Berufsforschung* — IAB) que faz o acompanhamento e avalia os resultados da execução das políticas.

O escritório central tem sob seu comando as seguintes agências que o auxiliam no desempenho de suas atividades: a agência central em Nuremberg; a agência central de colocação (ZAV) na cidade de Bonn; a academia de formação administrativa do BA em Lauf/Pegnitz; o departamento de "administração do Trabalho" da Faculdade Federal Especializada para Administração Pública na cidade de Mannheim e sua sucursal em Schwerin; e o escritório de pré-auditoria em Nuremberg.

As agências de emprego regionais coordenam o trabalho de um grande número de agências locais. Cada agência regional tem sob sua administração dois estados da federação, ainda que alguns estados tenham sua própria agência regional de emprego[26]. Por outro

---

(26) North Rhine-Westphalia, Hesse, Baden-Württemberg, Bavaria and Saxony.

lado, as agências locais de emprego são responsáveis pelo atendimento direto do público em todos os campos. Essas agências podem estabelecer sucursais ou escritórios auxiliares, temporária ou permanentemente, nos distritos da agência local de emprego que cobrem a maior parte dos municípios e distritos regionais.

A especificidade do caso alemão é o fato de o serviço público de emprego (BA) administrar, de forma centralizada, o seguro-desemprego e as atividades de intermediação de mão de obra e programas de geração de emprego. Isto é, o BA é responsável pela implementação das políticas de mercado de trabalho e, se por um lado isso traz maior coerência nas suas ações, por outro lado, dada sua estrutura centralizada, torna suas ações mais burocratizadas e demoradas (*Freyssinet*, 2004).

A proteção da renda do trabalhador desempregado

Em relação à proteção da renda do trabalhador, o BA gerencia dois benefícios: i) o seguro-desemprego; e ii) o benefício assistencial. O seguro-desemprego tem duração variável de acordo com o tempo de contribuição e a idade do trabalhador, varia de um mínimo de 6 meses para quem contribuiu até 12 meses — independentemente da idade — até 32 meses, no caso dos trabalhadores com 57 anos de idade e 64 meses de contribuição. A taxa de reposição salarial é de 60%, sendo que para o beneficiário que tenha ao menos um filho a reposição é de 67% da renda média recebida nas 52 semanas anteriores ao pedido.

A condição de desempregado implica a disponibilidade do trabalhador para a colocação e em esforços do mesmo para pôr fim ao período de desemprego. Assim, a pedido da Agência Local de Emprego, o trabalhador beneficiado com o seguro-desemprego deverá provar seu esforço na busca de uma nova colocação. Há na legislação definições de quais ocupações são razoáveis para que o desempregado desempenhe. Assim, ele deverá aceitar um emprego que forneça uma renda razoável comparada ao salário anterior ao desemprego. A partir do sétimo mês de desemprego, o trabalhador é instado a trabalhar por um salário líquido equivalente à quantia que o mesmo recebe sob a forma de seguro-desemprego.

O não cumprimento das regras leva à suspensão do pagamento do benefício, ou mesmo sua desabilitação por um período de tempo. Desse modo, a ausência do beneficiário à entrevista de inscrição marcada pela agência local de emprego, sem razão justificável, leva à suspensão do pagamento por duas semanas. Se durante o período de suspensão o trabalhador faltar a outra entrevista, o benefício é suspenso, por um período mínimo de quatro semanas, até que o trabalhador desempregado apresente-se pessoalmente na agência para fazer nova inscrição. O direito ao benefício também será suspenso quando o trabalhador, ao término do contrato de trabalho, receber pagamento de férias. Ademais, alguns benefícios públicos que repõem a remuneração do trabalhador, como auxílio-doença e pensão, também levam à suspensão do benefício de seguro-desemprego.

Como forma de ampliar o sistema de seguro-desemprego, é pago também o seguro--desemprego parcial. Este benefício visa proteger os trabalhadores que estão envolvidos em vários empregos em tempo parcial. A perda de um dos empregos permite a solicitação do benefício. Para habilitar-se ao seu recebimento, o trabalhador deverá ter sido empregado pelo menos 12 meses num período de dois anos anteriores ao registro como desempregado, além de estar disponível e apto para assumir um novo emprego em tempo parcial ou integral. O valor da reposição salarial varia conforme o salário recebido pelo trabalhador durante as 52 últimas semanas no emprego do qual saiu. Este benefício é pago por um período máximo de seis meses.

Já o benefício assistencial ao desempregado é um benefício concedido pelo governo federal, financiado por meio de impostos e dirigido para os trabalhadores que dele necessitam. É um benefício do Estado de Bem-Estar alemão. Ainda que as regras de habilitação para o recebimento do benefício sejam semelhantes às do seguro-desemprego, existem algumas exceções. Para ter acesso ao benefício, o trabalhador desempregado e inscrito na agência local de emprego deve satisfazer as seguintes condições: buscar emprego de pelo menos 15 horas semanais; não ter o direito ao seguro-desemprego; ter recebido o benefício do seguro-desemprego pelo menos um dia no período de um ano imediatamente anterior ao dia de solicitação do benefício assistencial; e ter necessidade do benefício.

Esta última condição — ter necessidade — refere-se à incapacidade de o trabalhador conseguir, por si mesmo ou por outros meios, prover sua sobrevivência a não ser com o auxílio do benefício assistencial de desemprego. Para verificar essa incapacidade é realizado um teste de meios com base na renda e bens/haveres do desempregado solicitante e do seu cônjuge ou companheiro(a), ou, ainda, das pessoas com que convive.

Constatada a incapacidade e satisfeitas as demais condições, o trabalhador passa a receber o benefício assistencial. Este é pago por tempo indeterminado até que o beneficiário atinja 66 anos de idade. Normalmente, o benefício é pago por um período de um ano e, após esse tempo, o requerente deve comprovar novamente a elegibilidade para o recebimento. Esse benefício tem uma taxa de reposição salarial de 57% do salário líquido (deduzidos os impostos e as contribuições para a seguridade social) para o trabalhador que tenha filho ou cujo cônjuge/companheiro(a) tenha filho, e de 53% para os demais solicitantes. Da mesma forma que o seguro-desemprego, o valor do benefício é fixado anualmente por decreto do Ministro da Economia e do Trabalho. Anualmente, o valor da remuneração é adaptado, com redução de 3% para os trabalhadores que não mantenham seu nível de qualificação por meio de um esquema de treinamento ou por meio de trabalho.

No caso dos trabalhadores que não têm acesso ao benefício assistencial de desemprego, os governos locais fornecem o benefício de assistência social. Este tem um valor fixo sujeito a teste de meios, sendo que 80% do seu valor é custeado pelo governo local e 20% pelos governos estaduais. Em decorrência do aumento do número de beneficiários desses programas, os governos locais passaram a desenvolver políticas próprias com o objetivo de inserirem esses beneficiários no mercado de trabalho.

A intermediação de mão de obra

O código social (SGB III) define como sendo da responsabilidade do empregador o fornecimento do emprego e como responsabilidade do trabalhador a oportunidade profissional. Ademais, as atividades de intermediação, seja para as atividades de qualificação ou de emprego, têm prioridade sobre os benefícios que recompõem a renda do trabalho, dentro da lógica de promoção ativa do emprego. Por outro lado, as agências locais de emprego têm o encargo de oferecer o serviço de intermediação — de qualificação e emprego — para os trabalhadores que estão em busca de emprego e de qualificação, bem como para os empregadores que buscam preencher as vagas de emprego de suas empresas.

A Lei de Promoção do Emprego tem como alvo a ação preventiva. Nesse sentido, o processo de intermediação centra sua ação na integração dos indivíduos no mercado de trabalho antes que os mesmos tornem-se desempregados. Com isso, a partir de janeiro de 2003, o trabalhador que tenha o seu contrato de trabalho encerrado deve inscrever-se como demandante de emprego tão logo seja informado do fim da relação de emprego. A legislação determina que a agência local de emprego, em conjunto com o demandante de emprego, deve traçar o perfil e construir um prospecto profissional desse trabalhador no início do processo de intermediação. Com base nessas informações é definida uma estratégia personalizada de intermediação em que o trabalhador em busca de emprego compromete-se em um acordo de integração. Aqueles indivíduos que são beneficiários do seguro--desemprego ou da assistência de desemprego devem estar disponíveis para uma colocação e desempenhar algumas atividades definidas no acordo de integração ao qual o trabalhador se propôs. A agência local de emprego pode suspender as atividades de intermediação daqueles trabalhadores que se mostrarem com "má vontade" no desempenho das atividades de busca de emprego e de qualificação. No caso dos indivíduos que não possuem benefícios, esses estão livres para aceitar ou declinar de uma colocação de trabalho.

Em relação aos empregadores, não há obrigação de que os mesmos informem o sistema sobre as vagas de que eles dispõem, a não ser quando utilizam o serviço. Eles também têm à disposição um serviço de consultoria sobre mercado de trabalho. A agência local de emprego pode tomar a iniciativa de prestar esse serviço quando verificar que um determinado empregador apresenta dificuldades para preencher determinada vaga num prazo razoável, auxiliando-o no preenchimento do posto de trabalho.

O sistema de emprego tem como princípio o tratamento equânime entre aqueles que buscam os seus serviços. Desse modo, a agência local de emprego está impedida de dar tratamento preferencial para qualquer empregador ou trabalhador em busca de emprego ou qualificação sem que para isso exista uma justificativa legal.

As atividades de intermediação e consultoria prestadas pelo sistema são gratuitas. Não obstante, a agência local de emprego pode cobrar dos empregadores as despesas que excedam o tempo ou o custo normal dos serviços. Para tanto, a agência deve informar o empregador antes do início das atividades.

A intermediação também é dirigida para aqueles trabalhadores que recebem benefícios de outras organizações que não são definidas na Lei Federal de Assistência Social. Todos aqueles trabalhadores que estejam nessa situação e que estão aptos ao trabalho devem participar das atividades de intermediação na agência local de emprego e nas agências de bem-estar social. A assistência social espera que o trabalhador, além de se inscrever como demandante de emprego nas agências locais de emprego, faça pedidos de emprego por iniciativa própria. Aqueles que recebem benefícios da assistência social e que recusem uma oferta de emprego razoável têm um corte de 25% no valor do benefício regular.

A intermediação pode ser feita também pelo setor privado. Aqueles que desejem oferecer serviços de intermediação podem fazê-lo livremente, não sendo mais requerida a permissão do Serviço de Emprego Federal, mas há necessidade de que a atividade seja registrada. Essa atividade pode ser remunerada e ser paga tanto pelo empregador como pelo trabalhador. Conforme previsto em lei, o agente de intermediação deve firmar um contrato por escrito com o trabalhador especificando o valor a ser pago. Ademais, o demandante de emprego só deverá pagar após o processo de intermediação resultar em um contrato de trabalho, proibindo-se o agente de exigir uma antecipação dos honorários.

No entanto, no caso da intermediação de trabalhadores estrangeiros que sejam de países que não pertençam à União Europeia, os agentes deverão respeitar as exigências da Lei de Imigração. Esta lei determina que alguns trabalhadores nessa situação (por exemplo, da área de saúde) somente poderão ter permissão para trabalhar com base em acordos governamentais ou pela intermediação do Serviço de Emprego Federal. É também uma exigência legal que os agentes de intermediação, nesses casos, somente poderão cobrar honorários por seus serviços aos empregadores.

No que diz respeito à organização das agências locais de emprego, não há um padrão definido. Elas têm a prerrogativa de definir como devem se organizar para melhor executarem suas funções o mais eficiente e efetivamente possível. Essa liberdade visa otimizar os procedimentos de trabalho, além de melhorar a qualidade dos serviços de informação e aconselhamento e reduzir o tempo de espera dos candidatos a emprego. Assim, a solução organizacional dada pela agência local de emprego leva em consideração as responsabilidades regionais, a estrutura econômica, a situação do mercado de trabalho e as facilidades e o pessoal disponíveis em cada agência.

Ademais, espera-se que essas agências sejam capazes de atender aqueles indivíduos que necessitam de um aconselhamento especial devido às suas características pessoais. Esse fato implica que as agências tenham pessoal treinado especificamente para fornecer um atendimento individual completo para aqueles indivíduos, particularmente aos trabalhadores incapacitados, aos jovens sem educação profissional e mulheres que estejam retornando ao mercado de trabalho. Já no caso daqueles trabalhadores que possuem experiência profissional especializada e, por isso, necessitam de um mercado de trabalho que extrapole o mercado local/regional, podem utilizar os serviços das agências centrais de intermediação especializadas e os pontos de apoio das redes regionais.

No caso da intermediação de trabalho temporário, a agência busca um posto de trabalho de um período acima de 3 meses de duração no setor comercial ou industrial. Existem agências especiais para esse tipo de intermediação em muitas das grandes cidades alemãs. Essas agências estão separadas das agências locais de emprego e localizadas próximas aos empreendimentos que demandam esse tipo de trabalho, como, por exemplo, portos, grandes mercados e feiras de negócios.

Os procedimentos do serviço de intermediação são amplamente padronizados e racionalizados. Contudo, permite o serviço individual, por vezes requerido, para o atendimento tanto dos empregados como dos empregadores. O serviço de intermediação baseia-se na solicitação de emprego do trabalhador e da vaga de emprego do empregador. As decisões sobre as alternativas de intermediação são tomadas a partir da entrevista realizada pelo candidato a emprego com o funcionário de intermediação. Em caso de necessidade, e com o consentimento do candidato, a solicitação de emprego pode ser analisada por um psicólogo ou médico. Além disso, nos casos em que houver necessidade, a agência de emprego pode consultar uma terceira pessoa para realizar exercícios de avaliação das habilidades do candidato. Nos termos da Lei de Promoção do Emprego, pode ser dada assistência financeira aos candidatos que tiverem necessidade para a procura e obtenção de emprego.

A atividade de intermediação de mão de obra é informatizada. São arquivadas todas as informações dos trabalhadores em busca de emprego e das vagas captadas na área de abrangência da agência local de emprego. Com isso, o funcionário responsável pode fazer o encontro entre o perfil do candidato e das vagas disponíveis de forma adequada e rápida, sugerindo encaminhamentos para colocação, os quais podem transformar-se, ou não, em contratos de emprego. Para facilitar e melhorar o ajustamento entre oferta e demanda de trabalho, existem outras medidas tais como: serviço de registro de vagas de emprego centralizado; serviços de informação e de respostas automáticas por telefone; consultoria para entrevista; abertura à noite; atividades de grupo; e fóruns de mercado de trabalho.

Os fóruns baseiam-se na *internet* e no autosserviço. Incluem vários sistemas de informação tanto para os trabalhadores como para os empregadores. Para estes últimos disponibilizam-se informações do perfil dos candidatos a emprego, sem identificá-los. Para os candidatos a emprego informam-se detalhes das vagas com o telefone para contato, informações sobre vagas para qualificação profissional na empresa, sobre oportunidades de qualificação acadêmica, além de fóruns específicos para determinados profissionais como artistas, aqueles que estão iniciando algum negócio etc. Além desses serviços disponibilizados pelo serviço público de emprego, os indivíduos podem ser habilitados para acessarem outros fóruns, de outros provedores e dos agentes privados de intermediação. Com isso, espera-se tanto o contato entre os empregadores e a agência de emprego como o contato direto entre os empregadores e os trabalhadores em busca de emprego.

Quando uma agência local de emprego tem dificuldades para fazer a colocação de um determinado candidato a emprego no mercado de trabalho de sua área de abrangência, a agência tem possibilidade de abrir o mercado de trabalho de todo o território nacional para atender a essa necessidade. Dentro da estrutura de uma região especial e sob coordenação federal, a agência pode internalizar os serviços especiais de coordenação. Estes permitem definir os candidatos a emprego e as vagas adequadas dentro de uma grande região e estabelecem o contato entre as agências locais de emprego envolvidas ou tomam as medidas para que as publicações do BA informem a existência desses candidatos a emprego e as vagas disponíveis.

Os serviços de intermediação especializados que atuam em nível inter-regional fazem a intermediação de trabalhadores de certas profissões que normalmente necessitam de um mercado de trabalho ampliado, tais como artistas, pessoal que trabalha em hotéis e restaurantes, marinheiros. A agência central de intermediação localizada em Bonn tem a responsabilidade pela intermediação de administradores do setor industrial, e pode também oferecer assistência com serviços de intermediação de emprego do exterior.

Formação e qualificação profissional

O sistema de educação profissional alemão é bastante particular e sofisticado. A responsabilidade pelo ensino vocacional é tanto do Estado como das empresas. A legislação normatiza a participação destas últimas no estágio profissional. Dessa forma, o sistema alemão é dual: parte do ensino é realizada no estabelecimento de ensino e parte na empresa. O governo federal tem como objetivo dar a oportunidade do ensino vocacional na empresa ao maior número de jovens quanto possível. Por outro lado, as empresas, ao oferecerem uma ampla classe de planos de treinamento interno visam assegurar a empregabilidade e impulsionar a competitividade da economia como um todo. A educação vocacional também é oferecida por cursos de qualificação vocacional independentes, administrados pelos estados da federação, e que têm ampliado a oferta de forma regular.

A formação realizada pelas escolas de ensino profissional e pelas empresas é complementada por estágios por meio de cursos em estabelecimentos de treinamento permanente ao longo de várias semanas. Os jovens podem se submeter ao treinamento nesses estabelecimentos desde que estes possuam equipamentos apropriados para desenvolver o processo de treinamento, bem como pessoal suficientemente qualificado para a tarefa. Em regra, o tempo de duração da educação vocacional no sistema dual alemão é de três anos. Existem cerca de 350 ocupações para as quais o treinamento formal é requerido.

No caso dos aprendizes/estagiários existe uma relação jurídica especial: o contrato de treinamento. Por esse contrato, o jovem tem o *status* de empregado, especialmente para os casos de doença, acidente e desemprego. Em termos legais, a proteção aos jovens é definida pela Lei de Proteção aos Jovens e pela Lei de Educação Vocacional. O jovem recebe um auxílio-treinamento, previsto no acordo coletivo e pago pela empresa, que varia de acordo com a ocupação e o tempo de treinamento. Em 2002, o valor médio do auxílio era de 598 por mês nos estados da federação do ocidente e de 1.508 por mês nos novos estados do leste.

O número de indivíduos que obtêm formação profissional por meio do sistema dual a cada ano é de aproximadamente 2/3 do total. No ano de 2002, pouco mais de 572 mil alunos concluíram o contrato. Desses, 54,4% (311.308) estavam no comércio ou na indústria; 30,4% (173.888) em atividades manuais/artesanato (*crafts*); 9,3% (53.254) em profissões liberais; 2,6% (14.774) no setor público; 2,4% (13.991) na agricultura e 0,9% (5.012) nas áreas da economia doméstica e marinha mercante.

Além da educação vocacional, existem outras medidas que visam apoiar ou ampliar a qualificação profissional. Entre essas medidas está o apoio à educação vocacional e o apoio à educação vocacional adicional, que fornecem auxílio financeiro para aqueles indivíduos que necessitam dessa ajuda para iniciar o treinamento profissional ou para aqueles que já concluíram a educação vocacional ou que tenham experiência comprovada e desejam ampliar sua qualificação. O intuito é superar os impedimentos de ordem financeira que possam dificultar uma adequada qualificação profissional, permitindo integrar o trabalhador desempregado ou prevenir o desemprego.

Outra medida é o apoio à educação vocacional adicional por meio da rotação de emprego. A intenção aqui é estimular as empresas a qualificarem seus funcionários, permitindo que os mesmos se afastem de suas tarefas diárias para frequentarem cursos de qualificação profissional, sendo substituídos no período de ausência por trabalhadores desempregados. Assim, ao mesmo tempo em que o funcionário tem a possibilidade de ampliar sua qualificação, outro trabalhador desempregado tem a chance de manter suas habilidades se integrando, ainda que temporariamente, à vida ativa. Por outro lado, a empresa, ao liberar seu funcionário para participar de um curso de qualificação, continua com outro trabalhador em seu lugar, recebendo subsídios para os custos salariais que podem variar entre 50% e 100%. Essas medidas são voltadas especificamente para as pequenas e médias empresas e para os desempregados.

Há, ainda, o apoio financeiro às instituições de educação vocacional, sob a forma de subsídios e empréstimo do BA para a construção de prédios e a aquisição de equipamentos. Dessa forma, busca-se manter a oferta de qualificação profissional em termos adequados às necessidades dos trabalhadores e do mercado de trabalho, por meio de instituições de educação profissional capacitadas.

Além das medidas citadas, existe ainda o apoio para a educação vocacional de grupos específicos, como aqueles com dificuldade de aprendizagem, estagiários em desvantagem social e para a integração de pessoas incapacitadas na vida ativa. Quando as medidas para alguns grupos-alvo não são possíveis de serem realizadas com base no código social (SGB III), o BA conta com recursos para programas de qualificação do Fundo Social Europeu.

As Reformas Hartz

As reformas que começaram a ser implementadas a partir de janeiro de 2003, cuja finalidade é modernizar os serviços dirigidos para o mercado de trabalho, resultaram da Comissão para a Modernização dos Serviços do Mercado de Trabalho instituída pelo chanceler G. Schröder, que ficou conhecida como Comissão Hartz e, consequentemente, as medidas, como Reformas Hartz[27]. O objetivo da comissão era elaborar um plano com sugestões para a reforma do serviço público de emprego alemão, tido como ineficiente, e também das políticas de mercado de trabalho. Essa foi a resposta do governo alemão para a constatação de fraudes nas estatísticas de colocação feitas para esconder os baixos níveis de eficiência do serviço de intermediação de emprego alemão (*Kemmerling* & *Bruttel*, 2005).

A ideia básica era combinar uma redução dos custos não salariais do trabalho com a reestruturação do sistema público de emprego buscando sua ativação. O sentido das reformas era prover assistência ao mesmo tempo em que se exigia maior responsabilidade do beneficiário para voltar ao mercado de trabalho. As mudanças seguiam as orientações formuladas pela OCDE e pelo Observatório Europeu de Emprego, desvencilhando-se da condução dada no primeiro governo, em que a coalizão entre o Partido Social-Democrata e o Partido Verde ora procurava limitar a insegurança no emprego, ora buscava ampliar a empregabilidade dos trabalhadores (*Dingeldey*, 2005).

O Quadro 1 mostra que a implementação das reformas foi dividida em quatro etapas, com as duas primeiras ocorrendo em janeiro e abril de 2003. Além disso, as reformas estavam divididas em três grandes blocos: 1) a reforma do serviço de intermediação; 2) dos benefícios de desemprego; e 3) medidas de ativação.

---

(27) Assim intituladas por referência a Peter Hartz, ex-diretor de Recursos Humanos da Volkswagen, que concluiu o seu relatório em agosto de 2002. A Comissão Hartz era composta por 15 personalidades da sociedade civil, na maioria provenientes do setor empresarial. Não seguiu, portanto, o tradicional esquema tripartite, o que significa uma mudança importante. As suas propostas transformaram-se em plano a ser implementado no segundo governo Schröder, tendo sido 2/3 destas colocadas em prática de forma sequencial, conforme o quadro 1.

As reformas do bloco 1 referem-se ao serviço público de emprego. O objetivo das reformas era aumentar a eficiência organizacional do serviço e da efetividade da política de mercado de trabalho. Uma das mudanças foi transformar o Instituto Federal do Trabalho em Agência Federal para o Trabalho (*Bundesagentur*), efetivada em janeiro de 2004. Além disso, transformou-se o conselho administrativo tripartite do BA em conselho consultivo com poucas funções executivas. Com isso, a operacionalização da agência passou a ser feita por um conselho de administração designado por cinco anos, com o diretor executivo ganhando maior autonomia e por meio de uma gestão no molde empresarial, com a definição de objetivos a serem atingidos (*Kemmerling & Bruttel*, 2005).

Quadro 1
As quatro fases das Reformas Hartz

Hartz I – implementada em janeiro de 2003	
Bloco 1 – Intermediação	- Agência de Trabalho Temporário (*Personal-Service Agentur*)
	- Bônus intermediação
Bloco 2 – Benefícios	- Definição mais estrita de Trabalho Adequado
	- Regime de sanções mais flexível
Hartz II – implementada em abril de 2003	
Bloco 3 – Ativação	- Incentivos fiscais por meio dos *Mini-Jobs*
	- Estímulo ao auto-emprego (*Ich-AG*)
Hartz III – implementada em janeiro de 2004	
Bloco 1 – Intermediação	- Reforma organizacional interna do SPE
Hartz IV – implementada em janeiro de 2005	
Bloco 2 – Benefícios	- Reforma do seguro-desemprego e do sistema de assistência social

Fonte: Kemmerling & Bruttel, 2005, p. 3.

Da mesma forma, a reforma procurou dar maior autonomia para as agências locais, para que as mesmas possam desenvolver um pacote de medidas personalizadas para o trabalhador em busca de emprego. Assim, por meio do orçamento de reintegração, a agência local pode fazer a combinação que achar a mais adequada conforme as características do mercado de trabalho local, podendo, para isso, utilizar 10% dos recursos para as iniciativas inovadoras, ainda que seja obrigada a oferecer os vários serviços disponíveis (*Mosley*, 2005).

Outra mudança proposta pela Comissão Hartz foi a criação dos *one-stop customer centers* (*Job Center*), com base na experiência dos EUA e do Reino Unido. Nesses centros deveriam ser oferecidos todos os serviços relacionados com o mercado de trabalho e, também, apoiados os serviços da agência de assistência social. A implementação desses centros personalizados não funcionou como o esperado, dado que os beneficiários de diferentes tipos de benefícios ainda distribuem-se por diversas agências. Em conformidade com essas medidas, as reformas buscaram aumentar o uso de mecanismos de mercado pela contratação de fornecedores de serviços privados. Isso já era feito no caso da qualificação profissional e programas de criação de empregos, cujos programas eram, geralmente, operados por parceiros sociais — também geridos por um conselho tripartite —, os quais tinham a preferência dos escritórios locais. Os proponentes da reforma consideram o estímulo à contratação de serviços privados como um primeiro passo para fortalecer o provimento de serviços de intermediação combinando-se o setor público e o privado (*Kemmerling & Bruttel*, 2005).

Nessa direção, criaram-se o bônus de intermediação (*Vermittlungsgutschein*) e as agências de serviço pessoal — PSA (*Personal-Service Agentur*). O primeiro é uma forma de facilitar a procura de um novo emprego pelo próprio trabalhador que está há mais de seis meses desempregado. Ele recebe um *voucher* no valor de 2 mil euros e pode solicitar que uma agência de intermediação privada encontre uma colocação para ele. Caso a agência seja bem-sucedida, isto é, consiga inserir o trabalhador desempregado em um novo emprego, ela receberá o pagamento. Já a PSA é uma agência de trabalho temporário financiada com recursos públicos. O objetivo é que essas agências sejam capazes de encontrar um emprego permanente para o trabalhador desempregado utilizando o trabalho temporário como uma ferramenta de transição. O resultado prático dessa ferramenta é que os trabalhadores com maiores chances de serem inseridos mais rapidamente no mercado de trabalho acabam sendo selecionados (*Veil*, 2005), não atuando sobre os trabalhadores pertencentes aos grupos mais vulneráveis. Ademais, o alcance das ações tanto da PSA como dos bônus tem sido bem menor do que aquele esperado inicialmente (*Kemmerling & Bruttel*, 2005; *Dingeldey*, 2005).

Outro aspecto a ser destacado, dentro dos objetivos de maior transparência e introdução de mecanismos de mercado, é o fato de as políticas de mercado de trabalho implementadas pela agência federal deverem sujeitar-se a avaliações externas. Estas avaliações passam a ser realizadas por instituições de pesquisas e universidades alemãs contratadas para esse fim pelo Instituto de Pesquisa sobre o Emprego, que deixa de ser responsável pelas mesmas (*Dedecca & Baltar*, 2006a).

Em consonância com o objetivo de dar maior atenção aos trabalhadores que apresentam maior dificuldade de inserção no mercado de trabalho, criou-se a função de *case manager* (gestor de caso). Este tem a incumbência de assistir ao trabalhador classificado como de mais difícil inserção, dadas certas características de seu perfil, e dar-lhe um tratamento personalizado de acordo com as suas necessidades específicas. Para que possa cumprir com o objetivo de dar atendimento personalizado, assegurando a qualidade no atendimento, o *case manager* é responsável por apenas 150 trabalhadores, quando no velho sistema os conselheiros de emprego eram responsáveis por 700 trabalhadores. Essa redução torna-se possível, pois pelo novo sistema espera-se fazer uma melhor focalização de quem são os trabalhadores com dificuldades, daí os trabalhadores inscritos no sistema serem classificados de acordo com as suas necessidades (*Veil*, 2005; *Kemmerling & Bruttel*, 2005).

As reformas do bloco 2, que se refere aos benefícios de desemprego, foram as que tiveram maior repercussão. A principal medida desse bloco foi a reforma no sistema de seguro-desemprego. O benefício de desemprego passou a ser denominado de benefício de desemprego I e a assistência de desemprego passou a ser denominada de benefício de desemprego II. O benefício de desemprego que era pago por um período de até 32 meses foi restringido para 12 meses (18 meses para os trabalhadores com mais de 55 anos), mantendo seu valor uma proporção com a renda anterior recebida no último emprego. Uma vez expirado o prazo do benefício de desemprego I, o trabalhador que ainda continuar desempregado poderá solicitar o benefício de desemprego II. Este, no entanto, não guarda nenhuma relação com a renda do trabalho anterior, é financiado com recursos oriundos do orçamento federal e possui um valor fixo: 345 euros na Alemanha ocidental e 331 euros na Alemanha oriental. Este benefício é acrescido de um valor para os gastos com habitação e com a seguridade social, além de adicionais para o caso de gravidez, para as famílias com apenas um responsável e para os portadores de deficiência. Além disso, o trabalhador deve passar por um teste de meios antes de receber o benefício (*Kemmerling & Bruttel*, 2005).

O benefício de desemprego II passa a ser um mecanismo de proteção de base que se destina àqueles indivíduos que estão aptos ao trabalho e não possuem recursos suficientes. Os trabalhadores nessas condições podem requerer o benefício[28], cuja fórmula é "ajuda dada por uma só mão" (*Hilfe aus einer Hand*). A justificativa para essa mudança era o fato de ser a Alemanha o único país europeu que mantinha níveis estáveis de reposição salarial ao longo dos três primeiros anos de desemprego, em torno de 61%. Nos demais países, mesmo naqueles com elevada taxa de reposição — como Suécia, Dinamarca, Suíça e Bélgica —, o valor do benefício tem uma redução após o primeiro ano de desemprego. Ademais, a Alemanha destacava-se também por apresentar uma alta taxa de desemprego de longo prazo, de cerca de 50% do total de desempregados (*Veil*, 2005; *Kemmerling & Bruttel*, 2005).

Essa mudança no benefício de desemprego retira do sistema alemão seu caráter distintivo de proteger o trabalhador no momento de desemprego, sobretudo aquele em situação de exclusão social e com reduzida chance de empregar-se, evitando que o mesmo insira-se num mercado de trabalho precário, com baixo dinamismo na geração de empregos (*Finn et al.*, 2005). Mas, entre os trabalhadores desempregados, os principais perdedores são aqueles pertencentes ao grupo de qualificação média. Nesse grupo de trabalhadores encontram-se aqueles com maior risco de passar para o benefício de desemprego II e entrar numa espiral de precarização tanto profissional como material. Isso devido à redução na renda que esses trabalhadores de salários mais elevados sofrerão ao se juntarem ao conjunto de trabalhadores desempregados de longa duração quando passam para esse novo benefício. Essa perda de renda apresenta ainda um viés regional, sendo maior entre os trabalhadores do leste do que entre os do lado oeste (*Veil*, 2005).

Dado que o benefício de desemprego vincula-se ao serviço de intermediação de mão de obra, deve ser ressaltado que na maioria dos casos dos beneficiários de desemprego II serão estabelecidos consórcios entre as agências locais da Agência Federal e as agências monitoradas pelas autoridades locais para que viabilizem a reintegração desses trabalhadores no mercado de trabalho.

---

(28) O tradicional benefício de assistência social passa a ter como clientela apenas aquelas pessoas que não se declararem aptas ao trabalho (o que significa que não têm condições de trabalhar mais de 3 horas por dia). Este benefício tem o valor básico de 297 euros, podendo ser acrescido de outros benefícios monetários, e continua depende de um teste de meios (Veil, 2005).

O terceiro bloco de reformas refere-se às medidas de ativação. Visa enfrentar a baixa taxa de emprego alemã, em torno de 65%, para adequá-la aos objetivos da Estratégia Europeia para o Emprego — acordada no Encontro de Lisboa em 2000 — e que estabeleceu a meta de uma taxa de emprego de 70% para os países da União Europeia. Basicamente duas medidas são implementadas nesse sentido. A primeira busca implementar instrumentos e programas que reduzam a carga tributária sobre os trabalhadores de baixa renda e os demandantes de emprego com o objetivo de estimulá-los ao autoemprego e dar maiores incentivos financeiros aos que estão em busca de emprego para que aceitem trabalho ou deixem a economia informal. A segunda medida objetiva fortalecer os fatores que aumentem a oferta de trabalho, sendo para isso implementado um regime mais restrito para as atividades de busca de emprego e a obrigação de aceitação de trabalho adequado.

No primeiro conjunto de medidas encontram-se o programa de criação de pequenas empresas individuais ou familiares (*Ich-AG* e *Familien-AG*), que são novas formas de autoemprego, e os *Mini-Jobs*. O programa *Ich-Ag* visa ser uma transição do desemprego para o autoemprego e, para isso, oferece uma subvenção ao trabalhador a título de criação de empresa limitada a três anos no máximo, que é atrativa também para os trabalhadores de baixa qualificação, e obriga o beneficiário a contribuir para a previdência social (*Veil*, 2005).

Já o *Mini-Jobs* é um programa de incentivo que busca facilitar o emprego de todos os trabalhadores de baixo salário — e não somente aqueles que estão desempregados — ao mesmo tempo em que permite que esses trabalhadores tenham uma renda maior. Assim, todos os empregados que têm remuneração de até 400 euros estão isentos de impostos e contribuições sociais, enquanto o empregador contribui com 25% sobre os salários como encargos de impostos e contribuições sociais. Adicionalmente, para os empregos acima de 400 euros até 800 euros estabeleceram-se níveis crescentes de contribuições, com os empregadores começando a pagar 4% até o valor usual de 21% para os salários do nível superior de 800 euros. Com esses incentivos espera-se elevar a oferta de trabalho e reduzir a inatividade (*Kemmerling & Bruttel*, 2005; *Steiner & Wrohlich*, 2005).

O rápido crescimento do uso do programa de incentivos ao autoemprego — *Ich-AG* — suscitou o debate sobre a qualidade dos projetos de autoemprego apresentados. Para evitar esse problema, o acesso não é mais incondicional, passando a ter um regime mais restritivo no qual é avaliado o plano de negócios pela agência local do serviço público de emprego antes de ser aprovado. Em relação aos *Mini-Jobs*, há o risco de que esse tipo de emprego esteja simplesmente substituindo os postos de trabalho regulares que antes eram sujeitos à contribuição social, não levando à geração de novos postos de trabalho (*Kemmerling & Bruttel*, 2005). Além disso, o próprio Conselho de Especialistas — entidade independente de alto nível vinculada ao governo, que supervisiona a implementação de políticas públicas na Alemanha — aponta para os riscos de que esse programa reduza o incentivo à busca de empregos no mercado de trabalho primário, vinculando os trabalhadores, precariamente, a um mercado secundário cada vez maior (Federal Ministry of Economics and Labour, 2006).

Ao mesmo tempo em que se procurou implementar essas medidas que incentivam a maior participação do trabalhador, de forma a aumentar a oferta de trabalho, passou-se a implementar requisitos mais rigorosos para a procura por um emprego. Seguindo o padrão britânico e dos demais países europeus de ativação das políticas passivas, instauram-se sanções ou penas que implicam a retirada do benefício por 3, 6 ou 12 semanas em caso de recusa de emprego ou de ausência de procura de emprego. Além disso, aqueles que estão desempregados há mais de um ano (18 meses para os idosos) e recebem o benefício de desemprego II são obrigados a aceitar qualquer tipo de emprego, independentemente dos níveis salariais pagos, podendo o valor do salário ser inferior aos padrões locais ou ao valor estabelecido pelos acordos coletivos, não podendo o trabalhador recusar um emprego usando como justificativa a qualificação obtida ou as posições ocupadas anteriormente (*Kemmerling & Bruttel*, 2005).

Job center, integração das políticas de emprego e o risco da fragmentação

As várias políticas de mercado de trabalho sempre foram oferecidas por uma mesma agência na Alemanha, o que não colocava a necessidade de integração dos serviços de seguro-desemprego e intermediação de mão de obra, geridos pelo BA. Devia-se a não preocupação com a questão da integração também ao fato de que a prioridade estava na manutenção da renda e do *status* ocupacional do trabalhador, e não no imediato retorno ao mercado de trabalho. A preocupação com a integração das políticas começa a surgir a partir da maior ênfase no controle dos beneficiários de desemprego e de assistência social.

Por outro lado, as reformas *Hartz* não buscaram viabilizar uma integração no espaço geográfico, mantendo-se o "federalismo competitivo", que distribui responsabilidades políticas e financiamento entre os vários níveis da federação, os quais tendem a agir de forma quase independente, preservando uma ampla autonomia de ação. Dessa forma, o risco é de se criar uma colcha de retalhos: o benefício de desemprego I e as políticas de inserção são oferecidos pelas tradicionais agências de emprego; enquanto o benefício de desemprego II seria de responsabilidade dos consórcios entre estas agências e as municipalidades, o que já foi acertado para 344 localidades. Entretanto, em 69 municípios, as autoridades locais seriam as responsáveis tanto pela concessão do benefício II como pela reinserção no mercado de trabalho, enquanto em outras 36 remanescentes, o consórcio não foi fechado, e as agências locais de emprego atuam de forma independente do poder local (*Mosley*, 2005).

O pressuposto é que exista apenas uma porta de entrada, por meio das agências locais de emprego, dos consórcios e das agências locais independentes, para o aconselhamento vocacional, o preenchimento da ficha de inscrição para o histórico trabalhista e de qualificação, e o encaminhamento para os serviços correspondentes. Trata-se de padronizar o processo que envolve a inscrição do trabalhador, a sua entrevista, o seu encaminhamento para um agente de colocação, responsável pelo aconselhamento sobre a sua posição no mercado de trabalho e para o encaminhamento às ações necessárias de requalificação ou aos empregos imediatamente disponíveis, temporários ou não.

Por outro lado, mantém-se a fragmentação das políticas e das agências de acordo com dois tipos de beneficiários, quando o mais "racional" em termos de gestão seria priorizar a criação de uma única agência na qual os tipos de inserção profissional no mercado de trabalho e de serviços requisitados para a recolocação dos trabalhadores seriam os responsáveis por definir trajetórias diferenciadas dentro do conjunto das políticas de mercado de trabalho (*Mosley*, 2005). Isto porque na prática vários daqueles que recebem o benefício II possuem níveis elevados de qualificação, enquanto no caso dos que acessam o benefício I existem também desempregados ameaçados por uma situação de permanente exclusão social.

Cabe ressaltar que o questionário para o acesso ao benefício de desemprego II envolve uma expressiva complexidade burocrática. O objetivo é provar a insuficiência de recursos dos potenciais beneficiários, o que leva o trabalhador de uma política de proteção legal para uma de assistência social. A desconfiança inclusa no momento da concessão do benefício tenderia a atenuar a eficácia das políticas ativas que deveriam atuar como o cerne principal do sistema público de emprego (*Veil*, 2005). A preocupação de restrição orçamentária se uniu aqui à noção de incentivar a oferta de trabalho. Entretanto, os limites dessa estratégia ficam patentes quando se percebe que os recursos para a formação profissional adicional para os trabalhadores desempregados foram reduzidos (*Dingeldey*, 2005).

A reforma do sistema público de emprego alemão apresenta inovações interessantes relacionadas com a descentralização, uma gestão por objetivos e um enfoque de atendimento personalizado, especialmente para os jovens e trabalhadores de maior vulnerabilidade. Contudo, essas mudanças ocorreram de forma simultânea a um desmonte da proteção social, o que, num contexto de desaquecimento econômico, pode não resolver o problema orçamentário do governo, mas permitir o desenvolvimento de um segmento importante de trabalho eventual e precário, algo que, até então, diferenciava esse país dos demais países da Europa Ocidental.

Informações sobre o mercado de trabalho

Uma função importante a ser desempenhada pelo BA, definida no Código Social III e antes dele pela Lei de Promoção do Trabalho, é a de observação, investigação e avaliação do emprego e do mercado de trabalho e das tendências gerais e por ocupação, setores econômicos e regiões, bem como dos efeitos das medidas ativas de mercado de trabalho. Para realizar essa função o BA compila informações, executa pesquisas sobre ocupações e sobre o mercado de trabalho e emite relatórios. As informações compiladas dos documentos criados dentro de sua área de atuação, especialmente com vistas ao emprego, desemprego e as medidas de promoção do emprego, realizada para cumprir sua função, devem ser obrigatoriamente avaliadas e colocadas à disposição do público (EEO, 2003).

O executor dessa função tem sido, desde 1967, o Instituto para a Pesquisa de Emprego (IAB), que é parte do escritório central (divisão VI) do BA em Nuremberg. Desse modo, o IAB dá subsídios às agências locais do BA, capacitando-as para cumprirem suas tarefas como orientação profissional e vocacional, aconselhamento de emprego, intermediação de mão de obra, entre outras. Além das agências locais, os dados emitidos pelo IAB também informam o público em geral, especialmente os parceiros sociais. Para isso, o IAB avalia, também, o desempenho e os efeitos das políticas de mercado de trabalho implementadas pelo BA em conformidade com o SGB III.

Nessa direção, o IAB está organizado funcionalmente, com especialistas das disciplinas relevantes das várias áreas de atividade do BA trabalhando em dez seções. Assim, o IAB inicia e monitora projetos de pesquisa executados por outras instituições para o BA e estabelece vínculos com as universidades, especialmente para a pesquisa básica. Além disso, as agências locais possuem pessoal especialmente treinado para a pesquisa, consultores para o mercado de trabalho e pesquisa vocacional, que asseguram que as pesquisas reflitam a realidade local.

Há, dessa forma, uma interação entre o BA, que apresenta as suas demandas de pesquisa, e o IAB, que processa essas demandas realizando análises de curto prazo do mercado de trabalho, previsões de médio e longo prazo, tendências ocupacionais recentes, diferenças regionais, grupos socialmente vulneráveis, tendências internacionais, novas tecnologias e métodos de gestão e parâmetros para qualificação. Esse conjunto de pesquisas, aplicada e teórica, objetivam auxiliar os gestores de todos os níveis do BA na solução dos problemas enfrentados nas atividades cotidianas das agências. Além do IAB, há o Instituto Federal para a Formação Profissional (BIBB), que desenvolve pesquisas sobre os novos requisitos de qualificação a partir de duas orientações principais: i) assegurar formação para a juventude; e ii) adequar o sistema alemão de qualificação aos requisitos de uma economia ancorada no conhecimento (EEO, 2003).

1.4.4. O serviço público de emprego dos EUA

Os Estados Unidos possuíam em 2005 uma população de 296,4 milhões de pessoas, das quais a população feminina representava 50,7%. A população em idade ativa era de 198,9 milhões (50% de mulheres), dos quais 75,1% (149,3 milhões) estavam economicamente ativos. A população ativa feminina representava 46,4% do total. O número de trabalhadores ocupados era de 141,7 milhões e distribuíam-se da seguinte forma: 78,6% no setor terciário, 19,8% na indústria e apenas 1,6% na agricultura. Do total de ocupados, 12,8% estavam em empregos em tempo parcial, sendo 68,4% de mulheres (OCDE, 2007).

Apresentam-se agora as linhas gerais do sistema público de emprego dos Estados Unidos, cuja característica marcante é o fato de sua construção ter ocorrido de forma relativamente descentralizada, tendo os estados federados e os municípios uma participação bastante destacada, mas contando sempre com as diretrizes e com a regulação do governo federal, o qual definiu a direção das principais mudanças na gestão e das prioridades no âmbito das políticas de mercado de trabalho (*O'Leary e Straits*, 2000).

Vamos nos concentrar nas mudanças recentes, especialmente a partir do *Workforce Investment Act* de 1998, destacando-se os mecanismos de integração entre as várias políticas de mercado de trabalho e a distribuição das funções entre os seus vários gestores. Dentre as mudanças, sobressai-se a experiência dos *One-Stop Centers*, que busca descentralizar as ações do sistema público de emprego com atendimento integrado de várias políticas em um mesmo local.

Estrutura institucional e principais características

Se a origem do serviço de emprego remonta ao final do século XIX, quando vários escritórios de recolocação buscavam alocar a mão de obra que imigrava para os EUA vinda da Europa, as bases do sistema atual seriam estabelecidas apenas por meio da Lei Wagner-Peyser (*Wagner-Peyser Act* — WPA) de 1933. As reformas feitas no sistema a partir da nova lei concentraram-se na criação de um sistema de intermediação de trabalho conjunto e voluntário entre os estados e o governo federal. O objetivo era dirigir os trabalhadores em busca de trabalho para as oportunidades de trabalho em obras públicas ou comunitárias, considerando o quadro de crise econômica (OCDE, 1999).

Em 1935, nos termos da Lei de Seguridade Social (*Social Security Act* — SSA), foi criado o seguro-desemprego. Este, desde o início, contava com um teste de trabalho (*work test*), pelo qual avaliava-se a disponibilidade para trabalhar e a procura por trabalho por parte dos desempregados. O seguro-desemprego cumpria basicamente duas funções: i) prover assistência financeira temporária e parcial para trabalhadores involuntariamente desempregados; e ii) atuar como mecanismo estabilizador durante os períodos de recessão (*Green Book*, 2000).

Após a Segunda Guerra Mundial, o serviço de emprego (*US Employment Service*) torna-se obrigatório e passa a ser subordinado ao Departamento de Trabalho do governo federal (*US Department of Labor* — USDOL). Ao mesmo tempo, as agências estaduais do serviço de emprego passam a se envolver no atendimento de grupos especiais como jovens, idosos e portadores de deficiências. Ademais, entre os serviços prestados pelo serviço de emprego incluem-se o aconselhamento profissional e o fornecimento de informações sobre o mercado de trabalho (OCDE, 1999).

Nos anos sessenta, as funções do serviço foram ampliadas. A partir da Lei de Educação e Desenvolvimento da Força de Trabalho (*Manpower Development and Training Act*) de 1962 deslocou-se a prioridade da recolocação para a chamada educação de segunda chance (*second-chance training*), dirigida para os trabalhadores que possuíam baixa escolaridade e que foram afetados pelo processo de transformação produtiva (*Woodbury*, 2000). Dessa forma, a qualificação profissional transforma-se numa ferramenta de combate à pobreza (*O'Leary, Straits e Wandner*, 2004). Destaque-se que essas mudanças são implementadas por meio do Serviço de Emprego e das agências estaduais.

Nos anos setenta, a expansão das operações do serviço público de emprego alterou-se sensivelmente, porém mais em termos de gestão do que de novos programas. A Lei de Educação e Emprego Inclusivo (*Comprehensive Employment and Training Act*), de 1973, deslocou a ênfase das ações para o plano local, especialmente da qualificação profissional, levando à fragmentação dos serviços públicos de emprego fornecidos no plano estadual (*Woodbury*, 2000). Foram criados Conselhos Consultivos Locais (*Local Advisory Boards*) visando assegurar que as metas e os conteúdos das ações de qualificação profissional considerassem as necessidades locais. Essa tendência foi reforçada na década de 1980 com a Lei de Parceria de Educação no Emprego (*Job Training Partnership Act* — JTPA) de 1982. A partir de então, a qualificação profissional passou a ser vista como sendo insuficiente se estivesse desconectada dos requisitos da demanda de trabalho. Diante disso, ocorre uma mudança importante nos conselhos consultivos locais, que passam a ter uma participação ampliada do setor privado e transformam-se em Conselhos da Indústria Privada (*Private Industry Councils* — PIC). Ademais, passou-se a criticar, também, a excessiva dependência dos segmentos mais vulneráveis da população em relação aos programas sociais.

Os programas de qualificação passam a ser submetidos a testes de avaliação, que levam em consideração basicamente as taxas de reemprego e os níveis de renda dos trabalhadores recolocados. A definição desses critérios para avaliação dos programas de qualificação, no entanto, pode ter levado a uma seleção adversa, uma vez que os trabalhadores com melhor perfil podem ter recebido atenção privilegiada dado que são mais facilmente recolocáveis no mercado de trabalho. Simultaneamente, o processo de fragmentação do serviço público de emprego acentuou-se de forma categórica. Reduziram-se os recursos para as políticas de mercado de trabalho, concentrando-os nas atividades de qualificação profissional, cujas prioridades eram definidas pelo setor privado, por meio dos PICs, enquanto o público-alvo era focado nos grupos de trabalhadores deslocados, em desvantagem econômica e os beneficiários da assistência social. Ao final dos anos oitenta e início dos anos noventa, existiam cerca de 163 diferentes programas de qualificação profissional, cada qual voltado para grupos específicos e com impactos localizados, acarretando muitas vezes a fragmentação das ações (*O'Leary, Straits e Wandner*, 2004).

Chegava-se ao final dos anos oitenta com um novo diagnóstico: o foco exclusivo na qualificação profissional tinha se mostrado insuficiente, conforme apontavam os resultados das análises de desempenho realizadas. Formava-se um novo consenso, que sugeria abandonar a abordagem que focalizava a qualificação — *training first* — para uma abordagem que enfocava a experiência de trabalho — *work first*. O sistema público de emprego voltava a ser valorizado, este deveria ter ações integradas, menos custosas e com maior capacidade de fornecer atendimento ao conjunto da força de trabalho dos EUA (*Woodbury*, 2000). Como apontam *Eberts & Holzer* (2004), os recursos para os serviços de emprego foram reduzidos em cerca de 40% em termos reais entre 1984 e 2002. Essa queda foi mais pronunciada na segunda metade dos anos oitenta e começo dos anos noventa, observando-se uma lenta recuperação a partir da segunda metade dos anos noventa.

Além disso, havia o diagnóstico de que a qualidade da atividade de intermediação de mão de obra era bastante heterogênea entre os estados federados e que a reinserção dos trabalhadores no mercado de trabalho não era desenvolvida na sua plenitude pelo sistema público de emprego (*Eberts & Holzer*, 2004; OCDE, 1999). Assim, por meio do programa que agregava a construção do perfil do trabalhador com serviços de reemprego (*Worker Profiling and Reemployment Services Initiative*), de 1993, voltou-se a privilegiar a integração entre o seguro-desemprego e a intermediação de mão de obra. O intuito dessa nova diretriz era que os beneficiários do seguro contassem com programas mais diversificados e permanentes de busca de emprego, com apoio de um detalhado mapeamento do perfil do trabalhador (*Woodbury*, 2000). No caso dos beneficiários do seguro-desemprego cujo perfil apontasse o risco de desemprego de longo prazo, os mesmos deveriam ser obrigatoriamente encaminhados para os serviços de reemprego (*O'Leary & Wandner*, 2005).

Em 1994, um grupo de trabalho constituído por representantes das secretarias estaduais, de funcionários do Serviço de Emprego, dos Sindicatos e do Departamento de Trabalho (USDOL) elaborou um plano de trabalho que desaguava numa nova organização do serviço de emprego, por meio da constituição de centros integrados de atendimento, os *One-Stop Centers*. A partir de então, são desenvolvidos projetos-piloto em seis estados para avaliar a sua situação e permitir a transição para o novo modelo de gestão descentralizada, integrada e universal (OCDE, 1999).

Finalmente, com a Lei de Investimento da Força de Trabalho (*Workforce Investment Act*), de 1998, consolida-se a abordagem *work first* nas políticas de mercado de trabalho. O governo federal assume a responsabilidade pela coordenação do sistema público de emprego, exigindo que alguns serviços básicos e essenciais sejam oferecidos de forma integrada em cada estado federado a partir dos *One-Stop Centers*. Em decorrência dessa mudança, os *Private Industry Councils*, criados após o JPTA, são transformados em Conselhos de Investimento da Força de Trabalho (*Workforce Investment Boards*) que passam a ser responsáveis tanto pelos programas de qualificação profissional financiados pelo governo federal, como pelos serviços de reemprego e toda a estratégia de integração de políticas (*Woodbury*, 2000).

Isso significou o fim de um ciclo histórico, com o serviço de emprego retomando seu papel original, tal como fora estabelecido pela Lei Wagner-Peyser. O objetivo, agora, mais do que focalizar as políticas, é estruturar um serviço público de emprego com pacotes diferenciados de atendimento para os vários tipos de trabalhadores inscritos. Nesse sentido, os serviços passam a ser divididos em três categorias: i) nucleares; ii) intensivos; e iii) voltados para a qualificação profissional. Os serviços da primeira categoria são fornecidos para os trabalhadores que possuem qualificação média ou superior e com histórico no mercado de trabalho, podendo predominar o autoatendimento — especialmente no caso da habilitação ao seguro-desemprego —, em que a participação dos gestores do sistema público de emprego é pequena. Os serviços do segundo grupo (intensivos) dirigem-se aos trabalhadores com maior vulnerabilidade social, sendo oferecidos serviços nos quais é maior a presença dos gestores locais e estaduais e com o mapeamento das características do desempregado e de suas possibilidades de reinserção no mercado de trabalho. Por último, nos serviços da terceira categoria prevê-se o encaminhamento do trabalhador inscrito para cursos de qualificação profissional. Na prática, os inscritos que não obtiverem sucesso em termos de recolocação vão passando pelos vários níveis de políticas (*Eberts* & *Holzer*, 2004).

Com essa reordenação, o serviço público de emprego passa a oferecer, de acordo com o perfil da mão de obra e com as decisões tomadas no nível estadual e local, cinco tipos de serviços: i) encaminhamento para o emprego; ii) aconselhamento e avaliação profissional; iii) auxílio na busca por emprego; iv) encaminhamento para qualificação; e v) concessão do seguro-desemprego (*Woodbury*, 2000).

Pode-se dizer que nos anos noventa três tendências mostraram-se predominantes na gestão das políticas de mercado de trabalho. A primeira é a descentralização operacional a partir de parâmetros nacionais. A segunda é a ênfase na responsabilidade pessoal (especialmente para a mão de obra com maiores níveis de qualificação). E a terceira é a orientação para o trabalho, com o intuito de fortalecer as chamadas políticas ativas de reinserção no mercado de trabalho em detrimento das chamadas políticas passivas, que transferem renda (OCDE, 1999).

Deve-se ressaltar que as mudanças nas políticas de mercado de trabalho que influenciaram as reformas no sistema público de emprego do EUA sofrem, em grande medida, influência da concepção e do papel das políticas sociais. Enquanto até os anos sessenta o mercado de trabalho estadunidense mostrava-se positivamente afetado pelo crescimento econômico e pela Lei dos Padrões de Trabalho Justos (*Fair Labor Standards*

Act), ao longo dos anos noventa há uma mudança significativa, em que a flexibilidade do mercado de trabalho torna-se predominante. A Lei de Ajustamento, Requalificação e Participação do Trabalhador (*Worker Adjustment and Retraining and Notification Act* — WARN), de 1989, passa a permitir demissões sem justa causa e a não necessidade de indenização na dispensa.

Ademais, torna-se mais rígida a concessão de benefícios para os grupos socialmente vulneráveis a partir da criação da Assistência Temporária às Famílias Necessitadas — TANF (*Temporary Assistance for Needy Families*) em substituição ao programa de Ajuda para famílias com Crianças Dependentes — AFDC (*Aid trabalho Families with Dependent Children*). O novo programa permite o recebimento de benefícios por um período máximo de 5 anos ao longo da vida ativa, o que força os trabalhadores desempregados a aceitarem postos de trabalho precários (OCDE, 1999). Essa substituição significa uma mudança estrutural no sistema de proteção social dos EUA. Não obstante a limitação no tempo de duração do benefício, os beneficiários devem vincular-se a atividades relacionadas ao trabalho, entre as quais incluem-se a prestação de serviços comunitários, a participação em empregos subsidiados, a qualificação no local de emprego e a busca por emprego. Essa mudança segue a linha do *making work pay* defendida pela OCDE que, no entanto, subestima as barreiras que esses trabalhadores encontram, em parte associadas ao nível de escolaridade e qualificação e a fatores de discriminação de raça e gênero (EPI, 2003).

Na mesma direção de restrição aos benefícios que transferem renda, o acesso ao seguro--desemprego tem se tornado cada vez mais limitado para aquele contingente de trabalhadores ocupados em atividades precárias ou em empregos de elevada rotatividade. Cerca de 75% desses trabalhadores têm acesso ao seguro-desemprego, enquanto entre os trabalhadores com empregos tradicionais a cobertura é pouco superior a 90%. Além disso, deve-se considerar o papel que o seguro-desemprego cumpre no combate à pobreza, a queda no contingente de pobres após o pagamento do benefício situa-se entre 6% a 20%, percentual que se eleva à medida que aumenta a renda familiar e o valor do benefício (*Wenger*, 2003).

Cada vez mais, um segmento importante do conjunto de trabalhadores fica submetido aos benefícios sociais compensatórios, e restritos, como o TANF, afastando-se das políticas de proteção da renda do trabalho. Isso pode ser verificado pelo fato de que somente 38% dos trabalhadores desempregados nos Estados Unidos recebiam o seguro-desemprego em 1999[29], percentual que era de 81% em 1975. Essa redução decorre tanto da menor participação relativa do emprego industrial e das mudanças regionais na composição do desemprego, como das mudanças nos critérios de elegibilidade para o acesso ao benefício (*Green Book*, 2000). Além disso, como o salário mínimo vem se distanciando do valor médio do salário dos trabalhadores manuais do setor privado[30] e como existe um patamar mínimo de renda para a habilitação ao recebimento do benefício, tem crescido o número de trabalhadores que ficam à margem do seguro-desemprego.

A evidência desse fenômeno verifica-se pelo fato de o Departamento de Trabalho (USDOL) coordenar vários programas sociais em conjunto com outras agências federais.

---

(29) Este percentual encontrava-se na faixa de 41% no ano de 2003 (EPI, 2004).
(30) Em 1968, o salário mínimo representava em torno de 52% do salário médio dos trabalhadores manuais, proporção que se reduziu para cerca de 32% em 2005 (Bernstein & Shapiro, 2005).

Assim, ele é responsável em conjunto com o Departamento de Saúde e Serviços Sociais pelos benefícios do TANF e do programa *Medicaid*, que possuem papel importante na avaliação do programa de transição do auxílio social para o mercado de trabalho administrado pelo USDOL. Com a administração da Seguridade Social (*Social Security Administration* — SSA), o Departamento de Trabalho administra os programas de pensões e de auxílio para os incapacitados. Junto com o Departamento de Agricultura é responsável pela gestão dos cartões de alimentação (*food stamps*). E com o Departamento de Educação administra o programa da escola para o trabalho (*school-to-work*) em que o USDOL envolve-se na política de qualificação. Assim, enquanto o seguro-desemprego atendia um conjunto de 8,7 milhões de trabalhadores ao ano, cerca de 19,3 milhões de indivíduos recebiam o imposto de renda negativo, quase 25 milhões estavam no programa de cartões de alimentação, 12 milhões eram beneficiários do TANF e 28,3 milhões de beneficiários do programa de pensões e auxílios para incapacitados (OCDE, 1999). Esses dados mostram uma tendência ao aumento da precariedade, já que há um deslocamento dos gastos para a assistência social.

Principais atores, características das políticas e mecanismos de integração

O Departamento de Trabalho (USDOL) tem a responsabilidade de traçar a direção do Sistema Público de Emprego para o conjunto do país. A maior parte dessa responsabilidade recai sobre a Administração do Emprego e Qualificação — ETA (*Employment and Training Administration*). No âmbito da estrutura da ETA, há uma administração para o Serviço de Emprego (*US Employment Service*) e outra para o Seguro-desemprego (*Unemployment Insurance Service*). Essa separação administrativa faz com que as funções de intermediação de mão de obra e do seguro-desemprego sejam parcialmente articuladas.

Tal divisão tende a ser reproduzida também nas 54 Agências Estaduais de Segurança do Emprego — SESA (*State Employment Security Agencies*), as quais possuem esquemas organizativos próprios e diferentes pacotes de políticas. No âmbito de cada estado, existem também conselhos consultivos multipartites, que coordenam e examinam os projetos de intermediação de mão de obra e qualificação profissional. A composição desses conselhos inclui 30% de membros do setor privado; 30% de administradores públicos locais e estaduais; 30% de componentes sindicais e organizações comunitárias e 10% do público em geral (OCDE, 1999).

O intercâmbio entre o Departamento de Trabalho as agências estaduais é feito por intermédio de 10 escritórios regionais mantidos pelo USDOL. Em relação à produção de informações sobre o mercado de trabalho, o Departamento de Trabalho compartilha essa tarefa com o *Bureau of Labour Statistics* (BLS), que tem a maior responsabilidade, e os vários escritórios do serviço de emprego e do seguro-desemprego nos vários níveis de governo que contribuem com um conjunto de dados administrativos e com a disseminação de informação.

Há ainda no USDOL um serviço de emprego diferenciado para os veteranos (*Veterans' Employment and Training Service* — VETS). O VETS subvenciona as agências estaduais e locais, e também organizações não lucrativas para financiar esses serviços exclusivos para os veteranos, o que permite ao "staff" do VETS uma autonomia em relação à operação regular do serviço de emprego.

Para ter acesso ao benefício de desemprego, o trabalhador deve ter sido demitido sem justa causa e cumprir critérios monetários e não monetários de acesso. O valor dos benefícios gira em torno de um percentual da renda média ao longo do último ano de trabalho, com pisos e tetos estabelecidos por estado, o que implica uma taxa de reposição média nacional de 47%, geralmente maior para as mulheres (49%), hispânicos (50%) e negros (50%) (EPI, 2004). O seguro-desemprego possui um prazo máximo de 26 semanas na maioria dos estados — com a exceção de Washington e Massachusetts, onde esse prazo estende-se por 30 semanas — podendo esta duração máxima ser estendida por mais 13 semanas (benefícios de extensão), mantendo-se o mesmo valor do benefício. Para receber esse benefício estendido, uma das seguintes condições deve ser satisfeita: i) a taxa de desemprego estadual dos trabalhadores segurados nas últimas 13 semanas seja de pelo menos 5% e supere em 120% a taxa calculada para o mesmo período de acordo com a média dos últimos dois anos; ou ii) a taxa de desemprego estadual dos trabalhadores segurados para as últimas 13 semanas supere 6% (*Green Book,* 2000).

A inscrição para acesso ao seguro-desemprego é simples. O trabalhador desempregado pode requisitá-lo comparecendo a uma agência, por meio de uma ligação telefônica ou pela *Internet,* o que já é possível na maioria dos estados. O primeiro pagamento é realizado entre 1 e 3 semanas após ter solicitado o benefício. No ato de inscrição, o trabalhador deverá fornecer algumas informações sobre seu passado profissional. Destaque-se que a inscrição no seguro-desemprego não garante a inscrição no serviço de emprego, pois não há obrigatoriedade dessa inscrição para todos os beneficiários (*US Department of Labor,* 2006). O trabalhador pode ter negado o pedido no caso de ter sido demitido por justa causa ou se ele tiver solicitado demissão, ou ainda se ele não preencher os requisitos de tempo de permanência no emprego e patamar mínimo de renda.

Para o cálculo do patamar mínimo de renda, considera-se o quadrimestre ou os dois quadrimestres com maior nível de renda no período-base — que compreende, geralmente, os últimos cinco quadrimestres —, o que acaba por eliminar parte dos trabalhadores de baixa renda, pois muitos deles possuem um nível de salário inferior ao piso estabelecido. Já em relação aos critérios não monetários de acesso, excluem-se do sistema os trabalhadores autônomos, os prestadores de serviço, os agricultores sazonais e aqueles que não satisfizerem os requisitos para a continuidade no sistema, o que os faz perderem o direito ao benefício antes do prazo de sua expiração. Neste último caso incluem-se aqueles trabalhadores que não conseguiram comprovar procura por emprego, recusaram uma oferta de emprego ou que encontraram um emprego. Como resultado dessas regras de acesso, em média, o beneficiário recebe o seguro-desemprego por um período de 16,4 semanas, enquanto 43% dos beneficiários recebem durante todo o período a que têm direito (EPI, 2004).

O tempo de duração do benefício de desemprego está associado, ao menos em parte, à maior ou menor integração do mesmo com o serviço de intermediação de emprego. Assim, quanto maior for essa integração e mais rigorosas forem as exigências de procura por emprego sobre o trabalhador segurado, menor tende a ser a duração do tempo de desemprego do beneficiado (*O'Leary & Wandner,* 2005). Essa relação deve ser considerada ao menos quando são descontados os fatores macroeconômicos, os quais são fundamentais para explicar o comportamento do desemprego nesse país (*Oliveira Lima,* 2000).

Alguns procedimentos administrativos implantados ao longo dos anos noventa tiveram impacto direto no nível de articulação dessas políticas. Exemplo disso é o caso do uso do telefone e da Internet durante a requisição inicial e dos contatos futuros dos segurados com a administração do benefício. Até 2005, dos 53 estados dos EUA, 47 já tinham implantado o sistema de telefone para inscrição no programa de seguro-desemprego, enquanto 40 usavam a *Internet*, reduzindo o contato do segurado com o *One-Stop Center*. Ao mesmo tempo, diminuiu o número de estados que realizam o *work test* ou exame de disponibilidade para o trabalho ou recusa de emprego para a manutenção do benefício de desemprego. Além disso, afrouxou-se o controle sobre a exigência formal de um número mínimo de contato dos beneficiários com os empregadores na maioria dos estados, inclusive por pressão dos empregadores que se viam abarrotados de ofertas realizadas pelos trabalhadores. Mesmo assim, todos os estados contam com serviços de auxílio na busca de emprego para os beneficiários do seguro-desemprego (*O'Leary & Wandner*, 2005).

Fica evidente que a oferta dos vários serviços num mesmo local — no *One-Stop Center* — não garante a articulação efetiva das políticas de mercado de trabalho. Como exemplo, pode-se citar o fato de apenas cerca de 45% daqueles que recebem o seguro-desemprego transitarem pelos demais programas oferecidos pelos *One-Stop Centers*. Por outro lado, parcela significativa, em torno de 62%, dos trabalhadores que se inscrevem no serviço de intermediação de mão de obra não recebe o seguro-desemprego. Esse fato, além de dificultar a sobrevivência do trabalhador, pode prejudicar a participação desses trabalhadores nas atividades das várias políticas de mercado de trabalho como, por exemplo, as ações de qualificação profissional.

Em relação à qualificação profissional, há recomendação de que esses programas sejam oferecidos a partir dos *One-Stop Centers* e que se concentrem nos segmentos de trabalhadores com maior vulnerabilidade (*O'Leary, Straits e Wandner*, 2004). Nessa direção, existe um grande número de programas de qualificação profissional que, na maior parte, são ações de curto prazo cujo objetivo é adaptar o trabalhador ao perfil das vagas existentes. Nesses casos, o trabalhador tem acesso a um bônus de qualificação que lhe permite escolher a modalidade de curso e o fornecedor do mesmo. Cursos de curta duração também podem ser oferecidos pelas escolas municipais — com recursos federais e estaduais — para desenvolver habilidades básicas do trabalhador. Existem ainda os cursos *on-the-job-training*, que podem ser financiados pelo setor privado ou pelo setor público. Quando são financiados pelo setor privado, os custos são divididos com os trabalhadores, que recebem salários menores. Quando o setor público arca com os custos da qualificação para que os trabalhadores adquiram experiência de trabalho, os empregos podem ser tanto voluntários como pagos, neste último caso podem ser subsidiados ou não.

Com o objetivo de conter o processo de crescente vulnerabilidade social e desenvolver hábitos de trabalho, implementaram-se programas de geração de empregos relacionados aos serviços comunitários. Ademais, os programas de qualificação procuram focalizar alguns grupos específicos, como pode ser verificado pelo perfil dos trabalhadores qualificados no ano de 1999: do total de trabalhadores adultos, 65% eram mulheres, 50% negros ou hispânicos, 7% eram deficientes, enquanto 26% encontravam-se vinculados a benefícios de assistência social (*O'Leary, Straits e Wandner*, 2004).

Os recursos para o financiamento do seguro-desemprego e do serviço de intermediação de mão de obra provêm de impostos federais (uma alíquota em torno de 0,2%) sobre a folha de pagamento. Em termos práticos, o tributo é descontado sobre uma base salarial de US$ 7.000 ao ano por trabalhador coberto, enquanto os estados aplicam alíquotas diferenciadas de impostos, também sobre a folha de pagamento dos empregadores, para custear o pagamento do seguro-desemprego, com a alíquota média situando-se em torno de 0,8% sobre a folha de pagamento. Assim como as alíquotas são diferenciadas, também varia a base salarial sobre a qual incide a alíquota, o que vai depender da solvência dos fundos de financiamento do seguro. Nos momentos de crise tanto pode ocorrer uma elevação na alíquota para compensar o aumento do gasto com os benefícios, como os requisitos para o acesso ao benefício podem se tornar mais rígidos, restringindo-se o número de beneficiários (OCDE, 1999; *Green Book*, 2000).

Os estados que tenham seus programas de seguro-desemprego em situação de insolvência podem receber apoio do governo federal, que repassa parte de seus recursos arrecadados para o financiamento do seguro-desemprego. A alíquota cobrada pelos estados das empresas que demitem trabalhadores cobertos pelo seguro-desemprego acima da média estadual é maior do que o valor que as demais empresas pagam como forma de penalização. Por sua vez, os "benefícios de extensão" do seguro-desemprego são custeados com metade dos recursos providos pelos estados e a outra metade com recursos do governo federal (EPI, 2004).

A experiência dos *one-stop centers*

A concepção do *One-Stop Center* é reunir, num único local, vários tipos de serviços que incluem o oferecimento de políticas de mercado de trabalho e políticas sociais. Esse é o seu traço inovador. Ele foi o resultado da iniciativa do Departamento de Trabalho dos Estados Unidos (USDOL), que a partir de 1994 anunciou um programa para o desenvolvimento de centros profissionais de parada única (*one-stop career centers*) sob a coordenação nacional de uma equipe designada *ad hoc*.

O principal objetivo de se criar um centro integrado dessa natureza foi racionalizar o atendimento ao trabalhador, reduzir custos e aumentar a efetividade das várias agências. Mas também diminuir a fragmentação, para que os clientes vissem o Departamento de Trabalho e as agências estaduais do serviço de emprego (SESAs) como organizações centrais, tornando o sistema mais transparente e melhorando a percepção do mesmo pelos usuários.

Esses objetivos levaram aos *One-Stop Centers*, permitindo aos trabalhadores acesso a uma ampla gama de serviços num único local. Para a implementação desses centros, o USDOL utilizou incentivos financeiros para dar as diretrizes iniciais e moldar as características básicas, definindo quatro princípios operacionais (OCDE, 1999):

i) Acesso universal para o núcleo dos serviços para empregadores e demandantes de empregos;

ii) Escolha do cliente (*customer choice*) dentro das condições de elegibilidade de cada programa;

iii) Provisão integrada dos serviços para que os clientes vejam o sistema unificado apesar da multiplicidade de agências e fontes de financiamento envolvidas; e

iv) Responsabilização (*accountability*), ou seja, as operações devem ter como base a eficácia e os resultados, incluindo-se a satisfação do cliente.

Ademais, o USDOL condiciona os créditos aos estados à inclusão de seis programas nos planos do *One-Stop Center*:

i) O serviço de emprego;

ii) O seguro-desemprego;

iii) O programa para jovens e adultos economicamente desfavorecidos (Título II do JTPA);

iv) O programa para trabalhadores deslocados (Título III do JTPA) e outros serviços;

v) O *Senior Community Service Employment Program* (Título V do *Older Americans Act*); e

vi) O serviço para os veteranos, VETS, incluindo os serviços para os veteranos incapacitados.

Talvez a característica mais importante para se compreender o Sistema Público de Emprego dos Estados Unidos seja a diversidade de estruturas de financiamento para os vários programas federais — seguro-desemprego/intermediação, qualificação profissional e assistência social —, além das iniciativas específicas desenvolvidas no âmbito de cada estado. Essa diversidade reflete-se, também, nos vários *One-Stop Centers*, já que estes apresentam um padrão de oferta e de integração de políticas bastante heterogêneo.

Informações sobre o mercado de trabalho

Ao final dos anos setenta, o governo federal dos EUA criou um sistema de registro das vagas disponíveis e dos trabalhadores inscritos nas agências estaduais (SESAs), visando harmonizar os critérios e melhorar a gestão do sistema. Esse conjunto de informações dirigia-se para o público interno exclusivamente. A partir dos anos noventa, a diretriz das informações passa a ser o cliente do serviço de emprego, isto é, o trabalhador inscrito e os empregadores participantes. Assim, cria-se e desenvolve-se um conjunto de ferramentas de acesso às informações sobre o mercado de trabalho e sobre o perfil dos ofertantes e demandantes de trabalho. Ao facilitar o acesso a essas informações, espera-se atender às necessidades do público que procura o serviço.

O sistema de informações dá suporte ao processo de intermediação de mão de obra e de qualificação profissional dos trabalhadores. A Administração Federal do Emprego e Qualificação (ETA) é a principal responsável pela elaboração desse sistema de informações, chamado de *America's Career Kit*, que é composto por quatro bases de informações principais (OCDE, 1999):

1. America's Job Bank — com as vagas disponibilizadas pelas empresas;

2. America's Talent Bank — banco com o *curriculum vitae* dos trabalhadores inscritos;

3. America´s Career InfoNet — banco de dados que coloca à disposição dos usuários do sistema de emprego informações gerais sobre o mercado de trabalho a partir de fontes externas, principalmente do Departamento de Estatísticas do Trabalho (BLS);

4. America´s Learning Exchange — banco de dados com informações básicas sobre qualificação e educação profissional em escala nacional.

Mais importante ainda é o esforço de se desenvolver, a partir do *America´s Career InfoNet*, um Sistema Americano de Informações sobre o Mercado de Trabalho (ALMIS). O objetivo é que essa base de dados forneça um conjunto ainda mais amplo de informações, processadas no nível estadual com o apoio fundamental das SESAs. Dessa maneira seria possível gerar informações descentralizadas sobre emprego, salários, qualificações, tendências demográficas, contando, ademais, com projeções estatísticas que facilitem e apoiem as atividades desenvolvidas no âmbito dos *One-Stop Centers* de cada estado.

Ressalte-se que o número excessivo de portais com informações sobre o mercado de trabalho pode confundir os trabalhadores, gerando desalento, especialmente entre os mais idosos e de menor escolaridade. Ou seja, para esses grupos, os avanços da informática não podem substituir o papel e os procedimentos básicos do serviço de emprego. Ademais, essas informações podem não ser totalmente aproveitadas se o poder público, em seus vários níveis, não souber transformá-las em instrumentos para o aprimoramento das políticas estaduais e locais.

1.5. O SENTIDO DAS MUDANÇAS NOS SERVIÇOS PÚBLICOS DE EMPREGO DAS ECONOMIAS DESENVOLVIDAS

Apresenta-se agora uma síntese das mudanças realizadas nos serviços de emprego nos quatro países analisados para se buscar destacar o que há de comum e o que se diferencia nas reformas, acrescentando-se informações sobre o gasto com as políticas de mercado de trabalho. Para essa síntese, utilizaremos as seguintes variáveis: estrutura institucional, inovações na gestão, participação social, financiamento, nível de gasto e ênfase do gasto realizado, quadro de pessoal e mercado de trabalho.

Estrutura institucional

França — possui três instituições especializadas, com organizações distintas para o fornecimento dos serviços, e estatutos jurídicos diferenciados (ANPE, instituição pública estatal com autonomia financeira; AFPA, subordinada ao Ministério do Emprego; e UNEDIC, associação privada sem fins lucrativos). A criação das *Maisons de l'Emploi* busca reunir em um único local os vários serviços. A coordenação se dá por meio de convênio que integra o governo federal, a ANPE, a UNEDIC, coletividades territoriais e, conforme o caso, a AFPA, os atores sociais e as empresas.

Alemanha — tem uma Agência de Emprego de abrangência nacional com uma administração central, administrações regionais e locais, possui autonomia administrativa, ainda que tenha a supervisão e a aprovação de seu orçamento anual feitas pelo Ministério da Economia e Trabalho. Com as reformas *Hartz*, introduziu o *Job Center* que visa oferecer os vários serviços de mercado de trabalho e dar apoio aos serviços das agências de assistência social, além de se buscar maior autonomia para as agências de emprego locais.

EUA — a coordenação do serviço de emprego é feita pelo Departamento de Trabalho (USDOL), que possui uma administração de emprego e qualificação (ETA) que supervisiona o serviço de emprego (USES) e o serviço de seguro-desemprego (UIS). Essa estrutura se reproduz em cada estado da federação, onde as agências estaduais de emprego (SESAs) possuem grande autonomia de organização e de implementação de políticas. O departamento de emprego possui ainda um serviço de emprego exclusivo para veteranos das forças armadas. A introdução dos *One-Stop Centers* visou o oferecimento de serviços de mercado de trabalho e assistenciais num único local, sendo as diretrizes básicas definidas pelo USDOL, que estabeleceu um mínimo de serviços a serem oferecidos e as regras operacionais para o repasse de recursos.

Grã-Bretanha — o Departamento de Trabalho e Pensões (DWP) é o principal responsável pelas questões de emprego e bem-estar social, sob o qual estão o serviço de emprego e o serviço de bem-estar social. A entrega dos serviços se dá pelo *Jobcentre*, que é uma agência executiva do DWP. O *Jobcentre* firma convênios anuais com a Secretaria de Estado do Trabalho e Pensões, nos quais são definidas as metas e os recursos. A criação dos *Jobcentres Plus* visa agregar num mesmo local vários serviços de mercado de trabalho.

Inovações na gestão

França — com a criação das *Maison de l'Emploi*, deu maior autonomia para o nível local, com a introdução do convênio plurianual para facilitar a coordenação das várias agências de financiamento e execução das políticas e os convênios de desenvolvimento do emprego que buscam adaptar os convênios plurianuais com as características de determinada bacia de emprego. Criou o plano de retorno ao emprego e também o *fichier historique*, como instrumentos para ajudar a inserção no emprego, com foco nos trabalhadores com maior vulnerabilidade.

Alemanha — a agência federal emite as normas para dar uniformidade na execução das atividades do serviço de emprego. Deu-se maior autonomia para as agências locais para desenvolverem pacotes individualizados de serviços de acordo com o perfil do trabalhador. A isso se associa a criação do gestor de casos (*case manager*), que estabelece contratos individualizados com os demandantes de emprego. Com a criação dos *Job centres*, introduziram-se mecanismos de mercado pela contratação de fornecedores de serviços privados.

EUA — Departamento de Emprego procura definir as diretrizes e serviços básicos a serem oferecidos por meio dos *One-Stop Centers*, com grande autonomia das agências estaduais para incorporar ou redefinir os serviços de acordo com as especificidades locais e regionais. Grande ênfase na qualificação profissional na qual os Conselhos de Desenvolvimento da Força de Trabalho são responsáveis pela elaboração e supervisão dos planos de qualificação que devem responder às necessidades locais; esses conselhos são responsáveis pela estratégia de integração das políticas.

Grã-Bretanha — o governo estabelece as metas e os recursos do serviço por meio de convênios anuais entre a Secretaria de Estado do Trabalho e Pensões e o *Jobcentre*. Com a criação do *Jobcentre Plus*, os serviços dos programas de emprego *New Deal* passam a ser subcontratados do setor privado. Focalização em grupos sociais específicos, com a introdução de conselheiros pessoais para desenvolverem planos de retorno ao emprego.

Participação social

França — a ANPE e a AFPA possuem conselhos tripartites, enquanto a ASSEDIC tem administração bipartite com igual proporção de empregadores e trabalhadores.

Alemanha — a participação social nas diretrizes do serviço de emprego foi diluída com a transformação do Conselho Administrativo em Conselho Consultivo, ainda que permaneça tripartite e paritário.

EUA — a JTPA exige o estabelecimento de conselhos consultivos multipartites para coordenar e rever as iniciativas operadas ou planejadas tanto sob essa lei como sob a WPA. Esse conselho é composto por Empregadores (30%); Governo estadual, local e agências locais de educação (30%); Organizações de trabalhadores e comunitárias (30%); e Público em geral (10%). Há também comissões consultivas tripartites estaduais, indicadas pelos diretores executivos das SESAs para supervisionar a gestão e operação dos programas de seguro-desemprego.

Grã-Bretanha — a participação social na gestão do serviço se dá em caráter consultivo. Mesmo existindo um conselho tripartite, este não é paritário, contando com maior participação do setor empresarial e do governo e reduzida representação dos trabalhadores.

Financiamento

França — ANPE: subvenção anual aprovada pelo Parlamento, recursos do Ministério do Emprego e recursos da UNEDIC; AFPA: maior parte dos recursos é subvenção estatal, governo federal e regional; UNEDIC: contribuições de empregadores e trabalhadores e recursos públicos do Fundo Nacional do Emprego.

Alemanha — contribuições de trabalhadores e empregadores e recursos públicos arrecadados sobre a folha de salários, com o orçamento da Agência Federal de Emprego tendo sua aprovação pelo Ministério da Economia e do Emprego. Há recursos dos governos estadual e local que financiam os benefícios sociais.

EUA — recursos federais arrecadados com impostos sobre a folha de salários financiam o seguro-desemprego e a intermediação de mão de obra, o seguro-desemprego também tem parte dos recursos advindos dos governos estaduais e de impostos sobre a folha de salários. No caso da qualificação profissional, os recursos são da JTPA. As demais políticas têm diversas fontes de financiamento, com recursos federais, estaduais e dos empregadores.

Grã-Bretanha — recursos orçamentários do governo central, recursos do fundo nacional de seguro (*National Insurance*), que recebe contribuições de empregadores e trabalhadores, impostos federais (*Ear-Market taxes*) e para algumas iniciativas (*e. g. youth entreprise initiative*), recursos de fundos de empresas e bancos.

Nível de gasto e distribuição do gasto

A Tabela 1.1, abaixo, informa o volume de gastos com políticas de mercado de trabalho nos países analisados como proporção do PIB. Verifica-se que Alemanha (3,46%) e França (2,69%) possuem percentuais de gastos elevados com políticas de mercado de trabalho, enquanto a Grã-bretanha (0,81%) e os EUA (0,53%) apresentam valores bem menores. Quando se analisa a distribuição dessa despesa, constata-se que a maior parte dela é destinada às políticas passivas (benefícios de desemprego e antecipação de aposentadoria), na Alemanha essa despesa representa 67% do total das despesas com políticas de mercado de trabalho, na França, 64% e nos EUA, 70%. A exceção fica por conta da Grã-Bretanha, que gasta 36% com políticas passivas, ou seja, dentre os países estudados, somente neste as despesas com políticas ativas são maiores. A Grã-Bretanha também se diferencia dos outros países quando se analisam somente as despesas com políticas ativas. Nesse país, a maior parte (69%) da despesa é dirigida para o serviço público de emprego, enquanto nos demais países somente cerca de 1/4 dos gastos com políticas ativas são feitos com o serviço de emprego, ficando a maior parte das despesas com qualificação profissional, criação direta de empregos, integração de incapacitados, entre outras medidas.

Tabela 1.1
Gastos com políticas de mercado de trabalho como percentagem do PIB. Alemanha, França, Reino Unido e Estados Unidos, 2004[1]

Categoria de política	Alemanha	França	Reino Unido	EUA
Total	3,46	2,69	0,81	0,53
Políticas ativas de mercado de trabalho	1,15	0,97	0,52	0,16
Serviço Público de Emprego	0,29	0,25	0,36	0,04
Outras[2]	0,86	0,72	0,16	0,12
Políticas passivas de mercado de trabalho[3]	2,32	1,72	0,29	0,37

Fonte: OECD Employment Outlook, 2006. Elaboração própria.
(1) Para Reino Unido e EUA refere-se ao período 2003-2004.
(2) Inclui qualificação profissional, criação direta de empregos, integração de incapacitados, entre outros.
(3) Benefícios de desemprego e antecipação de aposentadoria.

Quadro funcional

Os dados da Tabela 1.2 nos informam o tamanho do quadro de pessoal disponível para a operacionalização das políticas de mercado de trabalho nos países estudados. Observamos que o número absoluto é mais ou menos próximo, com os EUA e a Grã--Bretanha com um quadro de pessoal em torno de 70 mil, a Alemanha, 78 mil, e a França apresentando o menor número, 46 mil funcionários. Quando se compara o quadro de pessoal com o tamanho da população ativa, verificamos que os EUA destoam dos demais, uma vez que a força de trabalho é muito superior à dos demais países. Por outro lado, na

França o quadro de pessoal também atende um número maior de trabalhadores quando comparados com Alemanha e Grã-Bretanha. Esta última apresenta o menor número de pessoas por funcionário.

Tabela 1.2
Total de funcionários e número de pessoas economicamente ativas por funcionário do serviço de emprego. Alemanha, França, Reino Unido e EUA, anos selecionados[1]

Categoria de política	Alemanha	França	Reino Unido	EUA
Total de funcionários (milhares)	78.823	46.656	70.000	70.050
Número de pessoas ativas por funcionário	498	562	419	1.946

Fonte: OECD 2000; BIR, 2002; BIR, 2003; BIR, 2004. Elaboração própria.
(1) Alemanha, 2003; França, 2000; Reino Unido, 2005; EUA, 1997.

Mercado de trabalho

Os mercados de trabalho das economias em estudo apresentam-se bastante estruturados, com a maior parte dos ocupados inseridos como trabalhadores assalariados, com a Grã-Bretanha (86,5%) e Alemanha (87,6%) apresentando as menores proporções e os EUA (92,5%) e França (91,0%) as maiores proporções de assalariados. A Grã-Bretanha e a Alemanha também são as que têm a maior proporção de trabalhadores ocupados em tempo parcial, respectivamente 23,6% e 21,8%, quase o dobro de França (13,6%) e EUA (12,8%). Apesar de a Grã-Bretanha ter menor proporção de assalariados e o maior contingente relativo de trabalhadores em tempo parcial, é o país que apresenta a menor taxa de desemprego, 4,6% da força de trabalho, inferior à taxa dos EUA, que foi de 5,1% em 2005. Por outro lado, a Alemanha apresenta o pior indicador, com uma taxa de desemprego duas vezes maior, de 11,2%, sendo seguida pela França, com 10,0% da força de trabalho desempregada. Interessante observar que a Alemanha e a França apresentam a maior proporção de desempregados de longo prazo; na Alemanha, ela representa mais da metade dos desempregados (54%) e na França 42,5%. Apesar de na Grã-Bretanha essa proporção ser menor, ainda é grande, com 1 em cada 4 estando desempregado há 12 meses ou mais, enquanto nos EUA 11,8% dos desempregados são de longo prazo (Tabela 1.3).

Tabela 1.3
Indicadores do mercado de trabalho, 2005. Alemanha, França, Reino Unido e EUA

Categoria de política	Alemanha	França	Reino Unido	EUA
% dos assalariados sobre o total de ocupados	87,6	91,0	86,5	92,5
% de trabalhadores em tempo parcial sobre o total de ocupados	21,8	13,6	23,6	12,8
Taxa de desemprego total	11,2	10,0	4,6	5,1
% de desemprego de longo prazo sobre o desemprego total[1]	54,0	42,5	22,4	11,8

Fonte: OECD 2007. Elaboração própria.
(1) 12 meses ou mais.

A reorganização dos serviços públicos de emprego das economias estudadas mostra uma tendência de se criar uma estrutura institucional que permita a oferta de um conjunto de serviços para o trabalhador desempregado num único local. Ademais, busca-se maior descentralização do fornecimento dos serviços, dando-se maior autonomia para os gestores do nível regional e local para a modelagem dos serviços a serem oferecidos, visando a atender as especificidades da economia e da mão de obra de cada região/local. Apesar dessa tendência comum, as estruturas apresentam diferenças importantes. Os EUA, que possuem a estrutura mais descentralizada, devido à sua conformação federativa, em que os estados federados possuem grande autonomia para implementar políticas dirigidas ao mercado de trabalho, têm no Departamento de Trabalho o centro articulador do serviço público de emprego. É a partir das normas emitidas pelo USDOL que se procura dar a conformação básica para o atendimento e fornecimento de serviços nos *One-Stop Centers*. Já na Grã-Bretanha e na Alemanha, onde o *Jobcentre Plus* e o *Job Center* são instituições com autonomia relativa, também estão ligados aos respectivos Ministérios de Emprego, que definem metas e orçamentos, além de ampliarem a participação do setor privado com a contratação de instituições para o fornecimento de serviços. A França, apesar de ter instituições autônomas e distintas para o fornecimento das políticas de mercado de trabalho, também tem procurado caminhar na maior integração e articulação das ações de emprego, por meio da introdução de convênios que agregam as várias instituições e o governo central.

Outra tendência que emerge das mudanças é a segmentação do atendimento. Aproveitando-se das inovações das tecnologias de informação e de comunicação, tem-se ampliado as possibilidades de autoatendimento para os trabalhadores mais qualificados. Ademais, introduziu-se o atendimento diferenciado para trabalhadores qualificados, como gerentes e técnicos de nível superior (*e. g. espaces cadres* na França). No entanto, o foco das mudanças é no atendimento pessoal aos grupos vulneráveis com maiores chances de desemprego de longo prazo. Em todos os casos analisados, introduziram medidas para dar um atendimento personalizado a esse grupo de trabalhadores, com vistas a reduzir o tempo em que os mesmos permaneçam fora de uma ocupação. Se, por um lado, o atendimento personalizado significa um melhor atendimento às necessidades desse grupo de trabalhadores, por outro, reforça a fragilidade dos mesmos no mercado de trabalho, dado que se torna maior o controle sobre esses trabalhadores, retringindo-lhes o acesso aos benefícios de desemprego. Com isso, os trabalhadores com maiores dificuldades de inserção são forçados a aceitarem empregos de menor qualidade (menor renda, de baixa qualificação, com contratos atípicos), o que reforça sua precariedade de inserção.

A introdução de mecanismos de mercado, permitindo-se instituições privadas no fornecimento de serviços de intermediação, como forma de se criar estímulos de concorrência entre o serviço público e as agências de emprego privadas (AEP), pode levar à segmentação do atendimento entre as agências. Para serem mais eficientes, as AEP tenderiam a concentrar-se nos trabalhadores com maiores chances de serem inseridos em um emprego, sobretudo se forem criados mecanismos de remuneração pela produtividade. Com isso, os trabalhadores com maiores dificuldades de inserção seriam direcionados para as agências públicas, resultando, muito provavelmente, na piora dos indicadores de eficiência dessas agências, dado que os trabalhadores desse grupo tendem a demorar maior tempo para se inserirem em um novo emprego. Ou seja, reforçaria a percepção de que a agência pública é menos eficiente do que a privada, se não forem considerados os perfis de trabalhadores atendidos em cada uma delas.

Em termos de despesas com as políticas de mercado de trabalho, verifica-se que nos EUA e na Grã-Bretanha o volume de gastos é bem inferior ao registrado na França e Alemanha. Isso se explica em grande medida pelo maior nível de desemprego nesses dois últimos, tanto em termos gerais como no desemprego de longo prazo. Assim, nesses dois países a maior parte das despesas concentra-se nos gastos com benefícios (políticas passivas), ao que se juntam os EUA, que, apesar de terem uma proporção menor de gastos, também concentram-nos em benefícios. Somente a Grã-Bretanha gasta mais em políticas ativas do que em benefícios. A Grã-Bretanha também diferencia-se dos demais no gasto em políticas ativas, concentrando-o nas atividades do serviço de emprego, o que é uma indicação de que a ênfase dada aqui é na atividade de busca de emprego e menos nas atividades que visam melhorar as condições de inserção dos trabalhadores (qualificação profissional, integração de incapacitados etc.). Em termos de financiamento, em todos eles os recursos públicos, sejam orçamentários ou de impostos específicos, têm papel relevante, sendo que na Alemanha, França e Grã-Bretanha o seguro-desemprego conta com a contribuição de trabalhadores e empregadores.

No que se refere ao pessoal envolvido com a operacionalização das políticas de mercado de trabalho, verifica-se que a Grã-Bretanha é o país que possui o maior quadro de pessoal relativamente à sua força de trabalho, apesar de termos considerado os números que o governo previa ter em 2006, significativamente menor do que o verificado em 1997. Esse maior quadro pode estar associado ao fato do serviço de emprego se concentrar nas atividades de busca de emprego e colocação, com muitos funcionários envolvidos no atendimento personalizado, o que ajuda a entender o menor nível de desemprego nesse país, inclusive de longo prazo, comparado com seus vizinhos europeus, apesar de apresentar uma participação importante do emprego em tempo parcial.

Apesar das experiências dos países analisados apresentarem tendências comuns na reestruturação de seus serviços de emprego e de suas políticas de mercado de trabalho, pode-se dizer que essas mudanças não caracterizam uma uniformidade, verificando-se diferentes arranjos institucionais. Esses arranjos respeitam as especificidades de cada país, que apresentam problemas de mercado de trabalho diferenciados, além de culturas institucionais diferentes e às quais, muitas vezes, as receitas únicas não são capazes de dar uma resposta.

Se a constituição do serviço público no início do século XX respondeu à necessidade de melhor estruturar o mercado de trabalho e amenizar a exploração da mão de obra, protegendo o trabalhador nos momentos de desemprego, numa economia que se tornara urbana e industrial, no final do século as mudanças nas economias industriais avançadas têm outro sentido. Elas buscam responder a um mercado de trabalho que se tornou mais restrito com a desarticulação do padrão de desenvolvimento do segundo pós-guerra, incapaz de gerar os empregos necessários para a incorporação dos que buscam um emprego remunerado. A acomodação a essa nova situação, no entanto, caminha na direção de se trocar o desemprego por um mercado de trabalho menos estruturado e com maior proporção de trabalhadores com uma inserção precária.

CAPÍTULO 2

Experiência Brasileira nas Políticas de Mercado de Trabalho

As políticas de mercado de trabalho no Brasil ganham destaque como uma política de governo somente na década de 1990, o que não significa que antes nada tenha sido feito. Como mostraremos na primeira seção deste capítulo, a implantação tardia dessas políticas decorre do próprio desenvolvimento tardio do capitalismo e do mercado de trabalho brasileiro, marcado pela grande oferta de trabalho, o que não colocou a mão de obra como um problema para a industrialização. Como outras políticas de proteção social, as políticas de mercado de trabalho também atenderam parcela restrita da classe trabalhadora quando foram implementadas. Mesmo um direito básico da cidadania como a previdência social com cobertura para todos os trabalhadores é uma conquista que remonta à década de 1960/1970, mas que só se consolida após a Constituição Federal de 1988. Assim como as demais políticas sociais, a própria política de mercado de trabalho inicialmente será implementada pontualmente, geralmente para responder a problemas específicos de determinado momento.

Outra característica brasileira é o fato de que as políticas de mercado de trabalho e o debate sobre a construção de um sistema público de emprego ganham destaque na década de 1980 e, sobretudo, nos anos noventa, quando a economia já não possui o dinamismo do período de implantação e consolidação da indústria. E, portanto, o mercado de trabalho também deixara de apresentar o ritmo de geração de postos de trabalho daquele período. Esse fato trouxe um novo problema, o desemprego de massa, e agravou antigos problemas que não tinham sido resolvidos, isto é, o expressivo contingente de indivíduos ocupados em atividades autônomas, em atividades não remuneradas, no serviço doméstico e como assalariados sem o registro em carteira de trabalho.

O capítulo está organizado da seguinte forma: na primeira seção, apresentamos uma breve descrição de como foram sendo introduzidos mecanismos de regulação do mercado de trabalho e de proteção aos trabalhadores, destacando como esses instrumentos são pontuais e restritos e como a política de mercado de trabalho é marginal a esse processo até meados dos anos oitenta. Na segunda seção, discutimos a conformação das políticas de mercado de trabalho a partir da introdução do seguro-desemprego e, especialmente, do Fundo de Amparo ao Trabalhador, que dá novo dinamismo a essas políticas, porém num contexto econômico extremamente perverso para o mercado de trabalho, o que coloca em questão a efetividade desse conjunto de políticas. Na terceira e última seção, procuramos elencar as principais questões que se colocam na virada do milênio com relação à constituição de um sistema público de emprego.

2.1. As iniciativas até a década de 1970: medidas pontuais num contexto de dinamismo econômico

Analisar a evolução das políticas de mercado de trabalho é tarefa que se confunde com a própria formação do mercado de trabalho, das normas e instituições que o regulam, e do sistema de proteção social do país. Daí a dificuldade de falar de um e não falar de outro. Mas no âmbito deste estudo parece-nos mais prudente e produtivo não adentrarmos nas especificidades de temas correlatos, como o sistema de relações do trabalho, a justiça trabalhista e o sistema de políticas de proteção social, mesmo porque esses temas já foram tratados em maior profundidade em outros estudos específicos[1].

Assim sendo, nosso trabalho será garimpar as políticas ou ações que, de uma forma ou outra, estão relacionadas com um Sistema Público de Emprego como definido anteriormente, fazendo-se as devidas referências àquelas questões que estão intimamente relacionadas à estruturação e funcionamento do mercado de trabalho. Ficará evidente que a ausência de um serviço público de emprego e de políticas de mercado de trabalho durante a maior parte do século XX deveu-se à grande facilidade dos empregadores em obter força de trabalho. Procuraremos destacar, também, que quando foi necessário acabou-se por implementar as medidas que desobstruíssem os gargalos que pudessem bloquear o desenvolvimento industrial. Dessa forma, as políticas foram sendo implementadas tardiamente em relação à experiência dos países desenvolvidos.

Talvez a primeira iniciativa pública que poderíamos equiparar a uma política de mercado de trabalho, guardadas as devidas ressalvas, tenha sido a Hospedaria de Imigrantes do Departamento de Imigração e Colonização de São Paulo, ainda no século XIX, pois tratou da questão da mão de obra buscando "administrá-la". Ela fazia parte do conjunto de mecanismos criados para atrair imigrantes para o Brasil, além de recebê-los, concentrá-los e distribuí-los para as fazendas de café no interior do estado de São Paulo. Essa iniciativa surge em 1881, quando a preocupação com a imigração voltava-se para atender às necessidades de mão de obra da lavoura cafeeira, isto é, buscava-se selecionar imigrantes para o trabalho agrícola das fazendas, especialmente aqueles que não possuíam capital próprio para imigrar para o Brasil e, portanto, mais suscetíveis à contratação pelos cafeicultores (*Bassanezi & Baeninger*, 1985).

A função inicial da Hospedaria era abrigar o imigrante que chegava a São Paulo. Essa hospedagem era por um prazo de até oito dias, ou até o trabalhador, e quando fosse o caso sua família, encontrar ocupação. No entanto, ela acabou transformando-se no local onde os fazendeiros contratavam a mão de obra imigrante. A hospedaria acabou tornando-se a "espinha dorsal do programa imigratório e transformou São Paulo num grande centro de troca de força de trabalho, num grande *mercado de homens*" (*Bassanezi & Baeninger*, 1985: 2, grifo no original).

A Hospedaria era, assim, um grande entreposto a partir do qual a mão de obra imigrante era distribuída, na sua grande maioria para as áreas rurais de cafeicultura no interior do estado, mas também para áreas urbanas e a própria capital da Província (depois de

---

[1] Veja-se, por exemplo, Biavaschi, 2005; Fagnani, 2005; Oliveira, 2002; Krein, 2003 e 2007.

1889, Estado). Observa-se certa semelhança com a experiência dos Estados Unidos, que também possuía uma agência de imigração a partir da qual surgiu o serviço de emprego, com a missão de ajudar no problema da distribuição dos imigrantes que ali chegavam para o trabalho nas áreas agrícolas de fronteira e nos centros industriais. Assim, o embrião do serviço de emprego dos EUA tinha duas funções: o encaminhamento dos fluxos de imigrantes para as vagas de emprego abertas e a sistematização de informações para realizar o processo de distribuição da mão de obra imigrante.

Diferentemente, o caso brasileiro concentrou-se, sobretudo, no estado de São Paulo. Além do mais, voltava-se para o recrutamento de trabalhadores para a lavoura de café, então o setor dinâmico da economia brasileira. Dessa forma, não se necessitava criar um órgão específico para cuidar da alocação da mão de obra imigrante, já que os próprios fazendeiros contratavam os trabalhadores na hospedaria. A partir de 1927, quando os subsídios são encerrados, a imigração diminui seu fluxo, mas continua a existir, com os imigrantes passando pela Hospedaria, mas agora o movimento se dava de forma espontânea à procura de emprego e sem destino. Além de abrigar os imigrantes, a Hospedaria passa também a acolher os migrantes nacionais que vinham para o estado de São Paulo (*Bassanezi & Baeninger*, 1985). Até meados da década de 1970, a Hospedaria funcionava a recepção e a triagem de trabalhadores imigrantes estrangeiros e nacionais, para com o último grupo de imigrantes sendo recebido em 1978, quando a Hospedaria passou para a administração do Departamento de Amparo e Integração Social (DAIS) da Secretaria da Promoção Social do Estado de São Paulo. Em 1998, passou a ser o Memorial do Imigrante, sob a administração da Secretaria da Cultura[2].

A trajetória da Hospedaria dos Imigrantes mostra a experiência do estado de São Paulo, que entre 1870 e 1939 recebeu cerca de 54% do total de imigrantes que aportaram no Brasil, em torno de 5 milhões de pessoas. Mas não foi a única, verificando-se o mesmo em Minas Gerais (Juiz de Fora) e no Rio de Janeiro, onde chegavam os imigrantes que não vinham para São Paulo. No entanto, a experiência de São Paulo parece ter sido a mais significativa tanto por concentrar aqui a maior parte dos imigrantes como por ter a maioria desses vindo para o trabalho na lavoura de café.

Apesar de a Hospedaria ser criada como um instrumento para organizar a imigração, acabou funcionando como uma espécie de entreposto de mão de obra. A experiência paulista não ultrapassou os limites de um simples alojamento, sem avançar para se tornar uma política pública, como acabou ocorrendo com a experiência estadunidense, contribuindo para organizar o processo de introdução do trabalho livre e da formação de um mercado de trabalho. Não cabe aqui discutirmos os motivos que impediram um avanço maior dessa experiência, mas nos parece que a tradição escravocrata e o conservadorismo liberal das oligarquias e uma economia cujo centro dinâmico era a produção e exportação de café contribuíram decisivamente para que a condução do processo de imigração se limitasse a facilitar a contratação do imigrante pelo fazendeiro de café.

A partir da década de 1930, e com mais vigor após 1950, o Brasil passou por uma rápida transformação, tanto na sua estrutura econômica como na social: deixou de ser

---

(2) Informações obtidas na página eletrônica do Memorial do Imigrante, órgão vinculado ao Departamento de Museus e Arquivos da Secretaria de Estado da Cultura de São Paulo. Disponível em: <http://www.memorialdoimigrante.sp.gov.br> Acesso em: 11 jan. 2007.

uma economia baseada na produção agrária para exportação, na qual cerca de 4/5 de sua população vivia na área rural, para ser uma economia industrial, com sua população vivendo, predominantemente, nas cidades. A constituição do mercado de trabalho urbano deu-se com oferta crescente de mão de obra[3], decorrente, principalmente, da ausência de uma reforma agrária e da resolução da questão dos escravos libertos. Assim, o contingente de negros libertos e descartados da produção, somados aos trabalhadores livres e aos imigrantes e seus descendentes, excedentes em épocas de crise da economia cafeeira, foram obrigados a buscar nas áreas de fronteira as terras que lhes possibilitassem a subsistência, enfrentando todas as consequências da falta de infraestrutura e de melhores condições tecnológicas para produzir.

A outra alternativa para esse contingente excedente no campo era procurar alguma ocupação nos centros urbanos, juntando-se à massa de trabalhadores que aí já se encontrava. A isso acrescenta-se, em fins da década de 1960 e ao longo dos anos 1970, a modernização da agricultura — com a introdução da mecanização e do uso de defensivos e fertilizantes químicos —, o que contribuiu para aumentar a produtividade e expulsar a força de trabalho para as periferias das cidades. Esse fenômeno, apesar do crescimento da demanda por mão de obra até fins da década de 1970, é um dos fatores que explicam o traço característico do mercado de trabalho brasileiro: a heterogeneidade de situações ocupacionais (*Oliveira*, 1998).

O carro-chefe dessa mudança na economia e da sociedade brasileira foi o projeto de industrialização levado a cabo pelo governo de Getúlio Vargas. Apesar da existência de uma indústria antes de 1930, esta era bastante incipiente — com poucas empresas que produziam bens básicos, tais como alimentos e roupas destinados às camadas de baixa renda — e, dessa forma, era incapaz de assumir a dianteira no processo de desenvolvimento da nação. A grande maioria dos empregados dessas empresas era constituída por imigrantes europeus que possuíam experiência tanto do ambiente de fábrica como do movimento operário ligado aos movimentos socialistas, comunistas e anarquistas. Em decorrência, já ocorriam reivindicações por melhorias nas condições de trabalho e de vida dos operários. As reivindicações dos operários nas primeiras décadas do século XX culminaram com as greves de 1917-1919, cujo objetivo principal era a elevação dos salários. Mas a pauta de reivindicações foi sendo ampliada, passando a incluir a redução da jornada de trabalho, o seguro contra acidentes, a criação de um sistema de aposentadorias, bem como a regulamentação do trabalho do menor e da mulher, das férias, das horas extras, entre outros (*Werneck Vianna*, 1999).

Dadas as características da economia, da política e da sociedade brasileira, isto é, as condições de um país de capitalismo tardio, como o define *Cardoso de Mello* (1998), não era possível, ou melhor, não era do interesse das classes dirigentes a criação de uma institucionalidade para organizar e estruturar o mercado de trabalho. Apesar de iniciativas isoladas de alguns parlamentares, o predomínio político das oligarquias agrárias regionais impedia a implementação de normas mais civilizadas de exploração do trabalho, que, até meados do século XX, foi predominantemente agrícola. Nos países que já tinham passado

---

(3) Sobre o movimento de formação do mercado de trabalho no Brasil e o impacto e consequências para o desenvolvimento futuro da abundância de mão de obra, ver: Prado Jr., 1992; Furtado, 1995; Oliveira, 1998; Barbosa, 2003.

pela revolução industrial, em que a indústria e a urbanização tinham um papel preponderante, a preocupação com a organização do mercado de trabalho tornara-se uma questão importante para responder às reivindicações dos trabalhadores organizados em sindicatos e dos partidos de esquerda. Assim, já no início do século XX, a Inglaterra procurava organizar um serviço público de emprego para, entre outras coisas, evitar o deslocamento do trabalhador de porta em porta em busca de um posto de trabalho, bem como introduzira um benefício para os trabalhadores desempregados. No Brasil, não havia pressão social para que o Estado fizesse a regulação, assim como não era uma necessidade econômica.

A Constituição de 1891, que vigorou até 1934, tinha uma concepção liberal e, assim, procurava retirar do mercado de trabalho as influências da política e da organização social, prevalecendo o direito ao livre exercício de qualquer profissão. Assim, a relação de trabalho era uma relação contratualista que o trabalhador, individualmente, firmava com o empregador. A questão social, por sua vez, foi remetida ao código civil. Em defesa da liberdade do exercício profissional, todas as tentativas de disciplinar ou regular o mercado de trabalho eram rejeitadas até a década de 1920. *Vianna* destaca que a diferença entre o Estado antes e depois de 1930, em relação ao mercado de trabalho, será a intensidade de sua intervenção. Enquanto no período anterior a 1930 o Estado liberal teve uma intervenção débil, o Estado após 1930 teve atuação ativa tanto na direção da economia como na conformação do mercado de trabalho, muito mais do que por uma maior produção legislativa no campo do trabalho (*Werneck Vianna*, 1999).

Já nos anos vinte o Estado havia abandonado sua posição ultraliberal que assumira com a Constituição de 1891. Essa mudança ocorre tanto em resposta aos movimentos grevistas de 1917 e 1919 como em decorrência de o governo brasileiro ter assinado o Tratado de Versalhes, pelo qual se comprometia a tomar medidas para regular o mercado de trabalho visando à proteção dos trabalhadores. Com isso, tem início o abandono do princípio do contratualismo individualista que governara as relações de trabalho até então. Dessa forma, mudanças na regulação pública do trabalho começam a ocorrer na década de 1920, com a aprovação de leis que regulamentam o trabalho e de proteção ao trabalhador, e se firmam após Vargas assumir o poder com a revolução de 1930. Assim, nos anos vinte são aprovadas a Lei Elói Chaves, que cria as Caixas de Aposentaria e Pensão, as chamadas CAPs, em 1923. Neste mesmo ano é criado o Conselho Nacional do Trabalho. Em 1926 são aprovadas as leis sobre acidentes de trabalho, férias e o código de menores. Destarte, antes de Vargas assumir o poder em 1930, já se começava a introdução de leis dirigidas à regulamentação do trabalho em resposta às reivindicações dos trabalhadores.

Será, no entanto, com o governo de Getúlio Vargas que se tomarão as medidas para a consolidação de um mercado de trabalho nacional, pois este alterou a direção política, econômica e social do país ao instituir um novo tipo de Estado, mais centralizado e autônomo. No âmbito político, este Estado reuniu as várias forças sociais em torno do projeto de criação de uma indústria de base, o que funcionaria como fator de garantia da ordem interna. No âmbito econômico, promoveu a industrialização do país. E, no plano social, assegurou a proteção aos trabalhadores urbanos com registro em carteira (*Fausto*, 1995).

Ao longo dos anos trinta foram sendo criadas ou reformuladas a legislação sobre o trabalho e as instituições do mercado de trabalho. Assim, uma das primeiras medidas foi a decretação da Lei dos dois terços, que obrigava as empresas a terem no seu quadro funcional 2/3 de trabalhadores nascidos no país[4]. Ainda em 1931, regulamenta-se o trabalho da mulher, proibindo-se a discriminação salarial entre homens e mulheres que realizassem a mesma tarefa, também vedava a demissão da mulher gestante quatro semanas antes e quatro depois do parto. No mesmo ano regulamenta-se o trabalho do jovem, proibindo-se o trabalho das crianças com menos de 14 anos. Ainda em 1931 foi decretada a Lei de Sindicalização, que previa a aprovação dos estatutos das entidades sindicais pelo Ministério do Trabalho, que também controlava as contribuições sindicais compulsórias dos trabalhadores. No ano de 1932 é promulgada a Lei das Convenções Coletivas, que dispunha sobre as condições de negociação entre empregados e empregadores em relação às condições de trabalho. Até 1936 foi regulamentada a jornada diária, inclusive noturna, e o descanso semanal remunerado do comércio, indústria e serviços. Ademais, foi introduzida a Carteira de Trabalho e Previdência Social (CTPS), em que são anotados os eventos da vida profissional do trabalhador, e criadas as Comissões de Conciliação e Julgamento.

A característica marcante dessas medidas é estarem associadas, na sua grande maioria, a determinadas categorias profissionais, refletindo-se em um conjunto fragmentado que atingia uma diminuta parcela de trabalhadores urbanos e não cobria os trabalhadores rurais. Todo o arsenal legislativo produzido ao longo das décadas de 1920 e 1930 foi reunido e sistematizado, resultando na Consolidação das Leis do Trabalho (CLT), promulgada em 1943. Esse movimento direcionou a estruturação do mercado de trabalho urbano ao reafirmar os direitos trabalhistas e tornar o código a referência para trabalhadores e empregadores nas questões relacionadas às relações de trabalho. Destaque-se que, mesmo com a CLT, boa parte da legislação não tinha efeito sobre trabalho rural, deixando o trabalhador do campo desprotegido e instituindo a discriminação entre as atividades urbanas e rurais.

A introdução dessa legislação para o mercado de trabalho significou um avanço em direção à substituição da regulação privada do trabalho pela regulação pública, com o papel preponderante do Estado. Dentro da lógica positivista as leis de proteção do trabalhador contribuíam para evitar a superexploração do trabalhador levando à desarmonia social, o que poderia dificultar o projeto de industrialização. Portanto, ainda que atendessem parte dos anseios da classe trabalhadora, as medidas do governo Vargas procuravam evitar o acirramento da questão social, buscando manter o controle sobre o processo de organização dos trabalhadores, e concentrando no Estado o *lócus* para a resolução das reivindicações, tanto da classe trabalhadora como do empresariado. Daí a criação dos sindicatos corporativistas atrelados ao Estado, que muita confusão causa, ainda hoje, entre a legislação sindical e a trabalhista.

No plano governamental, a criação do Ministério do Trabalho, Indústria e Comércio em 1930 foi uma demonstração do propósito de buscar a organização do mercado de trabalho. Dentro do processo de modernização da economia brasileira por meio do projeto de industrialização, a construção de um mercado de trabalho urbano era condição

---

(4) Werneck Vianna destaca que essa lei tinha mais o intuito de forçar os empregadores a contratarem o contingente de trabalhadores que se deslocavam para as cidades fugindo da crise de 1929 que alijar os trabalhadores imigrantes (Werneck Vianna, 1999).

necessária. Porém, a existência de um mercado de trabalho urbano significava a existência de uma classe trabalhadora que teria interesses conflitantes com a classe patronal, podendo levar à desarmonia social. No plano dos ideais positivistas, dos quais Vargas era adepto[5], era necessário que o estado mediasse esse conflito, com vistas a minimizar os seus efeitos. Daí a criação de uma institucionalidade que fosse capaz de atender aqueles objetivos.

Com a responsabilidade de fazer cumprir a legislação trabalhista, o ministério estruturou-se nacionalmente com a criação de Delegacias Regionais do Trabalho (DRTs) que passaram a ter um quadro funcional para a fiscalização das empresas do cumprimento das exigências legais. A instituição da Justiça do Trabalho, que substituiu as Comissões de Conciliação e Julgamento[6], introduziu um novo ator para dirimir os conflitos e impasses nas negociações entre os trabalhadores e os empregadores, aperfeiçoando os mecanismos de regulação pública do trabalho. Constituíram-se, assim, os pilares da "administração do trabalho", possibilitando a introdução de medidas de estruturação, organização, acompanhamento do mercado de trabalho e de proteção dos trabalhadores.

O fato de as instituições e instrumentos para a regulação social do mercado de trabalho terem sido criados não significou que os mesmos tornaram-se totalmente efetivos. Se, por um lado, foram criados os institutos e mecanismos de proteção do trabalhador, por outro sua efetivação como um direito usufruído não se deu plenamente. Como exemplo, podemos citar o instituto da Negociação Coletiva, previsto pela CLT como instrumento para regular as negociações entre o conjunto dos trabalhadores, representados pelos seus Sindicatos, e os empregadores. Esse instituto, que teve papel de destaque nos países de industrialização avançada após a Segunda Guerra para a estruturação e organização do mercado de trabalho permitindo a implementação de uma política de pleno emprego, pouco funcionou no caso brasileiro.

De fato, observa-se que a importância desse mecanismo para a organização geral do mercado de trabalho foi pontual. O instrumento só teve algum destaque na segunda metade dos anos cinquenta e início dos sessenta, quando o ambiente democrático e a liberdade sindical davam mais força aos trabalhadores. Após o golpe militar de 1964, a intervenção nos sindicatos eliminou a participação dos trabalhadores. Ademais, o governo militar implementou reformas liberais no mercado de trabalho tornando-o mais flexível com o fim da estabilidade no emprego após dez anos de trabalho na mesma empresa, substituindo-a pelo Fundo de Garantia do Tempo de Serviço (FGTS), que permitiu às empresas demitirem o trabalhador a qualquer momento, sem justa causa, de acordo com suas conveniências[7]. A adoção de uma política salarial para o reajuste periódico dos salários, definida no âmbito da tecnoburocracia governamental, serviu como mecanismo de contenção dos salários, sobretudo das categorias e ocupações do chão da fábrica, ampliando o leque de salários entre as atividades manuais e técnico-administrativas.

Além da política salarial, o valor do salário mínimo foi sendo progressivamente deteriorado ao longo do regime militar, refletindo a política de contenção do seu reajuste,

---

(5) Sobre a influência positivista de Vargas e suas repercussões sobre seu governo ver: Bosi, 2000.
(6) Essas comissões eram uma instância administrativa do Ministério do Trabalho que arbitrava os conflitos entre trabalhadores e empregadores. Sobre essas comissões e a criação da Justiça do Trabalho, ver: Biavaschi, 2005.
(7) Sobre a instituição do Fundo de Garantia do Tempo de Serviço, ver o estudo de Ferrante, 1978.

retirando-lhe seu caráter de um instrumento para estabelecer um padrão mínimo e digno de remuneração (*Pochmann*, 1994). A importância dessa medida de contenção verifica-se nos impactos que a mesma teve entre os trabalhadores que recebiam um salário mínimo de remuneração, ou em torno do seu valor, no setor formal, mas também entre aqueles que estavam no setor informal. No caso brasileiro, especialmente, o salário mínimo tem um papel importante de referência para as remunerações do segmento informal, especialmente para a remuneração do emprego doméstico e outras ocupações de baixa qualificação profissional.

O fim do regime militar e a restauração da democracia ocorrem com o ressurgimento da ação sindical e a organização dos trabalhadores. Com um mercado de trabalho mais estruturado do que nos anos sessenta e com o movimento sindical fortalecido e a maior participação popular, o instituto da Negociação Coletiva retoma sua importância na regulação do mercado de trabalho. Assim, as categorias de trabalhadores mais organizadas passam a negociar com os empresários diretamente, além do piso salarial e do reajuste dos salários, uma extensa pauta que inclui benefícios não monetários e condições de trabalho.

Esse fortalecimento dos trabalhadores que se dá nos anos oitenta culmina na Assembleia Constituinte que promulgou a nova Carta em 1988, quando são reafirmados e estabelecidos novos direitos sociais. A contradição desse processo de formalização de novos direitos decorre do fato de a economia já não ter mais o dinamismo das décadas anteriores, no período de implantação e consolidação da indústria e do mercado de trabalho urbano. Esse fato é decisivo para a compreensão dos desdobramentos para o mercado de trabalho na década de 1990, que serão discutidos na próxima seção.

O que cabe destacar em relação às medidas de regulação do mercado de trabalho implementadas ao longo de todo o período de industrialização é que sua aplicação sempre foi muito flexível. Isto é, a intervenção do Estado não se preocupou em garantir um padrão de emprego relativamente homogêneo para todo o território nacional. Também não obrigou os empregadores a negociar com os sindicatos e transferir parte dos ganhos de produtividade para os trabalhadores, nem criou mecanismos eficientes de regulação da oferta e da demanda de força de trabalho para conter a competição no mercado de trabalho e elevar os salários da base da pirâmide.

A população brasileira mais do que dobrou entre 1950 e 1980[8], e a maior parte passou a residir nos centros urbanos. Como destaca *Vilmar Faria*, a combinação de taxas de crescimento vegetativo elevadas e do fluxo migratório campo-cidade incrementaram, durante todo o período, a população urbana. O contingente desta população, que não chegava a 18 milhões de habitantes em 1950 — correspondente a cerca de 36% da população total — ampliou-se para um número em torno de 80 milhões de pessoas em 1980 (o que representava uma taxa de urbanização de 68%), com cerca de 60 milhões desse total residindo em cidades com mais de 20 mil habitantes (*Faria*, 1991).

No Brasil, a urbanização precedeu a industrialização e depois foi impulsionada por ela. Embora a indústria começasse a "ganhar corpo" desde o final do século XIX, nas

---

(8) Nos anos 70 o ritmo de crescimento populacional sofreu uma inflexão fruto, principalmente, de uma redução na taxa de fecundidade, ainda que apresentando diferenciações inter-regionais e entre as áreas urbanas e rurais.

principais capitais do país, não era ainda o setor dinâmico da economia nas primeiras décadas do século XX. O centro dinâmico do país estava assentado sobre a produção agrícola dirigida para a exportação, cujo principal produto era o café. A industrialização iria se configurar no eixo fundamental de crescimento do país apenas a partir dos anos trinta, e especialmente, no pós-Segunda Guerra (*Cardoso de Mello*, 1998). No bojo dessa industrialização constituiu-se um mercado de trabalho moderno, que proporcionou um crescente número de novas e amplas oportunidades ocupacionais, com predominância do trabalho assalariado (*Faria*, 1986).

A oferta crescente de mão de obra colocou o trabalhador numa posição desfavorável diante do empregador na venda de sua força de trabalho. Ao lado da questão da baixa qualificação — principalmente em termos de escolaridade formal — esse será um aspecto importante para compreendermos não só a evolução do mercado de trabalho brasileiro, mas a problemática da desigualdade social e da concentração da renda. A ausência de políticas de proteção social com cobertura universal implicava que somente um pequeno contingente de trabalhadores, aqueles que se tornavam assalariados e os empregadores registravam a carteira de trabalho, conseguissem por meio dos Institutos de Aposentadoria e Pensão (IAPs), o benefício da previdência social, da saúde e em alguns casos[9], da habitação. Além de não ter a regulamentação do trabalho como forma de proteção diante do livre arbítrio do empregador, os trabalhadores que pertenciam às categorias de trabalhadores autônomos, os assalariados sem registro em carteira e, sobretudo os trabalhadores rurais não tinham acesso a esses "benefícios" (*Henrique*, 1999).

O deslocamento da população das áreas rurais para as cidades ocorreu sem nenhum planejamento. As ondas migratórias chegavam às cidades, expulsas pela seca no nordeste ou pela mecanização do campo, e iam acomodando-se nas periferias das cidades maiores, especialmente do Rio de Janeiro e São Paulo. O trabalhador que não tinha trabalho no campo e não migrava para as áreas de fronteira agrícola buscava a sorte nos grandes centros urbanos. A ausência de qualificação para as ocupações urbanas obrigava-os a sujeitarem-se às más condições de trabalho de serviços manuais, que exigiam força física, ou então às ocupações informais como vendedores ambulantes ou pequenos biscates e, sobretudo para as mulheres, a ocupação em serviços domésticos nas casas de família.

O dinamismo econômico permitia a integração de todos os migrantes à vida urbana, ao abrir oportunidades de ocupações na indústria, no comércio e nos serviços, ainda que essas oportunidades sejam aproveitadas de formas diferentes entre aqueles que chegam aos centros urbanos. O ponto de partida é desigual, sobretudo para o negro descendente do escravo, ainda que também para este as oportunidades permitam-lhe melhorar as condições de vida, mas em padrões muitos precários. Essa trajetória do migrante rural, que sai da miséria e encontra uma vida "mais fácil" na cidade e vai ocupar os postos de trabalho de baixa qualificação, alguns de níveis médios, o faz se sentir um vencedor. Assim, proliferam as empregadas domésticas, as manicures, as balconistas, as atendentes e as operárias entre as mulheres, assim como ascensoristas, motoristas, porteiros, vigias, garçons, operários de fábrica e trabalhadores da construção civil (*Cardoso de Mello* & *Novais*, 1998: 584).

---

(9) Alguns dos IAPs tinham programas de financiamento de conjuntos habitacionais. Por exemplo, não era incomum na década de 1960 e 1970 ouvir que tal ou qual fulano morava no conjunto do IAPI (Instituto de Aposentaria e Pensão dos Industriários).

Se a vida na cidade era um fator de atração para aqueles que estavam ocupados e viviam nas áreas rurais, com o processo de modernização agrícola nos anos sessenta isso se acentua. Isso porque não se realizou uma reforma agrária que permitisse uma alternativa de assentamento desse contingente de mão de obra excedente no campo em pequenas e médias propriedades rurais. E com as dificuldades do deslocamento para as zonas de fronteira agrícola, o que significava enfrentar a inexistência de infraestrutura e de políticas públicas de apoio que garantissem uma sobrevivência digna no campo, o trabalhador e sua família dirigem-se para as cidades. Ademais, mesmo aquelas famílias que possuíam pequenas propriedades, especialmente no nordeste brasileiro, diante do problema da seca e, também da falta de apoio público para minimizar esses problemas e permitir o uso racional da propriedade garantindo os meios necessários à sobrevivência digna, eram atraídas para as cidades, sobretudo do centro-sul.

Decorre, então, que o ritmo de migração e, portanto, de urbanização é rápido, transformando num curto período de tempo — cerca de 30 anos — uma sociedade que residia predominantemente nas áreas rurais em uma sociedade urbana. Essa rapidez, que não ocorreu nas economias de industrialização avançada, trouxe consequências para as condições de vida da população das cidades, para o mercado de trabalho e para o setor público, que terá um crescimento das demandas por equipamentos sociais, transporte, habitação, entre outros. No caso do mercado de trabalho, como mostra *Vilmar Faria*, a expansão da população ativa ligada às atividades urbanas amplia-se vertiginosamente, mudando a estrutura do mercado de trabalho. Em 1980, 70,1% da PEA estavam nas atividades não agrícolas, contra 40,1% em 1950, ainda que o contingente absoluto vinculado às atividades agrícolas continuasse expressivo em 1980, com mais de 13 milhões de pessoas. Esse crescimento da população ativa urbana deveu-se à ampliação das pessoas ocupadas na indústria, que representava 15,7% do total em 1980 e também do setor terciário, em que se destaca o crescimento das atividades ligadas ao setor estatal, especialmente dos serviços sociais (*Faria*, 1986).

Mesmo com a forte presença do Estado na economia, não houve a preocupação de organizar essa transição da população do campo para as cidades, como também não houve em organizar o movimento de imigração na virada do século XIX para o XX e nas primeiras décadas deste último. Nesse aspecto, pode-se dizer que um serviço de emprego bem estruturado poderia ter dado uma contribuição importante para organizar o deslocamento populacional, sobretudo do deslocamento motivado pela busca de oportunidades de trabalho, como de certa maneira ocorreu com a experiência dos EUA. Com exceção da tentativa do Estado em direcionar o movimento de colonização da Amazônia na década de 1970, deixou-se o movimento migratório ocorrer sem maiores preocupações. Esse fato trouxe consequências tanto para o mercado de trabalho, que sempre apresentou uma oferta abundante de mão de obra, como para o setor público das cidades que atraíam a população migrante, com o rápido crescimento das demandas por bens e serviços públicos.

A criação de mecanismos de regulação do mercado de trabalho e proteção do trabalhador vai ocorrendo *pari passu* ao processo de migração rural-urbano e urbanização. Esses mecanismos dirigem-se ao setor urbano e, neste, ao trabalhador com vínculo de trabalho formalizado com o registro na carteira de trabalho. No campo as normas não se aplicam, deixando os trabalhadores rurais sem o amparo necessário frente à exploração do produtor rural, geralmente um grande proprietário de terras. Essas iniciativas públicas para disciplinar o funcionamento do mercado de trabalho atendiam as reivindicações dos trabalhadores, mas também eram necessárias para a consolidação da indústria no país. Por outro lado, o avanço da industrialização colocava a necessidade de mão de obra especializada, especialmente para as novas indústrias que se instalavam. Dado que a massa de trabalhadores disponível, além da pouca ou nenhuma escolaridade, advinha na sua maioria do campo, tornava-se obrigatório criar os mecanismos necessários para atender as exigências para preparar o operário qualificado.

Assim, surge em 1942 o Serviço Nacional de Aprendizagem Industrial (SENAI) e em 1943 o Serviço Nacional de Aprendizagem do Comércio (SENAC), configurando-se no primeiro movimento nacional de formação de pessoal especializado para atender à necessidade de mão de obra qualificada[10]. Essa iniciativa surge na mesma época das leis orgânicas do ensino industrial, comercial e agrícola que consolidaram o ensino técnico-profissional nessas três áreas de atividade, e voltava-se para organizar o ensino de aprendizagem para os menores e também do ensino continuado e de especialização para o trabalhador adulto. Posteriormente, a essas duas instituições serão agregados o Serviço Nacional de Formação Rural Profissional (SENAR) em 1991, o Serviço Nacional de Aprendizagem em Transportes (SENAT) em 1993 e o Serviço Nacional de Aprendizagem do Cooperativismo (SESCOOP) em 1998 que, junto com o Serviço Brasileiro de Apoio às Micro e Pequenas Empresas (SEBRAE) instituído em 1990, formam o Sistema S. Este sistema de formação profissional estrutura-se como uma rede paralela ao sistema de formação público, para o atendimento das necessidades imediatas do setor industrial e comercial, que se expandiam (*Guilhon*, 2005).

Ao lado das instituições do Sistema S, a outra fonte de formação de mão de obra qualificada são as escolas técnicas vinculadas ao sistema educacional formal das redes federal, estaduais e municipais. Estas têm cumprido um papel importante na formação de quadros técnicos de nível médio, formando técnicos especializados para a indústria, comércio, além da formação de profissionais técnicos do setor agropecuário, por meio das escolas agrícolas[11]. Desse modo, enquanto o Sistema S forma os operários especializados, as escolas técnicas formam o quadro funcional de nível médio.

Complementarmente ao ensino provido pelo Sistema S e pelas escolas técnicas, outros programas dirigidos à qualificação dos trabalhadores foram implementados. Com o desenvolvimento acelerado da indústria, a demanda por mão de obra especializada também cresce num ritmo forte. Para atender a essa exigência cria-se, em 1963, o Programa Intensivo de Preparação da Mão de Obra (PIPMO), por meio do Decreto n. 53.324. A meta inicial do programa era a formação, o aperfeiçoamento e a especialização de profissionais por meio de escolas, nas próprias empresas e em cursos volantes (*Campino, Cacciamali* e *Nogami*, 1985).

Dado que o desenvolvimento da economia brasileira não se restringia à indústria, espraiando-se para os demais setores, a exigência de pessoal capacitado também se fazia

---

(10) O Senai espelha-se na experiência bem-sucedida do Centro Ferroviário de Ensino e Seleção Profissional a partir do qual Euvaldo Lodi, então presidente da Confederação Nacional da Indústria, e Roberto Simonsen, da Federação da Indústria do Estado de São Paulo, idealizaram o Senai para atender toda a indústria nacional (Dedecca & Baltar, 2006b).
(11) Para uma visão histórica sobre a formação profissional no Brasil, ver: Franco & Sauerbronn, 1984.

sentir nesses outros ramos de atividade. Para responder a essa necessidade, o Ministério da Educação e Cultura — MEC procurou ampliar a abrangência do PIPMO a partir de 1971 e, assim, preparar mão de obra qualificada também para os demais setores da economia. O programa passou, então, a ser um órgão do Departamento de Ensino Médio do MEC, integrado ao Sistema Nacional de Ensino Supletivo, porém suas atribuições dirigiam-se especificamente para as atividades de qualificação, aperfeiçoamento e atualização profissional da mão de obra.

O PIPMO permaneceu sob a responsabilidade do MEC até 1975 quando foi transferido para o Ministério do Trabalho[12], subordinando se à Secretaria de Mão de Obra, passando a executar programas de qualificação, aperfeiçoamento e de especialização. No ano seguinte, em 1976, o governo transformou o Conselho Consultivo de Mão de Obra em Conselho Federal de Mão de Obra (CFMO)[13], que era composto de forma tripartite com representantes do governo, trabalhadores e empregadores. Esse novo conselho tinha como atribuição estabelecer as normas e diretrizes da política nacional de formação profissional, visando aproximar os projetos de formação das empresas que realizassem despesas com programas de formação e treinamento profissional[14]. Além disso, o Conselho deveria propor medidas de estímulo e desenvolvimento da política nacional de formação profissional (*Campino, Cacciamali e Nogami*, 1985).

Em 1982, já em meio à crise da dívida externa e com o surgimento do desemprego em níveis até então nunca registrados, o governo, por meio do CFMO, elaborou uma política nacional de formação de mão de obra, a ser executada a partir de planos dos órgãos executores — o SENAI, SENAC, SENAR, PIPMO e as Empresas — sob a supervisão do CFMO e da Secretaria Nacional de Formação de Mão de Obra, o qual, adequando-se às prioridades do II Plano Nacional de Desenvolvimento (II PND), tinha como objetivos, entre outros: contribuir para a elevação da produção e da produtividade dos diferentes setores da economia, o aumento da produtividade e da renda do setor informal, o incentivo ao setor privado para a formação profissional de seus funcionários, além da garantia de formação para segmentos desfavorecidos da população e dos trabalhadores que estivessem desempregados ou que desejassem mudar de atividade profissional (Brasil. Ministério do Trabalho, 1982).

A consolidação de uma estrutura de formação profissional não significou o acesso à mesma por todos os trabalhadores. As escolas industriais e comerciais que resultaram da Reforma Capanema em 1942 (Lei Orgânica do Ensino Industrial e Comercial) e que se voltavam para a formação da camada mais pobre da população foram perdendo seu conteúdo profissionalizante, sendo substituído por conteúdos mais gerais, culminando com sua extinção em fins da década de 1950. Com isso, o Sistema S consagrou-se como o *locus* da formação de operários especializados. O baixo atendimento do Senai em relação à demanda não foi fator impeditivo da consolidação da indústria, que se aproveitou fartamente da mão de obra abundante, barata e desqualificada, dentro de um modelo fordista de

---

(12) Decreto n. 75.081.
(13) Decreto n. 77.362.
(14) A Lei n. 6.927, de 15.12.1975, no seu art. 1º, permitiu que as empresas deduzissem no imposto de renda o dobro das despesas realizadas com programas de formação profissional, desde que as despesas fossem comprovadas e tivessem sido previamente aprovadas pelo Ministério do Trabalho.

produção. Por outro lado, as necessidades de profissionais especializados foram supridas pela formação no âmbito do Senai, evitando possíveis gargalos à produção (*Guilhon*, 2005).

A ausência da participação social na construção das ocupações e no processo de negociação coletiva levou à estruturação de um sistema educacional que não promoveu um ensino básico de qualidade e a qualificação profissional adequada. O sistema nacional de qualificação profissional montado respondeu às exigências do processo produtivo, sobretudo dos setores de ponta, dado seu maior poder de barganha. Com isso, não foram atendidas as necessidades mais gerais do mercado de trabalho e os anseios do conjunto dos trabalhadores, a partir de uma construção social, mas sim atendeu-se as reivindicações pontuais, principalmente das empresas mais modernas e naqueles aspectos que se mostravam como pontos de estrangulamento definidos pelos setores e pelos técnicos e operários mais especializados (*Guilhon*, 2005).

No que se refere à proteção financeira do trabalhador desempregado, esta demora a ser implementada como um direito. Não obstante, desde a década de 1930 a legislação já sinalizava na direção de uma assistência financeira no momento da demissão do trabalhador. Assim, a Constituição de 1934 previa a indenização do trabalhador que fosse demitido sem justa causa (art. 121, § 1º, alínea *g*), enquanto a Carta de 1937 previa a estabilidade do empregado ou a indenização proporcional ao tempo trabalhado no momento da demissão. A CLT incorporou as duas medidas e o código passou a assegurar ao trabalhador com mais de um ano de trabalho na mesma empresa uma indenização no caso de demissão desmotivada ou a estabilidade para o trabalhador com dez anos ou mais de serviços prestados à mesma firma. Esse fato, no entanto, diga-se, não foi eficaz nem em garantir a estabilidade nem em dar-lhe assistência financeira no momento de demissão. Já a Constituição de 1946 será a primeira a colocar de forma explícita a assistência ao trabalhador desempregado, além de garantir a estabilidade no emprego e a indenização no caso de demissão. No entanto, a inscrição na Lei Maior não foi suficiente para transformar esse direito de fato.

Na década de 1960, a Lei n. 4.923/65, que instituiu o Cadastro Permanente de Admissões e Dispensas de Empregados, autorizou o Executivo a instituir um Plano de Assistência aos Desempregados. Para o custeio dessa assistência foi criado pela mesma lei o Fundo de Assistência ao Desempregado (FAD), cujos recursos advinham da folha de pagamento das empresas (1%) e 2/3 dos recursos da arrecadação da contribuição sindical depositados na conta "Emprego e Salário" (Lei n. 4.589, de 11.12.1964). Porém o decreto que instituiu o fundo (Decreto n. 58.155, de 5.4.1966) restringiu o acesso ao benefício somente aos trabalhadores que fossem demitidos pelo fechamento total ou parcial da empresa. Ademais, a Portaria n. 368, de 19.5.1966, que estabelecia as normas para habilitação ao benefício, estipulava que somente seria pago o auxílio no caso de dispensa coletiva de pelo menos 50 empregados. Estabelecia ainda o registro dos desempregados junto às Delegacias Regionais do Trabalho (DRT), que comunicariam ao Sindicato respectivo para que este fizesse a seleção dos trabalhadores aptos a receber o auxílio, informando à DRT para iniciar o processo para o pagamento do benefício (*Azeredo*, 1998).

Assim, o Programa de Assistência ao Trabalhador Desempregado (PATD)[15] teve sua execução bastante limitada no alcance aos trabalhadores desempregados. O valor do

---

(15) Instituído pelo Decreto n. 58.684, de 21.6.1966, alterado pelo Decreto n. 66.738, de 18.6.1970.

auxílio-desemprego — processado por intermédio dos Sindicatos e pago pelas DRTs — que no início era de até 80% do salário mínimo, acabou sendo reduzido para 50%, e pago por um período de, no máximo, seis meses (*Ferrante*, 1978).

A Lei n. 4.923 previa, ainda, a criação de uma comissão tripartite e paritária para elaborar um anteprojeto de lei de seguro-desemprego. Mas o que poderia ter sido o primeiro passo para a constituição de um programa de seguro-desemprego nos moldes das economias industrializadas caminhou em sentido contrário. O anteprojeto não chegou a se concretizar e as alterações feitas na legislação do auxílio-desemprego limitaram bastante o acesso ao benefício, principalmente após a criação do Fundo de Garantia do Tempo de Serviço (FGTS), que eliminou a contribuição sobre a folha de salários, reduzindo bastante os recursos financeiros do FAD e limitando melhorias no auxílio-desemprego (*Azeredo & Ramos*, 1995).

A criação do FGTS[16] em 1966 foi um instrumento implementado como forma de facilitar a demissão do trabalhador pela empresa, ainda que sob o argumento de protegê-lo na demissão sem justa causa mediante a formação de uma conta vinculada ao contrato de trabalho. Sua implementação deu origem a duas formas de regime jurídico para o problema do tempo de serviço: a estabilidade e o FGTS. Assim, os trabalhadores foram instados a optar entre a estabilidade após dez anos de trabalho na mesma empresa, ou o fundo, que seria independente da empresa onde o trabalhador estivesse empregado. O FGTS funcionaria, desta maneira, como uma espécie de seguro-desemprego, e era apresentado como um mecanismo que facilitava a mobilidade do trabalhador entre as empresas, ao permitir que o mesmo carregasse com ele o valor da conta vinculada quando ele se demitisse para empregar-se num emprego melhor. Na prática, este instrumento serviu como uma política antitrabalho, pois acabou com o instituto da estabilidade no emprego, ao colocar à disposição do empregador um mecanismo de rescisão contratual que estimulou o aumento da rotatividade de mão de obra.

Os impactos sobre a proteção de renda do desempregado da instituição do FGTS foram nocivos para o incipiente auxílio que estava sendo implementado, tanto pelo fato de introduzir um conjunto de regras flexíveis para o rompimento do contrato de trabalho como por ter reduzido os recursos que eram direcionados para o FAD. Dessa maneira, o FGTS acabou por solapar as possibilidades de consolidação desse fundo como instrumento para financiar um benefício de desemprego (*Chahad*, 1986).

Não obstante a redução dos recursos para o FAD com a introdução do FGTS, *Azeredo* destaca que legislação da década de 1970 introduziu mudanças que ampliaram as possibilidades de uso dos recursos do fundo para outros programas, dividindo os recursos e fragilizando-o enquanto um instrumento para o financiamento da assistência ao trabalhador desempregado, objeto para o qual fora criado. A partir dessas mudanças, os recursos do fundo passaram a financiar também a ajuda financeira aos trabalhadores desempregados que estivessem impossibilitados de se reempregarem em decorrência de situações de emergência ou crise social e com a expressa autorização do ministro do Trabalho; o treinamento e aperfeiçoamento da mão de obra; a colocação de trabalhadores; a segurança e higiene do trabalho; a valorização sindical; o cadastramento e orientação profissional de imigrantes; a

---

(16) Sobre o FGTS, ver: Ferrante, 1978; Macedo & Chahad, 1985.

execução de políticas de salários; e os programas especiais para o bem-estar do trabalhador (*Azeredo*, 1998).

Será na Constituição de 1967 que pela primeira vez aparece expressamente o seguro-desemprego como um direito do trabalhador. Na Carta, o benefício é colocado como parte da previdência social, junto com a proteção nos casos de velhice, doença, maternidade invalidez e morte. Porém, a ausência da legislação infraconstitucional que normatizasse sua implementação evidencia o descaso das autoridades com essa questão. Com isso, a proteção financeira ao desempregado somente torna-se realidade em 1986.

A instituição do seguro-desemprego ocorreu em conjunto com o Plano Cruzado em março de 1986, foi regulamentado em abril e começou a ser pago no mês de julho do mesmo ano. Comparado às iniciativas anteriores, o processo foi bastante rápido. O seguro-desemprego tinha como objetivo dar apoio financeiro temporário ao trabalhador desempregado, demitido sem justa causa ou pela paralisação total ou parcial das atividades da empresa. Porém, as regras para acesso eram ainda muito restritivas, exigindo do trabalhador a comprovação de trabalho com registro em carteira nos últimos seis meses antes da demissão e da contribuição para a previdência social em pelo menos 36 meses nos quatro últimos anos que antecederam a solicitação do benefício. O valor pago ao trabalhador era de 50% do último salário para os trabalhadores que recebiam até três salários mínimos. Para aqueles cujo salário era superior a três salários mínimos o valor do benefício era fixado em um salário mínimo e meio, o limite mínimo para pagamento era de 70% do salário mínimo. O período de pagamento era de, no máximo, quatro meses, devendo o trabalhador observar um período de carência de 18 meses para receber novamente o benefício.

Mesmo considerando o avanço representado pelo seguro-desemprego, este ainda tinha uma baixa cobertura, atingindo menos de 1/4 dos trabalhadores demitidos sem justa causa, além de ter uma baixa reposição salarial. Concomitantemente, as atividades de recolocação e reciclagem profissional para os trabalhadores desempregados, previstas pelo decreto-lei que criou o programa e de responsabilidade do SINE, também não haviam sido realizadas. Ou seja, as ações do seguro-desemprego limitaram-se ao pagamento do benefício e, mesmo assim, a um grupo reduzido. O caráter restritivo do programa deveu-se, em grande medida, à ausência de uma fonte definida de financiamento, tornando-o dependente das disponibilidades de caixa do Tesouro Nacional, o que dificultava sua consolidação como um efetivo mecanismo de assistência financeira ao desempregado (*Azeredo*, 1998). Essa situação somente foi alterada com a Constituição Federal de 1988 e a instituição do FAT em 1990.

Como é sabido, o dinamismo econômico gerado com o processo de industrialização do país não foi uniforme no território nacional, concentrando-se nas regiões sudeste e sul. A região nordeste seguiu-a um passo atrás e a cada período mais prolongado de seca surgia o problema de criação de postos de trabalho. Aqui, talvez, sobressai mais do que nas outras regiões a necessidade de o Estado ter capacidade para implementar políticas de mercado de trabalho de forma rápida e das dificuldades de um organismo capaz de levá-la à frente. A população do semiárido que vive da agricultura de subsistência, nos momentos de forte seca, acaba buscando a sobrevivência nas cidades. O problema é que as cidades não estão preparadas para receber um contingente grande de trabalhadores em busca de ocupação.

Assim, a questão da seca está estreitamente ligada ao problema de desenvolvimento da região nordeste e de medidas que apoiem as comunidades mais atingidas pela seca.

A primeira medida para o enfrentamento da questão da seca foi a criação do Departamento Nacional de Obras Contra a Seca (DNOCS) em 1945, ao que se seguiu à criação do Banco do Nordeste do Brasil (BNB). Porém, a questão nordestina somente foi tratada com maior ênfase após a criação da Superintendência do Desenvolvimento do Nordeste (SUDENE), quando se buscou, por meio de planos de desenvolvimento, equacionar o problema de forma regionalizada, com o objetivo de atender os pequenos produtores. No entanto, a SUDENE acabou perdendo força, tornando-se presa dos interesses políticos das oligarquias regionais, e assim reduzindo seu papel de fomento ao desenvolvimento regional (DIEESE, 1994).

Durante o I Plano Nacional de Desenvolvimento (I PND — 1972/1974) buscou-se equacionar o problema da mão de obra do nordeste por meio da migração inter-regional. Assim, foram incentivadas as ocupações das zonas de fronteira, principalmente da Amazônia — o que se revelou, mais tarde, inviável. A questão da geração de empregos, que estava presente nos objetivos gerais do I PND, não se restringia à questão nordestina, ainda que esta tivesse destaque. Previa-se a alocação de recursos em setores intensivos em mão de obra — tais como a construção civil e os serviços — por meio de investimentos em infraestrutura física e em comunicações. Pretendia-se, também, reduzir os incentivos que estimulavam o uso de capital intensivo e a criação de mecanismos que desonerassem a contratação de mão de obra pela mudança da base das contribuições sociais compulsórias.

A criação de Frentes de Trabalho foi outro instrumento utilizado para combater o desemprego causado pela seca, constituindo-se numa política de mercado de trabalho importante. Esse instrumento poderia ser usado de forma mais frequente, sobretudo no enfrentamento do desemprego cíclico, especialmente nas regiões metropolitanas. O fato de não ter sido utilizado com mais frequência parece relacionar-se a certo preconceito, já que o termo "frente de trabalho" sempre esteve ligado com as ações emergenciais de combate à seca nordestina. Além do mais, mais recentemente a utilização desse mecanismo passou a enfrentar problemas até com a questão trabalhista na medida em que o Ministério Público do Trabalho (MPT) reconhece nesse instrumento uma forma de burla da legislação trabalhista. A confusão se explica: quando essa mão de obra é utilizada para a realização de serviços urbanos, de responsabilidade do poder público, por exemplo, o município, ela é vista como uma substituição indevida de um funcionário público, que possui relação de trabalho estável e regulada, por um trabalhador em situação precária.

Evidentemente, é correta a preocupação e a ação do MPT, porém isso decorre, a nosso ver, da ausência de experiências continuadas do uso desse tipo de instrumento e sua normatização em nível nacional. A implementação dessa política como um instrumento permanente pode mostrá-la como uma política de mercado de trabalho importante e não um descumprimento da norma trabalhista. Em segundo lugar, o próprio processo de formulação, acompanhamento e revisão da política pode corrigi-la, evitando os desvios indesejados. Um terceiro ponto a ser considerado é que a execução da política não pode ficar restrita simplesmente a uma ação isolada no mercado de trabalho, ensejando ações governamentais para a reversão da situação geradora do problema do desemprego.

Com relação à experiência das Frentes de Trabalho, pode-se dizer que elas têm sido organizadas sem um planejamento prévio para o retorno desses trabalhadores ao campo. Elas poderiam ser mais bem aproveitadas se fossem combinadas com outras políticas, tanto visando à qualificação desse trabalhador, como dando-lhe condições técnicas e financeiras para melhoria das condições da produção no semiárido.

Quando o dinamismo econômico do período do "milagre" já mostrava sua inflexão, o governo lançou na segunda metade de 1974 o II PND. Este se propunha como uma resposta à primeira crise do petróleo e visava completar o processo de substituição de importações implementando uma sólida infraestrutura. Assim sendo, o setor público investiu maciçamente nos setores de insumos básicos e energia (siderurgia, comunicações, ferrovias, navegação e portos, equipamentos pesados), utilizando para tanto os recursos provenientes de empréstimos externos. É neste contexto que, em 1975, foi criado o Sistema Nacional de Emprego (SINE), como decorrência da ratificação, pelo governo brasileiro, da Convenção n. 88 da OIT, que dispunha sobre os serviços públicos de emprego, com foco no atendimento aos desempregados.

A instituição do SINE introduziu no país, ainda que tardiamente, um serviço público de emprego. Sua estruturação se dava a partir do Ministério do Trabalho, que tinha a incumbência de coordenar e supervisionar todas as suas atividades, a partir da Secretaria de Empregos e Salários, que funcionava como órgão central, enquanto as agências e os serviços federais de emprego funcionavam como órgãos setoriais do SINE. Além desses órgãos, também integravam o SINE os sistemas regionais de emprego, e agências, os núcleos, os postos ou balcões de emprego públicos e privados de todo território nacional[17].

Como os serviços de emprego das economias desenvolvidas, tinha como objetivos a criação de um sistema de pesquisa e informação; a implementação de serviços e agências de intermediação em todo o território nacional com vistas à organização do mercado de trabalho; fornecer informação e orientação profissional aos trabalhadores e identificá-los por meio da CTPS; bem como informação sobre a mão de obra disponível para os demandantes de força de trabalho; subsidiar o sistema educacional e o sistema de formação de mão de obra para o planejamento dos mesmos; e criar as condições para o ajuste entre a oferta e demanda de mão de obra. Tinha como prioridades atender os objetivos de desenvolvimento do país, devendo sua implantação atentar para aquelas alternativas que facilitassem a maior absorção de mão de obra pelo sistema produtivo, além de favorecer atividades que fossem intensivas na utilização de força de trabalho potencial.

A implantação do serviço ocorreu de forma lenta, e somente em 1979 todos os estados foram incorporados. Dada a fragilidade do financiamento do serviço — com os recursos do FAD e parcerias entre o Ministério do Trabalho e os governos estaduais para a estrutura de atendimento — e a descentralização na implementação, somente a atividade de intermediação de mão de obra consolidou-se, ficando atrofiadas suas outras funções (*Borges*, 2002; *Cardoso Jr. et al.*, 2006).

Apesar de atender à Convenção n. 88 da OIT, não foram previstos no decreto que instituiu o SINE os Conselhos Consultivos com a participação de trabalhadores e

---

(17) Decreto n. 76.403, de 8 de outubro de 1975.

empregadores, conforme determinavam os dispositivos da referida convenção. *Borges* destaca que esses conselhos foram instalados durante a implantação do sistema, mas apesar de instalados, poucos chegaram a funcionar adequadamente, ficando a definição de todas as prioridades e normas de funcionamento do SINE sob responsabilidade do Ministério do Trabalho (*Borges*, 2002). Ou seja, a ausência de atuação dos conselhos apontou para a eliminação da participação e do controle social do serviço, participação esta que, certamente, não combinava com o estilo mais "reservado" dos governos militares.

Se no período entre sua criação até 1982, o SINE consolidou-se e expandiu-se, ampliando seguidamente o número de pessoas colocadas, o período que se segue é marcado por descontinuidade e incertezas. Essa descontinuidade refletiu-se nos resultados do número de colocados que caiu de 445 mil trabalhadores em 1982 para 94 mil trabalhadores em 1992 (*Borges*, 2002). A descontinuidade do serviço implicou a desarticulação das ações do SINE, além da desestruturação das equipes técnicas e da perda de parte da experiência e conhecimento acumulados por essas equipes ao longo do período anterior, tanto no nível federal como no nível estadual (*Cacciamali, Silva & Franco*, 1998; *Cardoso Jr. et al.*, 2006). Com isso, o SINE passa a ter um funcionamento bastante precário, limitando o pleno desenvolvimento de sua capacidade e do papel que o mesmo pode ter, sobretudo após a implementação do seguro-desemprego. O SINE só vai ganhar novo dinamismo a partir de 1992, quando passa a apresentar crescimento do número de trabalhadores colocados no mercado de trabalho. Em grande medida, esse fato decorre da introdução do seguro-desemprego e da constituição de um fundo específico para financiá-lo que também previu recursos para outras políticas de mercado de trabalho.

Com a introdução do seguro-desemprego em 1986, ganha uma nova dimensão a questão das políticas de mercado de trabalho, pois se constitui o instrumento clássico de proteção ao trabalhador desempregado que, apesar de inúmeras tentativas, não tinha sido efetivado. Até sua introdução, podemos dizer que as políticas de mercado de trabalho tiveram uma contribuição marginal, para não dizer inexistente, para a estruturação e organização do mercado de trabalho brasileiro. Até então, as medidas foram pontuais e, assim como outras medidas de regulação do mercado de trabalho e proteção ao trabalhador não atingiram a todos os trabalhadores.

O caráter restrito da cobertura da legislação que buscou regulamentar o mercado de trabalho, a despeito do seu dinamismo, bloqueou a sua completa estruturação. Em grande medida pelo fato de impedir a livre organização dos trabalhadores para, nos momentos de forte crescimento econômico, exigir parcela maior da riqueza gerada. Por outro lado, a seletividade de acesso aos bens e serviços públicos, tais como saúde, educação, previdência etc., impediu uma melhoria das condições de vida da população, levando a uma crescente desigualdade, fruto da forma de inserção no mercado de trabalho.

É evidente que as políticas de mercado de trabalho são parte dos instrumentos necessários para se constituir um mercado de trabalho organizado e civilizado, capaz de respeitar a capacidade de cada trabalhador dando-lhe uma remuneração condizente com a capacidade de geração de riqueza do país, e com condições dignas para o exercício de sua ocupação. No entanto, e apesar da grande heterogeneidade apresentada pelo mercado de trabalho brasileiro, o dinamismo apresentado pelo mercado de trabalho no período de

1950 a 1980, especialmente nos anos setenta, possibilitou a incorporação de um grande contingente de indivíduos no trabalho assalariado com registro em carteira, ou seja, o emprego formalizado. Não obstante, em todo esse período, e apesar das iniciativas pontuais, o que se verifica é a ausência de maior esforço para implementar esse conjunto de políticas.

A escassez de políticas públicas voltadas para o mercado de trabalho não foi um fator impeditivo para que o país se industrializasse, constituísse um mercado de trabalho moderno e uma classe trabalhadora minimamente organizada. Apesar disso, as medidas introduzidas para regular o mercado de trabalho mostraram-se insuficientes e incapazes para efetivar a completa regulação pública do trabalho, estruturando e organizando o funcionamento do mercado de trabalho. Dadas as características do mercado de trabalho, ainda não se estendeu a todo o conjunto dos ocupados um sistema de proteção tanto em termos de renda como em termos de acesso a políticas que melhorem sua posição no mercado de trabalho.

2.2. Crise, desemprego e a emergência das políticas de mercado de trabalho

A crise da dívida externa iniciada com a recessão do início da década de 1980 abriu o período de baixo crescimento do PIB, que atravessaria as décadas seguintes, e decretou o fim do modelo desenvolvimentista fundado na primazia do Estado. A reversão do dinamismo econômico, que já dava mostra na segunda metade dos anos setenta, enfim mostrava sua cara. A queda do produto e o nível elevado do desemprego trouxeram problemas com os quais, até então, a sociedade não havia se defrontado. A crise econômica provocou um progressivo estreitamento da capacidade de gasto do Governo Federal e precipitou o fim do regime militar. O movimento de redemocratização do país ocorreu no momento em que o modelo conservador de desenvolvimento econômico adotado pelos governos militares encontrava-se esgotado. Até então, o dinamismo da economia brasileira fora capaz de acomodar as demandas sociais pela incorporação da população ativa no mercado de trabalho e pela mobilidade social ascendente, permitindo que o forte e contínuo crescimento do produto se concentrasse nas mãos de poucos, ampliando a desigualdade social no país.

A ascensão do novo governo civil, mesmo compartilhada com parte do antigo *establishment*, teve de incorporar as demandas sociais, em grande medida esboçadas no documento "Esperança e Mudança" do PMDB, que na sua formulação agregava as diversas linhas de pensamento dos opositores do governo militar. Nesse documento, delineavam-se as diretrizes gerais para reformular o projeto desenvolvimentista a partir de uma perspectiva democrática que recuperasse o crescimento ao mesmo tempo em que se resgatasse a "dívida social", enfrentando-se a pobreza e a desigualdade social a partir da estruturação de um sistema de proteção social (PMDB, 1982)[18].

A política econômica, durante os primeiros anos da década de 1980, esteve voltada para o enfrentamento do problema da dívida externa e do equilíbrio do Balanço de Pagamentos, o que deslocou para um segundo plano o controle das finanças públicas e da

---

(18) Para uma análise crítica de como foi estruturado o modelo de proteção social brasileiro, bem como do projeto exposto no documento "Esperança e Mudança", ver: Fagnani, 2005.

inflação. Além de mergulhar a economia na recessão entre 1981 e 1983, essa política levou ao recrudescimento da inflação (*Carneiro & Miranda*, 1986). Esse período recessivo colocou, pela primeira vez, a questão do desemprego aberto como um problema novo da economia brasileira (*Cacciamali*, 1989; *Sabóia*, 1986). O surgimento do desemprego em grande escala expôs a fragilidade dos mecanismos de proteção da renda do trabalhador desempregado, que se via obrigado a procurar sua sobrevivência em atividades informais. O único recurso à disposição do desempregado era a indenização no momento da demissão sem justa causa, dado a precariedade do auxílio-desemprego então vigente. A ausência de um mecanismo de proteção adequado no momento de desemprego fez emergir o debate sobre a constituição de um seguro-desemprego (*Azeredo*, 1998).

A recuperação da economia a partir de 1984 se deu com elevação do nível de preços. O governo da Nova República, que assumiu em 1985, depois de uma primeira tentativa de conter a inflação lança um plano de estabilização, o Plano Cruzado, que depois do sucesso inicial acaba por sucumbir diante das prioridades político-eleitorais, sendo sucedido pelos planos de estabilização Cruzado II, Bresser e Verão. A recuperação econômica, mesmo com a suave oscilação entre 1987-89, permitiu a recuperação do emprego, possibilitando que no conjunto da década o emprego com registro em carteira crescesse. Porém, este crescimento deu se num ritmo inferior ao aumento da população urbana em idade de trabalhar, o que fez com que o emprego formal diminuísse sua participação no total da ocupação, com aumento do assalariamento sem registro em carteira e das ocupações por conta própria. O resultado foi a desvalorização do trabalho assalariado com agravamento das condições de vida de segmentos importantes da população e da capacidade de organização no trabalho e do movimento sindical (*Baltar*, 1996; *Baltar & Henrique*, 1994; *Baltar & Dedecca*, 1992; *Sabóia*, 1991; *Salm et al.*, 1987).

É no contexto de uma economia em recuperação, mas com preços crescentes, e num ambiente político favorável, em que está posto o compromisso de resgate da dívida social, que foi criado o seguro-desemprego, como parte do Plano Cruzado. Sua implementação se deu com a finalidade de prover a assistência financeira temporária ao trabalhador desempregado em decorrência de demissão sem justa causa ou por paralisação parcial ou total das atividades de seu empregador. Seu financiamento seria feito com recursos do FAD, com exceção do ano de implantação, em que suas despesas foram custeadas com recursos do Orçamento Geral da União. No mesmo decreto-lei que o criou, previa-se a constituição de uma comissão tripartite para apresentar uma proposta de financiamento do seguro com recursos do governo, dos empregadores e dos trabalhadores, nos padrões dos seguros dos países industrializados, para vigorar a partir de 1987. A referida comissão não chegou a se reunir e parte das despesas do programa passou a ser custeada com recursos ordinários do Tesouro e, também, com recursos da contribuição sindical e da colocação de títulos públicos no mercado (*Cardoso Jr. et al.*, 2006).

Para sua operacionalização foram mobilizadas várias instituições — desde o Ministério do Trabalho, que era o responsável por toda a administração do seguro, até a CEF, que era o agente pagador, passando pelas empresas, as DRTs, o SINE, os Correios e a Datamec, que fazia o processamento de dados do sistema. Apesar de todo o esforço e na ausência de um mecanismo de financiamento perene, o programa tinha uma cobertura muito pequena —

em torno de 17% — e um nível de reposição salarial muito baixo, o que não o colocava como um programa efetivo de seguro-desemprego (*Azeredo & Ramos*, 1995).

A baixa cobertura resultava das exigências para a habilitação do trabalhador ao recebimento do benefício[19] e prejudicava, em maior medida, os trabalhadores de baixa qualificação e menor remuneração. Isso porque esses trabalhadores são os mais atingidos pela rotatividade no trabalho e, assim, são mais vulneráveis a trabalharem sem o registro em carteira e por conta própria, intercalando essas formas de inserção com períodos de assalariamento com registro em carteira. Portanto, pertencem ao grupo de trabalhadores que normalmente tem os menores valores de FGTS no momento de demissão e as maiores dificuldades para se manter no desemprego, e também são os que apresentavam menores condições de preencherem os requisitos para receberem o benefício (*Azeredo*, 1998).

Se a baixa cobertura do programa de seguro-desemprego decorria das suas regras extremamente restritivas de acesso, e se essa restrição se devia à ausência de uma fonte estável para seu custeio, era necessário, portanto, discutir como financiar o programa. A questão somente foi solucionada com a Constituição de 1988, que definiu no art. 239 das Disposições Constitucionais Gerais que a receita proveniente da arrecadação do PIS-PASEP passaria a financiar o seguro-desemprego e o abono salarial a partir de sua promulgação. Além dos recursos provenientes do PIS-PASEP, o mesmo artigo previu uma contribuição adicional para as empresas cujo índice de rotatividade do trabalho superasse o índice médio de rotatividade do setor, medida que ainda não foi regulamentada.

A Constituição de 1988 garantiu o seguro-desemprego em caso de desemprego involuntário e também os recursos para seu custeio, estabelecendo as bases para um programa efetivo de apoio ao trabalhador desempregado. Para *Azeredo*, o seguro-desemprego e a sua forma de financiamento resultante da Carta de 1988 representaram o eixo para a organização do conjunto de benefícios e serviços oferecidos pelas políticas de mercado de trabalho que foram implementados a partir da regulamentação do art. 239, feita pela Lei n. 7.998 de 1990, que regulamentou o programa seguro-desemprego e instituiu o Fundo de Amparo ao Trabalhador (FAT).

Essa nova lei do seguro-desemprego trouxe mudanças importantes, sendo a primeira delas a redução das restrições para acesso ao benefício. Também redefiniu o valor do benefício, mantendo o piso de um salário mínimo e estabelecendo um valor fixo para aqueles trabalhadores cuja remuneração anterior à demissão era superior a cinco salários mínimos. As mudanças beneficiaram, sobretudo, os trabalhadores de mais baixa renda, que eram os que encontravam maiores dificuldades de acesso. Mas a novidade em termos de políticas de mercado de trabalho era que pela primeira vez o benefício associava-se à intermediação de mão de obra e aos programas de qualificação profissional, uma vez que entre as finalidades do seguro-desemprego estava o auxílio ao trabalhador requerente na busca por novo emprego, inclusive por meio da reciclagem profissional.

---

(19) Ter contribuído pelo menos 36 meses nos últimos quatro anos para a previdência social; ter recebido salários nos últimos seis meses de uma ou mais pessoas jurídicas; não possuir renda própria de qualquer natureza suficiente para a manutenção pessoal e de sua família; não estar recebendo qualquer benefício de prestação continuada da previdência social, excetuando se o auxílio suplementar e o auxílio acidente; não estar recebendo qualquer outro tipo de auxílio desemprego; e ter sido dispensado sem justa causa há mais de sessenta dias.

As regras de acesso ao benefício foram aperfeiçoadas com a Lei n. 8.352, de 1991, que reduziu a comprovação de trabalho com registro em carteira para seis meses, medida que foi tornada permanente com a Lei n. 8.900, de 1994, que também aumentou o número de parcelas para aqueles trabalhadores com maior tempo de serviço anterior ao desemprego. Essa mudança no tempo de comprovação de trabalho melhorou o acesso do trabalhador com maior instabilidade de vínculo empregatício, o que se fez sentir pelo aumento do número de trabalhadores segurados e também da cobertura do programa, que a partir de 1992 estabiliza-se em torno de 2/3 do total de trabalhadores demitidos sem justa causa (Gráfico 2.1).

Gráfico 2.1
Seguro-Desemprego: Evolução dos Segurados (1990=base 100) e Taxa de Cobertura. Brasil, 1986-2006

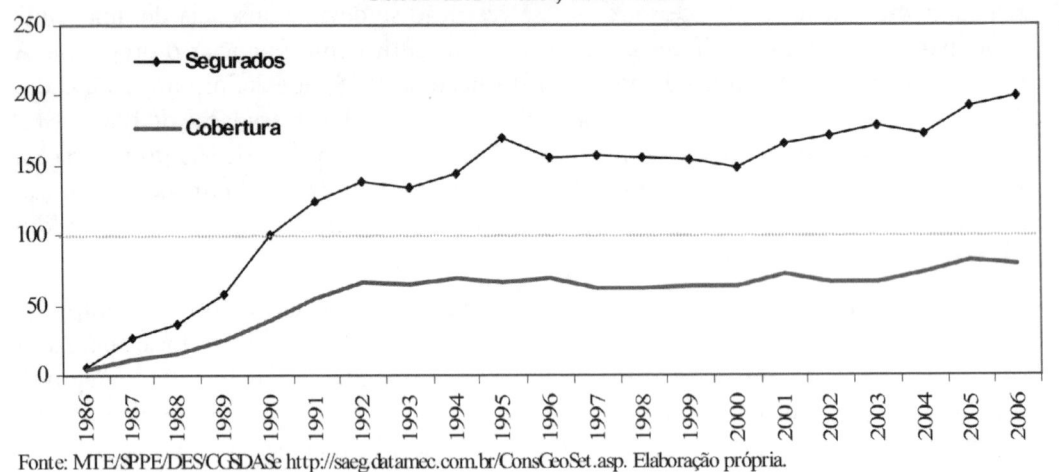

Fonte: MTE/SPPE/DES/CGSDASe http://saeg.datamec.com.br/ConsGeoSet.asp. Elaboração própria.

O aumento da demanda pelo benefício a partir da nova lei de 1990 trouxe problemas operacionais significativos para a habilitação e o pagamento do seguro. *Azeredo* (1998) aponta como os principais pontos: i) o excesso de instituições envolvidas no processo, que levava a um período de cerca de 45 dias para completar todo o processo; ii) o desconhecimento da legislação por parte de empregadores e dos empregados que resultava em erros no preenchimento no requerimento dos seguro; iii) postos de atendimento inadequados tanto em termos físicos como de recursos humanos e equipamentos; iv) problemas no âmbito da Datamec, empresa responsável pelo processamento dos dados; e v) falta de uma coordenação central de todo o processo devido à pulverização de etapas e procedimentos administrativos envolvidos, com ausência de homogeneização de linguagem e procedimentos e a consequente precariedade de comunicação entre os agentes envolvidos.

Para melhorar o serviço, o Ministério do Trabalho fez convênio com a Caixa Econômica Federal, que passou a fazer o atendimento do trabalhador, além de continuar sendo o agente pagador. Essa mudança teve impacto positivo, melhorando a concessão do benefício e, destaque-se, o pagamento do benefício. As dificuldades enfrentadas deviam-se à falta de estrutura do SINE para fazer o atendimento do trabalhador. Como visto anteriormente, apesar de sua existência desde meados da década de 1970, a descontinuidade administrativa tinha tornado seu atendimento precário, sobretudo porque implicava a falta de recursos. A partir da nova lei do seguro-desemprego, previa-se que seriam destinados recursos financeiros para o SINE para que o mesmo fizesse o atendimento ao trabalhador desempregado beneficiário do seguro-desemprego e auxiliasse o na busca por nova ocupação. A destinação de recursos para o SINE só tornou-se possível devido à existência do FAT.

A criação do FAT apresenta-se como novidade no financiamento das políticas de mercado de trabalho. Nasce com o objetivo de custear do seguro-desemprego, do abono salarial e o financiamento de programas de desenvolvimento econômico, tendo como fontes de receita: i) a arrecadação do PIS-PASEP; ii) receitas financeiras resultantes das transferências ao BNDES (40%), dos depósitos especiais nas instituições financeiras oficiais e da aplicação de recursos no BB Extramercado; iii) multas e juros devidos ao FAT pelos contribuintes pela inobservância de suas obrigações; e iv) a contribuição adicional pelo índice de rotatividade previsto pelo § 4º do art. 239 da Constituição. O fundo é vinculado ao Ministério do Trabalho e gerido pelo Conselho Deliberativo do FAT (Codefat), criado pela mesma lei e que tem composição tripartite, com igual participação do governo, trabalhadores e empregadores.

Sua peculiaridade, em relação aos países industrializados, se deve ao fato de o FAT abrigar tanto aplicações em custeio como em investimento, simultaneamente, o que não existe paralelo, uma vez que na maioria daqueles países o benefício de desemprego é, normalmente, financiado com contribuições dos trabalhadores e dos empregadores. Por outro lado, no caso brasileiro, o FAT distingue-se de outros fundos públicos por não possuir uma vinculação rígida de usos e fontes, como ocorre no FGTS, nem separação entre os objetivos sociais e sua função de financiamento de investimentos, como o PIS-PASEP. Também não apresenta as restrições de depender das disponibilidades do fluxo de arrecadação das contribuições, como ocorre com o Fundo da Previdência e Assistência Social (FPAS). Dessa forma, o FAT permite compatibilizar diversas formas de uso dos recursos que sejam complementares para políticas de mercado de trabalho (*Azeredo*, 1998).

A existência de um fundo específico para o financiamento e uma lei de seguro--desemprego que permitia o uso de recursos para atividades de intermediação de mão de obra e reciclagem profissional, representou a possibilidade de um avanço sem precedentes para as políticas de mercado de trabalho. No entanto, na primeira metade da década de 1990 pouco avanço ocorreu nessas duas últimas políticas. Esse fato decorreu, em grande medida, da falta de uma estratégia clara, tanto de curto como de longo prazo para essas políticas, refletindo-se em incertezas sobre as ações a serem desenvolvidas. Um aspecto dessa ausência de estratégia está relacionado com o repasse de recursos para o SINE executar suas atividades. Por exemplo, no ano de 1995, o Codefat aprovou o orçamento do SINE em julho, sendo que o repasse começou em agosto, inviabilizando qualquer tipo de planejamento, pois não se tinha como saber qual seria o montante dos recursos e quando estariam disponíveis, para se dimensionar a extensão das ações a serem executadas. A isso soma-se a ausência de articulação institucional para integrar entidades voltadas para a formação profissional existentes — especialmente o Senai e Senac, que se utilizam de recursos públicos — para uma política de qualificação profissional (*Azeredo* & *Ramos*, 1995).

Se por um lado as atividades do SINE pouco acrescentavam no atendimento do conjunto de segurados e no apoio ao trabalhador desempregado, por outro, buscava-se aprimorar os instrumentos de gestão. Com o objetivo de racionalizar o repasse de recursos ao SINE, e ao mesmo tempo estimular a maior participação dos governos estaduais na sua gestão, a partir de 1993, o Codefat introduziu critérios de desempenho baseados em: i) definindo como ações prioritárias, além do seguro-desemprego, a intermediação de mão de obra, a reciclagem profissional e a geração de informação sobre o mercado de trabalho; ii) adoção de valores unitários para o custeio de cada tipo de atividade, assim era repassado um valor determinado para cada trabalhador colocado ou requerimento do seguro--desemprego habilitado pelo SINE. Os cursos de reciclagem seriam pagos pelo custo médio exigido para sua execução em nível médio e no superior; e iii) adoção de um piso e um teto para o repasse para as unidades da federação, que garantisse a continuidade e consolidação das ações naqueles estados com maiores dificuldades (*Borges*, 2002).

Saliente-se que a própria lei do seguro-desemprego foi aprimorada. Como dissemos alguns parágrafos antes, a Lei n. 8.900/94 reviu os critérios para a habilitação, facilitando o acesso e criando uma diferenciação no tempo de recepção do benefício pelo trabalhador segurado entre três e cinco meses de acordo com o tempo que esse trabalhador tinha no mercado de trabalho formal. A lei também atribuiu ao Codefat o poder de prolongar em até dois meses o tempo de concessão do seguro desemprego para grupos específicos de trabalhadores, com a única condicionalidade de que o custo desse aumento não comprometesse mais que 10% da reserva mínima de liquidez do FAT. Verifica-se, portanto, que essa medida deu flexibilidade à gestão do seguro-desemprego na medida em que possibilitou que o Codefat, a partir de uma avaliação conjuntural do mercado de trabalho, pudesse ampliar o apoio ao desempregado com maiores dificuldades de inserção em um novo posto de trabalho, sem a necessidade de aprovação de nova lei. O resultado dessas mudanças, como pode ser observado pelo Gráfico 2.1 acima, foi o aumento do número de segurados a partir de 1994, com um pico em 1995, estabilizando-se com ligeira queda até o final da década num nível pouco superior ao de 1994.

Mas outro ponto a ser destacado nessa mesma lei é o seu art. 2º, inciso II, que ampliou as atividades de auxílio na busca de emprego por meio de ações integradas de orientação, recolocação e qualificação profissional para todos os trabalhadores desempregados e não mais apenas para os beneficiários do seguro-desemprego, como antes. Assim, os recursos do FAT, a partir de então, puderam ser utilizados para auxiliar todos os trabalhadores que buscassem o serviço de emprego, independentemente de sua condição anterior no mercado de trabalho.

A extensão do atendimento aos demais trabalhadores não era sem razão, uma vez que as condições do mercado de trabalho brasileiro vinham se deteriorando desde o início da década, quando o Plano Collor mergulhou a economia na recessão. O desemprego era crescente independentemente da pesquisa de emprego que se escolhesse, a diferença estava no tamanho do desemprego. Mas havia outra preocupação. Se o desemprego cresceu durante o período recessivo, devia-se esperar que ele revertesse quando a economia reagisse. Isso, porém, não estava acontecendo. A recuperação da economia a partir de 1993 teve fôlego curto, em 1997 o ritmo voltaria a cair. No entanto, o emprego não agrícola em estabelecimento, diferentemente do que ocorrera nos anos oitenta, não estava respondendo à recuperação da economia, crescendo num ritmo inferior ao produto. Por outro lado, cresciam as ocupações por conta própria, o emprego assalariado sem registro em carteira e o emprego doméstico. Contudo, a ausência da geração de postos de trabalho no setor formal suficientes para incorporar os desempregados e os trabalhadores que entravam a cada ano no mercado de trabalho fez crescer o número de indivíduos à procura de ocupação. Intensificava-se, dessa forma, o movimento de desestruturação do mercado de trabalho que começara na década de 1980 com a interrupção do movimento virtuoso de ampliação do emprego assalariado com registro em carteira[20].

Esse movimento de desestruturação do mercado de trabalho que vinha desde 1990 acentuou-se a partir da implantação do Plano Real, que estabilizou a economia à custa da sobrevalorização da moeda nacional. Com a estabilidade, os preços deixaram de corroer os salários ao longo do mês, contudo, boa parte dos trabalhadores perdeu o seu salário. A sobrevalorização cambial potencializou os efeitos da abertura comercial que começara com Collor, ao tornar, artificialmente, o produto nacional muito mais caro do que o similar estrangeiro. O processo de abertura que visava aumentar a produtividade e a competitividade da economia nacional, inserindo-a no plano internacional, jogou as empresas numa ferrenha concorrência sem apoio, deixando os produtores locais à mercê de suas forças e capacidade de adaptar-se às novas condições e sobreviver, ou capitular frente ao mais forte.

As empresas com menor poder financeiro ou endividadas tiveram maior dificuldades e poucas sobreviveram. Alguns setores, como calçados e têxteis, foram mais afetados do que outros. Mas todos tiveram que mudar sua forma de atuar, reduzir custos, aumentar a produtividade e reduzir preços para manter sua participação no mercado. Assim, o processo de reestruturação produtiva, com a introdução de novos equipamentos, novas formas de organização e gestão da produção implicou a redução líquida de empregados no setor industrial. Isso para não dizer da intensificação do trabalho e da queda na remuneração.

As mudanças na economia implicaram o crescimento do número de desempregados e, consequentemente, do número de solicitações de seguro-desemprego. Porém, a desestruturação das ações do SINE, decorrente da descontinuidade administrativa, impossibilitava que o mesmo assumisse o atendimento para a habilitação dos trabalhadores solicitantes. Como sua rede não era abrangente o suficiente e seu funcionamento estava aquém das necessidades para fazer o atendimento para o seguro-desemprego, e dada a urgência da implementação do benefício após a reformulação dada pela lei de 1990, o Ministério do Trabalho criou uma rede paralela ao SINE para o atendimento do seguro-desemprego (*Borges*, 2002). Assim, as DRTs e as Agências da Caixa Econômica Federal (CEF) passaram a habilitar o trabalhador desempregado para o recebimento do benefício, com a CEF ficando responsável pelo seu pagamento. A destinação da tarefa de habilitação para outras instituições significava, já no início da implementação do seguro-desemprego, a sua desarticulação com as atividades desenvolvidas pelo SINE, sem dizer na introdução de uma instituição bancária numa atividade de natureza diversa da sua.

---

(20) Sobre o desempenho do mercado de trabalho nos anos noventa, ver: Baltar, 2003; Baltar, 1998; Baltar & Proni, 1996; Dedecca, 2003; Mattoso, 1999; Pochmann, 1999 e 2001.

A decisão do Codefat de reestruturar os SINEs a partir de 1993, estipulando critérios de desempenho, em termos de trabalhadores colocados e requerimentos do seguro--desemprego habilitados, para o repasse de recursos, criou um mecanismo de incentivo à expansão dos serviços de intermediação de mão de obra e de habilitação do seguro-desemprego realizados pelo SINE. A essa decisão do Codefat, veio juntar-se a mudança na lei do seguro-desemprego em 1994, que permitiu a utilização de recursos do FAT para o atendimento de todo desempregado em busca por emprego.

Esse conjunto de fatores teve influência positiva na atuação do SINE tanto na habilitação do seguro-desemprego como na maior atração de trabalhadores desempregados em busca de emprego. De fato, se observarmos a evolução da participação do SINE na habilitação do seguro-desemprego vemos um movimento crescente a partir de 1994, superando a participação da CEF em 1999 e, no ano seguinte, a DRT, tornando-se a principal instituição a realizar a habilitação, ainda que a DRT continue com peso significativo, em torno de 39% do total de habilitações (Gráfico 2.2).

Gráfico 2.2
Evolução da participação na habilitação do seguro-desemprego por tipo de posto. Brasil, 1994-2006

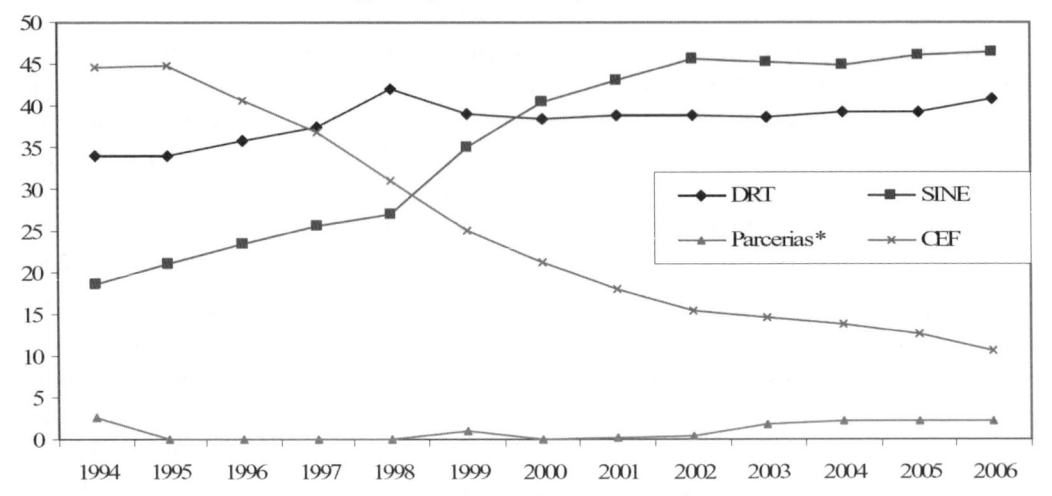

Fonte: MTE/Relatórios Gerenciais do FAT e SABGnet. Elaboração própria.
*Parcerias: Correios (EBCT) e Entidades Sindicais a partir de 1999.

Por outro lado, as atividades de intermediação de mão de obra também melhoraram o seu desempenho, com número crescente de inscritos e de colocados. Pode-se verificar que a partir de 1994 o total de inscritos dá um salto, apresentando crescimento contínuo até 2000. Depois de uma queda em 2001, volta a crescer nos dois anos seguintes, chegando em 2004 num patamar 87% superior à média do período (Tabela 2.1). Em 2002, o número de inscritos no SINE ultrapassa a casa dos 5 milhões de indivíduos e, a partir daí, mantém-se em torno desse total até 2004. Por outro lado, o número de vagas captadas, bem como o número de trabalhadores colocados pelo serviço, também cresce ao longo de todo o período, num ritmo inferior ao de inscritos até o final da década e num ritmo superior após 2000, o que influencia os indicadores de seu desempenho. Assim sendo, ao observamos a taxa de aderência[21], que mostra o aproveitamento das vagas captadas pelo SINE, verificamos que ela oscilou em torno de uma média de 43% na segunda metade da década de 1990, e passou a oscilar em torno de uma média de 52% a partir de 2000. Apesar da clara melhoria no desempenho, verifica-se um grande espaço para aprimorar essa atividade. Já quando observamos a taxa de admissão, que nos mostra a participação do SINE na inserção dos trabalhadores nas vagas abertas pelos estabelecimentos, percebemos uma atuação ainda bastante tímida do serviço, apesar de ter apresentado um crescimento de sua participação que, no entanto, não chegou a 10% em nenhum dos anos no período entre 1990 e 2004 (Tabela 2.1).

Tabela 2.1
SINE: Evolução do Número de Inscritos, das Vagas, dos Colocados, Taxa de Aderência[1] e Taxa de Admissão[2]. Brasil, 1990-2004 (em %)

Ano	Evolução Inscritos[3]	Evolução Vagas[3]	Evolução Colocados[3]	Taxa de Aderência	Taxa de Admissão
1990	16,5	31,7	26,8	41,5	2,3
1991	18,5	27,8	27,0	47,5	2,5
1992	19,9	21,6	21,5	48,8	2,6
1993	20,9	25,4	24,5	47,3	1,5
1994	25,8	36,0	29,1	39,7	1,7
1995	39,0	42,4	33,9	39,2	1,7
1996	45,6	42,9	35,2	40,2	1,9
1997	64,2	50,4	47,7	46,5	2,5
1998	107,9	72,8	65,2	44,0	3,3
1999	130,0	116,2	95,9	40,5	5,0
2000	166,0	142,7	132,0	45,4	6,5
2001	162,0	159,8	168,6	51,8	7,8
2002	176,9	183,6	197,4	52,7	8,9
2003	188,1	173,8	191,7	54,1	8,6
2004	168,6	184,2	201,4	53,7	7,9
2005	172,0	191,4	202,8	52,0	7,3
2006	177,9	197,4	199,4	49,6	6,8

Fonte: MTE/CSINE/CGEM; Caged e Nunes (2003: 160). Elaboração própria.
(1) Taxa de Aderência: razão percentual entre colocados e vagas.
(2) Taxa de Admissão: razão percentual entre colocados e admitidos (Caged).
(3) base 100 = média do período.

Percebe-se pela evolução dos indicadores mostrados na tabela anterior que houve uma melhoria nas ações do SINE no que diz respeito ao aproveitamento das vagas a partir de 2001, denotando certo avanço na sua gestão, o que não se verifica com sua participação no mercado de trabalho, que é inferior a 10% das vagas abertas. Evidentemente esses dados refletem a média brasileira, sendo que existem regiões com situações melhores e outras

---

(21) Razão percentual entre os colocados via SINE e as vagas captadas pelo SINE.

abaixo dessa média. Independentemente da região, os dados indicam a necessidade de aprimorar o relacionamento do serviço com as empresas, investigando-se os motivos pelos quais elas não utilizam o SINE para suas contratações, sanando-os e atraindo-as para oferecer suas oportunidades de emprego por meio desse serviço. Sobre esse aspecto, *Salm* (2005) considera que a baixa procura pelo SINE da parte das empresas denota a pouca necessidade destas em relação a um serviço de colocação, ou seja, as empresas não necessitariam de um serviço desse tipo devido à grande facilidade de encontrar mão de obra. Como o serviço é gratuito, o autor levanta, ainda, a hipótese de que as empresas oferecem um número de vagas maior do que tem disponível simplesmente para melhor selecionar os candidatos que são encaminhados. Essas questões, no entanto, mereceriam melhor investigação.

Por outro lado, o aproveitamento das vagas está, em parte, ligado ao ajuste do perfil do trabalhador aos requisitos do posto de trabalho. Um procedimento informatizado e bem desenhado, assim como um atendente preparado, pode facilitar e agilizar o encontro entre o ofertante e o demandante de trabalho. Há casos, porém, que o posto de trabalho exige um perfil diferenciado ou com algumas habilidades adicionais, decorrentes tanto da introdução de novos equipamentos mais sofisticados como por mudanças na organização da produção. Nesses casos, torna-se importante o serviço detectar com antecedência essas mudanças e começar a preparar os trabalhadores a partir dessas novas demandas de qualificação. Diante disso, destacam-se os programas de formação e qualificação profissional.

Também aqui, a Lei n. 8.900/94 previu a utilização de recursos do FAT para atividades de qualificação profissional. Como mostrado anteriormente, a qualificação profissional foi um instrumento utilizado desde a década de 1940 com o sistema S, que se manteve sempre autônomo em relação ao Ministério do Trabalho. Mesmo depois da criação do SINE, os principais executores da qualificação de mão de obra continuaram a ser as entidades do sistema S, além de incluir as próprias empresas. A ausência de um sistema de relações de trabalho que permitisse o controle público e a negociação com a participação dos sindicatos na definição dos conteúdos das funções explica em parte o baixo envolvimento do Ministério do Trabalho nas questões de qualificação profissional. Com as mudanças verificadas no mercado de trabalho, sobretudo com o crescimento do desemprego, e também o movimento de reestruturação produtiva nas empresas, o Ministério do Trabalho passou a enfatizar a política de qualificação profissional (*Guilhon*, 2005).

A implementação do Plano Nacional de Qualificação Profissional (*Planfor*)[22], em 1995, ocorre nesse contexto de mudanças da economia brasileira e do processo de reestruturação produtiva da indústria que eliminava empregos. O programa buscava contrapor-se ao movimento de desqualificação da mão de obra fruto das alterações na organização produtiva e da introdução de novas tecnologias de informação, que passara a exigir um trabalhador mais qualificado e flexível. Ou seja, via-se o problema do desemprego como resultante do processo de reestruturação produtiva combinado com a baixa qualificação do trabalhador brasileiro, o que o tornava com menores chances de empregar--se. Diante desse quadro, o objetivo do Planfor era, gradualmente, mobilizar e articular o conjunto de instituições de educação profissional do país para qualificar e requalificar 20% da população economicamente ativa a partir de 1999. Além dos beneficiários do seguro-

---

(22) Inicialmente, o programa foi denominado Plano Nacional de Educação Profissional, sendo depois alterado.

-desemprego, o Planfor buscava atender os trabalhadores desempregados ou com risco de perda do emprego, os beneficiários dos programas de geração de emprego e renda, os trabalhadores autônomos e microprodutores do setor informal e os segmentos populacionais em risco ou desvantagem social, do meio urbano ou rural, com maior atenção para adolescentes, jovens, mulheres e idosos (MTb/Sefor, 1996).

A estratégia de implementação do Planfor permitiu que se obtivesse o apoio dos mais diferentes atores sociais. Contava-se com duas modalidades para sua operacionalização: os Planos Estaduais de Qualificação (PEQs) e as Parcerias. Os PEQs eram executados por meio de convênios celebrados entre Secretaria de Formação Profissional do Ministério do Trabalho e Emprego e Secretarias Estaduais do Trabalho ou congênere, que tinham a incumbência da coordenação, com homologação feita pelas Comissões Estaduais de Emprego. As Secretarias Estaduais do Trabalho realizavam licitações nas quais eram selecionadas as entidades de qualificação profissional que realizariam os cursos de qualificação. A segunda forma de operacionalização do Planfor, por meio de Parcerias nacionais ou regionais, envolvia diretamente a rede de educação profissional do país, compreendendo os sistemas de ensino técnico federal, estadual e municipal; as universidades públicas e privadas; o sistema S; os sindicatos de trabalhadores; as escolas e fundações de empresas; e as organizações não governamentais.

O Planfor foi introduzido com uma meta ambiciosa: qualificar 20% da PEA a partir de 1999. Meta que não chegou a ser atingida, ficando em torno de 3,0%, com 2,3 milhões de treinandos em 1999. Apesar disso, foi uma política que reuniu em torno de si os mais diferentes atores na sua defesa, o que fez com que ela se sobressaísse como a principal medida frente ao desemprego, com poucas vozes críticas à insuficiência da mesma frente ao tamanho e à natureza do problema. Serviu, em certa medida, como uma política de cooptação, dada a baixa ou a inexistência de oposição à medida, o que ajudou a minimizar as críticas em relação ao nível do desemprego. Ademais, a experiência de implementação descentralizada do Planfor mostrou-se ainda incipiente nos mecanismos de controle sobre as aplicações dos recursos do FAT pelos estados quando, em 1999, foram detectadas fraudes nas contas do Distrito Federal, o que levou o Codefat a introduzir medidas para coibir esses problemas. Assim, tornou-se obrigatório o depósito dos recursos no Banco do Brasil, maior clareza nos critérios de transferências dos recursos para os estados e criação de uma ouvidoria no MTE. Essas medidas colaboraram para reduzir as fraudes, mas não a má administração dos recursos, que foram restringidos, levando à redução da carga horária dos cursos (*Cardoso Jr. et al.*, 2006).

Em 2003, o Planfor foi substituído pelo Plano Nacional de Qualificação (PNQ), que ampliou o monitoramento e o controle, além de introduzir nova metodologia, com aumento da carga horária, estabelecendo-se carga horária mínima e conteúdos pedagógicos específicos, ganhando também importância a certificação profissional. Buscou-se ainda estabelecer uma maior integração com outras políticas de mercado de trabalho. O PNQ apresenta três eixos de execução: os Planos Territoriais de Qualificação Social e Profissional (Planteqs), os Projetos Especiais e os Planos Setoriais de Qualificação Social e Profissional (Planseqs). Os primeiros dirigem-se ao atendimento das demandas de qualificação de estados, municípios e consórcios intermunicipais, diferenciando-se dos antigos PEQs pela ampliação da execução para os municípios. Os Projetos Especiais de Qualificação Social e Profissional dirigem-se para o desenvolvimento de metodologias na educação profissional, enquanto os Planseqs buscam atender as demandas dos processos de desenvolvimento regional e local, no que tange as cadeias produtivas e arranjos produtivos locais.

O Planfor buscava construir uma nova institucionalidade a partir de eleger como sua principal diretriz o desenvolvimento de projetos de formação permanente focando-se nas demandas do mercado de trabalho. Mas, apesar de formalmente voltar-se para os trabalhadores em desvantagem social e sem acesso às formas tradicionais de qualificação profissional, os cursos, sem o amparo e a proteção do Estado, praticamente reafirmava a inserção inicial desses grupos no mercado de trabalho. Por sua vez, o PNQ introduz o conceito de qualificação social e profissional, no qual se visa contemplar a formação integral do trabalhador e o desenvolvimento das habilidades necessárias ao exercício profissional. No entanto, nada garante que isso possa alterar a situação, evitando que o PNQ incorra nos erros do Planfor, dada a imprecisão na definição das demandas (*Fidalgo & Fidalgo*, 2005).

Em termos quantitativos, a mudança do Planfor para o PNQ não significou um aumento do número de treinandos, atingindo pouco mais de 128 mil trabalhadores em 2004. Essa timidez dos números da qualificação explica-se, em grande medida, pela escassez de recursos que tem diminuído desde seu pico em 1998 (R$ 883,5 milhões) chegando a R$ 88,9 milhões em 2005 (*Cardoso Jr. et al.*, 2006).

A proeminência que as atividades de formação/qualificação profissional ganharam a partir dos anos noventa pode ser compreendida pelo impacto que as mudanças organizacionais e a introdução de equipamentos e máquinas com tecnologia microeletrônica tiveram sobre o emprego industrial num contexto de modernização defensiva. Evidentemente que essas novas tecnologias são poupadoras de mão de obra e exigem, senão maior escolaridade, um maior preparo ou requalificação dos trabalhadores. No entanto, essa maior exigência deveu-se em boa medida à possibilidade de a empresa poder escolher para sua contratação aqueles com maior experiência e escolaridade dentre o grande número de desempregados do mercado de trabalho. O mau desempenho da economia brasileira colocou um grande contingente de trabalhadores em busca das poucas oportunidades de emprego nos estabelecimentos, aumentando a concorrência entre esses trabalhadores. Diante desse quadro, é inegável que, à primeira vista, a questão da qualificação sobressaísse e tenha ganhado importância para além de suas possibilidades reais de transformar a realidade econômica. Num contexto em que a reestruturação é permanente, como ressalta Dedecca (1998), a própria efetividade do programa de qualificação é questionada, na medida em que as empresas tendem a não privilegiar a qualificação da mão de obra. Ou seja, a qualificação funciona como discurso ideológico, ao oferecer cursos para os desempregados, acaba por transferir a responsabilidade à vítima, pois se o trabalhador não conseguir trabalho mesmo com a ajuda de um curso de qualificação, o fracasso é somente dele.

Ademais, os cursos de qualificação foram proliferando ao longo da segunda metade da década de 1990 sem que houvesse um diagnóstico mínimo das necessidades de qualificação que os novos postos de trabalho exigiam, gerando uma expectativa de contratação junto ao trabalhador que não viria a se concretizar. Este fato pode gerar desalento no trabalhador, pois o mesmo pode associar o desemprego como decorrência de sua incapacidade de conquistar um posto de trabalho, apesar de ter-se qualificado (*Moretto & Barbosa*, 2006). O oferecimento dos cursos ocorria mais pela oferta existente, a partir das entidades de educação profissional, públicas ou privadas, do que pela demanda gerada pelas empresas ou dos anseios do trabalhador. Em parte, a falta de um maior planejamento deve-se à própria forma como os cursos eram definidos, em que as Comissões de Emprego apenas homologavam o Plano Estadual de Qualificação, sem desempenhar um papel ativo na definição das prioridades de qualificação, em decorrência, muito provavelmente da própria inexperiência ou falta de informações suficientes dos conselheiros participantes dessas comissões. Além do mais, os cursos cresceram num ritmo muito superior ao da criação das Comissões de Emprego, fazendo com que em muitos municípios, os cursos fossem executados sem que a Comissão tivesse sido organizada, contrapondo-se às diretrizes estabelecidas pelo Codefat, pelas quais a Comissão deveria fazer o acompanhamento e fiscalizar as ações executadas de forma descentralizada e servir como canal de participação da comunidade (*Azeredo*, 1998).

A implementação do Planfor, depois o PNQ, completou a introdução dos instrumentos clássicos de um sistema público de emprego, compondo-se com o seguro-desemprego e a intermediação de mão de obra. No entanto, a esse conjunto juntaram-se os programas de geração de emprego e renda. A experiência desse tipo de política já vinha sendo operada por organizações não governamentais com apoio de instituições internacionais multilaterais, governamentais ou privadas, tais como o Banco Interamericano de Desenvolvimento, a Sociedade Alemã de Cooperação Técnica (GTZ) e a Fundação Friedrich Naumann, antes da iniciativa governamental. O principal objetivo dessas políticas é oferecer uma alternativa para os trabalhadores excluídos do mercado de trabalho de reinserção produtiva gerando trabalho e renda, estimulando a capacidade empreendedora e a autossustentação dos empreendimentos (*Azeredo*, 1998).

A criação do Programa de Geração de Emprego e Renda (Proger) em 1994 era um elemento a mais no enfrentamento do desemprego. Seu objetivo é a concessão de crédito para micro e pequenas empresas, cooperativas e formas associativas de produção, e iniciativas de produção do setor informal normalmente tinham pouco ou nenhum acesso a crédito para a geração de emprego e renda. Os agentes financeiros do programa são as instituições públicas de crédito (Banco do Brasil, BNDES, Banco do Nordeste do Brasil, CEF e também a Finep) que devem apresentar planos de operação dentro das linhas estabelecidas pelo programa para aprovação do Codefat.

O Proger inicialmente voltava-se para atender os trabalhadores do setor urbano, mais especificamente das regiões metropolitanas onde as pesquisas mostravam níveis de desemprego elevados. No entanto, a partir de 1995 foi estendido para a área rural, primeiramente no Proger Rural e depois o Programa Nacional de Fortalecimento da Agricultura Familiar (Pronaf), para o custeio e investimento das atividades agrícolas. No período 1995-1999, o volume de recursos destinados ao Proger, nas suas diferentes modalidades, atingiu cerca de R$ 9,5 bilhões. Todavia, os resultados efetivos na geração de emprego e renda são incertos, pois não existe um acompanhamento para verificar se os postos de trabalho previstos foram realmente criados. Além disso, houve uma desproporção na distribuição de recursos entre os programas, indicando um distanciamento do objetivo inicial proposto pelo Codefat, que era enfrentar o desemprego, sobretudo nas regiões metropolitanas. Do total de recursos aplicados no período de 1995 a 1999, somente 20% foram destinados ao setor urbano, enquanto no setor rural ficaram 80% dos recursos (*Moretto, Gimenez* & *Proni*, 2003). Outra questão levantada era que o baixo número de operações de crédito devia-se às dificuldades impostas pelas instituições financeiras para liberar os empréstimos, o que prejudicava especialmente os pequenos tomadores, que deveriam ser os principais beneficiários do programa. Para contornar esse problema foi criado em 1999 um Fundo de Aval para a Geração de Emprego e Renda para garantir parte dos riscos, o que teve um efeito positivo sobre a expansão dos créditos entre 1999 e 2005, mas ainda a decisão final sobre o direcionamento dos empréstimos continua nas mãos das instituições financeiras (*Cardoso Jr. et al.*, 2006).

A viabilização do Proger e de outros programas de geração de emprego e renda, bem como de microcrédito, foi possível pela Lei n. 8.352/91 ter definido que recursos do FAT poderiam ser aplicados em depósitos especiais remunerados nas instituições financeiras oficiais desde que não comprometessem a reserva mínima de liquidez para o cumprimento das obrigações com o seguro-desemprego e o abono salarial. Além do Proger, foram criados outros programas na área geração de emprego e renda com recursos do FAT. Assim, foram financiados projetos como o Programa de Expansão do Emprego e Melhoria da Qualidade de Vida do Trabalhador (Proemprego), gerido pelo BNDES, que financiava empreendimentos de maior porte e com potencial de geração de empregos. Nos mesmos moldes do Proemprego, implementou-se o Programa de Promoção do Emprego e Melhoria da Qualidade de Vida do Trabalhador na região Nordeste e Norte de Minas Gerais (Protrabalho), com operacionalização do BNB. Em 1996, na área de microcrédito foram liberados recursos do FAT para o BNDES para o Programa de Crédito Produtivo Popular, que operou até 2003 fornecendo recursos para uma grande variedade de instituições de microfinanças. Em 2002 foi criado o FAT Empreendedor Popular como parte do Proger Urbano, visando ampliar a capacidade de financiamento dos pequenos empreendimentos. Em 2004, criou-se o Programa Nacional de Microcrédito Produtivo Orientado, mas agora no âmbito do Ministério do Trabalho e Emprego.

Destaque-se que, além dos programas anteriormente mencionados, os recursos do FAT foram direcionados para outras linhas especiais de crédito, criadas para financiar as mais diversas atividades, desde exportações até capital de giro, passando por programas de melhoria da competitividade. Na sua grande maioria, os principais executores desses programas foram o BNDES, com 57% das ações e o Banco do Brasil, com 32% do total (*Cardoso Jr. et al.*, 2006).

Apesar de os programas de geração de emprego e renda federais executados com os recursos do FAT estarem no âmbito das políticas de mercado de trabalho, e terem como objetivos financiar empreendimentos que facilitem a geração de emprego e renda, foram executados por instituições financeiras, com pouca ou nenhuma participação de outras instâncias do sistema público de emprego. A atribuição dada às unidades estaduais do SINE foi de suporte técnico e administrativo, fazendo o acompanhamento dos empreendimentos financiados. Essa atividade de acompanhamento foi posteriormente redirecionada para o Planfor, passando as secretarias estaduais a terceirizar a atividade de acompanhamento. Contudo, dadas as limitações orçamentárias, a partir de 1999 as equipes estaduais dos SINEs deixaram de fazer o acompanhamento (*Borges*, 2002).

Cabe, por fim, questionar se os recursos do FAT deveriam ser usados no atendimento dos objetivos para os quais foram sendo criadas linhas de crédito. Não se quer questionar se os empreendimentos são meritórios ou não, mas sim se esse tipo de crédito se configura como uma política de mercado de trabalho. Não se questiona, por exemplo, se a política de fomento às exportações — como é o caso do FAT Exportar e o Proger Exportação — é importante para a competitividade do país no comércio internacional e que possa ter impactos sobre a geração de emprego. No entanto, a política comercial situa-se em outra esfera das políticas públicas, sobre as quais o sistema público de emprego e o Codefat pouco podem influir. Assim sendo, não seria o caso de os recursos para tais programas saírem de outras fontes, direcionando os recursos do FAT para atividades mais diretamente ligadas às políticas de mercado de trabalho?

A partir de 2003, duas novas políticas foram implementadas: O Programa Nacional de Estímulo ao Primeiro Emprego para a Juventude (PNPE) e o Programa Economia Solidária. O primeiro volta-se para apoiar os jovens de baixa renda e escolaridade com idade entre 16 e 24 anos a inserirem-se no mercado de trabalho, procurando sanar as deficiências das políticas de mercado de trabalho existentes em atender esse público. Nas suas ações, promove a qualificação profissional, estímulo financeiro às empresas contratantes, parcerias para contratação de aprendizes e apoio à constituição de empreendimentos coletivos pelos jovens, com recursos majoritariamente orçamentários. Já o Programa Economia Solidária busca fortalecer os empreendimentos autogestionários, apoiando à formação e divulgação de redes de empreendimentos solidários por meio do fomento direto, pelo mapeamento das experiências e a constituição de incubadoras. Suas ações não têm vinculação direta com os programas de crédito, mas, assim como esses, dirige-se para o público não assalariado. Ademais, o programa de economia solidária não conta com recursos do FAT, sendo uma política que não se enquadra diretamente dentro do Sistema Público de Emprego. Destaque-se que a execução orçamentária desses dois programas ainda é muito baixa. No caso da Economia Solidária, os recursos em 2005 foram reduzidos em termos reais, denotando perda de importância no conjunto de gastos do MTE. O Programa Primeiro Emprego, apesar de ter gasto cerca de R$ 100 milhões em 2005, acima do gasto com qualificação profissional, foi em sua grande maioria destinado aos Consórcios da Juventude, que fornecem bolsa e qualificação profissional, com poucos resultados em termos de contratação, com baixa atratividade para as empresas (*Cardoso Jr. et al.*, 2006).

A conformação das políticas de mercado de trabalho desde o início dos anos noventa decorreu, em grande medida, da existência do FAT como o esteio financeiro para todos os males. Num momento de recursos restritos, o FAT acabou sendo a tábua de salvação para grande parte dos problemas de vários governos, como pode ser visto pela profusão de linhas de crédito para as mais diversas áreas. No entanto, a partir da implantação do Plano Real, os recursos da arrecadação do PIS-PASEP foram parcialmente subtraídos de seu destino original, desviados para o programa de ajuste econômico. Essa prática, que surgiu como medida temporária sob a denominação de Fundo Social de Emergência (FSE), transmutou-se em Fundo de Estabilização Fiscal (FEF), para romper o milênio sob a denominação de Desvinculação das Receitas da União (DRU). O objetivo é o mesmo: retirar parte dos recursos cuja destinação está "carimbada" para uso, normalmente da área social, destinando-os para o esforço de superávit primário para o pagamento da dívida pública. A parcela de recursos da arrecadação do PIS-PASEP que efetivamente fica disponível para a execução das políticas de mercado de trabalho é inferior a 50%, ainda que o percentual tenha se ampliado em quase quatro pontos percentuais a partir de 2001 em relação a 1995, conforme se verifica pelo Gráfico 2.3.

Gráfico 2.3
Distribuição da Arrecadação do PIS-PASEP (em%)

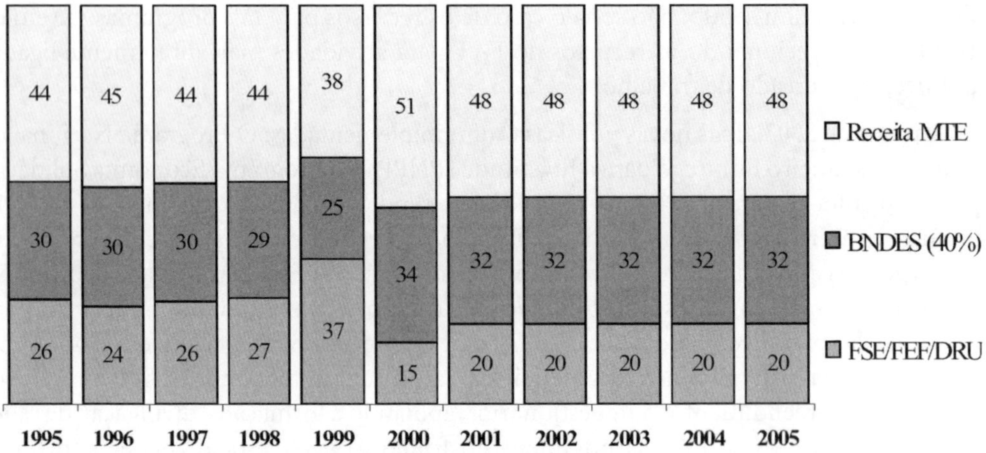

Ano	Receita MTE	BNDES (40%)	FSE/FEF/DRU
1995	44	30	26
1996	45	30	24
1997	44	30	26
1998	44	29	27
1999	38	25 / 37	—
2000	51	34	15
2001	48	32	20
2002	48	32	20
2003	48	32	20
2004	48	32	20
2005	48	32	20

Fonte: MTE/CGFAT, apud Cardoso Jr, et alii, 2006. Elaboração própria.

Existia relativa folga de recursos para execução das políticas de mercado de trabalho até a introdução do FSE em 1995. Esse fato, contudo, não levou o governo a delinear uma estratégia para estruturar as atividades do seguro-desemprego, da intermediação de mão de obra e de qualificação profissional, conformando-se um sistema público de emprego (*Azeredo* & *Ramos*, 1995). A partir de 1995, a arrecadação do PIS-PASEP líquida (descontado o repasse destinado a DRU) repassada para o FAT passou a ser inferior às despesas com custeio — seguro-desemprego, abono salarial, demais políticas de mercado de trabalho, pagamento de tarifas — e o repasse para o BNDES, causando um déficit primário que necessitou ser coberto com as receitas financeiras (*Azeredo*, 1998). Esse déficit tem sido recorrente, a despeito do crescimento da arrecadação do PIS-PASEP[23] após 2000, o que resultou numa redução do déficit depois de 2003. Ademais, desconsiderando-se o valor desviado pela desvinculação, somente em quatro anos o saldo foi negativo, o que mostra que haveria recursos para ampliar ou melhorar as políticas de mercado de trabalho além de não comprometer o patrimônio do FAT (Tabela 2.2).

---

(23) Em grande medida, o bom desempenho da arrecadação do PIS-PASEP no período recente deveu-se, além de uma melhoria no desempenho macroeconômico, à elevação da alíquota do PIS com mudança da sua sistemática de arrecadação.

Tabela 2.2
Execução financeira do FAT e comparativo de saldos finais com e sem desvinculações
(em R$ milhões)

Ano	Receita[1] primária FAT	Receita do MTE c/FSE, FEF e DRU	Receita do MTE s/FSE, FEF e DRU	Custeio de programas[2]	Saldo com FSE, FEF e DRU	Saldo sem FSE, FEF e DRU
1995	12.314,1	7.388,5	9.988,1	9.565,4	-2.176,9	422,7
1996	13.664,7	8.198,8	10.824,9	10.767,4	-2.568,6	57,5
1997	12.581,0	7.548,6	10.183,4	10.675,2	-3.126,6	-491,8
1998	11.694,1	7.016,4	9.567,7	12.025,8	-5.009,4	-2.458,1
1999	12.367,4	7.420,4	11.694,1	10.640,5	-3.220,1	1.053,6
2000	14.440,8	8.664,5	10.231,2	9.988,4	-1.323,9	242,8
2001	14.461,6	8.676,9	10.846,2	11.155,5	-2.478,6	-309,3
2002	14.454,4	8.672,6	10.840,8	11.287,4	-2.614,8	-446,6
2003	15.464,7	9.278,8	11.598,5	10.253,2	-974,4	1.345,3
2004	16.413,7	9.848,2	12.310,3	10.462,6	-614,4	1.847,7
2005	16.992,3	10.195,4	12.744,2	11.920,8	-1.725,4	823,4
Total	154.848,8	92.909,3	120.829,4	118.742,2	-25.832,9	2.087,2

Fonte: MTE/CGFAT. *Apud Cardoso Jr. et al.*, 2006. p. 29.
(1) Receita Primária do FAT já com aplicação das desvinculações (FSE, FEF e DRU), e Receita Líquida do MTE já com repasse ao BNDES.
(2) Custeio de Programas diz respeito ao MTE: seguro-desemprego, abono salarial, intermediação de mão de obra, qualificação profissional e outras despesas operacionais e com demais programas. Não inclui programas de desenvolvimento econômico custeados com o repasse ao BNDES.
Obs.: Os valores até 2004 foram corrigidos pelo IGP-DI, para preços de 31.12.2004. Em 2005, valores expressos em moeda corrente. De 1º.4.94 a 31.12.95, FSE (EC n. 1). De 1º.1.96 a 31.12.99, FEF (ECs ns. 10 e 17). A partir de 21.3.2000, EC n. 27.

Do total das despesas realizadas com recursos do FAT, incluindo-se aí os recursos direcionados ao BNDES (40%) para programas de desenvolvimento econômico, verifica-se que a maior parte refere-se ao pagamento do seguro-desemprego e do abono salarial, que representam em média 60% da despesa do FAT. A parte do BNDES corresponde em média a 34%, e as despesas com intermediação de mão de obra e qualificação profissional, a 4% do total em média. Observa-se, contudo, que a proporção dos gastos com intermediação de mão de obra e qualificação profissional reduziu-se a partir de 2002, ampliando-se a parcela do seguro-desemprego e do abono salarial e do BNDES (Gráfico 2.4). Ademais, as despesas com as políticas não têm como única fonte os recursos da receita primária do FAT, ainda que esses sejam majoritários para o seguro-desemprego, o abono e a intermediação de mão de obra, que ainda contam com recursos das receitas financeiras, recursos ordinários do Tesouro e de outras fontes. No caso da qualificação profissional, a totalidade das despesas é financiada com recursos da receita financeira do FAT, com exceção dos anos de 1999 e de 2003 a 2005, quando parte dos gastos foi realizada com receitas advindas de recursos ordinários do Tesouro, da receita primária do FAT e de outras fontes. Já os programas Primeiro Emprego e Economia Solidária não utilizam recursos do FAT, sendo majoritariamente financiados com recursos ordinários (*Cardoso Jr. et al.*, 2006).

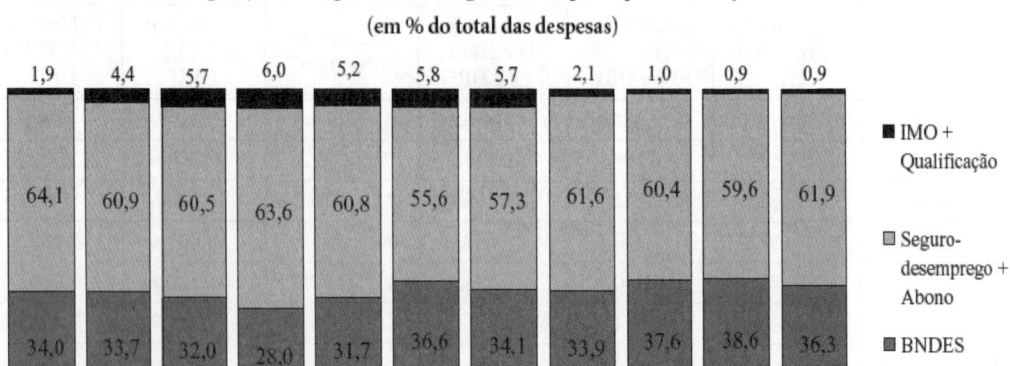

Gráfico 2.4
Composição da despesa do FAT segundo suas principais destinações
(em % do total das despesas)

Ano	IMO + Qualificação	Seguro-desemprego + Abono	BNDES
1995	1,9	64,1	34,0
1996	4,4	60,9	33,7
1997	5,7	60,5	32,0
1998	6,0	63,6	28,0
1999	5,2	60,8	31,7
2000	5,8	55,6	36,6
2001	5,7	57,3	34,1
2002	2,1	61,6	33,9
2003	1,0	60,4	37,6
2004	0,9	59,6	38,6
2005	0,9	61,9	36,3

Fonte: CGFAT, *apud* Cardoso Jr, *et alii*, 2006. Elaboração própria.

Como vimos nesta seção, a constituição de um conjunto de políticas de mercado de trabalho e a sua consolidação nos anos recentes mostram a importância de um fundo público específico para o financiamento dessas políticas. Todavia, as melhorias no desempenho e na operacionalização dessas políticas não foram suficientes para reorganizar o funcionamento do mercado de trabalho, muito menos para reduzir o desemprego a níveis aceitáveis, dado o contexto de uma política econômica extremamente preocupada com a manutenção da estabilidade monetária. Esse conservadorismo econômico manteve-se coerente com as diretrizes das instituições multilaterais, que prescrevem uma política macroeconômica restritiva ao crescimento, enquanto defendem a focalização das políticas de mercado de trabalho nos grupos mais vulneráveis socialmente e no mercado de trabalho para mitigar os resultados adversos.

Na visão dessas instituições, as políticas de mercado de trabalho são suficientes para melhorar o funcionamento do mercado de trabalho num contexto de economia aberta e de intensificação da concorrência, com baixo crescimento. Como mostra *Gimenez* (2007), essas políticas foram alçadas a uma condição de protagonista para o enfrentamento do desemprego em substituição às políticas de desenvolvimento voltadas ao pleno emprego que vigoraram cerca de trinta anos após o fim da II Guerra Mundial. *Gimenez* mostra a inda, que o governo brasileiro, no memorando ao FMI de 1998, reconhece, alinhando-se com os preceitos liberais, que essas políticas associadas a reformas que flexibilizem as normas que regulam as relações entre capital e trabalho — que ajudam a dar civilidade ao mercado de trabalho — podem contribuir para aumentar a produtividade do trabalho e o emprego formal. Com isso, tornava-se urgente a reforma da legislação trabalhista e o aprimoramento das políticas de mercado de trabalho. Dessa forma, atribui-se a essas políticas uma capacidade que elas não possuem, perdendo-se de vista a importância que as mesmas podem vir a ter para o mercado de trabalho num contexto de dinamismo econômico.

2.3. A transição para o século XXI

Como se verificou, somente na década de 1990 se completou a implementação das políticas básicas do sistema público de emprego, quais sejam, o seguro-desemprego, o serviço de emprego (SINE) e a qualificação profissional. Completou-se não porque a qualificação, com a criação do Planfor, tenha sido o derradeiro programa a ser implementado (1995), mas porque foi a partir da década de 1990 que se constituíram as condições para o pleno funcionamento dessas políticas. Como discutido nas seções precedentes, tivemos várias experiências ou tentativas de se introduzir o seguro-desemprego, além de atividades de formação que existiam desde a década de 1940, como o Senai e o Senac, mas estes eram voltados para públicos específicos, o jovem aprendiz ou o trabalhador ocupado e não para o trabalhador desempregado. Foi a partir da regulamentação do seguro-desemprego — e mais, da instituição do FAT como financiador — que foram geradas as condições para a dinamização e a implementação de novas políticas de mercado de trabalho.

Assim, a partir dos anos noventa, são criados o Planfor, os Programas de Geração de Emprego e Renda nas suas várias modalidades (Proger, Proemprego, Protrabalho etc.), o Programa Agente Jovem, o Primeiro Emprego, o Programa de Economia Solidária, além de serem criadas Comissões Estaduais e Municipais de Emprego, que deveriam atuar como órgãos de fiscalização e deliberação dos planos de qualificação. Ou seja, a existência de uma fonte garantida de recursos possibilitou que outras políticas e programas fossem implementados, mas essa criação de novas políticas e programas não resulta somente desse fato. A questão também precisa ser vista a partir do contexto de crescimento do desemprego que atingiu o mercado de trabalho, reforçando o movimento de desestruturação que se observava desde o início dos anos oitenta.

De fato, a política econômica depois do Plano Real continuou expondo a economia brasileira à concorrência internacional — agravada com a sobrevalorização cambial e a elevada taxa de juros internos —, o que prejudicou a geração de empregos, particularmente no setor industrial, na segunda metade dos anos noventa. Assim, sem o respaldo de uma política pública de desenvolvimento, que entre outras coisas fomentasse a expansão da produção nos segmentos intensivos em mão de obra, os programas destinados ao mercado de trabalho encontraram grandes dificuldades. Mesmo com a expansão desses programas, o desemprego, a informalidade e a deterioração do mercado de trabalho não foram contidos. Qual o significado desse fato?

Antes de tudo, devemos considerar que os formuladores dos programas voltados ao mercado de trabalho tomaram as condições macroeconômicas como dadas. Assim, a direção da intervenção do Estado no mercado de trabalho se deu por meio dos programas mencionados. Sobre tais mudanças, o governo federal expressava o seguinte diagnóstico:

"A economia brasileira está se mostrando capaz de gerar muitos empregos, mas a maioria deles de baixa qualidade e sujeitos a alta rotatividade. De um lado, há uma crescente informalização da força de trabalho, conjugada a um processo pelo qual a maioria dos trabalhadores brasileiros já se encontra ocupada no setor de serviços. De outro, o crescimento da produtividade no setor moderno é substancial, amortecendo os efeitos da expansão econômica sobre o emprego formal" (Brasil, 1997: 15-16).

Essa análise de que o ajuste do mercado de trabalho se dava mais pela informalidade das relações contratuais do que pelo desemprego vinha ganhando defensores desde 1994, e era reafirmada pelo Ministério do Trabalho e Emprego: "o problema da geração de postos de trabalho não está na falta de dinamismo da economia, mas sim, em fatores ligados ao funcionamento do mercado de trabalho" (*Amadeo*, 1999: 44). Diante das mudanças econômicas, sobretudo das inovações tecnológicas e organizacionais, uma das ações prioritárias é preparar melhor o trabalhador para o mercado de trabalho em transição, aumentando sua capacidade de obter e manter um emprego. Em outras palavras, era preciso aumentar sua "empregabilidade" (*Amadeo*, 1999: 52).

Assim, o desemprego era visto como um problema de desajuste entre oferta e demanda no mercado de trabalho e não como um resultado da baixa geração de postos de trabalho em razão da política macroeconômica praticada pelo governo. Diante disso, o Ministério do Trabalho direcionou sua ação para o funcionamento do mercado de trabalho. As políticas de mercado de trabalho passaram a ter o papel de enfrentamento do desemprego, seguindo a trajetória das mudanças nos países da OCDE. Ganha destaque, sobretudo, a política de qualificação profissional, vista como o instrumento, por excelência, para enfrentar os males apresentados pelo mercado de trabalho nacional. É importante ressaltar que as estratégias adotadas contaram, em maior ou menor grau, com o apoio de representações dos trabalhadores e dos empresários.

A maior ênfase nas políticas de mercado de trabalho como resposta ao quadro de agravamento do desemprego seguiu os passos das economias de industrialização avançada da OCDE. Transplantaram-se para o mercado de trabalho brasileiro, sem as devidas mediações, as mesmas diretrizes de políticas adotadas naquelas economias. Internalizava-se, implicitamente, o diagnóstico sobre as causas do desemprego que atingia aquelas economias, sobretudo na questão do desemprego estrutural, resultante do novo padrão tecnológico, que exigia um trabalhador com maior escolaridade e com mais qualificação, mais flexível às mudanças constantes nas tarefas a desempenhar. Como na década de 1990 a economia passava por um grande movimento de reestruturação produtiva, decorrente da política de abertura comercial e financeira e da sobrevalorização cambial, o diagnóstico foi simplesmente incorporado, e o remédio apontado foi a qualificação profissional maciça da força de trabalho. Como aponta *Ramos* (2003), não havia um diagnóstico que apontasse de forma categórica que o problema do desemprego brasileiro era de cunho educacional ou qualificação técnica adequada, que apontasse na direção da política de qualificação profissional como o melhor instrumento para o enfrentamento do problema. A avaliação é que "simplesmente, em uma atitude de mimetismo, a política [de qualificação] foi implementada no Brasil porque era popular nos países desenvolvidos" (*Ramos*, 2003: 23). Como o problema era a inadequação do perfil do trabalhador para ocupar os postos de trabalho, era necessário qualificá-lo, daí a meta de qualificar 20% da PEA a partir de 1999, apresentada pelo Planfor[24].

Além do mais, diziam, durante esse período de transição não se teria como evitar o desemprego. As políticas de mercado de trabalho atuariam, nesse caso, para mitigar os seus

---

(24) Advirta-se que essa meta deveria ser atingida não somente por meio do programa, mas de toda a rede de ensino profissional, a qual o programa pretendia mobilizar.

efeitos até que se completasse o conjunto de reformas para modernizar a economia brasileira. Uma vez feitas as reformas, restaurar-se-iam as condições de funcionamento da economia num patamar mais competitivo, levando ao crescimento sustentado que criaria os postos de trabalho necessários para incorporar os jovens que adentrariam no mercado de trabalho no médio e longo prazo. Ao lado de uma política macroeconômica que garantisse a estabilidade monetária, as reformas tributária, trabalhista e da previdência social eram colocadas como condição para se obter o crescimento sustentado e se ter um ambiente favorável ao investimento, tanto interno como externo (MTb, 1998a).

No início de 1998, com a taxa de desemprego aberto atingindo a casa de 8% da população ativa, quase o dobro da taxa do início da década, o governo constituiu uma Força Tarefa com o objetivo de apresentar propostas para o enfrentamento da questão com medidas de curto, médio e longo prazo. Como aponta o documento, caberia às políticas governamentais:

"minimizar os custos sociais e econômicos das transições (desemprego, informalidade, obsolescência ocupacional, deslocamentos regionais e setoriais do emprego, entre outros), acelerar o ajuste para encurtar o período de acomodação às transformações identificadas, melhorar o desempenho das ações em curso e conceber e implementar políticas que permitam ao país obter vantagens duradouras do novo ambiente competitivo, macroeconômico e tecnológico. Após o período de transição, que pode ser abreviado pela ação das políticas públicas, espera-se que a taxa de desemprego decline substancialmente" (MTb, 1998b: 20).

As propostas resultantes dos trabalhos dessa Força Tarefa tinham dois objetivos básicos: i) adaptar o mercado de trabalho aos novos tempos da economia brasileira, com vistas à preservação do emprego e à melhoria dos postos de trabalho; e ii) minorar os custos sociais da transição, apoiando o trabalhador que migra entre postos de trabalho e o jovem que ingressa no mercado (MTb, 1998b).

Dois conjuntos de propostas na área do trabalho eram apresentados no relatório final: a reforma trabalhista, de cunho legislativo e considerada de médio e longo prazo; e programáticas, de curto prazo, entre as quais situavam-se as políticas de mercado de trabalho. A reforma trabalhista, que, ao lado da reforma tributária e da previdência social, tinha caráter estrutural e visava adaptar o mercado de trabalho para o novo contexto de abertura econômica e de um novo paradigma tecnológico, no qual as relações entre os trabalhadores e os empregadores deveriam se pautar pela maior flexibilidade. Um conjunto de alterações na CLT, além de mudanças no âmbito da Justiça do Trabalho e da ação da fiscalização trabalhista, era recomendado.

Em relação ao segundo conjunto, que dizia respeito às políticas de mercado de trabalho, a comissão reconhecia a existência de "uma política concebida e em execução que está no rumo certo, precisando ser, todavia, ampliada, melhor articulada e mais focalizada" (MTb, 1998b: 21). Assim, as recomendações em relação aos programas de geração de trabalho e renda, de qualificação profissional e para o seguro-desemprego caminharam na direção de maior focalização de suas ações em públicos específicos, para o que se coloca a necessidade de serem feitas avaliações dos mesmos, além da necessidade de maior integração com outras políticas e instituições.

De certo modo, o debate que se seguirá nos anos seguintes e desembocará no I Congresso sobre o Sistema Público de Emprego em 2004, estará em torno desses temas. Na medida em que a implementação de uma série de medidas visando reformar tanto o aparelho econômico, como o trabalhista não mostra os resultados esperados em torno do crescimento econômico e da redução do desemprego, reforça-se no plano das políticas de mercado de trabalho a necessidade de alterações no seu formato, especificamente, procurando atender o conjunto dos trabalhadores mais vulneráveis socialmente.

Com relação ao programa de geração de emprego e renda, as principais recomendações eram: a criação de um fundo de aval, ampliação do teto de financiamento do capital de giro; integração do fornecimento de crédito com ações de capacitação e assistência técnica; melhorar o desempenho nas áreas metropolitanas; integração de outros agentes financeiros; melhor orientação aos solicitantes de crédito e melhor acompanhamento dos projetos aprovados; e avaliação permanente do programa. Buscava-se com essas propostas responder ao baixo número de operações realizadas pelo programa, e ampliar o acesso ao financiamento dos empreendimentos de menor porte, já que as instituições financeiras exigiam garantias que poucos tinham condições de apresentar. Fica patente, também, a preocupação com a baixa atuação do programa na área urbana, especialmente nas regiões metropolitanas, considerando que a maior parte das concessões de crédito era para os empreendimentos rurais.

Já nas atividades de qualificação profissional, as recomendações caminharam na direção de maior integração entre as várias políticas de mercado de trabalho, para se obter maior eficiência e eficácia das mesmas. Outra sugestão foi a definição de metas de colocação dos educandos desempregados para as entidades executoras, o que se tornaria um parâmetro para avaliação do desempenho das entidades envolvidas. A orientação para maior focalização do programa visava alcançar de forma mais efetiva os grupos mais vulneráveis e com maior dificuldade de inserção no mercado de trabalho, sobretudo os jovens, adultos não cobertos pelo seguro-desemprego e os beneficiários dos programas de geração de emprego e renda. Por fim, dever-se-ia instaurar avaliações com grupos de controle para se apurar os avanços alcançados pelos beneficiários com a participação no programa.

No âmbito do seguro-desemprego, não havia propostas concretas, a comissão propunha a reavaliação do programa para melhorar o foco, já que o mesmo atingia menos os mais pobres e mais os melhor situados no perfil distributivo. Por sugestão da Força-Tarefa, constituir-se-ia uma comissão para analisar o programa. Estudo posterior realizado para o Ministério do Trabalho (*Chahad*, 2000) detalhou propostas para orientar mudanças no programa de seguro-desemprego. O estudo partia do pressuposto de que a experiência internacional deveria dar os parâmetros para as reformas. Assim, as recomendações visavam dar um novo desenho ao programa minimizando problemas de fraude, torná-lo mais eficiente e eficaz no uso dos recursos e atualizá-lo frente aos novos padrões de relações trabalhistas com as transformações no mundo do trabalho.

O estudo não se restringe ao seguro-desemprego somente. Ao considerar que uma reforma tributária é inevitável e que o FAT possui um financiamento oneroso para as empresas, pois incide sobre o faturamento, enquanto a experiência internacional mostra que o seguro-desemprego tem uma fonte bem definida de financiamento (a folha de salários), propõe que se abra a discussão da mudança no financiamento do FAT. Propõe também que o FGTS e o seguro-desemprego sejam fundidos, formando um novo seguro-desemprego, com um novo desenho. O objetivo é atingir os mais vulneráveis, já que o seguro-desemprego teria a tendência de privilegiar os trabalhadores melhores situados na escala salarial. Propõe-se também a extinção do abono salarial, uma vez que o mesmo não oferece nenhum serviço ao trabalhador e possui alta regressividade. O estudo problematiza, ainda, duas questões que de certa forma estão inter-relacionadas: a questão da informalidade e de como proteger os trabalhadores que estão fora do mercado formal, uma vez que o seguro-desemprego foi pensado para este tipo de mercado de trabalho; e o problema da relação entre o seguro--desemprego e os programas de renda-mínima. Contudo, não são apresentadas propostas concretas para esses temas.

Importante para o tema que estamos tratando é a ênfase dada pelo estudo à necessidade de articulação entre o seguro-desemprego e as demais políticas ativas voltadas para o mercado de trabalho, reafirmando o relatório da Força-Tarefa. Essa articulação seria alcançada pela consolidação de um serviço público de emprego nos moldes da Convenção n. 88 da OIT e seria fundamental para que o seguro-desemprego tivesse maior eficiência. Aqui se coloca a questão da integração e articulação das políticas, com base nas experiências internacionais, sem o que não se dá maior eficiência e eficácia na operacionalização das diversas políticas de mercado de trabalho. Nessa questão da articulação se coloca também o papel a ser desempenhado pela intermediação de mão de obra e a importância de se utilizarem os avanços das tecnologias de informação para se desenvolver autosserviços, em sintonia com as mudanças nos serviços de emprego dos países da OCDE. Neste aspecto, o estudo toca na questão das agências privadas de emprego e no fato de que o serviço público precisa tornar-se tão eficiente no uso dos recursos como aquelas, tendo em vista que muitas delas utilizam a *internet* para fazer o cadastramento de trabalhadores e das vagas.

A preocupação com a questão da articulação entre as políticas de mercado de trabalho retoma a questão colocada pelo relatório da Força-Tarefa, que afirmava que essa ausência de articulação devia-se ao fato de não se ter implementado um sistema público de emprego. A partir dessa constatação, o relatório propôs a criação de uma rede de Agências de Trabalho e Renda, em que seria oferecido um conjunto de serviços integrados para o trabalhador num mesmo local. Os serviços visavam permitir a inserção do trabalhador no mundo do trabalho e, no caso daqueles que já estivessem ocupados — como autônomos, microempresários ou membro de qualquer forma associativa de produção de bens e serviços —, permitir-lhes aumentar a renda auferida.

Os serviços compreendiam: análise do perfil e das habilidades do trabalhador; fornecimento de informações acerca dos instrumentos disponíveis para a geração de oportunidades de ocupação e renda; encaminhamento do trabalhador para a emissão de CTPS; direcionamento para possíveis vagas no mercado de trabalho local; encaminhamento para cursos de qualificação e requalificação profissional; organização de trabalhadores autônomos para prestação de serviços; estímulo à formação de cooperativas e outras formas associativas de produção; orientação sobre as linhas de crédito disponíveis e suas exigências (Proger, Microcrédito, e outros); e também a prestação de assessoria e assistência técnica aos empreendedores beneficiados com o crédito.

Outro ponto importante a ser destacado é que as agências seriam gerenciadas por entidades parceiras, não necessariamente estatais. Aliás, estabelecer parcerias com entidades governamentais e não governamentais era um dos objetivos do estabelecimento da rede de agências. Com isso, buscava-se ampliar a capacidade de geração de trabalho e renda dos programas administrados pelo Ministério do Trabalho e implantar unidades de atendimento ao trabalhador nas áreas metropolitanas, onde a questão do desemprego era mais gritante. A primeira parceria para instalação de uma agência foi realizada com o Sindicato dos Metalúrgicos de São Paulo, ligada à Força Sindical, na cidade de São Paulo. Outro projeto foi realizado com a Confederação Nacional dos Metalúrgicos, ligada à Central Única dos Trabalhadores.

De forma complementar à proposta da criação de agência de trabalho e renda, propõe-se no relatório da Força-Tarefa uma ação de trabalho e renda nas comunidades, na qual o objetivo é tornar endógeno o desenvolvimento local naquelas comunidades de baixa renda que, preferencialmente, fossem alvo de reestruturação urbana, assegurando sustentabilidade das ações de promoção do bem-estar da comunidade. As ações envolveriam a integração de programas de microcrédito, qualificação e requalificação profissional, assistência técnica, intermediação, estímulos ao associativismo, formação de cooperativas, pequenos negócios entre outros.

A preocupação com a questão da integração e articulação das políticas aparece em outros estudos (*Azeredo*, 1998; *Teixeira & Azeredo*, 1999). Nesses trabalhos, dada a necessidade de haver um conjunto de políticas públicas que contemplem tanto o setor formal como o informal, a integração e articulação são vistas como essenciais. Não bastaria, contudo, introduzir esse conjunto de instrumentos para poder atingir os vários segmentos de trabalhadores de maneira efetiva, sendo necessário que esses instrumentos atuem de forma complementar. Assim, por exemplo, destaca-se a necessidade do programa de seguro-desemprego estar associado ao serviço de intermediação de mão de obra, pois a ausência dessa integração de ações faz com que o seguro-desemprego somente conceda o benefício sem reconduzir o trabalhador ao mercado de trabalho. Por outro lado, os estudos apontam as dificuldades dessa articulação das ações devido ao fato de o SINE ter se desenvolvido num ritmo mais lento do que o programa de seguro-desemprego. Como o serviço de intermediação não acompanhou o crescimento do seguro-desemprego, isso poderia causar constrangimentos ao próprio desenvolvimento do seguro.

Os estudos também enfatizam que a prioridade dos vários programas deve ser a ocupação do trabalhador, daí a importância da multiplicidade de instrumentos que atinja um público muito heterogêneo. Para se alcançar essa prioridade, contudo, é necessário conhecer os mercados de trabalho regionais/locais, subsidiando as atividades da intermediação de mão de obra e das necessidades de qualificação profissional. Diante dessa necessidade, a disponibilidade de estatísticas sobre o mercado de trabalho local seria essencial. Os trabalhos, sem o fazer explicitamente, colocam aqui a necessidade de desenvolvimento de um sistema de informações sobre o mercado de trabalho, uma atribuição do serviço de emprego, a quem caberia a gestão dessas informações e divulgação para as instituições e atores interessados.

A preocupação com a questão da informação para a realização de um planejamento das ações de acordo com a realidade já tinha sido apontada pela Associação Nacional dos SINEs. Como relata *Lima Filho*, documento da ASSINE de 1994 destacava o problema da ausência de um diagnóstico do conjunto do mercado de trabalho de forma sistemática e detalhada que apontasse e caracterizasse as especificidades e problemas de cada espaço regional/local para subsidiar as atividades do SINE. Essa falta de informações e estudos, por sua vez, levava à formulação equivocada de políticas e programas, refletindo-se na improvisação das medidas implementadas (*Lima Filho*, 2003: 135).

A discussão sobre mudanças nas políticas de mercado de trabalho para torná-las mais eficientes e eficazes, melhorando o funcionamento do mercado de trabalho, ressalta a necessidade de integração e articulação entre elas para se atingir os objetivos propostos. Em outras palavras, o que se sobressai é que essas políticas deveriam funcionar de forma sistêmica, ou seja, deveriam constituir um sistema público de emprego. Como destaca *Azeredo* (1998), apesar do fato de o Brasil possuir um fundo exclusivo para o financiamento das políticas de mercado de trabalho, constituindo-se no eixo organizador das mesmas, não foi capaz de integrá-las, tendo como consequências inúmeras distorções e limitações sobre os impactos que essas políticas possam ter.

Em síntese, o desenvolvimento das políticas de mercado de trabalho no Brasil se deu num momento adverso para o mercado de trabalho, quando o dinamismo do período de implantação e consolidação da indústria já chegara ao fim e exigia mudanças estruturais para superar as limitações postas para a economia brasileira. Depois da década de 1980 ter sido marcada pelo enfrentamento da questão da dívida externa, os anos noventa viram a introdução de mudanças de cunho liberalizante, que privilegiaram o setor financeiro em detrimento do produtivo. Essas mudanças levaram a uma trajetória de baixo crescimento do produto e do emprego, com crescimento das ocupações por conta própria e do assalariamento sem registro em carteira de trabalho num ritmo maior do que o crescimento do assalariamento com registro. Essas alterações reverteram a trajetória de estruturação do mercado de trabalho que se observava até o início da década de 1980. Esse baixo dinamismo colocou o problema do aumento do trabalho precário ao lado do elevado desemprego.

Nessas condições, a implementação das políticas de mercado de trabalho teve seu desdobramento bastante prejudicado por esse contexto adverso. Para entender o quanto elas foram prejudicadas, deve-se ter em mente que nos países desenvolvidos a adoção dessas políticas ocorreu após a II Guerra Mundial, num momento de rápido crescimento econômico e de grande geração de postos de trabalho, no qual a política econômica pautava-se pelo objetivo do pleno emprego. Ademais, o contexto de liberdade sindical e o instituto da negociação coletiva permitiam a definição do conteúdo das atividades a ser desempenhadas pelo trabalhador em cada ocupação. Assim, em condições favoráveis de existência de um mercado de trabalho estruturado e do forte crescimento do emprego, as várias políticas de mercado de trabalho eram eficazes e funcionais ao mercado de trabalho. O problema a ser enfrentado era detectar, da forma mais rápida possível, os trabalhadores com o perfil necessário para o preenchimento das vagas disponíveis. O desemprego era friccional e o seguro-desemprego atendia somente esse contingente que estava "em trânsito" para um posto de trabalho ou que necessitasse passar por alguma atividade de qualificação profissional, naqueles casos em que o setor estivesse passando por uma reestruturação e isso implicasse a mudança de ocupação ou setor.

No momento em que a economia desses países de industrialização avançada perde dinamismo, a partir de meados da década de 1970, e o desemprego atingiu níveis elevados, com o crescimento de contratos de trabalho atípicos (a tempo parcial, temporário), a eficácia das políticas de mercado de trabalho passou a ser criticada, sobretudo o seguro-desemprego. Este passou a ser visto como extremamente generoso, não criando incentivos para o trabalhador buscar uma nova ocupação. Foi nesse novo contexto econômico que aqueles países começaram a reformar suas políticas de mercado de trabalho. Ganham força as propostas de redução do valor de reposição salarial do seguro-desemprego e também de sua duração, da necessidade de maiores esforços de qualificação profissional diante da introdução de um novo paradigma tecnológico e organizacional da produção, e de se criarem oportunidades para que as pessoas pudessem tornar se autônomas. O próprio serviço de emprego sofre alterações, sendo intensificados os mecanismos de autosserviço, seja em "totens" localizados nas agências de emprego ou em locais públicos, seja por meio do uso da *internet*, tornando o serviço de intermediação automático para uma parcela dos trabalhadores. Por outro lado, desenvolvem-se novas metodologias de intermediação para os trabalhadores desempregados de longo prazo, com acompanhamento contínuo e serviço personalizado.

O sentido das alterações feitas nas políticas é cobrar maior responsabilidade do trabalhador desempregado na procura por uma nova ocupação. E, assim, torna-se obrigatória a inscrição do trabalhador no serviço de intermediação, declarando-se disponível para assumir um emprego, como condição para o recebimento do benefício por desemprego. Da mesma forma, tornam-se mais rígidas as possibilidades de recusa de uma oferta de emprego. Essa maior rigidez só é possível na medida em que se tenha um maior controle das várias ações de emprego e, para tanto, há a necessidade de que as várias políticas estejam integradas e articuladas entre si, caso contrário, o objetivo de estimular o trabalhador a buscar uma nova ocupação pode não ser eficaz. Ou seja, surge a questão da integração e articulação das políticas, um tema que até então não era prioritário — o que não significa que não se buscasse, porém as políticas tinham seus objetivos específicos e buscavam atingi-los por meio de suas próprias estratégias, o que era facilitado pelo ambiente favorável ao mercado de trabalho e ao emprego.

No Brasil, as políticas foram implementadas tardiamente, assim como foi tardia a transformação da economia brasileira numa economia industrializada. Ou seja, a característica brasileira é seu desenvolvimento tardio em relação às economias centrais, o que influencia todo o desenvolvimento das políticas sociais e também das políticas de mercado de trabalho. Não foi por acaso que essas políticas ganham evidência a partir do momento em que o modelo de desenvolvimento entra em crise a partir de meados dos anos setenta. Até então, não houvera a necessidade de implementação desse tipo de política. As medidas pontuais que foram introduzidas ao longo do processo de industrialização foram suficientes para responder às necessidades de cada momento.

Assim, a criação do Senai e Senac nos anos quarenta atendeu às necessidades de um trabalhador mais qualificado, mas esse serviço de qualificação somente atendia uma parcela pequena da força de trabalho. A falta de um serviço de intermediação de mão de obra não foi problema também. A mobilidade da mão de obra, por meio da migração das áreas rurais e das regiões menos dinâmicas para as áreas que se industrializavam, possibilitou oferta abundante de força de trabalho. Portanto, não era uma necessidade da indústria um serviço que localizasse onde estava o trabalhador, ele vinha até a porta da fábrica em busca de ocupação. O excesso de oferta de trabalho nas áreas urbanas forneceu a mão de obra que a indústria necessitava e possibilitou a manutenção dos salários em níveis bastante baixos. Mesmo porque o conjunto dos trabalhadores não tinha força para se organizar e exigir melhores condições de trabalho e de remuneração, tanto pelo fato de que o dinamismo econômico permitia que o trabalhador migrante se inserisse no mercado de trabalho melhorando sua condição social anterior, como pelo fato de que a legislação tolhia uma participação mais ativa dos sindicatos.

O mesmo ocorre em relação à proteção da renda do trabalhador. Apesar da introdução de um mecanismo de seguro-desemprego estar prevista desde a Constituição de 1946, ela não foi necessária até a crise dos anos oitenta. Até a introdução do FGTS, o instituto da estabilidade no trabalho dava uma relativa segurança ao trabalhador, reduzindo o risco do desemprego. Com a implementação do FGTS, que possibilitou maior facilidade de demissão do trabalhador, o mesmo funcionou como um mecanismo de seguro-desemprego, possibilitado pelo fato de que a economia era dinâmica o suficiente para impedir que o trabalhador ficasse desempregado por longo período. Com a crise do início da década de 1980, que apresentou pela primeira vez um nível de desemprego elevado, colocou-se o problema da manutenção do trabalhador na situação de desemprego como uma questão relevante, daí que, em 1986, é criado o seguro-desemprego, mesmo tendo um caráter bastante restrito em sua cobertura.

Portanto, é quando surge a crise e a questão do desemprego torna-se um problema social relevante que a discussão sobre as políticas de mercado de trabalho ganha destaque no debate nacional. No caso dos países de industrialização avançada, isso já ocorrera no início do século XX, ou seja, a questão do desemprego diante das mudanças no capitalismo industrial já se apresentava como um problema a ser equacionado por aquelas sociedades. As políticas de mercado de trabalho são introduzidas naqueles países nas primeiras décadas daquele século sem, no entanto, resolverem o problema para o qual foram implementadas, o desemprego. Mas quando, no segundo pós-guerra, a política de pleno emprego faz retornar o dinamismo econômico, esses instrumentos têm papel relevante na estruturação e no funcionamento do mercado de trabalho. A partir da crise dos anos setenta, o ressurgimento do desemprego levou ao questionamento desses instrumentos e à sua reforma. O que chama a atenção é que esses instrumentos não funcionam no momento de crise, quando a economia é incapaz de gerar os empregos suficientes para incorporar todos que estejam em busca de uma ocupação.

No caso brasileiro não é diferente, ou seja, a introdução das políticas de mercado de trabalho não reduziu o desemprego nem contribuiu para uma melhor estruturação e funcionamento do mercado de trabalho. Isso porque as condições econômicas não o permitem. O debate sobre o melhor desenho dessas políticas e como fazê-las convergir para se constituir num sistema público de emprego, contudo, não deixa de ser relevante. A reorientação do modelo econômico, que coloque o país no trilho do desenvolvimento sustentado, pode fazer retornar o dinamismo do mercado de trabalho. Neste caso, a estruturação do mercado de trabalho será atingida com a existência de um conjunto de medidas que redefina as normas de seu funcionamento, entre elas as políticas de mercado de trabalho. Assim, torna-se fundamental que essas políticas sejam reformuladas para responder às especificidades do mercado de trabalho brasileiro e, no retorno do dinamismo econômico, contribuam para reduzir, quiçá eliminar, o número de trabalhadores com inserção precária.

CAPÍTULO 3

Os desafios para a construção do Sistema Público de Emprego

Neste terceiro capítulo, será analisada a possibilidade e a viabilidade de estruturar-se o sistema público de emprego a partir da integração das várias políticas públicas de mercado de trabalho existentes sob uma coordenação central a nível federal no Brasil. Nosso objetivo é verificar em que medida a concretização desse sistema será capaz de contribuir com a estruturação, organização e melhor funcionamento do mercado de trabalho brasileiro que, num contexto de baixo dinamismo econômico do último quarto de século, tem apresentado um movimento de desestruturação, desregulamentação e um elevado desemprego, que contribui para a redução do poder de mobilização dos sindicatos.

Na primeira seção, discutimos o papel que o conjunto de políticas que compõem o sistema público de emprego, ao lado das outras políticas do campo do trabalho, desempenha na organização do mercado de trabalho, contribuindo para reduzir as assimetrias nele presentes. Na seção seguinte, analisamos as funções desempenhadas pelo sistema público de emprego no mercado de trabalho. Na terceira seção, procuramos apresentar argumentos que mostram sua importância estratégica para o mercado de trabalho brasileiro e colocamos as condições para que isso ocorra.

Na quarta seção, discutimos a proposta de sistema público de emprego construída a partir das diretrizes do II Congresso Nacional do Sistema Público de Emprego, Trabalho e Renda, que ampliou o papel e as funções tradicionalmente ligadas ao serviço de emprego. Analisam-se as resoluções finais do Congresso, nas quais se explicita a preocupação dos participantes com a inclusão dos trabalhadores que se encontram fora do mercado de trabalho ou que estão inseridos de forma precária. Na última seção, discutem-se os desafios e as limitações de um sistema público de emprego utilizando-se informações de um caso específico, a experiência do estado do Paraná, que é apresentado em apêndice ao final do capítulo.

3.1. O papel do sistema público de emprego para o mercado de trabalho

Como se apresentou no primeiro capítulo, o desenvolvimento das políticas que compõem o sistema público de emprego nos países desenvolvidos, ainda que as mesmas tenham sido implementadas nas primeiras décadas do século XX, ocorreu em conjunto com o desenvolvimento das políticas de bem-estar social num momento de grande dinamismo para a economia mundial, que foi o segundo pós-guerra. No Brasil, ao longo desse período, mesmo passando por um momento de constituição e consolidação do mercado de trabalho nacional, o avanço nas políticas de bem-estar social foi mais modesto, assim como nas políticas de mercado de trabalho.

Devemos destacar que o período que se segue ao fim da II Guerra Mundial nos países desenvolvidos, especialmente na Europa, é muito particular. Em grande medida a experiência do desemprego de grandes proporções dos anos trinta, decorrente da depressão econômica causada pelo *crash* da Bolsa de Nova Iorque em 1929, até então não visto, apresentara ao mundo os perigos de tal situação para a manutenção da democracia. Ademais, lançou por terra as teorias econômicas de livre mercado e colocou definitivamente a importância da intervenção do Estado, tanto em termos práticos com a experiência do *New Deal* nos EUA e da Alemanha nazista, como em termos teóricos, particularmente com a Teoria Geral de Keynes. Outro fator a ser considerado era a "ameaça comunista" representada pelo avanço da antiga União Soviética sobre a Europa, o que para os EUA era de importância estratégica impedir. Nesse contexto é que os governos dos países desenvolvidos assumiram uma política de pleno emprego.

As políticas de mercado de trabalho não tinham um papel de destaque para se atingir o pleno emprego. *Keynes*, na Teoria Geral, mostrara que o nível de emprego numa economia capitalista era decorrente do gasto agregado, em especial do investimento, que era instável uma vez que dependia das expectativas dos capitalistas com relação ao retorno futuro do capital investido. Portanto, para que o emprego crescesse, era fundamental que a economia crescesse e para isso, dada a instabilidade do investimento privado, o Estado deveria complementar esse investimento, com o gasto público. Portanto, não estava nas preocupações de *Keynes* se o mercado de trabalho seria capaz de fazer o ajuste entre a demanda e oferta de trabalho, mas sim se a economia ia gerar toda a demanda necessária para incorporar todo trabalho que era oferecido no mercado de trabalho.

Assim, não importava o tipo de trabalho a ser criado, mas sim que o posto de trabalho fosse criado. É famosa a passagem em que *Keynes* ilustrava a importância do gasto público num momento de depressão, na qual o governo deveria contratar um grupo de trabalhadores para abrir buracos e outro grupo para fechá-los. O significado era que no momento em que a economia "patinava" era importante ter a intervenção do Estado, por meio do gasto público, para que ela voltasse aos trilhos do crescimento. Evidentemente, seria melhor construir escolas e hospitais do que abrir buracos, mas isso era outra questão. De toda forma, não estava presente nas preocupações de *Keynes* a definição de uma política específica de mercado de trabalho, mas da política de emprego "geral", ou seja, dos instrumentos que induziriam ao crescimento do investimento e, portanto, do crescimento do produto e do emprego.

Joan Robinson (1980), que foi seguidora de *Keynes*, também criticava o que chamava de falsos remédios contra o desemprego. Essa autora argumentava que esquemas de treinamento e medidas que facilitam a mobilidade ocupacional e geográfica do trabalhador somente se constituem num instrumento efetivo contra o desemprego quando o nível de atividade é elevado. Neste caso, essas iniciativas contribuiriam para reduzir o desemprego para um nível mínimo. A ausência de mobilidade seria o resultado de um desemprego elevado, pois não adiantaria o trabalhador deslocar-se para outra região em que não existam postos de trabalho disponíveis. A mobilidade somente tem sentido quando há trabalhadores desempregados em determinada localidade e vagas ociosas em outro.

A autora comenta também sobre a questão da "inadmissibilidade" de alguns trabalhadores — o que, de forma aproximada, seria o que atualmente se denomina "empregabilidade" ou, no caso, a falta dela — em um posto de trabalho. Em sua opinião, isso seria uma questão de grau, somente ocorrendo quando o empregador tem alternativas de contratação. Nos momentos de recuperação econômica, as exigências dos empregadores se afrouxariam e, diante de uma demanda de trabalho suficientemente forte, os empregadores se veriam na contingência de contratar aqueles trabalhadores disponíveis, entre os quais aqueles que num momento anterior eram considerados não empregáveis. Outra forma de se combater o desemprego seria a redução da oferta de trabalho. Neste caso, porém, a redução do desemprego seria obtida por medidas que impediriam certos grupos (crianças e adolescentes, por exemplo) de exercerem uma ocupação, ou pela redução na jornada de trabalho. Dessa forma, haveria uma redistribuição do tempo de trabalho entre um maior número de trabalhadores, mas não significaria um aumento do emprego, pois isso implica o aumento da produção da riqueza (*Robinson*, 1980).

Sem desprezar o papel central desempenhado pelo crescimento econômico na geração de emprego, *Beveridge* (1988) ampliou a discussão sobre o enfrentamento do desemprego. No entender de *Beveridge*, eram necessárias políticas que combatessem as fontes do desemprego, as quais ele identificava na insuficiência de demanda agregada, na falta de orientação da demanda por trabalho e na baixa organização do mercado de trabalho. Na sua visão, era fundamental a adoção de políticas públicas direcionadas ao enfrentamento dessas questões. A principal medida era evitar a insuficiência de demanda, o que deveria ser feito pela garantia de um volume de gasto total suficiente ao longo do tempo. Se esta medida não fosse exitosa o risco era a volta do desemprego massivo. Portanto, diante da importância dessa medida, a responsabilidade última de garantir um nível de gasto total suficiente era do Estado.

O enfrentamento às duas outras questões era complementar à primeira, mas são independentes e necessárias para se atingir o objetivo do pleno emprego. Este é entendido como a existência de mais postos de trabalho do que pessoas trabalhando, o que não significava a inexistência de pessoas desempregadas, mas sim o fato de haver postos de trabalho suficientes para ocupar todos aqueles que buscassem trabalho. Portanto, tornava-se essencial a adoção de um volume de gasto público suficiente para empregar toda a mão de obra disponível. Entretanto, fazia-se também necessária a existência de um órgão governamental para planejar como deveria ser feito este gasto, propiciando que a demanda se aproximasse da oferta de mão de obra, tanto em termos quantitativos como qualitativos. Além de postos suficientes para empregar todos os trabalhadores, deveria existir a possibilidade de que os trabalhadores pudessem migrar de uma ocupação para outra sem grandes problemas. Na sua visão, a organização do mercado de trabalho é importante para evitar a má orientação da mão de obra e se evitar a acumulação e manutenção de reservas de mão de obra desnecessárias (*Beveridge*, 1988).

Gunnar Myrdal (1977) também vê a importância de serem implementadas políticas de mercado de trabalho. O autor, em texto no qual discute os problemas da sociedade norte-americana, que no início dos anos sessenta apresentava crescimento do desemprego com aumento da desigualdade, fruto, em grande medida, da perda de competitividade de sua indústria frente ao Japão e à Alemanha, afirmava que a evolução tecnológica não produzia o desemprego em massa, mas este era decorrente do ciclo dos negócios. Portanto, era necessário dominar o ciclo dos negócios, mantendo o crescimento econômico. À medida que se garantisse a geração de postos de trabalho, abria-se a possibilidade de se criar políticas específicas para o mercado de trabalho, isso porque, no seu entender, o simples crescimento econômico não era suficiente para que todos conseguissem uma ocupação. No seu entendimento, uma política de pleno emprego tem como objetivo induzir a economia a crescer num ritmo suficiente para gerar os postos de trabalho necessários à incorporação de todos os indivíduos que desejam um trabalho remunerado. No entanto, a dinâmica do desenvolvimento econômico leva à constante mudança produtiva em decorrência do progresso tecnológico induzido pela concorrência entre as empresas. Assim, alguns setores vão passando por reestruturações ao longo do tempo, incorporando novas máquinas e novas formas de produzir e organizar a produção, aumentando a produtividade. Com isso, as empresas menos competitivas acabam falindo ou são adquiridas pelas maiores, além das fusões entre empresas, o que reduz o número de trabalhadores empregados no setor. Por outro lado, com o dinamismo econômico, novas oportunidades de negócios são criadas, abrindo-se novos postos de trabalho no mesmo ou em outros setores de atividade, que muitas vezes exigem perfis diferenciados de trabalhadores.

Assim sendo, mesmo que se tenha uma demanda elevada por mão de obra, é possível que nem todos os trabalhadores possam preenchê-la, seja porque não tenham conhecimento de que a vaga exista, seja porque não possuem as habilidades necessárias para tanto, seja porque a vaga foi criada por uma empresa situada numa localidade diferente de onde o trabalhador ou trabalhadores residem. É nesse contexto que *Myrdal* coloca a necessidade de serem criadas políticas de mercado de trabalho, que teriam um papel auxiliar à política de pleno emprego, pois ela não teria o papel de "criar" postos de trabalho, mas sim de eliminar as interferências que possam impedir que todos os trabalhadores tenham chances de inserção no mercado de trabalho, num trabalho remunerado.

Sob uma perspectiva diferente, *Offe* (1995) procura explicar as políticas de mercado de trabalho a partir do surgimento de segmentos da população que teriam maiores dificuldades de inserção no mercado de trabalho, aos quais chama de grupos-problema. O autor destaca que na economia capitalista há um diferencial de poder global primário entre compradores e vendedores de força de trabalho. Essa relação assimétrica deve-se à posição inerentemente desvantajosa do vendedor da força de trabalho, dada a natureza da mercadoria trabalho e da necessidade de vendê-la para sobreviver. A posição do indivíduo no mercado de trabalho seria, então, resultado de dois fatores: o diferencial de poder entre oferta e demanda (diferencial de poder "principal") e das diferenças entre os grupos de trabalhadores em relação às possibilidades de êxito na adaptação às circunstâncias do mercado de trabalho (diferencial de poder "secundário"). Em outras palavras, existe não só o problema de crescimento global da demanda por trabalho, mas também um problema de distribuição dessa demanda de forma que ela seja justa e equilibrada entre todos os trabalhadores. Há, portanto, uma desigualdade de distribuição dos riscos associados ao mercado de trabalho. A ação da política pública teria, então, o papel de reduzir essas assimetrias existentes no mercado de trabalho, tanto aquelas entre compradores e vendedores de força de trabalho como entre os próprios trabalhadores.

Segundo esse autor, existiriam duas estratégias de atuação das políticas públicas no âmbito do mercado de trabalho para reduzir as assimetrias existentes: as de exclusão e as de inclusão. As primeiras referem-se às políticas que levam os indivíduos a migrarem de uma situação de emprego ou desemprego para a situação de inatividade ou de trabalho autônomo. As estratégias de inclusão, por sua vez, seriam aquelas que induziriam o caminho inverso. A implementação dessas estratégias se daria por medidas de sanção positiva (incentivos) ou sanções negativas (penalidades) tanto do lado da oferta como do lado da demanda. As estratégias de exclusão visam reduzir a oferta de trabalho, por meio de leis trabalhistas e políticas que permitam a sobrevivência de uma parcela de indivíduos fora do mercado de trabalho, que de outra forma pressionariam esse mercado[1]. Com a redução da oferta há um relativo enfraquecimento da relação de poder global que se sustenta sobre o excesso de oferta de trabalho, e também impedem-se relações de trabalho extremas e inaceitáveis em relação às normas de trabalho vigentes. O segundo tipo de estratégia, de inclusão, visa integrar a mão de obra no mercado de trabalho por meio de políticas que mudem as condições da oferta de trabalho de modo a aumentar as chances de encontrar emprego ou, para aqueles que estão empregados, não o perderem[2].

Os limites para a efetividade das medidas de exclusão do mercado de trabalho estão relacionados à capacidade fiscal do Estado em "bancar" esse contingente de trabalhadores fora do mercado de trabalho pelas políticas de proteção ao trabalho ou de previdência social. Ademais, a utilização dessa estratégia de exclusão liga-se à maior ou menor utilização das estratégias de inclusão da mão de obra. Dentre essas medidas, tanto aquelas destinadas a criar incentivos ou aplicar penalidades pelo lado da demanda (subsídios ao emprego, regulamentação do trabalho da gestante, do jovem, quotas de emprego obrigatórias para deficientes físicos etc.), como as sanções positivas do lado da oferta (qualificação profissional e mobilidade regional) seriam, de modo geral, relativamente ineficazes, o que levaria à maior pressão para utilização da estratégia de sanções negativas (penalidades) do lado da oferta. Por esta estratégia os trabalhadores mais afetados pelo risco de desemprego sofreriam uma "pressão adaptativa" crescente, que os forçaria a adaptar-se às condições impostas pelo mercado de trabalho. Para atingir tal objetivo, lança-se mão de medidas como a redução da duração e do montante do seguro-desemprego (e também de outros benefícios de desemprego), maior restrição dos motivos e dos empregos que o trabalhador pode recusar, relaxamento ou suspensão da proteção da lei trabalhista, e ondas de denúncias de cunho político e com apoio da mídia sobre os desempregados que seriam preguiçosos. Para o autor, à medida que o Estado utiliza esta última estratégia, perde sua característica de ser uma política autônoma, que visa corrigir e equilibrar as relações de poder existentes no mercado de trabalho, atuando de forma inversa e contribuindo de maneira ativa para ampliar essa assimetria de poder em favor do comprador de trabalho (*Offe*, 1995).

Temos, portanto, que a análise das políticas de mercado de trabalho deve considerar dois aspectos importantes com relação ao nível de emprego. O primeiro está relacionado com a política geral de emprego (ou os aspectos macroeconômicos) que orienta o modelo de desenvolvimento do país e que define, portanto, o nível geral de emprego da economia.

---

(1) Neste grupo de estratégias incluem-se as aposentadorias antecipadas, a proibição de contratação de certas categorias de pessoas (como, por exemplo, crianças e adolescentes) e mecanismos de transferência de renda para donas de casa, aposentados e incapacitados.
(2) Incluem-se nessas estratégias: qualificação profissional; mobilidade regional; subsídios ao emprego; estipulação de uma jornada máxima de trabalho; medidas legais que impeçam a demissão de certos grupos de trabalhadores; e medidas de "humanização" que protejam a posição da oferta.

Sob esse aspecto, devemos analisar em que medida essa política é suficiente para induzir uma demanda global por trabalho capaz de incorporar a população ativa a cada momento do tempo. Ou seja, dada a dinâmica da economia capitalista industrial, a política econômica deve ser capaz de fazer os ajustes indispensáveis para manter o ritmo de geração de postos de trabalho necessários. O segundo aspecto relaciona-se ao mercado de trabalho *stricto sensu*. Assim, a análise das políticas de mercado de trabalho deve ser feita a partir das características do mercado de trabalho e da forma como este está estruturado e organizado e, portanto, deve ser considerada como parte do conjunto de normas e instituições a partir das quais o Estado faz a gestão do trabalho[3].

Assim sendo, a política de pleno emprego precede a quaisquer políticas de mercado de trabalho, ou em outros termos, ela é condição necessária para que uma determinada economia, considerada sua dinâmica demográfica e o estágio de seu desenvolvimento econômico, possa incorporar todos os indivíduos em idade ativa que desejem um trabalho remunerado. Se essa condição é necessária, como vimos anteriormente, não é suficiente, pois existem problemas de distribuição desigual dos postos de trabalho gerados, tanto em termos espaciais como em termos de qualidade (educação, qualificação, experiência, remuneração etc.). Se não há insuficiência na geração de postos de trabalho, então o problema do desemprego que venha a existir estará relacionado com o funcionamento do mercado de trabalho. Isto é, em um determinado período do tempo e num determinado espaço geográfico, a questão do desemprego pode estar relacionada com as desigualdades entre os trabalhadores. Neste caso, são necessárias políticas que eliminem ou reduzam ao mínimo possível essas desigualdades de forma a permitir que todos tenham chances de conquistar um posto de trabalho. Do ponto de vista econômico, no momento em que existam postos de trabalho não preenchidos e trabalhadores desempregados querendo trabalhar, a política de mercado de trabalho, ao reduzir o tempo de preenchimento desse posto de trabalho, contribui para a maior eficiência econômica. Há que se ressaltar a diferença entre as economias industriais avançadas, em que a demanda por trabalho é bastante homogênea, e as economias de industrialização tardia. Nestas, a demanda da grande empresa é diferente da micro e pequena empresa, além da existência de um grande contingente de trabalhadores autônomos. A heterogeneidade presente nessas economias, por sua vez, coloca problemas singulares para as políticas de mercado de trabalho, uma vez que não se trata simplesmente de atuar pelo lado da oferta de mão de obra, ajustando-a às necessidades das empresas que são de certo modo parecidas. Nesses casos, o atendimento dos vários tipos de demandantes de trabalho implica diferentes serviços a serem oferecidos, para que se possa ter maior efetividade das políticas.

No momento em que ocorre um desaquecimento da economia, em decorrência de um ciclo econômico, por exemplo, a ação da política de mercado de trabalho, em termos gerais, perde eficácia, pois com o crescimento do excedente de mão de obra no mercado de trabalho ela será incapaz de reduzir as assimetrias de poder entre comprador e vendedor de

---

(3) A gestão das políticas feita pelo Estado reflete em cada momento do tempo as forças sociais presentes na sociedade e o poder que cada uma tem em influenciar na formulação de leis e normas, bem como em decisões de políticas que atendam os interesses específicos de cada classe. Assim, a simples existência de instituições, leis e normas de regulação e proteção do trabalhador não é garantia de sua plena efetivação, do mesmo modo que a mesma instituição ou norma pode ter resultados diferentes em diferentes sociedades. Sobre essa questão, ver: Brunhoff, 1985.

trabalho. Da mesma forma, sua ação será reduzida para diminuir as diferenças entre os próprios trabalhadores, dado que aqueles melhores posicionados tenderão a conquistar os postos de trabalho existentes. Nesse caso, o problema do mercado de trabalho decorre de externalidades que não poderão ser solucionadas a partir de uma ação interna a ele e sim de mudanças na orientação de âmbito macroeconômico. Como afirma *Myrdal*, durante o período de baixa do ciclo econômico o desemprego concentra-se entre os jovens, os mais velhos e o trabalhador com baixa ou sem qualificação, enquanto no período de auge do ciclo o mercado de trabalho reocupa aquele grupo de trabalhadores e aumenta as oportunidades dos jovens e dos não qualificados adquirirem as habilidades necessárias (*Myrdal*, 1977).

Nesse sentido, a efetividade das ações de um sistema público de emprego será limitada pela dinâmica do mercado de trabalho dada pela economia. Numa economia dinâmica, o sistema público de emprego poderá ser fundamental para criação de oportunidades para os grupos com maiores desvantagens no mercado de trabalho, ao fornecer os serviços e políticas que reduzem os diferenciais entre os trabalhadores. Porém, numa economia estagnada ou com baixo dinamismo, as ações do sistema público de emprego terão sua eficácia reduzida, quando elas não forem inócuas diante do excesso de oferta de mão de obra do mercado de trabalho.

Mesmo com as limitações impostas nos momentos de crise, a existência de um sistema público de emprego pode contribuir para amenizar as consequências adversas sobre os trabalhadores, na medida de sua capacidade para implementar políticas emergenciais de proteção social aos desempregados. Dessa forma, poder-se-ia assegurar que o conjunto de habilidades dos recursos humanos, necessárias ao desenvolvimento do país, não se perca, ao mesmo tempo em que se mitiga os efeitos negativos do desemprego.

Se a constituição de um sistema público de emprego tem papel importante, ao lado de outras instituições, para o mercado de trabalho das economias industriais avançadas, também o tem para o mercado de trabalho das economias de industrialização tardia? Em outros termos, se considerarmos o excedente de oferta de trabalho estrutural, a heterogeneidade de situações de inserção no mercado de trabalho, na qual o trabalho regular e regulamentado representa menos da metade de ocupados, a baixa escolaridade e qualificação da mão de obra, a constituição de um sistema público de emprego teria algum sentido?

Para *Ricca* (1983), o sistema público de emprego pode desempenhar um papel importante na regulação do mercado de emprego nas economias de industrialização tardia. Essa função nasce de uma missão social de introduzir um mecanismo de contratação imparcial e desinteressado, decorrente do fato de que a introdução de projetos econômicos exige um grande contingente de mão de obra (tais como a exploração de recursos minerais, implantação de novas indústrias etc.) ou do trabalho de colheita em determinadas plantações (caso da cana-de-açúcar e da laranja). A exigência de grande contingente de mão de obra propicia o surgimento de intermediários privados que se beneficiam das necessidades de ocupação dos indivíduos que buscam nessas oportunidades de emprego uma forma de melhoria de sua condição de vida. Geralmente, implica a migração — temporária ou permanente — desse trabalhador de seu local de origem para os locais de trabalho. A intermediação privada, na maioria das vezes, prima pelo descumprimento das normas trabalhistas, de segurança e saúde do trabalhador. A própria existência de uma intermediação privada realça a necessidade desse serviço. A prestação de um serviço público nessa situação mostra-se de fundamental importância tanto do ponto de vista econômico, ao fornecer os recursos humanos necessários aos empreendimentos que necessitam de trabalhadores, como do ponto de vista social, ao permitir o acesso ao emprego em condições que respeitam a integridade física e moral do trabalhador. Além do mais, permite que se influencie, incentivando ou desestimulando, a migração inter-regional, evitando deslocamentos desnecessários que poderiam causar uma sobre o ferta de mão de obra nas áreas de atração.

Mesmo sendo uma função acessória, o sistema público de emprego joga um papel importante na organização do mercado de emprego. Uma razão para isso é que, em certa medida, os desequilíbrios entre a oferta e a demanda de empregos são responsáveis por parte do desemprego que poderia ser eliminado ou ao menos reduzido. Outra razão diz respeito ao fato de que em termos funcionais a organização do mercado de emprego e o fomento ao emprego não são ações estanques. Isto é, uma característica para o bom funcionamento do sistema público de emprego é que todas as suas funções estão ligadas entre si e dependem estreitamente umas das outras. Assim, a realização de uma colocação bem-sucedida traz informação sobre o mercado de trabalho e informação profissional que juntas podem contribuir para a formulação da política de emprego. A organização do mercado de emprego se realiza na colocação, que é uma atividade muito custosa, consumindo grande tempo e talento. Para que a colocação ocorra são necessárias algumas atividades prévias. A seleção dos trabalhadores é uma das etapas. Apesar de poder ser caracterizada como antissocial, a seleção se justifica nessas economias dado o excesso de oferta de mão de obra não qualificada e a escassez de trabalhadores qualificados. Mesmo entre os trabalhadores qualificados a função de intermediação de mão de obra é importante para agilizar as informações de onde estão localizados os empregos que requerem trabalhadores qualificados e que atendam as exigências desses trabalhadores (*Ricca*, 1983: 57).

Esse autor coloca também uma questão importante para reflexão. Dado que uma das funções do sistema público de emprego é fazer a colocação do trabalhador, ele deveria aproveitar todas as ofertas de emprego, mesmo aquelas que não respeitem as exigências da legislação trabalhista? Sobre esse ponto, o autor reforça a necessidade de tornar claro que a função de fiscalização não é tarefa do sistema público de emprego, cuja dúvida pode afastar as empresas e reduzir a oferta de empregos. De toda forma, deve-se evitar o encaminhamento de trabalhadores para os postos de trabalho que desrespeitem os direitos reconhecidos pelas normas do trabalho. Essa questão é importante, pois na medida em que o sistema público de emprego tenha acesso às informações sobre os setores nos quais os empregos não respeitam as normas do trabalho, saúde e segurança, pode criar canais para que sejam implementadas medidas que deem a essas empresas as condições de cumprimento das normas. Esse trabalho, evidentemente, pode e deve ser um complemento do serviço de fiscalização do Ministério do Trabalho.

No caso brasileiro devemos considerar, primeiramente, a necessidade de que a demanda global por trabalho cresça em níveis compatíveis para incorporar a população ativa, sem o que não há como solucionar o problema do excesso de oferta. Não se pode desconsiderar a proporção de trabalhadores aposentados que continuam no mercado de trabalho para complementarem a renda da Previdência Social, ou de crianças e adolescentes que se ocupam em atividades precárias, muitas vezes insalubres e perigosas, e do contingente de trabalhadores que extrapolam a jornada normal de trabalho. Assim, políticas que visem reduzir a oferta de trabalho são fundamentais, especialmente para a redução da oferta de mão de obra de baixa ou sem qualificação para, como diz o professor *Salm* citando *Marshall*, torná-la escassa e, dessa maneira, aumentar o seu preço (*Salm*, 2005).

Em segundo lugar, é preciso considerar que as políticas sociais não se desenvolveram plenamente como nos países avançados, tanto em termos de acesso aos bens e serviços públicos, como em termos da qualidade desses bens e serviços prestados à população. A ampliação dos serviços que garanta o acesso a todos, bem como a elevação da qualidade, são importantes para garantir a permanência fora do mercado de trabalho daqueles que já ultrapassaram a idade ativa em condições dignas, assim como daqueles que ainda não a atingiram, possibilitando a elevação da qualidade dos recursos humanos no futuro.

Em terceiro lugar, deve-se considerar que o sistema público de emprego é parte de um conjunto de instituições responsáveis pela gestão do trabalho. Nessas incluem-se a legislação trabalhista, o sistema de relações do trabalho, a Justiça do Trabalho, os órgãos responsáveis pela fiscalização das normas trabalhistas, de saúde e segurança do trabalhador (Delegacias Regionais do Trabalho e o Ministério Público do Trabalho), além do sistema público de emprego. A esse conjunto cabe estabelecer as bases para o bom funcionamento do mercado de trabalho. Isso implica que a organização do mercado de trabalho depende de ações coerentes entre essas instituições e, consequentemente, o sistema público de emprego será afetado pela forma como essas instituições agirem sobre o mercado de trabalho.

Portanto, a importância do sistema público de emprego para o mercado de trabalho brasileiro está relacionada à sua capacidade de executar as suas funções em conjunto com as demais instituições e com o apoio das demais políticas públicas (econômica, social) de forma a permitir reverter a tendência de desestruturação do mercado de trabalho, levando à redução das assimetrias entre os trabalhadores e favorecendo a maior equidade no seu conjunto. Para tanto, é preciso averiguar quais as funções que o sistema público de emprego deve desempenhar no mercado de trabalho brasileiro.

3.2. As funções do sistema público de emprego

As funções que deve ter um sistema de emprego variam de acordo com as condições políticas, econômicas e sociais de cada país. A Convenção n. 88 da OIT estabelece como funções do serviço público de emprego: a seleção e colocação de trabalhadores; a facilitação da mobilidade geográfica e profissional; a coleta e análise de dados sobre o mercado de trabalho; a cooperação na administração do seguro-desemprego; e a assistência no planejamento econômico e social. Para os nossos propósitos nesse trabalho e para nos aproximarmos da realidade brasileira, vamos considerar quatro funções básicas: i) a intermediação de mão de obra; ii) sistemas de informação sobre o mercado de trabalho; iii) administração de programas de ajuste do mercado de trabalho e apoio ao emprego; iv) a administração de benefícios de desemprego. Além dessas quatro funções, acrescentaremos uma quinta, que designaremos como função de contenção da oferta. Outras funções do sistema são consideradas como fazendo parte de um desses quatro grandes campos de atuação, como, por exemplo, a informação e orientação profissional que está inserida na intermediação de mão de obra.

Na sequência, apresentamos cada uma dessas funções em seus aspectos gerais e, ao fim, discutimos como elas atendem ou não às necessidades do mercado de trabalho brasileiro e em que medida elas deveriam ser alteradas para serem adaptadas às condições específicas de nosso mercado de trabalho.

3.2.1. Função de colocação (intermediação de mão de obra)

Essa função relaciona-se ao conjunto de operações realizadas pelos funcionários desse serviço a partir da utilização de instrumentos distintos e de múltiplas técnicas cujo objetivo final é pôr em correspondência as ofertas com as demandas de empregos do país, equilibrando, desse modo, o mercado de emprego. A atividade de intermediação está a serviço de uma política e, assim sendo, não possui um conjunto de operações padronizadas e de utilização universal. Nas sociedades em que o emprego é um direito inalienável do indivíduo, a colocação é o instrumento pelo qual se procura encontrar trabalho para todo adulto desempregado. Nas sociedades em que o emprego é um direito do indivíduo que o exerce livremente, a intermediação é um simples instrumento de ajuda àqueles que desejam encontrar uma ocupação. Se a política de intermediação estiver direcionada para satisfazer às necessidades das empresas, as atividades de seleção serão mais acentuadas, desenvolvendo-se as ações de prospecção e assessoria às empresas. Por outro lado, se a colocação estiver direcionada como a principal medida de ajuda aos trabalhadores desempregados ou desfavorecidos, então passa a ser um instrumento para persuadir ou obrigar os empregadores a contratar esses trabalhadores. Esse direcionamento pode, no entanto, ter um caráter conjuntural, mudando de acordo com as especificidades de cada momento. De acordo com a política de colocação, corresponde uma determinada prática, o que implica uma gama variada de instrumentos que podem ser utilizados (*Ricca*, 1983).

A colocação pode ser o resultado tanto da oferta de um emprego feita por uma empresa que necessita de um candidato, como da demanda feita por um trabalhador que busca uma ocupação. No primeiro caso, a oferta é comunicada ao serviço de intermediação pela empresa, que pode ser feita por telefone, por carta, por meio eletrônico ou pela atividade de prospecção de vagas do serviço. No caso de o empregador não ser obrigado a comunicar a abertura de vagas, deve-se facilitar ao máximo o seu comunicado, por vários meios, estimulando que o empregador utilize o serviço público. Uma vez comunicada a oferta, negociam-se[4] suas condições, codificando-a segundo o código de ocupações[5] e

---

(4) A negociação, aqui, diz respeito ao funcionário responsável pela prospecção das vagas em buscar adaptá-las o melhor possível às condições do mercado de emprego, para aumentar a probabilidade de se poder correlacionar a oferta e demanda. Na negociação o funcionário pode, por exemplo, solicitar ao empregador que dê maior precisão às tarefas que serão desempenhadas para que possa classificar com maior exatidão a vaga segundo o código de ocupações, ou então, que o empregador aceite uma pessoa com menor experiência de trabalho, entre outras.
(5) No caso brasileiro, a Classificação Brasileira de Ocupações (CBO).

registrando-se a mesma no banco de ofertas de emprego, podendo ser divulgada em quadros de aviso e também pela *internet* e outros canais. Se o banco de dados estiver em rede com outras agências do sistema, todas as agências poderão ter acesso à vaga que foi captada por uma agência determinada. Uma vez disponível uma oferta de emprego, o setor responsável buscará no banco de demandantes de emprego um trabalhador que atenda aos requisitos do posto de trabalho, isto é, far-se-á o encontro entre as características da vaga e o perfil dos demandantes de emprego para se achar os candidatos ao emprego. O candidato também pode se oferecer a uma determinada vaga que tenha sido divulgada por meio do autosserviço.

Encontrado um candidato que preencha as condições definidas pela empresa, o agente de colocação contata o trabalhador propondo-lhe o posto de trabalho e encaminha-o para o empregador. Este, por sua vez, faz as entrevistas e os testes que considere necessários para avaliar o candidato e toma a decisão de contratá-lo ou recusá-lo, informando o serviço sobre sua decisão. De posse do resultado do encaminhamento, o agente de colocação registra a ficha do trabalhador com a informação de sua contratação ou da sua disponibilidade, e também da vaga, no caso de ela ter sido preenchida, retirando-a do banco de ofertas, ou mantendo-a no caso de não ter sido preenchida e o empregador ter revalidado a oferta. Neste último caso, e também em caso de dificuldade de preenchimento dos requisitos colocados pela empresa, o funcionário responsável pode renegociar com ela novas condições, de modo a facilitar a aproximação com o perfil de algum demandante de emprego.

Outro circuito de intermediação é o do demandante de emprego. Este pode ser um trabalhador desempregado que busca um novo emprego, um jovem que está em busca de sua primeira ocupação, ou um trabalhador ocupado que deseja mudar sua situação no mercado de trabalho. O trabalhador, então, procura uma agência de emprego, e no atendimento prévio são-lhes dadas as informações gerais sobre o serviço, encaminhando-o à seção competente para o seu caso. Os trabalhadores que estão disponíveis para ocupar imediatamente um emprego podem consultar as vagas disponíveis no autoatendimento e, caso encontrem algo de seu interesse, encaminham-se para o agente de colocação[6]. Caso não encontre nenhuma oferta que lhe interesse, o trabalhador faz sua inscrição no serviço com o agente de intermediação. Este preenche a ficha com as informações do trabalhador, insere-a no banco de demandantes de emprego e consulta o banco de dados das ofertas de emprego para encontrar alguma oferta adequada ao trabalhador. Caso encontre algo próximo ao que o indivíduo esteja buscando, pode negociar com o mesmo para poder ajustar as exigências entre oferta e demanda de emprego. Sendo bem-sucedido na negociação, faz o encaminhamento do trabalhador para entrevista. No caso de não encontrar uma oferta adequada ao perfil do trabalhador, ou se este não negociar suas exigências, o agente arquiva a ficha do trabalhador no banco de demandantes de emprego à espera de uma oferta adequada. O agente de colocação pode encaminhar o trabalhador, se for do desejo deste ou se o seu perfil assim o indicar, para o assessor que trata da informação e orientação profissional. Este, por sua vez, faz uma entrevista com o candidato, fornecendo

---

(6) Nas agências com sistema informatizado, o trabalhador, no totem de autoatendimento, pode bloquear por um determinado tempo a vaga de seu interesse até que o agente de colocação faça seu encaminhamento para a vaga. Em alguns casos, o próprio trabalhador pode fazer seu encaminhamento, agendando data e hora para uma entrevista com o empregador.

as informações sobre o posto de trabalho desejado por ele e analisa o seu perfil para verificar se possui as condições necessárias para a ocupação desejada ou se o seu perfil indica para outra ocupação, além de procurar verificar se o demandante necessita passar por uma atividade de qualificação profissional. Realizada a entrevista, o orientador profissional encaminha o trabalhador novamente para o agente de colocação ou, se for o caso, encaminha-o para o responsável pelo encaminhamento dos candidatos aos cursos de qualificação. Neste último caso, o trabalhador é encaminhado para o curso de qualificação profissional recomendado e, após sua conclusão, dirige-se novamente ao agente de colocação.

Para execução das atividades de intermediação de mão de obra, entre os instrumentos para a operacionalização do serviço, tais como normas e regulamentos, são imprescindíveis: o banco de dados dos demandantes, o banco de dados das ofertas, o registro das empresas (ou estabelecimentos, empregadores) e a classificação de ocupações. Os dois primeiros contêm os dados com o perfil (itinerário e experiência profissional) e as expectativas ocupacionais do trabalhador demandante de emprego, bem como as informações sobre o posto de trabalho oferecido (condições requeridas para a ocupação e condições oferecidas ao trabalhador) e sobre a empresa, trazendo, assim, informações sobre o mercado de trabalho. Com relação ao registro das empresas, ele é importante para se fazer a prospecção de empregos.

A classificação de ocupações é fundamental para que se possa fazer a correlação entre a oferta e a demanda de emprego, isto é, ela permite uma linguagem comum entre a empresa e o serviço de intermediação. O sistema de classificação de ocupações auxilia na informação e orientação profissional, pois contém informações sobre as características gerais da ocupação, com uma descrição detalhada das tarefas que executa o trabalhador, como as faz e com que instrumentos, equipamentos etc., além de apresentar as tarefas que podem vir a fazer parte da ocupação. Essas informações ajudam ainda no processo de informação sobre o mercado de trabalho, na medida em que a maior ou menor incidência de determinada oferta ou demanda ocupacional pode indicar tendências que devam ser analisadas com maiores detalhes, influindo nas decisões de formulação das políticas públicas, especialmente as relacionadas com a educação profissional.

Além desses, com o desenvolvimento das tecnologias de informação e comunicação, a informatização do sistema de intermediação tornou-se instrumento indispensável para a modernização do serviço. Além de facilitar a tarefa de correlação entre oferta e demanda de emprego, possibilita o aprimoramento do autosserviço, podendo o trabalhador fazer o acesso remoto, por meio de totens instalados em locais estratégicos ou via *internet*, e em certos casos fazer seu próprio encaminhamento para a entrevista. Mesmo que apresente limitações, sobretudo para os trabalhadores com maiores dificuldades no mercado de trabalho, a informatização pode agilizar os serviços da intermediação, além de ampliar as informações sobre as vagas disponíveis e da situação do mercado de trabalho.

Para se realizar o serviço de intermediação é preciso que trabalhadores busquem emprego por meio do serviço, como os empregadores contratem também por meio do serviço. No caso das ofertas de empregos feitas pelas empresas, muitas vezes é necessária uma ação de prospecção da parte do serviço de emprego. Essa atividade de prospecção, além de buscar induzir o empregador a recorrer ao serviço de emprego, ajuda a averiguar se há manifestação de falta de pessoal ou da inadequação deste. Ao realizar essa atividade, espera-se como resultado informações sobre as condições do mercado de trabalho atuais e futuras, além, é claro, de alimentar o serviço de emprego com ofertas de emprego.

O serviço de emprego pode desenvolver atividades de assessoria às empresas junto à tarefa de prospecção, ou ser desenvolvida como uma atividade à parte. Essa atividade parece mais importante para a micro e pequena empresa que não possui um departamento de recursos humanos, possibilitando a melhoria da atividade de recrutamento com o apoio do serviço. Nesses casos, o serviço de emprego iria além de simplesmente detectar os candidatos ao emprego e encaminhá-los às empresas. Poder-se-ia realizar todo o trabalho de recrutamento, além de serviços de maior envergadura para empresas que estejam instalando-se numa determinada região, desde um plano detalhado da estrutura de pessoal, com as aptidões e qualificações requeridas, até planos de melhoramento das condições de trabalho. Com isso, ampliam-se as possibilidades de sucesso das empresas que contam com pouco apoio técnico e, muitas vezes, não têm informações de como consegui-lo, sobretudo nas regiões menos dinâmicas ou mais afastadas dos grandes aglomerados urbanos e nas áreas rurais. *Ricca* (1983) considera a atividade de assessoria importante também no setor não organizado da economia, com o agente do serviço de emprego atuando como um canal entre esse segmento e o sistema público de emprego. As informações recolhidas junto a esses empreendimentos poderiam contribuir para a formulação de medidas de fomento e consolidação do emprego nos mesmos.

O serviço de intermediação pode criar atendimento diferenciado para certas categorias especiais de trabalhadores, tais como aqueles com incapacidade, o pessoal de direção e supervisão e trabalhadores temporários. Nos casos dos trabalhadores com incapacidades, os agentes de intermediação devem conhecer a lei que regulamenta o trabalho desse grupo de trabalhadores para poder ajudá-los da melhor maneira possível. É necessário que se tenha um bom diagnóstico das possibilidades desse tipo de trabalhador, com as limitações que possui, se há necessidade de capacitação profissional para assumir as ocupações que são mais propensas de serem abertas pelas empresas para esse grupo de indivíduos. Pelo lado da oferta de emprego para trabalhadores incapacitados, além do apoio de uma lei que obrigue o empregador à contratação, há necessidade de um maior esforço da parte dos funcionários que fazem a prospecção de emprego para induzir o empregador à norma e mostrar-lhe que não há prejuízo para a empresa na contratação de um trabalhador com incapacidade.

No caso dos trabalhadores de direção ou supervisão, tem-se buscado criar uma seção especializada dentro do serviço de intermediação para esse tipo de trabalhador. A justificativa para esse "privilégio" é o fato desse grupo de trabalhadores ter maior mobilidade geográfica, inclusive para fora do país, além de recorrerem a serviços de intermediação pagos na maioria das vezes. Dessa forma, para o serviço atrair esse grupo de trabalhadores, é preciso criar alguns mecanismos que mostrem a esses trabalhadores as vantagens em se recorrer ao serviço público e não ao privado. Ademais, a técnica de seleção desses trabalhadores é mais sofisticada do que para a maioria dos trabalhadores. Nesse caso não basta simplesmente fazer o encontro da oferta e da demanda e fazer o encaminhamento. É preciso uma análise cuidadosa do currículo do candidato, cuidar da entrevista, entre outras ações, o que exige um atendimento diferenciado.

Já em relação aos trabalhadores temporários, o atendimento diferenciado justifica-se pelo fato deste mercado ser caracterizado por uma demanda fluida em constante renovação e uma oferta com prazos de colocação breves. Devido a essas características, a intermediação deve ser diferenciada para agilizar ao máximo o preenchimento da vaga de emprego aberta com o trabalhador adequado. Nesses casos, a técnica de intermediação é reduzida, partindo-se da divulgação da oferta de emprego recebida e esperando que os interessados procurem o agente de colocação que fará breves questões como as qualificações, a idade, último emprego, que são imediatamente repassadas ao empregador e, sendo do interesse deste, encaminha-se o trabalhador para a empresa. No momento em que o empregador que ofertou a vaga informa que a mesma foi preenchida, averigua-se se o trabalhador contratado foi encaminhado pela agência, e em caso afirmativo, contabiliza-se como colocação efetuada. Mesmo buscando criar um atendimento diferenciado para a intermediação de trabalhadores temporários, reduzindo-se o tempo de intermediação, o serviço público tem dificuldades em concorrer com as agências privadas de trabalho temporário, dado que estas assumem as responsabilidades de contratação, isentando a empresa que utiliza a força de trabalho da responsabilidade legal pelo trabalhador.

Percebe-se, pelo exposto, que a função de intermediação envolve, na verdade, uma multiplicidade de atividades que não se resume à simples colocação do trabalhador em um posto de trabalho. Ela amplia-se e torna-se complexa. E mesmo que tenha apresentado mudanças na sua atuação ao longo de sua existência, o serviço público de intermediação de mão de obra continua a ter o papel de centro de referência para o trabalhador em busca de ocupação e para o empregador que busca preencher a vaga de emprego. Neste sentido, sua existência teria uma justificativa econômica — promover maior transparência ao mercado de trabalho — e uma social — a ajuda aos trabalhadores mais vulneráveis desse mercado. Assim, o objetivo é fazer com que todo trabalhador que deseje um emprego remunerado obtenha-o de maneira rápida. Portanto, o serviço tem como pressuposto o trabalho assalariado, ainda que as transformações observadas no mercado de trabalho, com a ampliação das relações de trabalho atípicas (tempo parcial, temporário) e do desemprego, tenham levado à ampliação nas funções do serviço de emprego.

O fato de o serviço de intermediação ter sido desenhado para um mercado de trabalho assalariado traz implicações quando ele é transportado para uma economia como a brasileira, em que o mercado de trabalho possui um grande contingente de trabalhadores fora da relação de assalariamento e parte daqueles que são assalariados não tem sua relação de trabalho reconhecida formalmente. Além do mais, o serviço de emprego brasileiro, o SINE, não se consolidou entre nós como nas nações desenvolvidas, mesmo que nesses países o serviço público de intermediação conviva com outros esquemas de busca de emprego como as agências privadas, o anúncio em jornais e revistas, a informação "boca-a-boca" e também a *internet*.

Como vimos no capítulo 2, no caso do SINE, apesar de seus indicadores mostrarem uma ampliação do número de trabalhadores que procura o serviço, das vagas captadas e do número de colocações, sua estrutura ainda é bastante frágil, se pensarmos nos serviços que pode vir a prestar. Apesar de estar em todas as unidades da federação, o SINE atinge somente cerca de 1/5 dos municípios brasileiros, em 2004 existiam pouco mais de mil e cem postos de atendimento, sendo que menos da metade eram informatizados. Dada a extensão geográfica do Brasil e a heterogeneidade econômica e do mercado de trabalho entre os vários espaços regionais, é difícil imaginar que o SINE possa cobrir todo o território nacional. Talvez não seja o caso. Como dissemos, o serviço de intermediação foi pensado para o mercado de emprego e, sendo assim, há necessidade de que o serviço se consolide primeiramente nas áreas onde a relação de emprego seja predominante.

Ocorre, porém, que na região onde é maior o mercado de trabalho, a região sudeste, é também grande o contingente de trabalhadores inseridos de forma precária no mercado de trabalho e de desempregados. Isso traz um complicador para o serviço, que vê crescer o número de inscritos, isto é, o número de trabalhadores que se registram como demandantes de emprego, e tem uma baixa participação na colocação que, como visto, situava-se em torno de 8% do total de pessoas admitidas em 2004. Em grande medida, essa pequena participação no total de pessoas colocadas no mercado de trabalho se deve tanto ao fato de ser baixa a captação das vagas, como ser baixo o aproveitamento das vagas colocadas à disposição do SINE.

Portanto, verifica-se uma necessidade de aprimoramento da atividade de colocação, o que significa a existência de um espaço para melhoria na gestão do serviço, tanto pelo lado da prospecção de vagas, como por encontrar o melhor candidato para cada vaga. Se, por um lado, a participação no total da admissão pode ser aumentada por um aprimoramento das ações de intermediação, por outro, deve-se pensar na capacidade de influência do sistema para organizar o mercado de trabalho se sua participação é tão baixa. Em outros termos, a instituição de um sistema público de emprego será capaz de ter um papel determinante nos rumos do mercado de trabalho, facilitando a passagem da situação de inatividade ou de uma ocupação precária para a situação de emprego assalariado formal? Parece-nos que somente melhorar a gestão e a operacionalização será insuficiente. A necessidade de se integrar o serviço de intermediação de mão de obra às outras políticas de mercado de trabalho é um passo importante, especialmente por poder agregar outros serviços à intermediação que aumentam as chances de emprego dos trabalhadores com maiores dificuldades de inserção. Mas é importante, senão fundamental, que se amplie a regulação sobre as atividades das agências de emprego privadas, especialmente de trabalho temporário, impedindo práticas abusivas e lesivas ao trabalhador que não contribuem para a qualidade do emprego.

O aprimoramento do serviço passa pelo aperfeiçoamento da descrição da vaga (isto é, conhecer o perfil de trabalhador que se quer contratar), assim como conhecer melhor o perfil do trabalhador inscrito. Considerando-se a baixa qualificação e escolaridade do trabalhador brasileiro, parece ser preciso que se intensifique — ou se introduza — a atividade de informação e orientação profissional, pensada aqui muito mais como forma de avaliar as possibilidades de inserção do trabalhador no mercado de trabalho. Pensamos que se possa aproveitar aqui a experiência dos conselheiros pessoais da Grã-Bretanha ou da Alemanha, menos como forma de "vigiar" se está realmente envidando esforços para conseguir um emprego e mais como uma ajuda especializada que detecte as necessidades de capacitação do trabalhador para poder conseguir um emprego.

Surge, assim, a importância de conexão entre o serviço de intermediação e as atividades de qualificação e formação de mão de obra. O conhecimento das necessidades de qualificação profissional pelos responsáveis pela política de formação e qualificação profissional, bem como dos cursos existentes para os quais podem ser encaminhados os trabalhadores que necessitam de alguma atividade de capacitação, é fundamental. A partir do momento em que o assessor de orientação profissional detecte a necessidade de um trabalhador passar por uma atividade de qualificação para ampliar suas chances de se inserir em um posto de trabalho, deve ter condições de saber que essa possibilidade existe e saber como encaminhá-lo. Nesse caso, rapidez é importante e, portanto, é preciso que se tenham procedimentos administrativos que agilizem essa transição entre o serviço de orientação profissional e o programa de qualificação profissional e deste para o serviço de intermediação novamente.

Além de procedimentos administrativos que permitam a conexão entre as várias atividades do serviço de intermediação e destas com as demais políticas de mercado de trabalho, a introdução de tecnologias de informação e comunicação pode contribuir para a consolidação e maior agilidade dos serviços prestados. Porém, há necessidade de se consolidar o próprio serviço de intermediação de forma tradicional (o atendimento pessoal na agência de emprego) ao mesmo tempo em que se ampliem as possibilidades de autos serviço (totens, serviço telefônico, *internet*). Não se pode, nesse caso, "pular etapas" para aproximarmo-nos da tendência que se verifica nos países desenvolvidos, onde é crescente a participação do autosserviço no total da intermediação, ficando a cargo do serviço de emprego a implementação e gestão da infraestrutura de intermediação, atuando pouco como mediador entre empregador e trabalhador.

Trata-se não de negar os avanços proporcionados pela tecnologia, mas de utilizá-la com uma estratégia diferente, adaptada à realidade brasileira. Nos países desenvolvidos, a atividade de intermediação tende a se concentrar nos trabalhadores que possuem maiores dificuldades para voltarem ao mercado de trabalho, os desempregados de longa duração, e nos trabalhadores jovens. No caso brasileiro, é preciso considerar a elevada rotatividade que faz com que o trabalhador passe de um emprego a outro num curto período de tempo. Em termos gerais, esse trabalhador é de baixa qualificação e necessita de atendimento pessoal, tanto quanto aqueles trabalhadores com maiores dificuldades de inserção. A realidade brasileira ainda está mais para o atendimento de balcão, em parte pela dificuldade de manipular um instrumento ao qual grande parte dos trabalhadores não está habituada e pelo baixo nível educacional da população. Essas questões têm que ser consideradas na medida em que não se trata de utilizar um caixa eletrônico de banco. Trata-se de inserir informações (digitá-las), responder a quesitos e tomar decisões. Não nos parece tarefa trivial. Ademais, a informatização do serviço implica que se façam grandes gastos em investimento na informatização dos postos que ainda não a possuem e, também, na ampliação dos pontos de acesso, além de desenvolver todo um procedimento para que se faça a intermediação sem o auxílio de um funcionário do serviço, mas registrando-se a colocação.

Portanto, no caso brasileiro impõe-se a necessidade de caminhar em dois sentidos ao mesmo tempo: fortalecer o atendimento de "balcão" do SINE e implementar novas formas de intermediação como o autosserviço, que podem atrair um contingente maior de trabalhadores qualificados e que possuem condições de acesso aos serviços pela *internet*, sobretudo. A completa consolidação do SINE dependerá de sua capacidade em executar tanto suas tarefas "tradicionais" como de absorver outras. Queremos aqui destacar que atualmente o serviço atua basicamente na intermediação e na habilitação do benefício de seguro-desemprego. Pouco ou nada faz com relação à informação e orientação profissional ou o trabalho de informação sobre o mercado de trabalho que pode subsidiar o planejamento das atividades de educação e qualificação profissional. Para fortalecer a intermediação e ao mesmo tempo dar conta de implementar essas outras funções, o SINE necessitará ampliar seu quadro funcional e qualificá-lo, tornando-o apto a responder às diversas tarefas que o serviço de intermediação venha a assumir.

Se no caso brasileiro o atendimento pessoal ainda deve ser predominante, é pouco provável que possamos ter um atendimento personalizado como visto nas experiências dos países desenvolvidos. Talvez aqui a necessidade seja até muito maior, porém isso implicaria ampliar rapidamente o número de pessoal do SINE, com adequada capacitação para a atividade. Mesmo que em locais específicos se possa avançar nessa direção, na grande maioria dos postos de atendimento isso será inviável no curto prazo. Tanto em termos dos gastos que serão necessários, como da qualificação exigida. Em relação a esse último aspecto, cabe mencionar a importância estratégica de se constituir um quadro de pessoal capacitado para atender às diversas funções que desenvolve o SINE. Como se mostrou anteriormente, no segundo capítulo, a descontinuidade administrativa e a falta de uma política de recursos humanos que valorizasse o funcionário do serviço de intermediação resultaram na perda de pessoal qualificado. A consolidação do SINE passa, certamente, pela constituição de um quadro de pessoal altamente capacitado e homogêneo em termos nacionais para responder aos desafios que se colocarão para o serviço no futuro. Isso significa a implementação de um único quadro de carreira, importante para que se possa implementar um serviço equânime capaz de respeitar as diversidades locais.

Por fim, cabe enfatizar a necessidade de o SINE intensificar sua atividade de prospecção de vagas, aumentando o contato com as empresas, utilizando-se todos os meios possíveis (telefone, correio eletrônico, material impresso de divulgação e a visita às empresas) com vistas a estimular a notificação das ofertas de emprego para o serviço. Ademais, pode ser interessante que se amplie gradualmente essa atividade de prospecção para o nível de assessoramento, principalmente às micro e pequenas empresas, de forma a levar a essas informações importantes referentes ao mundo do trabalho, sempre ressaltando o seu caráter não fiscalizador, mas de apoio. Como discutido anteriormente, essa atuação pode ser um importante meio de coleta de informações sobre o funcionamento do mercado de trabalho entre as micro e pequenas empresas, especialmente aquelas pertencentes ao setor não organizado, cuja análise pode vir a contribuir para a formulação de políticas específicas para esse segmento, estimulando a geração de postos de trabalho. Dadas as características do mercado de trabalho brasileiro, em que é grande o contingente de trabalhadores autônomos, o SINE pode contribuir para sua estruturação. Para isso, seria necessário desenvolver um serviço de intermediação de autônomos, associando a ele a certificação do profissional, por meio da atividade de qualificação e certificação que será discutida mais adiante[7].

---

(7) Experiência no sentido de assessoria aos micro e pequenos empreendimentos foi implementada no município de São Paulo, onde um agente de desenvolvimento local visitava os empreendimentos de uma determinada região do município, oferecendo o serviço de intermediação e procurando detectar as dificuldades do negócio. Também se buscou desenvolver um mecanismo de intermediação de trabalho autônomo. Sobre essas experiências, ver: Pochmann, 2002 e 2004.

3.2.2. Função de informação sobre o mercado de trabalho

A atividade de informação sobre o mercado de trabalho tem utilidade não somente para o desenvolvimento das funções do sistema público de emprego como para os trabalhadores e empregadores, e também para a formulação das políticas públicas. A fonte das informações pode ser resultante da execução das funções de intermediação de mão de obra, por exemplo, como podem resultar de pesquisas sobre o mercado de trabalho a partir de amostra de domicílios ou de empresas. Dessa forma, o sistema público de emprego pode ser um produtor de estatísticas sobre o mercado de trabalho, como resultado da execução de suas diversas funções, especialmente da intermediação. Pode, ainda, produzir informações primárias sobre o mercado de trabalho, ou ser o compilador, analista e difusor das informações (*Thuy, Hansen* & *Price*, 2001). O papel que o sistema possui na produção e divulgação de informações sobre o mercado de trabalho varia de país para país, já que existem outros organismos que produzem e se utilizam dessas informações.

Uma vez definida a posição do sistema público de emprego na produção e utilização das informações sobre o mercado de trabalho, levando em conta o papel desempenhado pelos outros órgãos, ele poderá traçar sua política de informação, que definirá os objetivos prioritários e estabelecerá as diretrizes nesse campo. Dessa maneira, essa política pode priorizar objetivos de longo prazo com vistas a desvendar as tendências subjacentes no mercado de trabalho, ou de curto prazo, subsidiando medidas de apoio ao emprego. Pode também voltar-se para o ajuste do mercado de trabalho e, nesse caso, subsidiará as atividades de colocação, informação e orientação profissional e de qualificação profissional. Independentemente de qual seja o objetivo que se defina na política de informação do sistema público de emprego, esta deverá considerar os meios e custos necessários para se atingir esses objetivos e também as várias fontes de informação existentes.

Quando a informação sobre o mercado de trabalho decorre da execução de uma de suas funções, ela certamente é limitada. Assim, por exemplo, a partir dos registros administrativos sobre os demandantes de emprego e sobre as ofertas de emprego, pode-se ter uma informação importante em relação às flutuações de curto prazo do emprego. No entanto, estas flutuações estão limitadas aos trabalhadores que buscaram um emprego por meio do serviço de emprego e dos empregadores que notificaram o serviço sobre a abertura de uma vaga. Aquelas vagas que foram abertas e não comunicadas ao serviço de intermediação estão fora desse cômputo. Deve-se considerar o fato de que muitas das informações resultantes da execução das atividades do sistema devem responder a certas normas e regulamentações. Normas estas que podem ser alteradas, quando não forem do interesse dos usuários dessas informações. Por outro lado, as informações específicas recolhidas por meio das atividades podem ajudar a conhecer melhor certos aspectos do mercado de trabalho, como exemplo as informações sobre as exigências de qualificação das vagas abertas, que podem ajudar a conhecer melhor os aspectos da dinâmica ocupacional.

O sistema pode, também, agregar aos seus dados básicos informações sobre o mercado de trabalho recolhidas de outras fontes, colocando-as à disposição dos interessados. Assim, reúnem-se dados a partir da realização de censos e pesquisas amostrais ou de registros administrativos, que podem ser aplicados às famílias ou às empresas em períodos regulares de tempo. A esses dados compilados de várias fontes, o sistema pode agregar valor analisando-os e produzindo um quadro coerente do funcionamento do mercado de trabalho que seja útil para as decisões de políticas públicas e ajude nas perspectivas profissionais dos indivíduos e das empresas.

A demanda por informações sobre o mercado de trabalho cresceu em decorrência das rápidas transformações pelas quais o mesmo passou nos países desenvolvidos. Somam-se a isso os avanços tecnológicos que permitem a manipulação de bases estatísticas, ampliando o acesso a essas informações a todos os interessados, de forma rápida. Essas tecnologias de informação e comunicação também fazem com que se facilite a divulgação, com crescente uso da *internet*. Se os recursos tecnológicos ampliam a capacidade de sistematização das informações, por outro lado é necessário que se capacite o pessoal do sistema público de emprego, especialmente em termos de capacidade analítica e técnica, para que explore mais profundamente as informações obtidas em benefício do aperfeiçoamento das atividades do sistema. Outro aspecto importante é a cooperação estreita com outros produtores e usuários de informações sobre o mercado de trabalho (*Thuy, Hansen & Price*, 2001).

No caso brasileiro, temos um grande conteúdo de informações que são pouco aproveitadas. Entre as bases de dados que são disponibilizadas pelo Ministério do Trabalho e Emprego, temos os registros administrativos sobre os trabalhadores admitidos e demitidos mensalmente (Cadastro Geral de Empregados e Desempregados — Caged), e os dados sobre o estoque de pessoas empregadas a partir da Relação Anual de Informações Sociais (RAIS), que são registros que as empresas são obrigadas a informar. Além desses, existem as informações sobre a atividade de intermediação de mão de obra do SINE, e sobre o seguro-desemprego. A esses registros administrativos juntam-se as pesquisas amostrais domiciliares (Pesquisa Nacional por Amostra de Domicílios — PNAD) e de empresas (Pesquisa Industrial Mensal; Pesquisa Anual do Comércio; e Pesquisa Mensal dos Serviços), a Pesquisa Mensal de Emprego (PME), todas essas realizadas pelo IBGE, e também a Pesquisa de Emprego e Desemprego (PED), que é realizada por diversos órgãos de pesquisas estaduais a partir da metodologia desenvolvida pela Fundação SEADE e o DIEESE. A essas pesquisas que são realizadas periodicamente (mensais ou anuais), adicionam-se outras enquetes que complementam suas informações.

Não há, portanto, que se falar de falta de dados. Existe uma grande produção de estatísticas com informações sobre o mercado de trabalho que é pouco explorada no âmbito do SINE e das demais políticas de mercado de trabalho. Em parte, isso decorre do quadro de pessoal ser pequeno e voltado para as atividades de atendimento. Em parte, decorre da ausência de uma política de informação clara e da conscientização dos responsáveis pela formulação e tomada de decisão da importância de se ter um diagnóstico o mais preciso possível para poder atuar corretamente e atingir os objetivos definidos.

Nesse sentido, a existência de um Observatório do Mercado de Trabalho é importante para se articular esse conjunto de informações e produzir conhecimento. Ele pode ser o elo de ligação entre os produtores de dados e os usuários, tanto públicos como privados. Ademais, pode mobilizar toda a competência existente no país para se criar uma rede de pesquisa que incentive a produção de análises nacionais, regionais e locais que contribua para subsidiar a formulação das políticas de mercado de trabalho, mas também das políticas públicas que tenham no emprego uma variável importante. Nesse sentido, cabe destacar a necessidade de o Observatório capacitar-se — tanto em termos de estrutura física como de pessoal — para poder antecipar-se às mudanças no mercado de trabalho e nas condições de contratação de mão de obra, na jornada de trabalho etc. Isso é ponto importante para auxiliar tanto os formuladores como os tomadores de decisão, para que estes tenham elementos norteadores e possam propor e decidir sobre as políticas com maior acerto.

A organização do Observatório deve prever ramificações regionais, e nesses casos pode ser importante a parceria com institutos de pesquisas e com as entidades representantes dos trabalhadores e dos empregadores, buscando abrir caminhos para a coleta de informações produzidas por esses atores do mercado de trabalho. Este trabalho de parceria adquire um caráter estratégico principalmente nas regiões onde é mais difícil a coleta de dados, em geral os municípios pequenos e nas zonas rurais. Nesses casos, a forma de atendimento do serviço de emprego a essas comunidades pode se beneficiar e se alimentar das informações obtidas juntos a esses parceiros. Ademais, isso pode ser importante para a realização de estudos prospectivos que apontem os caminhos do futuro do trabalho.

3.2.3. Função de administração de programas de ajuste de mercado de trabalho e apoio ao emprego

A execução dessa função pelo sistema público de emprego resulta dos problemas de desemprego que os países desenvolvidos enfrentaram a partir dos anos setenta e para os quais as funções tradicionais mostraram-se insuficientes, o que levou aqueles países a voltar-se para implementar medidas de longo prazo. O problema era que o alto e persistente desemprego elevara os gastos com benefícios de desemprego, que até meados da década de 1970 não tinham um peso significativo. A OCDE passou, então, a defender que os países deveriam se concentrar mais em políticas que incentivassem e auxiliassem o trabalhador a retornar ao mercado de trabalho, tirando-o de sua condição de inatividade, e menos nas políticas que pagavam prestações por desemprego, vistas como pouco incentivadoras à volta ao trabalho. O objetivo é incentivar que os países passem a dar maior atenção às políticas que visem o retorno do trabalhador desempregado ao mercado de trabalho, seja por meio da melhoria da produtividade do trabalhador, pela facilitação à mobilidade, ou que promovam o investimento. Por outro lado, o documento da OCDE via que parte dos trabalhadores perdia seu posto de trabalho devido às transformações ocorridas no mundo do trabalho decorrentes do desenvolvimento tecnológico, que passava a exigir um trabalhador com novas habilidades. Diante disso, era necessária a ampliação da qualificação desses trabalhadores para que os mesmos voltassem a ser competitivos no mercado de trabalho (OCDE, 1994).

A implementação das políticas de ajuste de mercado de trabalho pode cobrir diferentes objetivos. De forma geral, busca aumentar o que se chamou de "empregabilidade" dos demandantes de emprego e auxiliar a busca por emprego. Este objetivo geral, no entanto, volta-se principalmente a atender aos grupos de trabalhadores mais desfavorecidos do mercado de trabalho, a saber, mulheres, desempregados de longa duração, jovens desempregados, trabalhadores idosos, os trabalhadores demitidos e os indivíduos com incapacidades. Esses programas de ajuste podem ser reunidos em três grupos: i) ajuda à busca de emprego; ii) programas de formação e qualificação profissional; e iii) apoio e criação de empregos e experiência profissional (*Thuy, Hansen & Price*, 2001; *Ricca*, 1983).

O primeiro tipo de programa — ajuda à busca de emprego — tem como pressuposto que parte dos desempregados pode buscar emprego de forma independente de um serviço de intermediação, desde que tenham acesso às informações necessárias. Visa, dessa forma, influir na oferta de mão de obra, pelo oferecimento de serviços de informação, orientação e assistência aos demandantes de emprego, geralmente em estreita colaboração com o serviço de intermediação de mão de obra, como no caso da França. Em alguns casos, como os EUA e o Reino Unido, essas funções vinculam-se aos benefícios de desemprego, como forma de estimular a procura de emprego pelo trabalhador que está recebendo o benefício.

O oferecimento desses programas varia de acordo com o público que se quer atender. Assim, são oferecidos serviços de informação geral sobre ocupações, oportunidades de qualificação e formação profissional, e informações específicas sobre empregos por meio de recursos que os demandantes de emprego possam consultar livremente nas agências de emprego ou locais de fácil acesso. A maior divulgação e acesso a essas informações tem se dado com a crescente utilização de meios eletrônicos (totens) e da *internet*, o que reduz o custo de assessoramento individual, já que menor contingente de pessoal é designado para essas tarefas. Outra forma de ajuda à busca por emprego são os grupos de atividade (Clubes de Emprego). Nestes grupos, os desempregados em busca de emprego recebem informações e trocam experiências sobre o mercado de trabalho e empregos, podendo-se desenvolver redes de ajuda mútua entre os participantes. Nesses clubes, os coordenadores ensinam técnicas de busca de emprego ao mesmo tempo em que procuram aumentar a autoestima e a confiança dos demandantes de emprego. Uma outra atividade em grupo são as feiras de emprego, nas quais se organiza o encontro entre empregadores e demandantes de emprego, para que possam entrar em contato uns com os outros.

Por fim, há a ajuda intensiva individual que fornece informação e orientação profissional para que o trabalhador — normalmente o jovem — possa selecionar uma profissão a partir do conhecimento obtido do mercado de trabalho, das possibilidades de formação e qualificação e dos interesses e capacidades de cada indivíduo. A ajuda pode tomar a forma de uma assessoria intensiva, voltada especialmente para os desempregados. Os exemplos podem ser vistos na experiência em que o demandante de emprego faz um "contrato" no qual se compromete com a busca de um emprego a partir de um plano definido em conjunto com um assessor pessoal. No Reino Unido, essa ajuda está ligada ao recebimento do benefício de desemprego, o qual pode ser suspenso quando o demandante de emprego descumpre o plano sem uma justificativa. No caso francês, não há ligação entre essa assessoria e o benefício de desemprego. Outra forma de assessoria especializada dirige-se aos trabalhadores com problemas pessoais, como uso de drogas, falta de domicílio, entre outros, que dificultem a inserção no mercado de trabalho.

O segundo tipo de programa — programas de formação e qualificação profissional — visa fornecer aos trabalhadores com baixo nível escolar e de qualificação a capacitação mínima para que cumpram os requisitos necessários exigidos pelo mercado de trabalho e, também, ajudar aos trabalhadores especializados a mudarem de ocupação em decorrência de mudanças econômicas. Os cursos de formação e qualificação podem ser realizados em instituições de ensino, nas empresas, ou em uma combinação de ambas, ficando sob a incumbência do serviço de emprego a seleção e o encaminhamento do trabalhador desempregado. Evidentemente, o trabalhador pode buscar maior qualificação por sua própria iniciativa, do mesmo modo que as empresas podem ter programas de qualificação para seus funcionários. Portanto, essa função pode ser vista como auxiliar da função de intermediação de mão de obra, que ganha destaque na medida em que o desemprego persistente e alto nos países desenvolvidos é associado com as mudanças tecnológicas e econômicas, num contexto de constante transformação do mercado de trabalho, que exigiria uma qualificação permanente dos trabalhadores.

O terceiro tipo de programa — apoio e criação de empregos e experiência profissional — tem o objetivo de ampliar a demanda por mão de obra e, de forma secundária, aumentar a "empregabilidade" dos desempregados ao proporcionar-lhes experiência profissional. A criação de empregos pode dar-se de forma direta pelo setor público nas atividades que não se relacionam com o mercado, incluindo-se os projetos de desenvolvimento local, em que o sistema público de emprego faria o acompanhamento dos trabalhadores e ofereceria formação especializada para as empresas que se comprometam com investimentos no desenvolvimento comunitário. Nessas medidas de criação de empregos podem ser incluídas as frentes de trabalho, que têm caráter temporário e complementar a outras formas de promoção do emprego. Outra forma é a promoção do trabalho por conta própria, com fornecimento de assistência técnica e apoio financeiro para os desempregados que desejem montar um negócio próprio. Outro tipo de incentivo à geração de emprego são as subvenções aos empregadores para que estes contratem trabalhadores pertencentes aos grupos vulneráveis (jovens, idosos e desempregados de longa duração), tendo como contrapartida da empresa a capacitação do trabalhador contratado durante o tempo de trabalho. Neste caso, o serviço de emprego faria a gestão do programa e a seleção dos desempregados.

Outra forma de intervenção do serviço de emprego nas medidas de apoio ao emprego são os projetos de obras públicas e de investimento. Neste tipo de programa, que consiste em grande medida nos projetos de construção civil, de criação de infraestrutura e obras públicas, o sistema público de emprego pode contribuir de duas maneiras. A primeira é apoiar esses programas. Para tanto, ele pode tomar o lugar dos agentes de contratação privados e encarregar-se da informação, seleção e do transporte dos trabalhadores para a realização de trabalhos sazonais ou de grandes obras públicas. Pode, no entanto, limitar-se à divulgação, naquelas regiões onde é grande o número de desempregados, das oportunidades de trabalhos que existam nas áreas onde se realizam obras públicas. O serviço pode, em conjunto com a fiscalização do trabalho, cuidar para que as condições de trabalho previstas sejam respeitadas. O apoio do sistema público de emprego pode dar-se, também, em momento anterior à implantação do projeto. Aqui a incumbência é coletar e fornecer informações sobre a realidade local tanto em termos quantitativos como qualitativos (de ordem sociológica, cultural e de comportamento) que permitam à agência encarregada de conceber o projeto tomar decisões que assegurem o êxito do mesmo. Assim, o serviço deverá fornecer dados sobre o nível de desemprego da região onde será implantado o projeto, das características da mão de obra desempregada, da duração do desemprego, informações sobre a melhor maneira de se mobilizar a mão de obra disponível, que tipos de tarefas os trabalhadores estarão aptos a aceitar, tempo de traslado para a obra, entre outras informações.

Pode, também, ter como tarefa elaborar um plano de recursos humanos necessário para execução do projeto, dimensionando o pessoal que será envolvido, do tempo em que serão necessários e das qualificações exigidas, a partir do qual será feito um plano de contratação, de capacitação e qualificação dos trabalhadores que lhes permitam executar diferentes tarefas para a consecução do projeto. Essas medidas de apoio, desempenhadas pelo serviço público de emprego, ampliam seu papel regulador do mercado de trabalho para o fomento do emprego.

A segunda maneira de o sistema público de emprego atuar no apoio às obras públicas e de investimento é na concepção e na promoção de projetos. Por esse modo o sistema utilizaria sua rede de agências para consultar os interessados localmente sobre os projetos que atenderiam às necessidades de determinado local ou região. A partir dessa consulta, elaboram-se projetos preliminares para serem apreciados por técnicos que avaliarão a viabilidade e as consequências para a economia e o mercado de trabalho local/regional, inclusive estimando os custos dos projetos. Esses projetos são apresentados para a comunidade, que seleciona ou ordena os projetos segundo as suas prioridades, submetendo-se sucessivamente aos outros níveis de decisão até que os projetos tomem parte dos programas de investimentos do governo federal. Ademais, dada a posição central do serviço público de emprego no mercado de trabalho, sua experiência pode ser aproveitada na sua participação para as grandes decisões do governo em termos de desenvolvimento de todos os setores econômicos.

Esse conjunto de programas de ajuste de mercado de trabalho apresentado pode envolver várias instituições públicas e privadas na sua implementação e execução. A participação do serviço de emprego, nesse caso, pode se dar de várias maneiras, como participante de um programa administrado por outra instituição; selecionando e encaminhando os participantes para os programas; como fornecedor de um determinado serviço ou pacote de serviços; e como gestor de um programa que executasse em sua totalidade. A quantidade de programas que podem ser implementados com múltiplas atividades pode ser um complicador para o serviço de emprego, ainda que seu maior conhecimento do mercado de trabalho seja um diferencial importante, na medida em que essa informação é fundamental para o planejamento e a gestão dos programas.

A lógica de implementação de parte desses programas é compelir os desempregados a se esforçarem para conseguir um posto de trabalho e seu desenvolvimento está associado às reformas nos sistemas de benefícios de desemprego. Ainda que esses programas possam ter um papel importante para facilitar a inserção do trabalhador desempregado em um posto de trabalho, certamente têm sido implementados em grande parte dos países desenvolvidos como meio de redução do gasto com o pagamento de benefícios de desemprego. Como vimos no primeiro capítulo, as reformas introduzidas nas políticas de mercado de trabalho tinham como um dos princípios a responsabilidade do trabalhador frente às oportunidades ocupacionais, isto é, o trabalhador deve assumir um papel ativo para alcançar um posto de trabalho, e para isso poderia contar com o apoio dessas medidas. Implicitamente, joga-se sobre os desempregados a responsabilidade pela sua situação, obrigando-os a mudá-la, enquanto a sociedade, por meio das políticas de ajuste de mercado de trabalho, incumbe-se tão somente do apoio nessa busca para sair da condição de desempregado. Por outro lado, as medidas de apoio e de criação direta de empregos têm tido pouca atenção nos países desenvolvidos, uma vez que implicam a maior atuação do Estado nas decisões de investimento, que contraria a lógica das diretrizes econômicas conservadoras que ganharam visibilidade nas últimas décadas.

No Brasil, a experiência de implementação de políticas de ajuste do mercado de trabalho concentrou-se especialmente na qualificação profissional e em programas de geração de emprego e renda. Em menor medida nas atividades de ajuda à busca por emprego, ainda que se tenha dado maior ênfase ao serviço de intermediação de mão de obra, e em programas de apoio ao jovem e, mais recentemente, às atividades de microcrédito. No que se refere às atividades de qualificação profissional, o objetivo é o mesmo dos países desenvolvidos: aumentar a "empregabilidade" do trabalhador desempregado. Em outros termos, ampliar as chances de um trabalhador desempregado conseguir uma ocupação após o mesmo ter participado de um curso de qualificação profissional.

No caso brasileiro, o complicador adicional é a baixa escolaridade da população, tanto em termos de anos de estudo como em termos da qualidade da educação. Diante disso, não se trata apenas de ampliar alguns conhecimentos gerais e outros específicos para que o trabalhador possa estar preparado para assumir uma ocupação para o qual estava "defasado" profissionalmente, ou dar-lhe as condições para assumir uma outra ocupação. Há um problema que é anterior, e que não pode ser sanado com um curso de qualificação profissional, mesmo que o mesmo tenha um período de duração maior. Há que se considerar o contingente a ser qualificado, que também não é desprezível. Portanto, a questão passa por repensar a própria política educacional e de educação profissional para atingir esse contingente de trabalhadores e dar-lhes as condições necessárias para atuar com maior desenvoltura no mercado de trabalho.

Ademais, os cursos de qualificação não respondem, plenamente, às exigências do mercado de trabalho no qual o trabalhador estava inserido ou que seja de interesse do trabalhador. Acabam atendendo mais as demandas das instituições que já possuem cursos estruturados, as quais são contratadas para ministrá-los. Não se implementou uma estratégia de atuação em conjunto com outras políticas de mercado de trabalho, por exemplo, com o SINE, ou com os programas de geração de emprego e renda. Daí se verifica a ausência de um sistema de informações sobre o mercado de trabalho, apesar de se ter um enorme conjunto de dados de diferentes fontes sobre o mercado de trabalho brasileiro que é aproveitado só parcialmente.

Em relação aos programas de criação de emprego e de experiência profissional, a criação direta de empregos pelo setor público é bastante tímida. Isso devido, em grande medida, à limitação imposta ao gasto com pessoal dada pela Lei de Responsabilidade Fiscal, a despeito da evidente necessidade de ampliação das políticas sociais, em especial no âmbito da educação e saúde. Nesse grupo de políticas destacam-se os programas de geração de emprego e renda. Salvo algumas exceções, esses programas atuaram de forma viesada, destoando de seus objetivos originais de atender àquelas áreas e segmentos com maior desemprego, servindo para direcionar recursos das políticas de mercado de trabalho para outras políticas em que as diretrizes do ajuste fiscal subtraíam recursos orçamentários. Este foi o caso dos recursos direcionados para o setor agrícola no âmbito do Proger rural e Pronaf, como discutido no segundo capítulo.

Destaque-se que o caso brasileiro tem, a nosso ver, um grande espaço para ampliar as atividades de apoio ao emprego. Ainda que sejam pontuais, a criação de "frentes de trabalho" pode desempenhar um papel importante para aliviar o desemprego, sobretudo dos trabalhadores com maiores dificuldades de inserção. Da mesma forma, pode ajudar as autoridades locais na solução de problemas de infraestrutura ou de outra natureza, estabelecendo projetos específicos, delimitados no tempo e no espaço, para que sejam implementados com auxílio das frentes de trabalho. Por outro lado, dadas as dificuldades de elaboração de projetos de desenvolvimento, o serviço pode desempenhar papel relevante no apoio e na formulação de projetos de desenvolvimento local, auxiliando as autoridades locais e regionais a definirem e implementarem seus planos de desenvolvimento respeitando-se as características da mão de obra local.

3.2.4. Função de administração de benefícios de desemprego

Os benefícios de desemprego têm como finalidade a ajuda econômica aos trabalhadores desempregados e, geralmente, dividem-se em dois tipos: o seguro-desemprego e a assistência ao desemprego. O primeiro é financiado, normalmente, por cotizações feitas pelos trabalhadores e empregadores, podendo contribuir também o Estado, cobrindo o risco de perda do emprego. O valor recebido pelo trabalhador desempregado está relacionado com as contribuições feitas no passado e repõe um percentual do salário anterior do trabalhador. O benefício é pago por um período de tempo limitado que varia de acordo com o país.

A assistência ao desemprego paga um benefício para os desempregados independentemente de seu histórico profissional, direciona-se àqueles trabalhadores que não satisfazem as condições que o habilitem a receber o seguro-desemprego. Seu financiamento é feito por meio de recursos públicos arrecadados por impostos e o período de pagamento é limitado a um período de tempo específico. Esse tipo de benefício associa-se à assistência social e em alguns países pode estar associado ao pagamento de prestações sociais, o qual é realizado independentemente da capacidade do beneficiário para o trabalho. Em alguns países, a prestação social é paga para o trabalhador que esgotou o período de recebimento da assistência de desemprego e não conseguiu empregar-se. Em outros países, a prestação social substitui a assistência ao desemprego e é paga para o trabalhador desempregado que contínua sem ocupação quando termina seu período de seguro-desemprego.

O pagamento do benefício de desemprego tem como premissa o fato de o trabalhador estar desempregado e estar em busca de novo emprego. Assim, ele permite que durante o período de desemprego o trabalhador tenha os meios necessários para manter sua condição de vida enquanto procura uma nova ocupação. Procura evitar que o trabalhador, ao perder o emprego, caia numa situação de pobreza, mantendo o ânimo e o respeito próprio. Por outro lado, com o aumento do desemprego de longa duração nos países desenvolvidos, o benefício de desemprego passou a ser visto como um fator de desestímulo à busca por emprego para os trabalhadores que permanecem por longo período desempregados. Ademais, com o maior contingente de indivíduos em situação de desemprego, aumentaram os gastos com benefícios e as necessidades de recursos orçamentários destinados a essas despesas. Com isso, os sistemas de benefícios de emprego foram reestruturados, tornando-se mais rígidos, tanto em relação ao tempo de recebimento como em relação ao valor do benefício. Com a reestruturação, o serviço de emprego passa a ser considerado um instrumento importante para estimular os desempregados à busca ativa por um emprego.

A gestão dos benefícios de desemprego pode ser feita tanto pelo serviço público de emprego como por outra instituição estatal ou ligada aos atores sociais envolvidos — como é o caso da UNEDIC na França, que é administrada pelos trabalhadores e empregadores. Portanto, a atuação do serviço de emprego pode se dar de várias formas e, na maioria dos países desenvolvidos, o serviço atua em conjunto com a instituição que administra o benefício de desemprego. São poucos os países em que o serviço público de emprego é o administrador — EUA, Canadá e Noruega —, e nestes o serviço somente administra o seguro-desemprego e não o benefício assistencial. Nesses casos, o serviço é o responsável pela arrecadação das contribuições, da definição das prestações, do valor dos benefícios, da verificação da busca ativa de emprego e da elegibilidade contínua dos trabalhadores (*Thuy, Hansen & Price*, 2001).

Na maioria dos países, o serviço de emprego atua na elegibilidade contínua e a verificação de busca ativa de emprego, e na ajuda ao trabalhador na busca por emprego. Nas atividades de elegibilidade e verificação de busca de emprego, o serviço de emprego faz o acompanhamento do trabalhador desempregado que recebe benefício de desemprego, averiguando se o mesmo tomou medidas para conseguir algum emprego. Em alguns países, os beneficiários são obrigados a se registrarem no serviço de emprego como demandantes de emprego e declarando-se disponíveis para trabalhar. Esse acompanhamento é feito a partir de algumas normas que devem ser cumpridas pelos desempregados e, caso não sejam cumpridas, são previstas sanções, com suspensão ou cancelamento do benefício. A comprovação de busca de emprego varia de acordo com o país, podendo ser uma declaração oral, informes de empregadores, lista de contatos com empresas ou cartas solicitando emprego. Da mesma forma, varia o período com que o trabalhador deve comparecer ao serviço de emprego para comprovar a procura de emprego, podendo ser semanal, mensal, bimestral ou trimestral.

Outro papel desempenhado pelo serviço de emprego é a ajuda na busca de emprego. O objetivo é facilitar com que o desempregado que recebe benefício seja reempregado, para o que se lança mão de programas de ajuste de mercado de trabalho, além, é claro, da intermediação de mão de obra. A atuação do serviço varia segundo a maior ou menor rigidez do sistema de benefícios de desemprego do país e, assim, a ajuda está relacionada com a identificação e intensidade do esforço de procura por emprego. Na maioria dos países é necessário o registro inicial no serviço de emprego para o recebimento do benefício. Em alguns, no momento da inscrição realiza-se uma entrevista, que pode ser utilizada para classificar o demandante de emprego segundo suas características de inserção no mercado de trabalho, ou para se estabelecer um plano de ação para ser desenvolvido pelo beneficiário ao longo do período de recebimento do benefício. A essa primeira entrevista seguem-se outras, para acompanhamento, variando-se a frequência das mesmas. Em alguns casos, as normas do benefício de desemprego estabelecem que o beneficiário deva ser colocado em um programa ativo de mercado de trabalho após um período determinado se continuar na situação de desemprego. Onde a política de benefício de desemprego não estabelece esse período, fica a cargo dos assessores do serviço de emprego a incumbência de determinar a entrada obrigatória segundo características individuais do beneficiário.

As mudanças no sistema de benefícios de desemprego nos países desenvolvidos buscam associar ao pagamento do benefício a procura "ativa" de emprego. O objetivo é evitar a permanência do desempregado recebendo o benefício por longo período. Daí a necessidade de se estabelecer normas mais rígidas e exigir o registro na intermediação de mão de obra, maior frequência ao serviço de emprego e o encaminhamento para atividades de acompanhamento individualizado. Assim, desenvolvem-se instrumentos para a identificação dos trabalhadores, classificando-os segundo a maior probabilidade de ficarem desempregados por um largo prazo.

O sistema de seguro-desemprego no Brasil tem características que o distinguem dos países desenvolvidos e também dos outros países de desenvolvimento tardio. Primeiramente, como já apresentado no segundo capítulo, sua introdução somente ocorreu na segunda metade da década de 1980, consolidando-se de fato nos anos noventa depois da instituição do FAT para seu financiamento, o que dá o caráter diferenciado dos demais programas, tendo em vista que não funciona exatamente como um mecanismo de seguro, a partir de uma contribuição pretérita.

Outro aspecto distinto em relação aos países desenvolvidos é que o número de prestações é pré-determinado em no mínimo três e no máximo cinco, guardando uma relativa relação com o período de trabalho anterior, assim como a taxa de reposição salarial que pode ser de 100% nos casos dos trabalhadores que recebiam o salário mínimo no último emprego, reduzindo-se essa proporção à medida que aumenta o salário recebido pelo beneficiário do seguro, dado que o valor do seguro-desemprego possui um piso (o valor do salário mínimo) e um teto, que é alterado de tempos em tempos.

Por outro lado, não existe no Brasil um mecanismo de assistência de desemprego como naqueles países. O trabalhador, após receber as prestações a que tem direito, deixa de receber qualquer ajuda, devendo cumprir os prazos definidos na lei do seguro-desemprego para voltar a ter condições de habilitar-se novamente ao seu recebimento. A legislação brasileira do seguro-desemprego prevê o cancelamento do benefício quando o trabalhador recuse outro emprego que seja condizente com sua qualificação e remuneração anterior, da mesma forma como prevê o auxílio ao desempregado na busca por um novo emprego, com a promoção de ações integradas de orientação, recolocação e qualificação profissional. Segue, portanto, uma direção próxima àquela das reformas dos países desenvolvidos. No entanto, não temos aqui um movimento de acompanhamento do desempregado que recebe o benefício.

Evidentemente, não faria sentido implementar no Brasil uma ação que busque maior restrição ao pagamento do seguro-desemprego, uma vez que o número de prestações pagas é muito menor do que o tempo médio de desemprego do trabalhador. Considerando que o tempo de desemprego não se distribui uniformemente entre os trabalhadores, atingindo mais aqueles com menor qualificação, menor escolaridade e com alguns atributos específicos, pode-se concluir que se deva aperfeiçoar o programa para ampliar a cobertura desses grupos específicos. Ou seja, no caso brasileiro é necessário trilhar o caminho inverso do que tem sido feito nos países desenvolvidos, introduzindo-se medidas de apoio ao desempregado para que este consiga um emprego ao mesmo tempo em que se amplia o tempo de cobertura do seguro-desemprego. Talvez seja o caso de se pensar na introdução de um mecanismo de assistência ao trabalhador desempregado com maiores dificuldades de inserção e que não tenha condições de habilitação ao seguro-desemprego.

Poder-se-ia, neste caso, pensar em introduzir instrumentos de classificação do beneficiário do seguro para se detectar a sua probabilidade de desemprego, como no caso de alguns países desenvolvidos. No entanto, pode-se questionar qual o significado de se introduzir a classificação do desempregado para se detectar aqueles mais propensos ao desemprego de longa duração num contexto de grande contingente de indivíduos desempregados em que a maioria é de baixa qualificação e escolaridade?

3.2.5. Função de contenção da oferta de mão de obra

Explicitamos essa função das demais como meio de evidenciar um aspecto específico ao mercado de trabalho brasileiro. Muitos dos indivíduos que se encontram ativos, seja em atividades regulares e formais, seja no setor informal, na maioria das vezes não deveriam fazer parte da força de trabalho. Nesse grupo de pessoas estão as crianças e adolescentes e os idosos.

Em relação às crianças e adolescentes, não há muito que argumentar em favor de se retardar a entrada desse segmento populacional no mercado de trabalho. Trata-se de um direito básico, cremos, de uma sociedade civilizada, a de garantir que as crianças e os adolescentes tenham condições para o seu desenvolvimento físico, mental e emocional, preparando-se adequadamente para exercer uma ocupação livremente elegida. Porém, esse direito básico nem sempre está assegurado, principalmente para aqueles pertencentes às famílias pobres, nas quais o trabalho infantil muitas vezes ajuda a garantir a renda mínima de sobrevivência da família. Políticas como o Programa de Erradicação do Trabalho Infantil (PETI) são importantes mecanismos para se retirar esse contingente populacional da força de trabalho. A este se soma a maior intervenção pública de fiscalização das condições de trabalho, sobretudo em regiões menos dinâmicas, em que o trabalho infantil é utilizado como forma de redução de custos. Evidentemente, o problema do trabalho da criança e do adolescente é mais profundo e está diretamente ligado ao fato de o responsável pelas famílias dessas crianças e adolescentes não ter renda, ou esta ser insuficiente para manutenção familiar.

Já no caso dos indivíduos idosos, a sua participação no mercado de trabalho decorre em grande medida do fato de ser o rendimento obtido da aposentadoria ou pensão insuficiente para sua manutenção. Assim, esses trabalhadores voltam ao mercado de trabalho para complementarem a renda recebida da previdência ou da assistência social. Esse é mais um fator a pressionar o mercado de trabalho com o aumento da oferta de trabalho de baixa qualificação. Nesse caso, a melhor política, nos parece, é o aumento do salário mínimo, já que isso afeta diretamente o rendimento desse contingente populacional[8]. Esta, no entanto, não parece ser uma ideia bem-aceita, haja vista a recorrência com que os setores conservadores

---

(8) Análise abrangente das implicações do salário mínimo para o mercado de trabalho, previdência social e seus efeitos sociais pode ser encontrada em: Baltar, Dedecca & Krein, 2005.

vêm a público — e sempre há muito espaço nos meios de comunicação para esses argumentos —, a defesa da desincompatibilização do piso dos benefícios da previdência ou assistenciais do valor do salário mínimo. Outro aspecto a melhorar a renda dos aposentados e pensionistas é melhorar as condições de acesso e a qualidade dos serviços públicos que atendem esse grupo populacional de forma que seus custos, sobretudo em termos de atenção à saúde, sejam reduzidos. Mas isso implica, novamente, ampliar os gastos sociais, o que, nas condições de baixo dinamismo econômico e ortodoxia econômica, parece pouco provável de ocorrer.

Do ponto de vista da melhor estruturação do mercado de trabalho, a redução da oferta de mão de obra com pouca ou sem qualificação é fundamental. Somente assim é que se poderá fazer com que esse tipo de trabalhador tenha maiores chances de encontrar um emprego que lhe dê um rendimento adequado. Portanto, a implementação de políticas que inibam a entrada de crianças e adolescentes, bem como evite o retorno dos idosos ao mercado de trabalho, é importante para se atingir esse objetivo. A execução dessa função não parece, a nosso ver, ser uma exclusividade do sistema público de emprego em si, mas ele pode detectar as regiões e ocupações em que isso é mais frequente, ajudando na formulação de estratégia de enfrentamento da questão. Além disso, ele pode ser o articulador de políticas que tenham esse objetivo, como, por exemplo, políticas sociais que se voltam para a manutenção da criança na escola, transferindo renda à família da criança. Pode-se, também, implementar políticas voltadas aos adolescentes, por exemplo, bolsas de estudos para que terminem o ensino médio, associando a isso atividades comunitárias que ampliem as experiências de vida e abram perspectivas de serem construídas trajetórias ocupacionais.

3.3. O SISTEMA PÚBLICO DE EMPREGO COMO INSTITUIÇÃO ESTRATÉGICA DAS AÇÕES DE EMPREGO NO MERCADO DE TRABALHO BRASILEIRO

Na seção anterior, apresentamos um conjunto de funções que se constituem nos instrumentos básicos de um sistema público de emprego. Podem ser acrescentadas algumas funções e outras modificadas, o que necessariamente deve ocorrer com o desenvolvimento das políticas de mercado de trabalho e com as necessidades específicas de cada momento histórico. Em relação ao caso brasileiro, temos um conjunto de políticas de mercado de trabalho que cumprem as funções acima descritas. Como se discutiu no segundo capítulo, muito se avançou na consolidação das políticas de mercado de trabalho desde meados dos anos noventa. No entanto, apesar desses avanços, essas políticas apresentam deficiências cuja correção depende em parte de reavaliação da própria política e em parte de uma maior colaboração entre as várias políticas existentes. Como exemplo, podemos citar o serviço de colocação de mão de obra; este pode melhorar sua eficiência se desenvolver as atividades de informação e orientação profissional, mas também se tiver capacidade de encaminhar o trabalhador para uma atividade de reciclagem ou atualização profissional, facilitando seu encaminhamento para um posto de trabalho. Portanto, necessita-se tanto do aprimoramento da política em si como de sua complementação com outras políticas.

Nesse sentido, a evolução das políticas de mercado de trabalho se deu de forma fragmentada, com suas ações tendo um caráter restrito e com ausência de articulação entre elas. O desafio que está posto é transformar esse conjunto de políticas num sistema que seja capaz de definir uma estratégia comum de ação frente aos problemas do mercado de trabalho brasileiro. Trata-se de organizar o conjunto de ações dos vários níveis de governo (nacional, regional e local) e do setor não governamental que atuam no mercado de trabalho, evitando a superposição de ações que representam ineficiência na utilização dos recursos. *Azeredo* (1998) destaca que as diversas políticas que têm no FAT o seu eixo organizador não estão integradas, o que causa distorções e limitações aos possíveis impactos que essas políticas possam ter. A constituição de um sistema público de emprego, ao integrar e articular as políticas de mercado de trabalho, permitiria romper com essas limitações. Ademais, a articulação das várias políticas é considerada um ponto estratégico para responder à heterogeneidade do mercado de trabalho brasileiro, tanto pelo fato de que somente uma parcela se insere no trabalho formal, como pelas marcadas desigualdades regionais.

A autora defende a necessidade de se criar um arcabouço legal capaz de consolidar os avanços que foram feitos no âmbito das políticas de mercado de trabalho e que organize o sistema público de emprego. No seu entendimento, a institucionalidade estabelecida com a criação do FAT e do Codefat, que dá a esse conselho a responsabilidade de deliberar e normatizar sobre todas as medidas que sejam financiadas pelo fundo, torna-se frágil ao não ter o apoio legal. A partir dessa perspectiva, considera como sendo pontos fundamentais dessa legislação: i) a definição de princípios e objetivos abrangentes; ii) distribuição clara de competências e atribuições entre os diferentes níveis de governo; iii) estabelecimento de canais que garantam a participação da sociedade; iv) delimitação de funções e responsabilidades das instituições privadas, inclusive com a determinação de critérios para o aporte de recursos públicos; v) criação de mecanismos que garantam a articulação entre os diversos programas que integram as políticas de mercado de trabalho, tanto aquelas financiadas com recursos do FAT como do orçamento da União (*Azeredo*, 1998: 293).

A constituição do sistema público de emprego aparece, dessa forma, como o elemento catalisador capaz de consolidar o conjunto de políticas de mercado de trabalho numa ação sistêmica, que induziria à maior eficiência e eficácia dessas políticas. Essa ação sistêmica é possível na medida em que se estabeleça um objetivo comum, orientando, assim, o próprio aperfeiçoamento das políticas. Sobressai, entre as preocupações de *Azeredo*, o imperativo de se aperfeiçoarem os instrumentos do sistema para que se possa alargar sua abrangência, para incorporar aqueles trabalhadores que estão fora das atividades formais. Nesse aspecto surge uma limitação que é a ausência de articulação entre as políticas do sistema público de emprego e as políticas sociais e setoriais, bem como a maior integração com o BNDES no estabelecimento do uso dos recursos do FAT, como aponta *Dedecca* (2004).

Se o sistema pode ser um instrumento que contribua para a incorporação dos trabalhadores em situação de precariedade no mercado de trabalho, torna-se importante que se construa uma estratégia que tenha na geração de emprego o seu objeto. Como discutimos anteriormente, o desenvolvimento de uma *expertise* de parte do sistema público de emprego por meio de sua função de geração de informações sobre o mercado de trabalho o capacita para ser um interlocutor qualificado na definição da estratégia de desenvolvimento. Sua contribuição, nesse aspecto, volta-se para apontar as tendências observadas no mercado de trabalho em relação às ocupações que estão em declínio e as que são emergentes; a alteração no conteúdo das ocupações; as regiões onde se pode encontrar mão de obra qualificada disponível para introdução ou ampliação de certas atividades econômicas; em que setores econômicos há maiores dificuldades para se encontrar força de trabalho com requisitos específicos de qualificação. Ou seja, as informações geradas pelo sistema, bem como a produção de conhecimento sobre o mercado de trabalho a partir dessas informações e de outras fontes pelo pessoal do serviço de emprego envolvido nessas questões pode ser material de grande valia para os formuladores das políticas sociais (especialmente da educação) e das políticas setoriais. Essa contribuição pode ser estendida para a definição da estratégia do BNDES na utilização dos recursos do patrimônio do FAT direcionados para projetos de desenvolvimento econômico, considerando que esta é parte da estratégia de desenvolvimento do país. Ademais, a maior participação nas decisões do BNDES reflete uma prática necessária como meio de acompanhamento e fiscalização do recurso público pela sociedade.

Por outro lado, a introdução de políticas sociais e setoriais construídas com considerações sobre as necessidades e dificuldades do mercado de trabalho também fortalece as políticas de mercado de trabalho. Se, por exemplo, a formulação de uma política para um determinado setor (ou uma determinada região) considera as limitações da força de trabalho, pode, em conjunto com o serviço de emprego, estabelecer uma estratégia para se preparar a mão de obra para a consecução do projeto. Ou seja, o sistema público de emprego pode desenvolver estratégias conjuntas para o sucesso de outras políticas públicas que por sua vez contribuem para a consolidação das políticas de mercado de trabalho.

A constituição de um sistema busca se contrapor às dificuldades da ação fragmentada das políticas de mercado de trabalho. A fragmentação, por sua vez, dificultaria que indivíduos e empresas utilizem os serviços por não saberem como acessá-los. Por outro lado, um conjunto fragmentado de políticas é mais fraco e, por isso, tem maior dificuldade em atender às necessidades, o que resultaria na ampliação de políticas e programas, o que dificulta angariar apoio político do público atendido. Ademais, para que os objetivos da política sejam atingidos é necessária a articulação de um conjunto de programas e não a execução isolada destes, o que ultrapassa a capacidade de instituições específicas (*Draibe*, 1998).

Assim sendo, se os objetivos que se quer para o caso brasileiro devem ir além das funções ou das capacidades que se observa nos países desenvolvidos, ele deverá ser capaz de ir além dos seus limites. Não se trata de "invadir" espaços alheios, mas de construir canais pelos quais possa conectar-se às outras instituições do âmbito do mercado de trabalho (Fiscalização, Justiça do Trabalho etc.) assim como de outras áreas que, em última instância, influenciam na dinâmica do mercado de trabalho. Quando falamos em ir além das funções, não pensamos em que se criem, obrigatoriamente, novas funções além daquelas que apresentamos na seção anterior. O que se quer destacar é que elas precisam ser adaptadas para o caso brasileiro.

Nesse contexto, a consolidação do sistema público de emprego pode significar um avanço estratégico para a estruturação do mercado de trabalho. Há, porém, condicionalidades para que seja efetivo: o ambiente econômico, o ambiente da regulação do trabalho e as políticas sociais.

O ambiente econômico condiciona o sistema público de emprego na medida em que seu dinamismo gera os postos de trabalho suficientes. O que se tem verificado desde o início da década de 1980 é um baixo ritmo de crescimento do produto, cujo significado para o mercado de trabalho foi o crescimento do desemprego e das ocupações precárias. Nesse contexto, as ações das políticas de mercado de trabalho ficam limitadas, pois o ritmo de crescimento da oferta de trabalho é maior que o ritmo de crescimento da demanda de trabalho. Para agravar a situação, durante a década de 1990, em decorrência das reformas liberalizantes, realizou-se uma reestruturação produtiva e organizacional que implicou o enxugamento de pessoal, principalmente na indústria, que apresentou redução líquida do número de empregados.

Observa-se, portanto, dois movimentos importantes para o mercado de trabalho: o maior crescimento da população ativa em relação ao crescimento do emprego e o deslocamento da geração de emprego para o setor terciário (comércio e serviços). A ausência de oportunidades de empregos em estabelecimento e as limitações da proteção social levaram ao crescimento das ocupações precárias, por meio da ocupação por conta própria, do emprego doméstico e trabalho assalariado sem registro em carteira. Diante desse quadro, as ações do sistema são bastante tolhidas. Primeiramente, pela incapacidade do serviço de emprego em colocar todos os trabalhadores que se inscrevam como demandantes de emprego. Como mostrado no segundo capítulo, o SINE, apesar de sua significativa melhora, está muito aquém de aproveitar todas as vagas captadas. Mesmo que isso ocorresse, verifica-se que as vagas de que dispõe respondem por uma parcela pequena do total de vagas abertas. Por fim, ainda que se pudesse dispor de todas as vagas disponíveis, o contingente de trabalhadores em busca de trabalho seria maior do que o total de vagas, o que significa que parte dos demandantes continuaria na situação de desemprego.

Em segundo lugar, o movimento de reestruturação produtiva, mesmo que não apresente a mesma intensidade da década de 1990, leva à necessidade de que as políticas do sistema sejam capazes de requalificar e reorientar o trabalhador para nova ocupação no mesmo ou em outro setor de atividade. Essa requalificação só terá êxito se o trabalhador for preparado para assumir um posto de trabalho que venha a ser criado. Se os postos de trabalho não forem criados, o trabalho de qualificação do trabalhador será perdido, o que significa desperdício de recursos públicos. O mesmo raciocínio pode-se fazer com relação aos jovens. A preparação do jovem para ingressar no mercado de trabalho será facilitada e mais bem-sucedida num ambiente de crescimento, em que a geração de empregos não o coloque diante da concorrência com um trabalhador mais experiente. Não significa que não haverá a necessidade de uma política específica para a inserção do jovem, mas não haverá a preocupação da política em compensar as perdas do empregador por não contratar um trabalhador mais experiente, que teria maior produtividade. Além do mais, num mercado de trabalho restrito, as políticas de subsídios às empresas que contratam jovens podem levar ao efeito substituição nas ocupações de menor qualificação, transferindo o problema de inserir o trabalhador jovem para o de inserir o trabalhador adulto com baixa qualificação.

Pode-se argumentar que, mesmo com a economia crescendo a taxas mais consistentes, não será possível incorporar todos aqueles que estão em busca de um emprego, ao menos no curto prazo, sobretudo aqueles que estejam em ocupações precárias. Assim, serão necessárias políticas que promovam o emprego em microempreendimentos, de forma individual, associada ou cooperativada. A alternativa de um trabalho por conta própria ou um trabalho assalariado tem significados diferentes de acordo com o contexto econômico de cada época. Num ambiente econômico em que o mercado de emprego seja restritivo, a ocupação por conta própria torna-se um meio de sobrevivência, dado que sua renda deriva do setor produtivo organizado da economia que é pouco dinâmico. Já num ambiente de dinamismo econômico, a ocupação por conta própria torna-se uma alternativa ao emprego, e o trabalhador pode avaliar qual a mais vantajosa, pois sendo dinâmico o setor produtivo organizado (e maior a renda nele gerada), este pode gerar oportunidades para os microempreendimentos, abrindo-se a oportunidade de maior estruturação destes.

A dinâmica demográfica é outro aspecto importante que se relaciona ao ambiente econômico e tem implicações para o sistema público de emprego. A queda na taxa de fecundidade brasileira está conduzindo a dinâmica demográfica para um momento de transição. Esse fato levará o país a ter uma redução na taxa de dependência, uma vez que o menor número de nascimentos levará a uma redução da proporção de crianças e adolescentes no total da população. Por outro lado, a população em idade ativa deverá continuar crescendo, ainda que num ritmo menor. Essa queda na taxa de dependência durará um determinado período, após o qual voltará a crescer a partir do aumento da população idosa em relação à população total. O período de transição demográfica, de uma população mais jovem para uma população mais madura, significa que a maior parte da população estará em idade produtiva e, portanto, pronta para contribuir para o aumento do produto e de se fazer uma "poupança" para o futuro, quando a taxa de dependência voltar a crescer.

Diante desse fato, os benefícios desse período de transição somente podem ser aproveitados se o país for capaz de gerar os postos de trabalho para incorporar esse contingente da população ativa, ampliando a taxa de participação — que se situa pouco abaixo de 60%. Portanto, somente em um ambiente de dinamismo econômico poder-se-á auferir o que se tem chamado de "bônus populacional"[9]. O desafio do sistema público de emprego será capacitar-se para atender de forma ágil a essa mudança por meio de suas várias funções e de articular-se com as demais políticas públicas de forma a complementá-las no que se referir à questão do emprego.

O outro fator de condicionalidade, a regulação do trabalho, influencia a efetividade do sistema público de emprego na medida em que a tendência liberalizante que se introduziu no país busca reduzir a regulação pública sobre o trabalho. O aumento da flexibilidade no uso da força de trabalho implica maior fluidez ocupacional, o que impõe maiores dificuldades para a definição adequada das exigências da vaga e do perfil de trabalhador necessário para o seu preenchimento. Ademais, as atividades de formação e qualificação profissional também tornam-se mais complexas e, possivelmente, implicarão maior tempo e maiores recursos. O mesmo ocorre com as atividades de informação e orientação profissional, que, por sua vez, exigirão um quadro de pessoal mais capacitado para atender uma maior diversidade. Significa menor padronização de serviços e maior necessidade de atendimento personalizado. A maior flexibilidade do uso da força de trabalho pode ampliar a heterogeneidade ocupacional já presente no mercado de trabalho dentro de uma mesma região e

---

(9) Sobre o debate a respeito da transição demográfica e o bônus demográfico, ver: Carvalho & Wong, 1995; Queiroz, Turra & Pérez, 2006; Alves & Bruno, 2006; Amaral *et al.*, 2006.

entre as várias regiões do país, acarretando, portanto, maior diferenciação salarial. Se o objetivo de se instituir um sistema público de emprego nacional é tornar o mercado de trabalho mais homogêneo, essas tendências dificultam o alcance de tal objetivo, tornando mais difícil a estruturação do mercado de trabalho.

Além da flexibilidade ocupacional, a redução da regulação pública do trabalho pode levar também à flexibilidade quantitativa, ampliando a rotatividade já elevada do mercado de trabalho brasileiro, e da terceirização, levando a um aumento das formas atípicas de relação de trabalho e das formas precárias, contribuindo para enfraquecer o movimento de estruturação do mercado de trabalho. Para as funções do sistema público de emprego a maior rotatividade amplia as dificuldades de cobertura pelo seguro-desemprego, dado que para a habilitação ao benefício exige-se tempo mínimo de registro em carteira e um tempo de carência entre uma habilitação e outra. Além disso, a rotatividade implica ocupações de menor complexidade e menor qualificação, de fácil substituição, o que desestimula a maior qualificação do trabalhador que no momento de desemprego terá maiores dificuldades para encontrar um novo posto de trabalho — dada a maior concorrência para esse tipo de ocupação — e também maiores dificuldades para aumentar sua qualificação, exigindo maior tempo de preparação para aprimorar suas habilidades para outras ocupações e, portanto, aumentando a probabilidade do tempo de desemprego.

O movimento de terceirização, ao deslocar o emprego de uma empresa maior para uma menor, implica, normalmente, uma piora das condições de trabalho e remuneração do trabalhador, aumentando as chances de relações de emprego precárias tanto pela maior dificuldade de se fiscalizar as empresas menores, como pela menor capacidade de intervenção sindical. A inserção precária do trabalhador tem impacto tanto sobre a arrecadação para o financiamento das políticas de mercado de trabalho como implica ausência de proteção social ao trabalhador. Não obstante, a oferta dessas vagas, por não respeitar as normas vigentes, muito provavelmente não será notificada para o serviço de emprego, ou seja, implica um menor número de vagas à disposição do serviço de intermediação, o que poderia não ocorrer caso se mantivesse a contratação pela empresa que terceirizou o serviço.

O último condicionante sobre a estruturação do mercado de trabalho, as políticas sociais, tem implicações sobre a oferta de mão de obra, tanto em termos quantitativos como qualitativos. No que se refere ao aspecto quantitativo da oferta de trabalho, ela se dá pela maior ou menor capacidade das políticas sociais oferecerem condições de sobrevivência às pessoas inativas. Assim, se o sistema previdenciário der condições para que o trabalhador possa se aposentar ao ultrapassar a idade ativa e manter-se sem a necessidade de encontrar uma ocupação que lhe dê uma complementação de renda, contribuirá para reduzir a oferta de mão de obra. Por outro lado, nas famílias de baixa renda com crianças ou adolescentes a existência de políticas que permitam a manutenção da família sem a necessidade de ocupação dos filhos nessa faixa etária também contribui para reduzir a oferta de mão de obra.

No aspecto qualitativo, a questão é a política educacional de qualidade. Nesse item, importa tanto colocar e manter as crianças e adolescentes na escola como oferecer-lhes um ensino de qualidade, pois isso facilitará a transição da situação de inatividade para a situação de atividade. Acrescente-se ainda que um trabalhador que tenha uma boa formação básica (ensino fundamental e médio) tem melhores condições de qualificação profissional.

Portanto, as políticas sociais contribuem para evitar tanto o excesso de oferta de mão de obra como para aumentar a capacidade de adaptação a novas situações do mercado de trabalho. Com isso, o sistema público de emprego beneficia-se de duas formas. A primeira é tendo um contingente menor pressionando o mercado de trabalho e, assim, facilita o trabalho de colocação dos demandantes de emprego que estão em idade ativa. A segunda forma deve-se ao fato de que o jovem chega ao mercado de trabalho mais bem preparado para sua inserção e, com isso, as ações do sistema podem ajudá-lo com maior eficiência e maior efetividade na colocação.

Em síntese, o sistema público de emprego pode ter uma contribuição valiosa para a estruturação e funcionamento do mercado de trabalho brasileiro. Essa contribuição se dá na maior agilidade do ajuste entre a oferta e a demanda de trabalho, ao ampliar a transparência do mercado de trabalho, pela facilitação da transição de uma ocupação para outra, de um setor para outro, ou de uma região para outra, minimizando os efeitos das mudanças estruturais. Com isso, reduzindo o tempo de permanência do trabalhador na situação de desemprego. Por outro lado, ao facilitar o acesso aos serviços dos grupos com maiores dificuldades de inserção no mercado de trabalho, reduz a assimetria entre o conjunto de trabalhadores no mercado de trabalho. A proteção de renda para os que perdem o emprego permite ao trabalhador uma transição adequada para um novo posto de trabalho. Na medida em que o sistema consegue coordenar o conjunto de funções que lhe cabem no mercado de trabalho, ele possibilita a eficácia na sua realização. Porém, o sistema é parte de um todo mais amplo e a efetividade de suas ações na direção de um mercado de trabalho mais estruturado e com melhor funcionamento depende de outras políticas e instituições terem no emprego a sua centralidade.

3.4. O DESENHO DO SISTEMA PÚBLICO DE EMPREGO BRASILEIRO: AMPLIANDO SUA ABRANGÊNCIA

A introdução de uma diretriz liberalizante na economia brasileira a partir de 1990 para inseri-la na economia internacional levou a um processo de reestruturação econômica que foi acentuado com as mudanças ocorridas com a implementação do Plano Real e a sobrevalorização cambial que se seguiu. Essa reestruturação era vista como fundamental para modernizar a economia do país e torná-la mais competitiva. A elevação do desemprego foi vista como uma decorrência passageira dessas mudanças e seu enfrentamento seguiu as diretrizes que as economias industriais desenvolvidas deram no enfrentamento do desemprego. Assim, as políticas de mercado de trabalho ganharam importância e, dentre elas, a qualificação profissional, haja vista que se associava o desemprego como decorrente da inadequação do perfil dos trabalhadores frente às novas exigências do mercado de trabalho. Apesar das reformas estruturais terem sido implementadas, o desemprego persistiu em níveis elevados, o que levou a se questionar as políticas de mercado de trabalho. O debate em torno da constituição de um sistema público de emprego já se inicia na segunda metade da década de 1990 e culmina na realização do II Congresso Nacional sobre Sistema Público de Emprego, Trabalho e Renda, em 2005.

Chahad, em artigo de 1996, defendia a constituição de um sistema público de emprego como meio de modernização do mercado de trabalho, tornando seu funcionamento mais eficiente. Assim, num contexto de constante transformação do mundo do trabalho, o papel do sistema seria o de combater o desemprego estrutural e adequar a força de trabalho aos novos requisitos profissionais. Ao realizar esse papel, o sistema permitiria aumentar a "empregabilidade" da força de trabalho; recolocar mais rapidamente o desempregado; reduzir o tempo de procura por emprego; melhorar a administração do seguro-desemprego; e facilitar o equilíbrio entre oferta e demanda de mão de obra. Os princípios que deveriam nortear a constituição do sistema público de emprego brasileiro seriam: ampla negociação com o conjunto da sociedade; descentralização, buscando-se a maior participação de estados e municípios; parâmetros de sua organização definidos pelo Codefat; precedência das ações de emprego sobre todas as demais, com destaque para o treinamento e qualificação profissional; implantação gradativa do sistema, a partir de projetos-piloto com estímulo da adesão das unidades da federação. O autor considerava, ainda, como imprescindíveis para o sucesso do sistema as reformas estruturais da Previdência Social, do Sistema Tributário e das Relações de Trabalho (*Chahad*, 1996).

Em artigo posterior, o autor, ao analisar o papel do seguro-desemprego no sistema público de emprego, destaca a importância da integração e articulação das políticas de mercado de trabalho. Vê na experiência dos países desenvolvidos a comprovação dessa necessidade de conexão entre políticas passivas e ativas de mercado de trabalho. Essa integração serviria para impedir que os trabalhadores permaneçam por longo tempo desempregados, induzindo-os à busca ativa por uma ocupação. A associação do seguro--desemprego às outras políticas é vista como forma de reforço mútuo e reduz a duração do pagamento do benefício, tornando as políticas menos onerosas. No que se refere ao sistema público de emprego, as propostas apresentadas pelo autor seguem a experiência dos países desenvolvidos. Assim, defende a centralização das várias políticas em um único local, nos moldes do *One-Stop Center* dos EUA, o que facilitaria o monitoramento da procura por trabalho pelos beneficiários e das iniciativas para sua recolocação no mercado de trabalho. O aprimoramento das políticas de mercado de trabalho com maior integração e articulação não seria suficiente, devendo-se introduzir "sinais de mercado" para evitar que o monopólio do Estado na oferta de serviços não leve a uma atuação ineficiente do sistema público de emprego, além de colocar como necessária a avaliação permanente das atividades desempenhadas. No que tange especificamente ao seguro-desemprego, o autor defende a introdução de mecanismos indutores de procura ativa por emprego e sanções para o uso indevido do benefício, sugerindo que a maior rigidez seja acompanhada por um sistema de apelações e defesa para se evitar abusos e injustiças (*Chahad*, 2000).

Das propostas colocadas por *Chahad*, que em certo sentido refletem o posicionamento do Ministério do Trabalho à época, pode-se depreender que a lógica da proposta de construção do sistema público de emprego segue as diretrizes das reformas dos países desenvolvidos, ou seja, em grande medida as diretrizes elaboradas pela OCDE. No plano institucional, dirige-se à questão da descentralização administrativa, a centralização do atendimento e a participação das agências privadas no provimento dos serviços. No plano da gestão das políticas, a ênfase recai sobre a necessidade da integração e articulação das políticas, e da avaliação sistemática. No plano da execução das políticas, o destaque é para a focalização e a redução de custos (ou o aumento da eficiência).

A partir de outra visão do problema, *Cardoso Jr.*, ao analisar o processo de construção do sistema público de emprego, conclui que o conjunto das políticas de mercado de trabalho brasileiras tem pouco impacto sobre o mercado de trabalho. Esse baixo impacto seria resultado, por um lado, da implementação tardia do sistema público de emprego e do fato deste sistema ter sido construído de forma imitativa ao dos países desenvolvidos e, portanto, sem as adequações necessárias às especificidades de nosso mercado de trabalho. Por outro lado, dos efeitos das mudanças observadas no mundo do trabalho e do viés contencionista da política econômica. Para o autor, necessita-se atuar em duas direções. Rever as diretrizes da regulação macroeconômica que determina em última instância o funcionamento do mercado de trabalho, e redefinir as diretrizes do sistema público de emprego brasileiro. O autor considera que um sistema público de emprego para o padrão brasileiro deveria organizar-se a partir dos programas de geração de emprego e renda, dado que os mesmos atuam pelo lado da demanda. No entanto, enfatiza que tomar esses programas como eixo do sistema pressupõe um contexto de crescimento econômico. Neste contexto, "tais programas ganhariam relevância e sua articulação com as demais atividades clássicas de um SPE passaria a fazer todo sentido, como a intermediação e capacitação profissional, ambas orientadas a metas físicas de desempenho previamente planejadas" (*Cardoso Jr.*, 2000: 29).

Temos, portanto, duas visões diferentes sobre o encaminhamento do sistema público de emprego. A primeira toma a situação macroeconômica como dada e procura adaptar a experiência dos países desenvolvidos, focada sobre a oferta de mão de obra, para o Brasil. A segunda pressupõe uma mudança no contexto econômico e concentra-se na demanda de mão de obra. As discussões sobre a constituição de um sistema público de emprego foram ampliadas com a realização de um congresso nacional, em 2004, que reuniu trabalhadores, empresários, representantes dos vários níveis de governo e também das entidades públicas e privadas que estão ligadas às políticas públicas de emprego. A esse congresso seguiram-se cinco congressos regionais e o II Congresso Nacional, em que se discutiu e aprovou uma proposta para a constituição do Sistema Público de Emprego, Trabalho e Renda. Ainda em 2005, o Codefat tomou a primeira iniciativa (Resolução n. 466, revogada pela Resolução n. 560, de 20.11.2007) para implementar as decisões tomadas no II Congresso.

O documento final do II Congresso reconhece que os resultados das ações das políticas de mercado de trabalho dependem de outras políticas não orientadas especificamente para o mercado de trabalho, como a política econômica, a política de desenvolvimento setorial e regional, que garantam o crescimento sustentado da economia, assim como das políticas sociais, da política de salário mínimo, do sistema de relações do trabalho (MTE, 2005: 305). Verifica-se, aqui, um avanço em relação à postura que o governo vinha mantendo até então, de olhar o desempenho das políticas de mercado de trabalho como resultante da sua melhor ou pior gestão. A importância desse fato está em reconhecer que o sistema público de emprego não é um fim em si mesmo, mas um instrumento do conjunto de políticas de gestão do trabalho. Com isso, a discussão da construção do sistema não se reduz somente a detalhes técnicos de gestão e operacionalização das políticas, mas coloca a dimensão política nessa construção, redefinindo a posição do sistema em relação aos temas do trabalho e do emprego.

A proposta de um sistema público de emprego, trabalho e renda

A definição de sistema público de emprego resultante do II Congresso do Sistema Público de Emprego, Trabalho e Renda procura ampliar a noção que, segundo o documento, resultaria de um contexto marcado pelo pleno emprego e pela homogeneidade do mercado de trabalho. O entendimento dos participantes do Congresso foi que o caso brasileiro precisaria ir mais além de suas funções tradicionais para atingir o propósito de responder às especificidades da organização do mercado de trabalho do país. Assim, no § 17 das resoluções finais explicita-se a concepção do Sistema Público de Emprego, Trabalho e Renda. Este

> "[...] consiste na articulação e integração de um conjunto de políticas de proteção e inclusão sociais às políticas de geração de emprego, trabalho e renda de abrangência nacional e regional, fundamentada nas seguintes funções: seguro-desemprego, orientação profissional e intermediação de mão de obra, qualificação e certificação profissional, produção e gestão de informações sobre o mercado de trabalho, inserção da juventude e de grupos vulneráveis e geração de trabalho e renda via o fomento às atividades empreendedoras de pequeno porte, individuais e coletivas" (MTE, 2005: 312).

Destaca-se nessa concepção a preocupação com os segmentos que ocupam posições precárias ou que estejam excluídos do mercado de trabalho. A preocupação é legítima e mais do que necessária, porém deve-se ter em conta que essa função incorporadora do sistema será bem-sucedida, cremos, na medida em que as funções tradicionais estejam consolidadas dentro do objetivo primeiro do sistema, ou seja, ajudar na estruturação do mercado de trabalho. Só a partir do fortalecimento de suas funções tradicionais será possível desenvolver as funções de inclusão, que necessitarão de maior articulação do sistema com as políticas de inclusão social, implementadas por meio das políticas sociais, que estão fora do âmbito da gestão do trabalho. Não obstante, a ampliação conceitual ganha um caráter estratégico importante considerando-se as especificidades do mercado de trabalho brasileiro.

A noção de sistema público pressupõe a ação integrada de um conjunto de políticas, no caso as políticas de mercado de trabalho, reunidas em torno de um mesmo objeto e dirigidas para um objetivo comum, o que exige uma coordenação central em nível nacional. O alargamento do conceito do sistema público de emprego, para abarcar não o emprego, mas o trabalho em geral, torna mais complexa a tarefa do sistema público de emprego. Isso exigirá uma redefinição do próprio papel desempenhado pelo Ministério do Trabalho e Emprego (MTE), assim como do Conselho Deliberativo do Fundo de Amparo ao Trabalhador (Codefat) e do Fórum Nacional de Secretarias do Trabalho (Fonset). Esses deverão ser capazes de unir esforços para ampliar o papel dos vários instrumentos das políticas de mercado de trabalho no fortalecimento do sistema de proteção social existente no país.

Os congressistas definiram sete princípios que deveriam nortear a construção do Sistema Público de Emprego, Trabalho e Renda (SPETR). Esses princípios incluem aspectos bastante gerais como a erradicação da pobreza e das desigualdades sociais e regionais; o fortalecimento da participação dos atores sociais; a articulação do sistema com entidades governamentais e não governamentais que atuam na área social; o acesso universal às ações do sistema com ações focalizadas nos segmentos mais vulneráveis; integração com as políticas sociais, especialmente daquelas voltadas para a elevação do nível de escolaridade; descentralização e integração de todas as suas funções.

A amplitude de princípios, se por um lado contempla as preocupações com a situação social de muitos trabalhadores, por outro, pode colocar tarefas para as quais o sistema só pode contribuir marginalmente, o que gera muitas vezes avaliações equivocadas. Um exemplo disso é a preocupação com a erradicação da pobreza. Por mais que se considere louvável toda iniciativa nessa direção, as ações do sistema público de emprego não são políticas contra a pobreza. Isso não quer dizer que de forma indireta as ações não tenham um impacto sobre ela, mas esse impacto é marginal e, mesmo assim, como medida preventiva. Esse é o caso do seguro-desemprego, que ao dar apoio financeiro ao desempregado pode evitar que o trabalhador e sua família caiam em situação de pobreza em decorrência da perda da renda do trabalho. Não se paga o seguro-desemprego para que o trabalhador saia da condição de pobreza, não é esse o seu objetivo. Portanto, como outro princípio é o atendimento prioritário ao trabalhador mais vulnerável no mercado de trabalho, pode vir a ocorrer a avaliação, equivocada, de que o seguro-desemprego seja ineficaz por atender proporcionalmente menos esse conjunto de trabalhadores. Outro aspecto que pode trazer confusão é a questão da elevação da escolaridade do trabalhador. Ainda que isso possa acontecer, por meio de programas de alfabetização ou nos moldes de cursos supletivos, não é, no nosso entender, da alçada do sistema público de emprego essa tarefa, e sim da área de Educação. Nesse sentido, entendemos a preocupação dos congressistas com o aumento da escolaridade, a partir da integração e articulação das ações do sistema público de emprego e das ações da Educação que possibilitem o direcionamento dos trabalhadores, cujo perfil indique essa necessidade, para programas educacionais de alfabetização ou de ensino supletivo.

Com base nesses princípios, foram definidas as diretrizes que devem nortear a constituição do Sistema Público de Emprego, Trabalho e Renda. Essas diretrizes relacionam-se às funções do sistema, à gestão, à integração com outras instituições e políticas, às competências entre os atores envolvidos, às questões normativas e de financiamento. Em conjunto, essas diretrizes buscam dar as características estruturais e institucionais do sistema, assim como os pressupostos de seu funcionamento.

Em relação às funções do sistema, as diretrizes enfatizam a necessidade de integração entre as várias políticas e programas; de introdução de mecanismos de monitoramento e avaliação; do fortalecimento da participação de empregadores e de outras entidades públicas e privadas; de informatização das ações; da criação de mecanismos de acesso preferencial ou ações específicas para os segmentos em condições de vulnerabilidade em relação ao trabalho; e do desenvolvimento de novas metodologias para operacionalização das políticas. Em termos de diretrizes específicas para cada função, destacamos a estruturação de intermediação de serviços autônomos. No âmbito da qualificação profissional, aparece a orientação de instituição de mecanismos de certificação profissional em conjunto com órgãos afins. Entre as diretrizes dos programas de geração de emprego e renda, destaca-se a preocupação com a facilitação do acesso ao crédito com formas alternativas de garantia e com política de juros subsidiada. No seguro-desemprego, a expansão da rotina de recusa aparece com a necessidade de se ampliar a cobertura para grupos mais vulneráveis, trabalhadores sazonais e nos processos de reestruturação e depressão econômica.

Sobressai aqui a questão da integração das várias políticas, essencial para que tenhamos um conjunto de políticas que funcionem de forma sistêmica. Nesse sentido, a introdução de procedimentos que possibilitem a articulação dessas várias políticas é fundamental para criar-se canais de comunicação entre elas. A preocupação central com a questão da integração é permitir maior eficiência e eficácia na operacionalização das políticas, o que é reafirmado pela indicação de instrumentos de monitoramento e avaliação. Evidentemente, esse aperfeiçoamento na orientação das políticas é correto, contribuindo para melhorar o desempenho das mesmas.

Como vimos no segundo capítulo, sem deixar de reconhecer que houve avanço nos resultados das políticas, verificou-se que muito pode ser feito para melhorar a performance delas. O aprimoramento das mesmas por meio da maior articulação pode ter impacto sobre a efetividade das mesmas num primeiro momento, ou seja, partindo do pressuposto de que a falta de maior articulação reduz o desempenho dessas políticas, ao se eliminar esse entrave tem-se um ganho que se traduz na melhoria do mercado de trabalho. Contudo, como procuramos mostrar na primeira seção deste capítulo, a efetividade das políticas de mercado de trabalho e, portanto, do próprio sistema, está diretamente ligada ao desempenho da economia. A geração de novos postos de trabalho em níveis adequados depende de uma economia dinâmica. Só com isso será possível ampliar-se as oportunidades de ocupação e, também, as chances de incorporação dos trabalhadores com maiores dificuldades no mercado de trabalho.

Três pontos nos parecem importantes para que o sistema atenda as especificidades brasileiras: a intermediação de autônomos, a certificação profissional e o fornecimento de crédito subsidiado. Acreditamos que essas propostas completam-se para atingir um segmento dos trabalhadores que, mesmo com a retomada do crescimento, poderá encontrar dificuldades de inserção num emprego. Assim, as atividades por conta própria, num contexto de crescimento, tornam-se uma alternativa viável, dado que com crescimento, parte dos trabalhadores que se encontravam nessa situação encontrará emprego, reduzindo o número de indivíduos ocupados por conta própria e, portanto, reduzindo a concorrência, ampliando as chances de maiores ganhos dos que permanecem. O apoio aos trabalhadores que continuarem nas atividades autônomas, por meio do aprimoramento de suas habilidades e com a certificação do seu serviço, além da intermediação dessas atividades e facilitando o acesso ao crédito subsidiado para a aquisição de material e instrumentos de trabalho, pode ter um efeito positivo para a inclusão desses trabalhadores como profissionais, permitindo-lhes (re)construir uma trajetória ocupacional.

Cabe, de toda forma, enfatizarmos que essa alternativa não deve ser a solução para todos aqueles que tenham dificuldades para retornarem a um emprego regular, ou seja, não se deve crer que o trabalho autônomo seja a alternativa para todos esses. Nesse sentido, ressalta-se a importância da articulação das políticas de mercado de trabalho entre si e com outras políticas públicas. Isso porque será importante que a atividade de informação e orientação profissional do serviço público de emprego tenha capacidade de detectar aqueles indivíduos que tenham condições para trabalhar por conta própria, encaminhando-os para as políticas que lhes darão o apoio necessário. Por outro lado, para aqueles trabalhadores sem qualificação e cujo perfil não indique para a atividade autônoma, tornam-se importantes as políticas que visem à função de contenção da oferta, evitando que os mesmos pressionem o mercado de trabalho, deprimindo os salários. Nessa direção, é importante a articulação do sistema com as políticas assistenciais de forma que se possa construir um caminho para a transição do trabalhador idoso para a inatividade ou adiar a entrada do adolescente de baixa escolaridade no mercado de trabalho. Evidentemente, cada situação exigirá instrumentos diferenciados de ação. No entanto, o desenvolvimento de políticas que possibilitem ao jovem permanecer na escola ou ao idoso ter uma renda e desenvolver atividades comunitárias pode ter uma enorme contribuição para conter o excesso de oferta de mão de obra no mercado de trabalho.

No que se refere à gestão, as diretrizes caminham no sentido de fortalecer o tripartismo, com o estabelecimento de mecanismos de controle social e publicização das informações. Outro aspecto importante é o estabelecimento de mecanismos de monitoramento, avaliação e controle, bem como a construção de indicadores de eficiência, eficácia e efetividade social como parâmetro para incremento de recursos. Destacam-se, também, a necessidade de se garantir a operação contínua e permanente de todas as atividades, bem como de serem cumpridos os prazos da liberação de recursos, aprimorando-se a forma de repasse dos mesmos. Para garantir-se a integração das funções, considerando-se as especificidades regionais, as diretrizes propõem a introdução de um convênio único. Quanto à estrutura física, estabelece-se a padronização das unidades de atendimento, denominando-as de centros públicos integrados de emprego, trabalho e renda, além de se adotar critérios para a seleção e capacitação do quadro de pessoal dos centros integrados para reduzir a rotatividade e melhorar o atendimento.

Em relação à integração com outras instituições e políticas, as diretrizes assinalam a importância de se integrar as ações do sistema aos programas sociais e econômicos nos três níveis de governo e também aos fundos constitucionais. Destacam ainda a necessidade de participação do sistema em ações que fortaleçam o desenvolvimento territorial e os arranjos produtivos locais e redes de empreendimentos autogestionários. Da mesma forma, os congressistas consideraram importante que o MTE tenha participação nos fóruns do governo que definem as políticas econômicas, nas agências de fomento e nos fundos constitucionais, procurando introduzir metas de emprego na política econômica e nos financiamentos públicos. Um ponto importante das diretrizes é quando elas apontam para a necessidade do sistema articular-se com o Ministério da Educação, bem como com o Sistema S para se estabelecer ações conjuntas com vistas a amplificar as ações de formação e qualificação profissional, procurando atender os grupos mais vulneráveis, especialmente os jovens.

Sobre esse último ponto, parece-nos fundamental que se tenha uma estratégia única em relação à formação e qualificação profissional. A articulação do sistema com o Ministério da Educação e o Sistema S é o primeiro passo para que se possa coordenar e agregar esforços para facilitar que o jovem transite da escola para o trabalho e, também, facilitar o aprimoramento das qualificações do trabalhador adulto. A definição de uma política educacional de formação profissional, ainda que seja de competência da área educacional, não pode prescindir das informações e do conhecimento sobre as questões do trabalho que o sistema pode dar. Por outro lado, as atividades do Sistema S, que é uma instituição pública, devem ser incorporadas na estratégia de formação e qualificação profissional do país. Com isso, a definição da política de formação e qualificação deve ser elaborada por todos os envolvidos, possivelmente num conselho nacional sobre formação profissional que inclua os representantes das várias instituições envolvidas e que leve em consideração a estratégia de desenvolvimento do país.

Com relação à estratégia de desenvolvimento do país, é fundamental que ela tenha a geração de emprego como um de seus eixos organizadores, dado que ela tem influência decisiva sobre a dinâmica do mercado de trabalho. Os participantes do II Congresso colocaram como uma diretriz a necessidade de o MTE ter participação nos fóruns que discutem os temas econômicos, bem como nas agências de fomento. Ao fazer isso, enfatizaram o papel importante que a função de informação e de apoio ao emprego do sistema pode ter na formulação e na implementação da política de desenvolvimento, tornando-a mais realista e mais efetiva para a sociedade brasileira.

As diretrizes sobre as competências dos atores envolvidos no sistema apontam para a descentralização da execução das ações do sistema, passando essa responsabilidade para estados e municípios. A responsabilidade do MTE fica definida como de monitoramento, controle e avaliação das ações executadas. Nessas diretrizes sobressai a preocupação de se evitar a sobreposição de ações entre os vários executores, prevendo-se capacidade de gestão plena aos entes federados. As sociedades civis sem fins lucrativos também poderão executar ações do sistema, desde que firmem contratos ou convênios com os estados ou municípios. Estes últimos poderão participar de forma autônoma desde que comprovem capacidade técnica e financeira com a aprovação do Codefat e das Comissões Municipais e Estaduais de Emprego. Cabe ao MTE, além do monitoramento, supervisão e avaliação das ações do sistema, a execução de ações complementares desde que não implique sobreposição a outras ações desenvolvidas.

Quanto às questões normativas, as diretrizes do Congresso definem como sendo importantes o estabelecimento em legislação de conferências nacionais, estaduais e municipais do Sistema Público de Emprego, Trabalho e Renda, assim como a regulamentação da participação de entidades sem fins lucrativos e das agências privadas de intermediação, obrigando-as a colocarem à disposição as vagas por elas captadas para todo o sistema. Outro ponto destacado é o estabelecimento de um fórum de discussões sobre o marco regulatório que aponte caminhos para a formalização dos micro e pequenos empreendimentos urbanos e rurais.

Com respeito ao financiamento do sistema, as diretrizes reforçam o FAT como a principal fonte para as despesas com as ações das funções do Sistema Público de Emprego, Trabalho e Renda. Destaca-se a referência à necessidade de se evitar o contingenciamento dessas ações. Estabelece-se a meta de 8% no mínimo de recursos da arrecadação primária do PIS-PASEP a serem destinadas ao gasto com as políticas e programas do sistema, excetuando-se os gastos com seguro-desemprego e o abono salarial. As diretrizes apontam ainda para a necessidade de se pactuar com estados e municípios que estes prevejam em seus orçamentos anuais recursos para as funções do sistema. Com relação ao financiamento das ações das políticas do sistema público de emprego, e ainda que o FAT continue a ter o papel preponderante e seja o eixo organizador das suas políticas, não se pode desprezar os recursos públicos direcionados para o Sistema S e os recursos do FGTS. O volume de recursos dessas três fontes, se coordenadas em torno de um objetivo comum, pode ter maior eficácia na sua utilização e alavancar o conjunto de políticas de mercado de trabalho. No entanto, isso implica rediscutir o papel e o desenho dos recursos que financiam o Sistema S e do FGTS.

A partir das diretrizes definidas no II Congresso, uma comissão tripartite elaborou uma proposta para normatizar as resoluções do Congresso. A primeira medida normativa foi a Resolução do Codefat n. 466, de 21 de dezembro de 2005, que instituiu o Plano Plurianual Nacional e Estadual e o Convênio Único. Nessa resolução explicita-se que as funções do Sistema Público de Emprego, Trabalho e Renda são: o seguro-desemprego; a intermediação de mão de obra; a qualificação social e profissional; a orientação profissional; a certificação profissional; a pesquisa e informações sobre o mercado de trabalho; e todas as funções e ações que sejam definidas pelo Codefat com vistas à inserção no mercado de trabalho e ao fomento de atividades autônomas e empreendedoras.

O Plano Plurianual tem como objetivo integrar as várias funções e ações do sistema no território. Cabe à Secretaria de Políticas Públicas de Emprego (SPPE) do MTE a elaboração de proposta do Plano Plurianual Nacional, bem como das diretrizes para a elaboração dos Planos Plurianuais Estaduais a serem encaminhados ao Codefat para a deliberação. Uma vez aprovado o termo de referência do Plano Plurianual Estadual, a instituição estadual pertencente ao sistema consolidará as propostas dos vários municípios num Plano Estadual Anual de Ações, contemplando a distribuição regional das ações, a forma de aplicação dos recursos e os postos de atendimento da unidade da federação. Uma vez consolidado o plano anual, o mesmo é encaminhado para a Comissão Estadual de Emprego, que apreciará e deliberará sobre as propostas e aprovará o Plano. É interessante destacar que a resolução impede a aprovação do plano por decisão *ad referendum* da comissão, medida que busca fortalecer a comissão como órgão decisório das ações, forçando sua maior responsabilidade para com os caminhos do sistema em nível regional.

É a partir dos planos estaduais anuais que se elaborará o Convênio Único a ser celebrado entre MTE e os estados e Distrito Federal, assim como com as capitais e municípios com mais de 300 mil habitantes. Esse convênio é o instrumento por excelência para a integração e operacionalização das funções e ações continuadas do sistema, sendo que será celebrado somente um convênio em cada espaço territorial por ente federativo. Para a operacionalização das funções e ações continuadas, os estados, capitais e municípios, além do Distrito Federal, poderão celebrar contratos com entidades sem fins lucrativos, devendo haver uma rede informatizada e integrada entre os executores no mesmo território. Para os casos de ações específicas, ou seja, localizadas em determinado período de tempo, prevê se a celebração de Convênios Específicos para o atendimento da demanda. Nesses casos, o MTE poderá celebrar o convênio diretamente com a entidade executora da ação.

A operacionalização das várias políticas deverá ser feita por meio de centros integrados de atendimento ao trabalhador. Esses centros devem funcionar como "porta de entrada" do trabalhador para todos os serviços a serem prestados. Com isso, espera-se eliminar a proliferação de postos de atendimento e a necessidade de o trabalhador buscar agências diferentes para habilitar-se ao seguro-desemprego, fazer a inscrição no serviço de intermediação ou ser encaminhado para um curso de qualificação profissional. A integração dos vários centros pode eliminar a concorrência entre as várias agências hoje existentes, pois independentemente de quem faça a captação da vaga, esta estará disponível para todas as agências, facilitando, assim, encontrar o trabalhador mais adequado e mais rapidamente para preenchê-la. Do mesmo modo, elimina a necessidade de o trabalhador fazer a inscrição em várias agências, pois o banco de dados será único.

Podemos dizer que o desenho institucional que resulta do Congresso é um avanço em relação à situação anterior. A instituição de um convênio único entre o MTE e as unidades da federação ou grande município, a partir de planos previamente discutidos e que incorporam as várias ações a serem realizadas no âmbito de cada espaço territorial, racionaliza os procedimentos ao mesmo tempo em que exige maior empenho em planejamento. De acordo com o levantamento do caso do estado do Paraná[10], a existência de um plano plurianual permite que a unidade da federação faça o pagamento de despesas sem que tenha ocorrido o repasse, o que não podia ser feito anteriormente, permitindo que se cumpra com os compromissos com os fornecedores. Esse aspecto positivo convive, entretanto, com a ausência de um fluxo contínuo de recursos, o que implica custos administrativos e financeiros que poderiam ser evitados se o cronograma de repasse fosse respeitado. Ademais, convive-se também com a redução do volume de recursos, trazendo insegurança com relação à continuidade das ações.

Esse problema de fluxo está relacionado, em grande medida, com a política econômica em vigor, que exige um superávit primário elevado, obrigando o contingenciamento das despesas e dificultando a manutenção do fluxo de repasses por parte do MTE. A redução dos recursos também está associada à política macroeconômica. Com baixo crescimento econômico, a receita do FAT só cresce com aumento da alíquota do PIS-PASEP. Porém, 20% da arrecadação é desviado para o caixa do Tesouro, por meio da DRU, como mostrado no segundo capítulo. Ou seja, para se cobrir os gastos das políticas de mercado de trabalho, tem-se recorrido ao patrimônio do fundo, já que a receita que fica para o MTE é insuficiente para o volume de despesas. Não é sem motivo que no documento final do Congresso incluiu-se a necessidade de se garantir um percentual mínimo da receita do PIS-PASEP para ser alocado com as políticas de mercado de trabalho, excluindo-se os gastos com o seguro-desemprego e o abono salarial.

Outro ponto de avanço é a concepção de um centro integrado que faz o encaminhamento para todas as políticas existentes. Sob esse aspecto, o ganho para o trabalhador é considerável, uma vez que o mesmo não tem que transitar entre várias instituições para ter acesso aos vários serviços oferecidos. O Centro torna-se, assim, a unidade de atendimento do sistema e, para seu bom desempenho, ele precisa estar equipado e ter pessoal qualificado para fazer os diferentes encaminhamentos. A integração e articulação das várias políticas torna-se mais fácil tendo uma única "porta" de acesso aos serviços, mas exige que o fluxo

---

(10) A análise feita do desenho do Sistema Público de Emprego, Trabalho e Renda toma como referência o levantamento do caso do estado do Paraná, que é apresentado no apêndice ao final deste capítulo.

de informações entre elas, os vários centros de uma determinada região e os níveis de gestão funcionem bem. Um problema levantado é o da existência de mais de um gestor num mesmo espaço territorial, pois cada nível de governo tem suas próprias diretrizes em relação às políticas, o que pode dificultar a integração. Outro ponto seria a forma de remuneração por atendimento, que criaria concorrência entre as várias agências de um mesmo território, reduzindo a colaboração entre elas.

Esses problemas não são insolúveis, mas exigem um grande esforço de coordenação para serem transpostos esses obstáculos, tanto dos gestores regionais e locais diretamente ligados ao dia a dia dos centros, como das comissões de emprego. Para tanto, é preciso pessoal qualificado e capacitado tanto na gestão como nas comissões de emprego. Nesse último aspecto, a experiência do Paraná mostra que há certo despreparo dos membros que participam das comissões, que, associado à falta de maior preocupação com a coisa pública, torna mais difícil articular as políticas em torno de objetivos comuns que atendam aos interesses da coletividade.

A questão da capacitação estende-se também aos demais funcionários ligados à execução das políticas. Estes são a quase totalidade dos funcionários, no estado do Paraná representam cerca de 94% do total do pessoal do sistema. Assim, tanto mais importante que esses trabalhadores estejam devidamente treinados para executarem suas funções. No entanto, nem todos estão devidamente capacitados, a estimativa no caso analisado é de que cerca de 84% dos funcionários ligados diretamente às atividades de execução estejam devidamente habilitados para elas. Porém, no caso dos funcionários que estão ligados à colocação ocorre um fato curioso, pois, como eles têm acesso às vagas disponíveis, muitas vezes ocorre de realizarem a própria colocação em um novo emprego, tendo em vista um salário maior. Assim, acaba ocorrendo rotatividade dos funcionários ligados ao atendimento, com a saída de trabalhadores qualificados. Essa rotatividade acaba por influir no ritmo de atendimento dos que procuram os serviços do sistema, especialmente do serviço de colocação, em que se concentra o maior número de atendimentos do sistema do Paraná. O grande fluxo de trabalhadores faz com que os atendentes, no afã de reduzir o "tamanho da fila", acabem por não explorar todas as possibilidades para a inserção do demandante de emprego. Isso pode significar a postergação de um atendimento mais aprofundado a ser realizado num momento futuro.

Sobre o aspecto de se buscar explorar todas as alternativas de inserção do trabalhador, abreviando-lhe o tempo de desemprego, poder-se-ia averiguar a possibilidade de uso de instrumentos que construam a trajetória profissional do indivíduo como, por exemplo, o *fichier historique*, aplicado no caso francês. O problema que pode ser encontrado é que a maioria dos trabalhadores inscritos no serviço de intermediação de mão de obra possam não ter uma trajetória profissional que facilite a sua reinserção. Ou seja, dada a característica do nosso mercado de trabalho ter um grande contingente que passa de uma atividade formal para uma atividade no setor informal, ou desta para outra ocupação informal, acaba por criar um contingente de trabalhadores que "pulam" de uma ocupação à outra, sempre de baixa qualificação. Com isso, esses trabalhadores não conseguem adquirir experiência suficiente em nenhuma ocupação, dificultando-lhes uma colocação estável.

Mas a introdução de um instrumento que recupere a trajetória do demandante de emprego não elimina a necessidade de se fazer um atendimento mais aprofundado com o trabalhador que se inscreve no serviço. Continua, pelo menos no curto e médio prazos, a questão da capacidade de atendimento. Esta depende, por um lado, da produtividade do serviço de intermediação como da intensidade com que os trabalhadores afluem ao centro de atendimento. Nesse último caso isso decorre tanto da dinâmica econômica, que pode gerar um maior ou menor número de desempregados, como da dinâmica demográfica, isto é, da maior ou menor participação das pessoas em idade ativa. Do ponto de vista da produtividade do serviço de emprego, esta depende tanto da existência de centros de atendimento informatizados que agilizam os procedimentos, como da capacitação dos funcionários e, também, do número de funcionários do serviço. Os dados do estado do Paraná mostram que relativamente à PEA do estado, o número de funcionários é bem menor quando comparados com o quadro de pessoal dos países desenvolvidos analisados no primeiro capítulo. Assim, a capacitação é estratégica para a produtividade, bem como a informatização, mas parece haver a necessidade de uma ampliação do quadro funcional do sistema para se atingir o nível de qualidade que se espera que ele tenha.

Isso coloca-nos um outro aspecto importante para o bom funcionamento do sistema como um todo. A nosso ver, é imprescindível que as pessoas envolvidas nas políticas tenham um quadro de carreira que lhes permita traçar uma trajetória profissional, da mesma forma como os trabalhadores que eles atendem diariamente. O problema que surge é: como será esse quadro? Cada unidade da federação terá o seu? Ou este será local? Ou, então, será nacional tendo em vista que o sistema é nacional e não estadual ou local? Hoje, a grande maioria dos funcionários que estão ligados à execução das políticas estão ligados aos municípios e, portanto, seus salários estão limitados pela capacidade de cada prefeitura. Portanto, definir um quadro de carreira em nível estadual, por exemplo, implica que todos os funcionários do estado pertencerão ao mesmo quadro, mas como fica o pagamento dos funcionários? Lembremos que os recursos do FAT não são destinados para o pagamento de pessoal, portanto, o gasto com pessoal, que representa cerca de 60% do total do gasto do sistema, é totalmente de responsabilidade dos estados (em torno de 25%) e dos municípios (em torno de 75%). Ou seja, a manutenção dessa forma de operacionalização implica grandes diferenciações entre os ordenados dos funcionários do sistema, dependendo da região e do município em que os mesmos estiverem alocados. Contudo, se o objetivo é oferecer um serviço homogêneo em qualquer centro de atendimento, será necessário todos que desempenhem a mesma função terem as mesmas qualificações. Construiremos um sistema nacional mantendo as desigualdades existentes entre os funcionários das diversas regiões do país?

O desenho institucional, quando se define as competências dos diversos atores, aponta para uma organização parecida com a dos Estados Unidos, com o governo federal dando as diretrizes básicas para o funcionamento e as unidades da federação executando as políticas e tendo a liberdade para construir um sistema específico. A tendência à descentralização se apresenta também nas outras experiências estudadas, como na Alemanha, onde a agência local tem a prerrogativa de organizar-se da forma como melhor lhe convier para executar de forma eficaz suas funções. No caso brasileiro, o governo federal, pelas diretrizes, ficará responsável pelo monitoramento, controle e avaliação das ações do sistema, enquanto estados e municípios se responsabilizam pela execução das ações, podendo estabelecer convênios com entidades sem fins lucrativos para prestarem serviços. No entanto, prevê-se que as unidades de atendimento — os centros integrados — sejam padronizadas, com os mesmos critérios para seleção e capacitação do quadro de pessoal. Procura-se dar maior participação na gestão das políticas aos entes federados ao mesmo tempo em que se quer garantir a qualidade do atendimento, respeitando-se as especificidades regionais e locais. Parece-nos pouco realista dar maior poder de gestão aos estados e municípios na execução das ações e definir padrões de atendimento, pois nem todas as unidades da federação e municípios terão as mesmas condições para implementar os centros integrados.

Se há a compreensão da importância de um atendimento de qualidade e uniforme em todos os centros integrados e considerando que o acesso aos serviços das diversas políticas tenha apenas uma porta de entrada, o mais lógico é que essa "porta" seja o serviço de emprego. Isso porque ele receberia tanto os pedidos de seguro-desemprego como faria as inscrições dos demandantes de emprego, fazendo os devidos encaminhamentos. Assim sendo, talvez não fosse o caso de pensarmos numa instituição nacional com autonomia administrativa e financeira ligada ao MTE para ser o eixo estruturante do sistema? Seria mais fácil e ágil uma instituição que funcionasse como uma "empresa" pública de serviços para contratar e implantar os centros e operacionalizar as políticas que seriam definidas a partir do planejamento dos estados e municípios por meio das comissões de emprego e, no plano nacional, pelo Codefat, para os quais o serviço de emprego continuaria a ter que prestar contas. Assim, poder-se-ia garantir que fossem implementadas e executadas políticas nacionais ao mesmo tempo em que os estados e municípios poderiam implementar políticas complementares ou específicas de cada região sem o risco de se ter padrões de atendimento diferenciado entre diferentes regiões, pois uma única instituição faria a prestação do serviço. Como única instituição queremos dizer que seria o local onde o trabalhador, uma vez inscrito, seria encaminhado para um posto de trabalho, para um curso de qualificação ou para alguma atividade que o ajude na inserção ocupacional. Não significa, por exemplo, que o serviço oferecerá cursos de qualificação, mas que fará a intermediação entre o trabalhador e a instituição responsável pelo curso, recepcionando o mesmo trabalhador ao final da atividade de qualificação para encaminhá-lo ao mercado de trabalho.

Aliás, outro aspecto que nos parece importante é a definição de uma estrutura organizada de formação e qualificação profissional. A qualificação profissional é realizada por meio da contratação de cursos junto a entidades públicas e privadas de ensino. No entanto, existe uma rede de escolas públicas de ensino técnico que junto das entidades do sistema S poderiam ser reunidas sob uma coordenação nacional, formando uma rede pública de ensino profissionalizante e de qualificação profissional que poderia ser o principal sustentáculo de uma política de formação e qualificação profissional. Isso não significa que as entidades privadas sejam dispensáveis, mas elas entrariam para atender demandas complementares à rede básica.

Um problema detectado na análise do caso do Paraná foi a dificuldade de se qualificar o trabalhador em tempo hábil para que o mesmo ocupe uma vaga aberta. Esta não é uma tarefa trivial, haja vista que se quer ter o trabalhador qualificado para o momento em que for aberta uma vaga, para que esta seja rapidamente preenchida. Portanto, há um trabalho prévio que reúne várias funções do sistema: o levantamento das informações sobre o perfil dos demandantes de emprego e dos empregos que são gerados; a análise das informações sobre o mercado de trabalho e a produção de estudos prospectivos com relação às tendências das ocupações; o trabalho de análise do conteúdo das ocupações existentes e de suas alterações, bem como das novas ocupações que são criadas; para então se definir quais são os cursos que devem ser priorizados dentro da política de qualificação profissional e qual deve ser seu conteúdo. Portanto, isso implica que a política de qualificação profissional, para que atenda às necessidades dos trabalhadores em busca de emprego, deve ser elaborada a partir de um conjunto de informações que exige o trabalho de vários profissionais, que poderiam ser reunidos num "conselho técnico sobre formação e qualificação profissional".

Uma política de qualificação que tenha condições de se antecipar às demandas futuras de profissionais é um aspecto fundamental para qualificar o trabalhador desempregado e abrir-lhe a oportunidade de reintegrar-se ao mercado de trabalho, já que a tarefa de qualificação não se realiza da noite para o dia, exigindo maior tempo quanto menor for a qualificação e escolaridade do indivíduo. O oferecimento desse serviço, no entanto, precisa estar disponível para quando o serviço de emprego detecta um demandante cujo perfil indique a necessidade de qualificação profissional. O curso oferecido deve satisfazer às necessidades do demandante de emprego, ou seja, não se pode encaminhar o indivíduo para um curso qualquer, mas sim um que atenda ao seu perfil e que lhe amplie suas habilidades e respeite seus anseios profissionais. Aqui entra outra função importante e que não é oferecida no serviço de emprego brasileiro, a informação e orientação profissional. Este serviço pode ajudar a se detectar com maior rapidez os interesses e as potencialidades dos indivíduos que estão em busca de um emprego, podendo encaminhá-los para um curso de qualificação profissional, quando for o caso, mais adequado, evitando-se que o trabalhador transite por vários cursos inutilmente. Ou até, em determinados casos, possa orientar o desempregado para uma atividade por conta própria, o que pode significar seu encaminhamento para cursos de qualificação e também para os serviços de microcrédito, entre outros.

Essas questões esbarram necessariamente na ampliação do quadro de pessoal para a realização dessas várias funções, o que significa ampliar os gastos. A consolidação do sistema com a introdução do Centro Integrado de Atendimento ao Trabalhador vai depender de investimentos na montagem desses centros. Todavia, existem as despesas com custeio do sistema, o que significa a manutenção de sua operacionalização. Para se ter uma dimensão de quanto isso custaria, fizemos um exercício a partir das informações obtidas do sistema do estado do Paraná e estimamos o quanto custaria para se operacionalizar o sistema em todo o território nacional tendo como parâmetro o desempenho desse estado. Dependendo do público potencial do sistema que se considere temos um custo que varia entre R$ 227 milhões e R$ 643 milhões, que representa entre 2% e 4% da arrecadação do PIS-PASEP de 2005. Ou seja, o volume de recursos é relativamente baixo, sobretudo se considerarmos que 20% do que é arrecadado vai para o Tesouro. Portanto, o custo para se operacionalizar o sistema nacionalmente é sustentável com os recursos que se tem hoje, mas que não chegam às políticas que atendem aos trabalhadores.

Nas diretrizes definidas no Congresso, considera-se a possibilidades de que as ações possam ser executadas por entidades civis privadas sem fins lucrativos, desde que estabeleçam convênios com os estados ou municípios. No entanto, não fica claro qual deve ser a postura diante das agências de emprego privadas de emprego temporário. Apesar de as normas da OIT recentes admitirem a existência conjunta das agências privadas com o serviço público de emprego, no caso das agências de emprego temporário isso pode ter um efeito prejudicial socialmente. Isso porque se cria uma concorrência entre o serviço público e essas agências pelas vagas disponíveis e pelos trabalhadores. Se a agência privada não for obrigada a informar sobre as vagas que tem disponíveis, ela não o fará, o que diminui a transparência do mercado de trabalho, uma vez que somente os trabalhadores que procurarem seus serviços terão a oportunidade de concorrer a uma dessas vagas.

Ademais, como o objetivo da agência privada é atender rapidamente às necessidades da empresas usuárias, a tendência é que ela selecione os mais qualificados e descarte aqueles trabalhadores com maiores dificuldades de inserção, cuja única alternativa será o serviço público de emprego. A consequência é que o serviço público terá maiores dificuldades para preencher as vagas captadas, dado que seus usuários tendem a ter menor qualificação. Como afirma *Ricca* (1982), para a empresa usuária da mão de obra tanto faz se a intermediação é realizada pelo serviço de emprego ou pela agência de emprego temporário, a diferença está no fato de que a agência privada assume o ônus do recrutamento e da demissão. Essa forma de contratação acaba por criar um trabalhador de "segunda classe" na empresa usuária, pois seu *status* e sua remuneração, normalmente, serão inferiores ao dos trabalhadores vinculados à empresa. Apesar de considerar que as agências privadas possam conviver com o serviço público, o autor afirma que o Estado, ao abrir mão de fazer a gestão do emprego temporário por meio do serviço público de emprego, perde o controle sobre esse tipo de trabalho e perde um instrumento para impedir o crescimento desordenado do mesmo. Ou seja, perde-se parte da capacidade de organizar o mercado de trabalho e de estimular a contratação por meio de vínculos de trabalho permanentes.

Pode-se pensar que no caso brasileiro o serviço de emprego venha a oferecer um serviço de emprego temporário fazendo a gestão dos contratos, com isso, reduzindo o custo das empresas contratantes, mas garantindo a qualidade da relação de trabalho. Por outro lado, ao fazer isso pode vir a ter maior controle sobre esse tipo de contrato e, também, maior influência sobre sua evolução, abrindo novas possibilidades aos trabalhadores com maiores dificuldades de inserção, pois o trabalho temporário pode ser a porta de entrada para um emprego com contrato por tempo indeterminado. Como não é um serviço lucrativo, o serviço de emprego pode garantir que as condições do trabalhador sejam melhores, além de evitar o descumprimento das normas trabalhistas. Ademais, ao se colocar como um parceiro importante para as empresas na gestão dos recursos humanos, o serviço público de emprego ganha a confiança da empresa nos seus serviços. Pode-se pensar numa agência específica do serviço público de emprego que preste esse tipo de serviço, como é feito na Alemanha, cujas agências de emprego temporário estão separadas das agências locais.

A prestação de serviços adicionais para as empresas pode ser um fator importante de atratividade, especialmente para as micro e pequenas empresas (MPE). Normalmente, o serviço de emprego atende a média e grande empresa que possuem departamento específico para a atividade de recrutamento e seleção. Não obstante, o serviço público poderia implementar um serviço diferenciado para as micro e pequenas empresas, aproximando-as do sistema. Assim, facilitar-se-ia o acesso desses empreendimentos às ações de colocação e qualificação da mão de obra, inclusive a já ocupada, o que muitas vezes não ocorre por falta de maior informação. Atender as MPE nos parece importante para se atingir o objetivo de estruturar o mercado de trabalho e elevar as condições de trabalho nessas empresas.

O atendimento diferenciado aos micro e pequenos empreendimentos é um fator que tanto auxilia na inserção do trabalhador desempregado como pode ajudar essas empresas a aprimorarem a gestão da mão de obra. Normalmente, os micro e pequenos empreendimentos, por serem administrados diretamente pelo empregador, acabam por não ter um processo de seleção e recrutamento de pessoal, fazendo com que prevaleçam indicações pessoais e a contratação de conhecidos que nem sempre são os mais indicados para ocupar o posto de trabalho. A profissionalização desses empreendimentos é fundamental para tornarem-se mais produtivos e competitivos. Nesse sentido, a orientação e a assessoria na contratação de pessoal qualificado pode ser um passo importante no fortalecimento desses empreendimentos. Ademais, pode-se pensar em ações de orientação — talvez cursos específicos para os micro e pequenos empreendedores — sobre noções básicas da legislação trabalhista, da importância de se ter um ambiente de trabalho que garanta a segurança do trabalhador na execução das tarefas, bem como a sua saúde, além de outras questões importantes que aprimoram os resultados e a produtividade do trabalhador. Aumentar a produtividade do trabalhador é fator decisivo para que os empreendimentos desse segmento tornem-se empreendimentos viáveis, sendo que, para isso, os empregadores devem estar conscientes da importância de ter um trabalhador mais bem qualificado, para o que as ações do sistema podem ter uma contribuição destacada. No entanto, as políticas voltadas para esses empreendimentos ultrapassam as políticas de mercado de trabalho.

Como mostra *Santos* (2006), a melhoria das condições de trabalho nesses empreendimentos passa pelo fortalecimento dos mesmos e depende de um conjunto de iniciativas para que suas ações sejam efetivas. Assim, são necessários mecanismos que levem a um processo virtuoso que, a um só tempo, melhore a competitividade desses negócios, permitindo-lhes manter-se no mercado, melhorando as condições de utilização da força de trabalho aí alocadas. Esse conjunto de medidas inclui desde uma política tributária e de crédito diferenciada, passando pela facilitação do acesso às informações sobre as relações de trabalho e sobre o mercado de trabalho, programas de qualificação da mão de obra, até a ampliação da representatividade política desse segmento. Temos, portanto, que o apoio aos micro e pequenos empreendimentos compõe-se de um amplo leque de políticas públicas. Nesse conjunto, acreditamos, o serviço público de emprego e outras políticas de mercado de trabalho podem cumprir um papel destacado no que se refere aos recursos humanos, desde que se criem canais que facilitem o acesso desses empreendimentos aos seus serviços. Destaque-se, no entanto, que devido à grande heterogeneidade de situações que se encontra nesse segmento, deve-se voltar a atenção para aqueles empreendimentos que se mostrem viáveis, ou seja, aqueles que realmente tenham capacidade de se manter no mercado, incorporando-se ao setor organizado.

Em relação à participação social, as diretrizes do Congresso reafirmam a importância da gestão tripartite das ações do sistema em todos os níveis, garantindo maior transparência das políticas. Isso é importante, pois, como vimos, na Alemanha e no Reino Unido a participação social perdeu importância com as reformas recentes, que caminharam muito mais dentro de uma perspectiva gerencial, com definição de metas a serem atingidas. A melhoria da gestão das políticas é sem duvida uma questão importante a ser perseguida, porém, mais importante é definir os rumos dessas políticas e seus objetivos, a partir dos quais devem ser estabelecidas as metas. E nesse aspecto, a participação social é fundamental para que os interesses dos trabalhadores sejam respeitados. Essa participação, no entanto, precisa ser qualificada. Como salientamos anteriormente, um dos problemas das comissões de emprego é o pouco preparo dos conselheiros para responderem às suas atribuições. Não se quer que os mesmos sejam especialistas em todas as questões, afinal essa é uma instância política e não técnica. Mas é preciso que esses conselheiros tenham acesso a informações e estudos acerca dos assuntos sobre os quais têm que tomar decisões e, para tanto, será necessária uma estrutura de apoio a essas comissões, bem como um centro produtor e sistematizador das informações de interesse dos conselheiros.

Nesse ponto, reforça-se a importância de um órgão capaz de reunir, sistematizar e produzir estudos sobre diferentes aspectos do mundo do trabalho que forneça elementos para o debate e a tomada de decisões nas comissões de emprego, e também no Codefat. Essas informações terão que ser informações gerais, mas também conter dados sobre a realidade do mercado de trabalho local e regional, afinal os conselheiros terão que tomar decisões sobre a realidade dos locais onde vivem. A coleta e produção de informação terão que atender as mais diferentes regiões do país e, dessa forma, esse órgão de informação terá que ter ramificações regionais. Assim, considerando a capilaridade que o MTE tem em todo o território nacional, por meio das Delegacias Regionais do Trabalho, seria interessante se repensar o papel destas, ampliando-o para atingir outros objetivos, até mesmo sendo parte do centro integrado, para coletar e fornecer informações sobre outras questões do mundo do trabalho que estão fora da alçada das políticas de mercado de trabalho e, portanto, do Sistema Público de Emprego, Trabalho e Renda.

Com relação à questão da integração e articulação das políticas, a decisão de se criar um local único para acesso aos serviços de colocação e do seguro-desemprego é um passo importante, pois em um único atendimento o trabalhador pode acessar os dois serviços. Isso evidentemente melhora as condições de funcionamento atuais. Isso significa, portanto, um avanço e um ganho em termos da eficiência do serviço de emprego. Deve-se pensar, entretanto, em maneiras de se ampliar as formas de proteção de renda para segmentos que hoje não são atendidos pelo seguro-desemprego, como trabalhadores temporários, sem registro em carteira e autônomos. Pode-se pensar em esquemas como o realizado para pescadores artesanais em épocas de defeso. Isso é fundamental para que se atinja o objetivo de incorporação desses trabalhadores ao setor organizado e a trabalhos regulares e, portanto, caminharmos para a estruturação do mercado de trabalho.

Se a articulação entre a atividade de intermediação de mão de obra e de seguro--desemprego apresenta avanço, a relação do serviço com as atividades de qualificação ainda deixa a desejar. Como vimos, a partir das informações do estado do Paraná, ainda há um descompasso entre o encaminhamento do trabalhador para o curso de qualificação, a realização do curso e o preenchimento da vaga. A vaga acaba sendo preenchida antes que o trabalhador termine a atividade de qualificação. Antecipar as exigências em termos de qualificação e habilidade a serem desenvolvidas pelos trabalhadores para terem condições de ingressar em um posto de trabalho, como já afirmamos, é um ponto que pode ajudar a sanar esse problema, mas depende do desenvolvimento das atividades do Observatório do Trabalho. No entanto, pode-se pensar em desenvolver esquemas alternativos para a qualificação do trabalhador, como o treinamento na empresa, ou um bônus para que o trabalhador contratado possa frequentar um curso que o ajude no desenvolvimento das atividades do posto de trabalho que venha a ocupar. Esse bônus permitiria que a escolha da entidade a fornecer o curso fosse do próprio trabalhador ou até mesmo por indicação da empresa que o contratou, possibilitando que o encaminhamento para a qualificação fosse integrado com a colocação.

O bônus nos parece mais adequado ao trabalhador adulto, enquanto o treinamento na empresa, ainda que não signifique excluir o trabalhador adulto, poderia ser associado ao jovem que busca o seu primeiro emprego. O objetivo seria aliar a atividade de colocação desse grupo, que possui maior dificuldade de inserção, com a qualificação. Esta, porém, seria um misto entre a atividade de qualificação para o exercício de uma ocupação como a experiência de trabalho efetiva. Assim, possibilitaria a um só tempo que o jovem não somente fizesse um curso de qualificação, mas também adquirisse experiência de trabalho. Aqui há a necessidade de articulação não somente da atividade de colocação e qualificação, mas também da política de inserção do jovem, que faria o elo entre as duas anteriores, a empresa e o jovem trabalhador.

Por fim, uma questão levantada pelo documento do II Congresso e relevante para se caminhar para a estruturação do mercado de trabalho é em relação à articulação das políticas de mercado de trabalho com as políticas de proteção social, especialmente as políticas de transferência de renda. Como vimos no primeiro capítulo, as reformas nos serviços de emprego procuraram em grande medida introduzir restrições para evitar que os indivíduos em idade ativa permaneçam mais tempo como beneficiários de programas de assistência. O objetivo é fazer com que esses indivíduos voltem ao mercado de trabalho mesmo em ocupações de baixa qualidade e baixa remuneração, e permitindo que o valor dos benefícios se reduza, tornando-se uma complementação da renda auferida com o trabalho. Busca-se ao mesmo tempo a redução dos gastos com benefícios sociais e a elevação da taxa de participação e de emprego.

No caso brasileiro, o pagamento do seguro-desemprego é por curto período e não há esquemas de benefícios de assistência ao desempregado quando termina o prazo do seguro e o trabalhador continua sem emprego. Da mesma forma, os programas de transferência de renda são baratos para os cofres públicos. O que se busca é criar canais que ajudem o indivíduo que se encontra no programa de transferência de renda a encontrar uma atividade que lhe possibilite caminhar pelas próprias pernas. Esses beneficiários, geralmente mulheres, muitas vezes estão ocupados, e sempre em atividades de baixa produtividade, cuja remuneração é insuficiente para a manutenção da família. Como na grande maioria são indivíduos com baixa escolaridade e qualificação, a inserção em um emprego é mais difícil, o que implica desenhar esquemas alternativos para a inserção produtiva desses trabalhadores. O que se deve evitar é que eles venham a ampliar a oferta de mão de obra sem qualificação. Assim, o atendimento a esses grupos deve ser diferenciado e personalizado, pois alguns podem ter perfil para buscar um emprego desde que passem por um período de qualificação —

e até de aumento da escolaridade — mais longo que o do trabalhador com alguma qualificação, enquanto para outros a saída pode passar pelas atividades autônomas ou dos empreendimentos de economia solidária. Isso implica a articulação entre as ações de vários ministérios e das políticas de trabalho, de assistência e de educação. No entanto, o sucesso das ações para o atendimento aos objetivos de incorporar produtivamente esses indivíduos a um trabalho decente impõe a retomada do crescimento em níveis médios superiores aos observados nas últimas décadas. Pois somente com o dinamismo da economia poder-se-á criar oportunidades viáveis para esse grupo de trabalhadores e caminhar-se para uma estruturação do mercado de trabalho mais homogênea e equânime.

APÊNDICE

A EXPERIÊNCIA DO SISTEMA PÚBLICO DE EMPREGO, TRABALHO E RENDA DO ESTADO DO PARANÁ

Fazemos aqui um exercício para estimar qual o tamanho do Sistema Público de Emprego, Trabalho e Renda, em termos do seu custo operacional, para sua constituição em todo o território nacional. Tomamos como ponto de partida o estado do Paraná. Essa escolha deve-se ao fato de nessa unidade da federação o serviço de emprego estar mais bem organizado em todo o território estadual do que na maioria dos demais estados e possuir uma rede informatizada que integra os vários postos de atendimento, na direção que apontam as propostas de construção do sistema. Para obtermos as informações, fizemos um levantamento junto à Secretaria/Coordenação SINE do estado do Paraná[1]. O levantamento traz muitas limitações, pois, além dos dados sobre as políticas, temos apenas a opinião de uma única gestora dentro do sistema. Cremos, no entanto, que isso pode nos dar algumas pistas para pensarmos sobre os rumos que se está dando para a consolidação do Sistema Público de Emprego, Trabalho e Renda e apontar para questões a serem pesquisadas de maneira mais profunda em relação ao tema.

O estado do Paraná possui uma agroindústria importante, principalmente na região norte do estado, em que se introduziu primeiramente o café e depois a cultura da soja. A produção de grãos também tem grande peso no estado tanto como fornecedor para a agroindústria como para a exportação e seu desenvolvimento associa-se, em grande medida, à grande propriedade, com a produção mecanizada e alta produtividade. O setor industrial também tem destaque, sobretudo na região metropolitana de Curitiba, onde se encontra o polo automobilístico (IPEA, IBGE, UNICAMP/IE/NESUR, IPARDES, 2000). O PIB do estado em 2003 representava cerca de 6% do PIB nacional e 34% do PIB da região Sul.

Sua população é de 10,2 milhões de pessoas, sendo 49% de mulheres e 84% de pessoas residentes na área urbana, segundo os dados da PNAD-2005. Em 2005 possuía uma população ativa de 5,62 milhões de indivíduos com 5,24 milhões ocupados e 377 mil desocupados.

Do total de ocupados, 62,2% são empregados, sendo 34,8% com carteira assinada, 5,8% estatutários e militares e 14,3% sem registro em carteira de trabalho. Dos não assalariados, 20,3% são trabalhadores por conta própria, 5,3% empregadores, 12,3% trabalhadores na autoconstrução ou autoprodução e sem remuneração. Considerando que 7,3% são trabalhadores domésticos (2,1% com registro e 5,2% sem registro em carteira), temos que o total de trabalhadores em situação de precariedade são 59,4% do total de

---

(1) As informações foram fornecidas por meio de entrevista com a Coordenadora Estadual do SINE Paraná, senhora Elietti de Souza Vilela.

ocupados ou 3,11 milhões de indivíduos, que somados aos desempregados representam 62,1% (3,49 milhões de trabalhadores) da população ativa, segundo os dados da PNAD de 2005. Portanto, temos aqui um breve retrato da população que pode fazer parte do público atendido do Sistema Público de Emprego, Trabalho e Renda no estado do Paraná.

O sistema organiza-se nesse estado em três níveis. Uma coordenação estadual, que faz a gestão geral do serviço de emprego. Dezoito escritórios regionais, que têm a incumbência de fazer o elo entre a coordenação estadual e as 230 unidades de atendimento ao público no município. O serviço de emprego está presente em 53% dos municípios do estado do Paraná, com os maiores municípios tendo mais de uma agência de atendimento. Os serviços prestados pela unidade de atendimento variam de município para município, sendo o objetivo da Secretaria de Estado do Trabalho, Emprego e Promoção Social incorporar gradualmente, além dos serviços tradicionais do serviço de emprego, serviços sociais. Assim, atualmente já existem 63 municípios onde a unidade de atendimento municipal oferece, além da intermediação de mão de obra, seguro-desemprego e qualificação profissional, também microcrédito (Banco Social) e desenvolvimento local. Nos demais municípios há variedade de combinação desses serviços, com dois municípios apresentando somente a intermediação de mão de obra. Como se observa, caminha-se em direção às propostas aprovadas pelo II Congresso, de se caminhar para a implantação de centros integrados de atendimento ao trabalhador, com a oferta de vários serviços, com vistas a eliminar a superposição de atores e executores das políticas.

O total de funcionários envolvidos nas atividades do sistema no estado é de 1.488 trabalhadores. Desse total, a grande maioria está alocada nas unidades municipais, cerca de 88% ou 1.305 funcionários, responsáveis pelo atendimento direto ao trabalhador. O pessoal restante divide-se quase que igualmente entre a coordenação estadual, 6,3%, e os escritórios regionais, 6,0% (Tabela 3.1).

Tabela 3.1
Sistema Público de Emprego, Trabalho e Renda. Distribuição do pessoal segundo nível administrativo. SINE-Paraná, 2006

Função	Abs	%
Coordenação Estadual	93	6,3
Escritórios Regionais	90	6,0
Unidades Municipais	1.305	87,7
Total	1.488	100,0

Fonte: Secretaria do Trabalho do Estado do Paraná. Coordenação SINE Paraná. Elaboração própria.

Observando-se a distribuição do quadro de pessoal segundo o tipo de função que desempenha (Tabela 3.2), constata-se que a quase totalidade está nas atividades de execução (94%, ou 1.295 funcionários). Menos de 1% do total realizam tarefas de gestão, com 5,5% do pessoal envolvido nas atividades técnicas e de apoio (informática, licitações e convênios, assessoria jurídica etc.).

Tabela 3.2
Sistema Público de Emprego, Trabalho e Renda.
Distribuição do pessoal segundo função. SINE Paraná, 2006

Função	Abs	%
Gestão	11	0,7
Execução	1.395	93,8
Atividades técnicas e de apoio	82	5,5
Total	1.488	100,0

Fonte: Secretaria do Trabalho do Estado do Paraná. Coordenação SINE Paraná. Elaboração própria.

As despesas com a operacionalização[2] do sistema no estado situaram-se abaixo de trinta milhões de reais entre 2004 e 2006. A maior parte dessas despesas refere-se ao gasto com pessoal, que representa cerca de 3/5 do total, com aproximadamente 44% gastos com pessoal das unidades municipais. Destaque-se que, em média, o funcionário das unidades municipais tem um salário de aproximadamente R$ 750,00 mensais, enquanto a média dos salários do pessoal do estado é de R$ 1.867,24 por mês. Por outro lado, os gastos de custeio situam-se acima de 1/3 do total das despesas, enquanto os gastos com investimento, apesar do aumento na participação nos dois últimos anos, situam-se em cerca de 3% (Tabela 3.3).

Tabela 3.3
Distribuição das despesas operacionais[1] do Sistema Público de Emprego, Trabalho e Renda do Estado do Paraná por tipo de despesa, 2004-2006 (em R$ mil)

Tipo de Despesa	2004		2005		2006	
	Abs	%	Abs	%	Abs	%
Investimento	503,48	1,8	1.008,77	3,5	772,33	2,7
Custeio [2]	10.738,05	37,8	10.938,15	37,6	11.200,00	38,4
Pessoal	17.165,90	60,4	17.165,90	59,0	17.165,90	58,9
Estado	4.442,15	15,6	4.442,15	15,3	4.442,15	15,2
Município	12.723,75	44,8	12.723,75	43,7	12.723,75	43,7
Total	28.407,43	100,0	29.112,82	100,0	29.138,22	100,0

Fonte: Secretaria do Trabalho do Estado do Paraná. Coordenação SINE Paraná. Elaboração própria.
(1) Exclui as despesas com benefícios.
(2) FAT- valor conveniado + recursos do Estado — valor aproximado.

---

(2) Estão excluídos os gastos com pagamento de benefícios etc., contabilizando-se apenas as despesas para se realizar o atendimento ao trabalhador. Deve-se ter em mente que esses valores são aproximados, dado que o SINE não dispõe de um orçamento unificado e parte das despesas é paga com recursos de estados e municípios como contrapartida pelo repasse dos recursos do FAT e, portanto, não entram nas contas do SINE.

A origem dos recursos para financiar essas despesas provém das três esferas do governo. Os recursos federais provêm do FAT e respondem pelos gastos com investimento e custeio, que também contam com recursos do governo estadual. As despesas com pessoal são pagas inteiramente com recursos dos municípios e do estado, de acordo com o vínculo do funcionário. Dessa forma, as despesas operacionais são financiadas, majoritariamente, pelos municípios e pelos recursos federais, que representam cerca de 44% e 33%, respectivamente, ficando os 23% de despesas restantes cobertos com recursos estaduais (Gráfico 3.1).

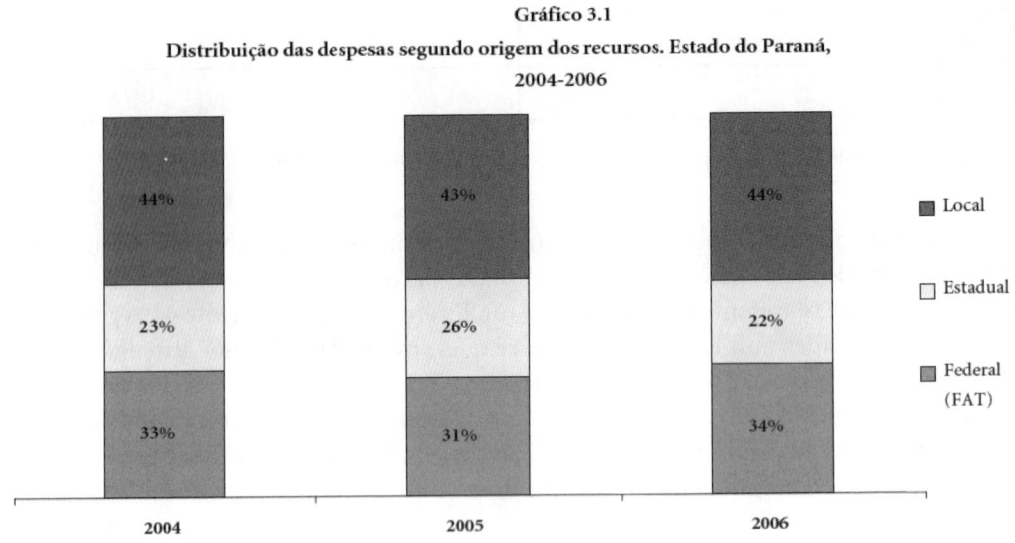

Gráfico 3.1
Distribuição das despesas segundo origem dos recursos. Estado do Paraná,
2004-2006

	2004	2005	2006
Local	44%	43%	44%
Estadual	23%	26%	22%
Federal (FAT)	33%	31%	34%

Fonte: Secretaria do Trabalho do Estado do Paraná/Corrdenação SINE-PR. Elaboração própria.

Procurou-se ainda detectar, junto à responsável pela coordenação do SINE, as opiniões sobre a utilização do Plano Plurianual como instrumento de gestão e os problemas para a articulação das políticas territorialmente. Em relação ao Plano Plurianual, este é considerado um instrumento melhor em relação ao Plano Anual, pois permite o pagamento de despesas sem que se tenha feito o repasse dos recursos. Porém, permanece a intermitência do fluxo de recursos, que precisam ser corrigidos anualmente, sem se ter um cronograma preciso de repasse financeiro por parte do FAT/MTE aos estados conveniados. A existência de um fluxo descontínuo de transferência de recursos acarreta custos administrativos como o pagamento de juros ou de alteração de contratos. Essa instabilidade se agrava, com o fato de o montante de recursos ser reduzido ano a ano, o que implica insegurança na continuidade do financiamento das políticas implementadas.

Com relação à articulação entre as várias políticas de mercado de trabalho, a maior dificuldade apontada é com relação à qualificação profissional, ou seja, a dificuldade de encaminhamento do trabalhador que poderia retornar mais rapidamente ao mercado de trabalho após um curso de qualificação que atualizasse suas habilidades ou o preparasse para o exercício de uma nova ocupação. Essa dificuldade se traduz no descompasso entre o tempo para a liberação dos recursos para se viabilizar a realização do curso de qualificação e o preenchimento da vaga. Ou seja, quando se viabiliza o curso e se qualifica o trabalhador, na maioria das vezes não há a colocação imediata do trabalhador.

Outro ponto destacado pela coordenadora diz respeito à baixa capacidade operacional das unidades de atendimento. Dado o fluxo de trabalhadores que afluem ao serviço, formam-se longas filas que pressionam os atendentes, fazendo com que estes procurem agilizar o atendimento e, com isso, focando-se no interesse principal do solicitante, deixando de explorar as demais possibilidades para sua inserção por meio da interface com as demais políticas existentes. Ademais, acrescenta-se a esse último problema a ausência de uma visão mais geral sobre o sistema por parte do atendente, com este concentrando-se apenas na sua tarefa.

Com relação à capacidade de atendimento, parece necessário averiguar em que medida isto decorre de um problema de dimensionamento ou de um excesso de procura pelo serviço. No primeiro caso, são necessárias medidas de ampliação do espaço físico e do número de pessoal envolvido no atendimento, além, é claro, de introdução de equipamentos e procedimentos que ajudem a aumentar a produtividade de cada atendente. No caso de um aumento da procura pelos serviços, isso pode decorrer de um problema conjuntural, de desaquecimento da economia que amplia o número de trabalhadores desempregados, ou em decorrência de um aumento da taxa de participação da população em idade ativa. Assim, a estratégia pode ser, em alguns casos, ampliar temporariamente o número de atendentes para responder ao aumento da demanda, ou buscar o apoio de outras agências que tenham um fluxo menor de atendimento. No impedimento dessas alternativas, deve-se avaliar em que medida seria necessária uma ampliação do espaço físico, uma vez que isso implica gastos com investimentos que num momento posterior, de crescimento econômico, pode transformar-se em capacidade ociosa de atendimento. É preciso avaliar, portanto, a capacidade necessária para se oferecer um atendimento de qualidade ao trabalhador que busca os serviços do sistema.

No caso do Paraná, o problema parece estar mais ligado ao baixo número de pessoal do sistema. Em 2006, foram realizados um total de 1,41 milhões de atendimentos/operações pelo sistema, os quais concentraram-se basicamente no serviço de intermediação (799 mil inscritos e 218 mil vagas captadas) e na habilitação ao seguro-desemprego (345 mil habilitados), o que representou quase 97% do total dos atendimentos/operações realizados (Tabela 3.4). Considerando que o sistema conta com 1.305 funcionários envolvidos diretamente no atendimento aos trabalhadores, significa que cada funcionário realizou no ano cerca de 1.081 atendimentos/operações, o que representa cinco atendimentos por funcionário/dia[3].

---

(3) Considerando-se 12 meses de 20 dias.

Tabela 3.4
Atendimento no Sistema Público de Emprego, Trabalho e Renda por tipo de atendimento/operação. SINE Paraná, 2006

Tipo de Atendimento/Operação	N. Abs.	%
Intermediação de mão de obra — inscritos	799.678	56,7
Intermediação de mão de obra — vagas captadas	218.155	15,5
Central de Profissionais Autônomos — inscritos	6.434	0,5
Central de Profissionais Autônomos — solicitação de serviços	10.002	0,7
Central de Profissionais Autônomos — encaminhamentos	9.138	0,6
Habilitação ao Seguro-desemprego	345.499	24,5
Teleconsulta trabalhista	9.155	0,6
Banco Social (operações de crédito)	5.012	0,4
Qualificação profissional	7.276	0,5
Total	1.410.349	100
Total de funcionários no atendimento	1.305	
N. atendimentos/funcionário	1.081	
Total geral de funcionários	1.488	
N. atendimentos/total de funcionários	948	
PEA PR — 2005	5.624.065	
N. pessoas economicamente ativas/total de funcionários	3.780	

Fonte: Secretaria do Trabalho do Estado do Paraná. Coordenação SINE Paraná. Elaboração própria.

Aparentemente, é baixo o número de atendimentos/operações realizadas por funcionário em cada dia. Deve-se considerar que essas operações não são homogêneas e não se distribuem uniformemente ao longo do mês/ano, o que implica que determinadas tarefas podem exigir maior tempo do que outras e até num mesmo tipo de atendimento como, por exemplo, a intermediação, deve-se considerar as características do trabalhador. Portanto, não se pode afirmar que a produtividade é baixa. Para termos uma ideia comparativa do tamanho do quadro funcional, utilizamos o número de pessoas economicamente ativas (PNAD-2005) por funcionário do sistema — incluindo-se aqui todo o pessoal de gestão, de apoio e de atendimento — e encontramos que para o estado do Paraná, em média, tem-se 3,7 mil pessoas economicamente ativas para cada funcionário do sistema. Esse número é quase o dobro do serviço de emprego dos EUA, como vimos no primeiro capítulo, e muitas vezes maior que o dos outros países estudados. Portanto, comparativamente com o que ocorre no plano internacional, o quadro de pessoal nesse estado, e muito provavelmente para o Brasil, é ainda pequeno.

Outro aspecto importante e que está intimamente ligado ao tamanho do quadro de pessoal é a capacitação dos funcionários. Quanto maior for a capacitação do pessoal dos centros, maior será a possibilidade de arranjos temporários que facilitem ampliar o atendimento. Por outro lado, um pessoal mais qualificado tenderá a ter uma produtividade mais elevada, agilizando o atendimento. A questão da qualificação do pessoal acentua-se quando se avalia a qualidade do atendimento do trabalhador. Se no momento de maior pressão o atendimento não explora todas as possibilidades de inserção ou de necessidades do trabalhador, pode-se estar adiando para um momento posterior esse atendimento mais qualificado, o que implica os resultados do próprio serviço, uma vez que isso pode ampliar o tempo de desemprego do trabalhador. O fato de o atendente concentrar-se exclusivamente em sua tarefa, sem que o mesmo se envolva mais intensamente com a missão do sistema, parece remeter à necessidade de se ter um quadro de carreira claro, que motive o trabalhador a se envolver com todas as questões que dizem respeito ao sistema. A existência de um quadro de carreira não elimina, ao contrário acrescenta, a necessidade de maior qualificação do quadro de pessoal.

O aspecto da qualificação e capacitação do quadro de pessoal, especialmente daqueles engajados no atendimento ao trabalhador, deve-se em grande medida à alta rotatividade dos atendentes. Esse fato faz com que não se consiga qualificar o total de atendentes do serviço de emprego. Em média, nesse estado cerca de 84% dos funcionários estão adequadamente capacitados para o exercício da função. Como esses têm acesso às vagas que estão disponíveis, muitos fazem sua própria intermediação, sempre que encontram uma ocupação com salário superior ao que recebem no serviço. Acentua-se, a nosso ver, a necessidade de um quadro de carreira que permita ao funcionário ter uma perspectiva de longo prazo em relação à sua condição profissional. O problema parece estar no fato de que parte dos funcionários são contratados pelo estado e parte pelos municípios, além de uma empresa terceirizada e a Associação dos Portadores de Deficiência Física do Paraná, acarretando diferenças de vínculos de emprego e de salários. Diante desse fato, o serviço de emprego tem maior dificuldade de fazer a gestão dos recursos humanos envolvidos na prestação dos vários serviços do sistema.

Em relação aos problemas para a articulação das políticas de mercado de trabalho no nível territorial, aponta-se para falta de clareza do papel desempenhado pelos conselheiros das Comissões de Emprego e o sentido das políticas públicas de mercado de trabalho. A isso junta-se a falta de compreensão do papel do Estado e da existência de uma cultura paternalista e compensatória. Por outro lado, as gestões municipais privilegiam demandas locais, nas quais predominam interesses político-partidários em detrimento dos interesses públicos. Fica patente que as instâncias deliberativas e de participação popular que são as Comissões de Emprego pecam pela falta de capacitação e informação de seus membros, associada a uma falta de preocupação com a coisa pública no seu sentido mais pleno, o que resguarda o interesse de toda a coletividade diante dos interesses privados[4].

O custo de se ampliar a experiência do Paraná em nível nacional

Fazemos, agora, um exercício para tentarmos estimar qual seria o custo operacional do sistema em nível nacional que tenha a capacidade de atender um determinado público

---

(4) Com relação aos problemas enfrentados para a articulação/integração das várias políticas no plano territorial, a visão do gestor municipal é um pouco diferente. Segundo a senhora Heloísa Helena Pereira, coordenadora da gestão municipal de Belo Horizonte, Minas Gerais, a pluralidade de gestores num mesmo território cria dificuldades para a integração e continuidade dos programas, dado que cada nível de governo tem suas próprias diretrizes em relação a essas políticas. Considera ainda que o sistema de remuneração das agências baseado no atendimento cria concorrência entre as várias agências de um mesmo território, reduzindo a colaboração entre elas, com as agências que não estão informatizadas e ligadas ao SIGAE, não divulgando suas vagas para as demais agências.

potencial, verificando-se, assim, a viabilidade de se introduzir um determinado padrão de atendimento nacionalmente por meio de centros integrados. Algumas considerações devem ser feitas preliminarmente. A primeira refere-se à ausência de um quadro consolidado do custo operacional do serviço de emprego no país. Isso se deve à forma como o SINE está organizado para operar, via convênios, que preveem um valor repassado pelo governo federal com recursos do FAT, e uma contrapartida de estados e municípios. Assim, a coordenação nacional do SINE somente tem computada a parcela de recursos repassada (FAT), mas não tem um acompanhamento do montante e da destinação dos recursos da contrapartida de estados e municípios. Essa limitação impede que façamos um levantamento do custo do sistema hoje. Para contornar esse problema, vamos tomar como uma medida do custo médio de operação de um centro integrado de atendimento o custo calculado a partir das informações levantadas para a operacionalização do SINE no estado do Paraná. Essa escolha implica admitir que o custo de operação nesse estado é igual à média nacional, o que pode não ser, muito provavelmente, verdadeiro. No entanto, dada a escassez dessa informação, cremos que a informação obtida a partir desses dados pode servir de parâmetro para estimarmos o custo em nível nacional.

Outro aspecto a ser considerado refere-se à diferenciação de custos que cada estado pode apresentar, ou seja, a proporção das despesas com pessoal, encargos e investimentos varia conforme o estado e o estágio em que se encontra a estruturação do serviço em cada local. Assim, outra suposição que faremos é de que o custo refere-se à operação de cada centro de atendimento, não se incluindo os gastos com a implantação, o que significaria um maior peso dos investimentos. Como se pretende que o padrão de atendimento seja uniforme, independentemente da região onde se localize o centro, é preciso ter funcionários capacitados e, portanto, um quadro de carreira capaz de manter um quadro de pessoal estável e qualificado, o que implica que o salário de cada função deve ser igual em todo o território. Isso traz problemas importantes, uma vez que, como vimos, a parcela das despesas dos municípios corresponde ao pagamento de salários. A definição de um salário nacional implica que determinados municípios não tenham condições financeiras de bancar o funcionário e, nesse caso, será necessário algum arranjo que permita que o funcionário seja pago pelo estado, uma vez que os recursos do FAT não podem ser transferidos para o pagamento de pessoal. De toda forma, admitiremos que os salários sejam iguais para cada cargo/função em nível nacional.

O terceiro ponto a ser considerado é em relação ao tamanho dos centros de atendimento. Cada centro terá dimensões diferenciadas, de acordo com sua localização, o público predominante etc. Assim sendo, o número de funcionários de cada centro também será diferenciado, ligando-se diretamente à capacidade de atendimento necessária. No entanto, há o custo de operação de uma capacidade mínima de atendimento, ainda que em parte do tempo essa capacidade fique ociosa. Diante disso, consideraremos que todos os centros de atendimento tenham a mesma capacidade de atendimento, o que implica que o custo operacional de cada centro é o mesmo.

A partir das considerações anteriores definiremos o custo operacional total do sistema ($COpT_{BR}$), o custo operacional de uma unidade de atendimento ($COpU$) multiplicado pelo número de unidades necessárias para atender um determinado contingente de trabalhadores (NA_{BR}).

$$COpT_{BR} = COpU * NA_{BR} \qquad (1)$$

O custo operacional unitário de atendimento será obtido a partir dos dados do custo operacional do SINE do Paraná, por meio do quociente entre o total de despesas realizadas no ano de 2006 ($COpT_{PR}$) e o número total de unidades de atendimento do SINE do estado do Paraná (NA_{PR}).

$$COpU = \frac{COpT_{PR}}{NA_{PR}} \qquad (2)$$

Já o número de unidades necessárias para atendimento nacionalmente (NA_{BR}) é encontrado pela razão entre o Total de Atendimentos Potenciais no país (AP_{BR}) e a capacidade média de atendimento de uma unidade (C_M), que é obtida pelo quociente entre o total de atendimentos/operações realizadas pelo sistema do estado do Paraná em 2006 (AT_{BR}) pelo total de unidades de atendimento do estado (NA_{PR}).

$$NA_{BR} = \frac{AP_{BR}}{C_M} \qquad (3) \qquad e \qquad C_M = \frac{AT_{PR}}{NA_{PR}} \qquad (4)$$

Temos que o Total de Atendimentos Potenciais no país (AP_{BR}) será encontrado multiplicando-se o público potencial do sistema (P_p) pelo atendimento médio recebido por trabalhador, que iremos considerar como sendo o número de atendimentos médios no sistema do Paraná (AM_{PR}). Este último é a razão entre o total de atendimentos realizados em 2006 (AT_{PR}) pelo número de inscritos no sistema (I_{PR}) (que consideraremos a soma entre inscritos na intermediação de mão de obra e habilitados no seguro-desemprego). Assim, temos que

$$AP_{BR} = Pp * AM_{PR} \qquad (5) \qquad e \qquad AM_{PR} = \frac{AT_{PR}}{I_{PR}} \qquad (6)$$

Substituindo-se (6) em (5); (5) em (4) e depois em (3) e (1), bem como (2) em (1), e fazendo-se os arranjos necessários, obtemos

$$COpT_{BR} = \frac{COpT_{PR}}{I_{PR}} * P_p \qquad (5)$$

Isto é, o custo operacional total para o país será o produto do custo operacional por atendimento/operação realizada pelo sistema no estado do Paraná pelo público potencial do sistema em nível nacional.

O público potencial a ser atendido pelo sistema será considerado a partir de três grupos: i) o total de desligados informado pelo Caged; ii) o total de desocupados segundo a PNAD 2005; e iii) o total de desocupados mais 30% dos ocupados em situação precária (assalariados sem registro em carteira, conta própria, empregadores, trabalhadores domésticos, trabalhadores no autoconsumo e na autoconstrução e não remunerados). Os resultados são apresentados na Tabela 3.5, abaixo.

Tabela 3.5
Estimativa do custo operacional total do Sistema Público de Emprego, Trabalho e Renda

Público Potencial	N. absolutos	Custo Operacional Total	Gasto Adicional FAT[1]
Total de desligados Caged 2005	10.900.000	277.361.929,00	158.161.929,00
Total de desocupados (PNAD2005)	8.941.995	227.538.438,75	108.338.438,75
Total de desocupados (PNAD2005) + 30% situação precária	25.307.861	643.985.069,43	524.785.069,43

Fonte: IBGE/PNAD2005; MTE/Caged. Elaboração própria.
(1) O gasto adicional refere-se ao volume de recursos que deveria ser ampliado ao gasto atual do FAT com intermediação e qualificação se todo o recurso adicional for financiado pelo FAT.

Os dados da Tabela 3.5 informam o custo operacional total para que se estenda a todo o país um modelo de atendimento em centros integrados com os custos e a produtividade semelhante à verificada no estado do Paraná. A coluna de números absolutos quantifica a população potencial do sistema em nível nacional. Pelos dados do Caged, o público considerado seria de 10,9 milhões de trabalhadores, que representam o total de trabalhadores que foram demitidos ou demitiram-se de seus empregos no ano de 2005. Para atender esse público, o custo operacional seria de R$ 277,3 milhões. No caso do público potencial considerado ser o total de desocupados aferido pela PNAD de 2005, que era de 8,9 milhões de indivíduos, o custo operacional seria de R$ 227,5 milhões. Quando consideramos o público potencial como sendo o total de desocupados mais 30% do total de pessoas ocupadas precariamente, chegamos a 25,3 milhões de pessoas, o que significaria um custo operacional de R$ 643 milhões.

Portanto, o volume de gastos para operar nacionalmente um sistema que faça o atendimento com o custo observado para o SINE do Paraná varia de R$ 227 milhões a R$ 643 milhões, o que representaria entre 2% e 4% da arrecadação do PIS-PASEP do ano de 2005. Se esses recursos adicionais para a operacionalização do sistema em nível nacional forem todos cobertos com recursos provenientes do FAT, o aumento dos gastos do fundo em relação ao que foi gasto com intermediação de mão de obra e qualificação profissional em 2005 (cerca de R$ 119 milhões) seria entre R$ 108 milhões e R$ 524 milhões.

O aumento dos gastos para a implementação de um padrão de atendimento uniforme nacionalmente mostra-se, assim, viável. Se considerarmos que parte da arrecadação do PIS-PASEP tem sido desviada para se fazer o ajuste fiscal, o que tem implicado déficits primários na conta do FAT, podemos concluir que o aumento de gastos não significará uma perda para o fundo. No entanto, é preciso que a receita do FAT não seja desvinculada, como vem ocorrendo.

Considerações Finais

Neste trabalho, procurou-se averiguar a importância estratégica da constituição de um sistema público de emprego para a organização e bom funcionamento do mercado de trabalho brasileiro. Num ambiente de baixo dinamismo econômico e elevado desemprego, a questão do emprego — assim como a dos salários — foi reduzida a um problema circunscrito ao mercado de trabalho. As políticas destinadas ao mercado de trabalho foram, então, entendidas como instrumentos capazes de substituir uma política macroeconômica dinamizadora da demanda agregada, ajustando-se assim a nova "política de emprego" aos pressupostos da nova ordem liberal. Nesse contexto desfavorável, procuramos mostrar em que circunstâncias a consolidação de um sistema público de emprego pode melhorar o desempenho das políticas de mercado de trabalho. Por um lado, no âmbito do Sistema é possível melhorar a qualificação profissional dos trabalhadores integrados aos segmentos melhor estruturados da economia, além de oferecer proteção diante dos riscos de desemprego e perda de rendimento. Por outro lado, tornam-se importantes as funções do Sistema voltadas para a incorporação dos grupos mais vulneráveis de trabalhadores, destacando-se as medidas que reduzam a oferta de mão de obra de baixa qualificação. No entanto, para que se estruture um mercado de trabalho — digamos — "civilizado", insistimos ser necessária a retomada do crescimento econômico em níveis adequados e de forma sustentada, para dinamizar a demanda por trabalhadores e para melhorar as condições de negociação salarial e de outras cláusulas contratuais.

No desenvolvimento do estudo, considerou-se que era necessário contextualizar o nascimento dos serviços de emprego em países mais avançados (que muitas vezes são entendidos como "modelos") e discutir as principais razões para as inflexões observadas nas últimas duas décadas, antes de enfocar a experiência brasileira e os desafios atuais neste campo. Parece oportuno, ao finalizar a exposição dos argumentos, retomar algumas ideias para expor com o máximo de clareza as teses centrais desta investigação.

Partindo-se de uma perspectiva histórica, mostrou-se que a evolução dos serviços de emprego nas economias de industrialização avançada deu-se a partir das iniciativas isoladas das bolsas de trabalho, que buscavam fornecer braços à indústria em crescimento. No entanto, essas iniciativas traziam problemas de superexploração quando utilizadas por intermediários privados, ou geravam a desconfiança entre sindicatos e empregadores quando eram organizadas por um ou por outro, respectivamente. A criação de um serviço público destinado a fazer essa intermediação tinha como objetivo a eliminação do intermediário que auferia lucro aproveitando-se de uma situação privilegiada entre aquele que buscava trabalho e o que precisava de mão de obra. Mas também visava dar maior racionalidade à busca por emprego, evitando que o trabalhador transitasse de porta em porta para conseguir uma ocupação. Assim, a introdução do serviço público trazia maior transparência ao mercado de trabalho, evitando a exploração do trabalhador pelo intermediador privado e contribuindo para sua organização. Por outro lado, desempenhava um papel econômico, pois ao centralizar as ofertas e demandas por emprego em um só local, reduzia o tempo de procura por emprego e ajudava a reduzir o desemprego friccional, melhorando o funcionamento do mercado de trabalho.

Em alguns países, associou-se a proteção de renda contra o desemprego com a atividade desenvolvida pelo serviço público de emprego. Dessa maneira, o trabalhador que ficasse desempregado podia recorrer ao benefício de desemprego e, ao mesmo tempo, registrar-se como demandante de emprego. Essa situação reduzia a diferença de poder do trabalhador diante do empregador, uma vez que aquele passou a poder recusar uma proposta de emprego que significasse uma redução das condições de renda e de trabalho que tinha no emprego anterior. Com isso, evitava-se que o trabalhador, na ausência de meios para manter sua sobrevivência, aceitasse condições precárias de trabalho.

Após o fim da Segunda Guerra, o serviço teve um papel significativo, especialmente nos países europeus, de reconversão dos trabalhadores para o trabalho em uma situação de paz. Tratava-se de desmobilizar a indústria de guerra e mobilizar recursos em torno da produção de bens e serviços. Com isso, muitos processos produtivos seriam alterados, o que implicava treinar os trabalhadores para desempenharem outras tarefas, ou seja, atividades que propiciavam o ajuste entre oferta e demanda de emprego. Esse aspecto ressaltou outra função do serviço público de emprego: as atividades de formação, qualificação e treinamento da mão de obra, que junto com as atividades de intermediação e da administração dos benefícios de desemprego, passaram a se constituir nas funções básicas daquela agência governamental.

A evolução do serviço ao longo dos anos que se seguiram ao fim da guerra até meados dos anos setenta teve como diretriz a política de pleno emprego. Sua atividade resumiu-se a uma ação discreta no mercado de trabalho, na medida em que sua contribuição foi facilitada pela geração suficiente de postos de trabalho para incorporar a população ativa e a quase ausência de desemprego. Com isso, seu papel, em grande medida, limitou-se a encontrar mão de obra para ocupar as vagas que eram abertas. Seu bom desempenho teve a contribuição, além do dinamismo econômico, da liberdade de que usufruíam os sindicatos para organizarem os trabalhadores e lutarem por seus interesses por meio do instituto do contrato coletivo de trabalho, que permitiu criar uma maior homogeneidade no mercado de trabalho. A homogeneidade do mercado de trabalho das economias de industrialização avançada é um fator distintivo que ajuda a compreender o desempenho do serviço de emprego, dado que as relações de trabalho são majoritariamente definidas por contratos regulares de trabalho, com definição do conteúdo das tarefas executadas em cada ocupação, com tempo de trabalho integral e protegidos pela legislação social.

Somente a partir de meados dos anos setenta, com o esgotamento do dinamismo econômico que marcara os cerca de trinta anos precedentes, com o aumento do desemprego e sua permanência em níveis elevados, agravado pela ampliação de contratos de trabalho atípicos, foi colocado em destaque o papel do serviço público de emprego. O ressurgimento do ideário liberal-conservador que passou a guiar as políticas econômicas a partir da década de 1980, com o abandono do compromisso com o pleno emprego, tratou de reduzir o problema do desemprego ao campo do mercado de trabalho. A partir de então, a questão do desemprego passou a ser explicada como um problema de ajuste do mercado de trabalho, particularmente em relação às mudanças estruturais resultantes da introdução de um novo modelo tecnológico liderado pela microeletrônica e pelas tecnologias de informação. Nesse momento, as ações do serviço de emprego passam a ser vistas como um instrumento para realizar o ajuste do mercado de trabalho e, mais que isso, melhorar o funcionamento deste. O aumento do desemprego, por sua vez, levou ao crescimento dos gastos com benefícios de desemprego. Esse aumento dos gastos foi apontado não como resultado do baixo dinamismo econômico que levara ao aumento do desemprego e com isso à ampliação das despesas com benefícios, mas sim como resultado da acomodação do trabalhador em relação à busca de um emprego.

O novo diagnóstico do problema, a partir de uma visão liberal-conservadora, teve como resultado recomendações de reformulação na legislação trabalhista para deixá-la mais flexível diante de um mercado de trabalho em constante mutação. De outro lado, as recomendações passaram a ser na direção dos governos priorizarem as políticas de ativação do trabalhador. Ainda que não tenha sido a única, a OCDE foi a instituição que maior influência teve sobre a formulação e promoção das chamadas políticas ativas de mercado de trabalho. Essas políticas acabaram por substituir o papel que a política de pleno emprego tivera durante os chamados anos dourados. Ao incentivar as políticas ativas, busca-se reduzir os gastos com benefícios de desemprego, concentrando-se as despesas naquelas políticas que impelem o trabalhador a ocupar um posto de trabalho.

Diante dessa nova estratégia, o serviço de emprego passou a ser visto como um fator importante para sua viabilização, uma vez que tem na atividade de colocação uma de suas principais funções. Outro aspecto importante foi o desenvolvimento da função de informação sobre o mercado de trabalho, que passa a ser fundamental para que os trabalhadores tenham maior conhecimento das possibilidades de se empregar, das características profissionais que estão sendo exigidas, dos cursos que são oferecidos para o aperfeiçoamento ou para aquisição de novas habilidades ocupacionais. Outro fato que torna importante o serviço de emprego é que no processo de ativação do trabalhador passa a ser decisivo o registro deste como demandante de emprego e que ele se empenhe na busca por trabalho para ter acesso ao benefício do seguro-desemprego. Ao associar o pagamento do benefício de desemprego à busca por emprego, cria-se a necessidade de um maior controle sobre o trabalhador desempregado, papel que passa a ser desempenhado com maior intensidade pelo serviço de emprego.

A estratégia de ativação das políticas de mercado de trabalho levou à criação de maiores restrições para o recebimento do benefício de desemprego, atingindo mais aqueles trabalhadores com maiores dificuldades em conseguir um emprego, ou seja, os que se encontram numa situação de desemprego de longa duração. Foi justamente sobre esse grupo de trabalhadores, além de jovens sem experiência e trabalhadores com incapacidades, que recaíram as maiores preocupações dos reformadores, exigindo mecanismos mais precisos de seleção para atingir os trabalhadores pertencentes aos grupos mais vulneráveis e, assim, desenvolver estratégias personalizadas. Para cumprir com o objetivo de inserção do trabalhador, as condições de recusa tornaram-se mais restritas. Em consequência disso, o trabalhador teve que aceitar empregos que não correspondem às suas habilidades e qualificações, além de terem aumentado as relações de trabalho atípicas — por tempo parcial, temporário ou tempo determinado —, tornando o mercado de trabalho dos países desenvolvidos mais precário.

Percebe-se que as reformas nos sistemas de benefícios de desemprego dos países de industrialização avançada tentam ajustar os recursos limitados diante do crescimento do desemprego — especialmente o de longo prazo — que elevou o número de beneficiários desses programas, aumentando o volume de gastos. Procura-se, dessa forma, evitar o crescimento do número de demandantes de benefícios e dos gastos associados a esse aumento. Para isso, implementam-se mecanismos que visam ajustar a situação de restrição do mercado de trabalho às condições de uma economia pouco dinâmica. Não se questionam os motivos que levaram a economia a ter tão pouco dinamismo e resultaram no crescimento do desemprego e sua permanência em níveis elevados. A estratégia adotada, sobretudo para eliminar o desemprego de longo prazo, acaba por penalizar aqueles mais frágeis no mercado de trabalho, acentuando as assimetrias de poder entre o empregador e o trabalhador que vende sua força de trabalho e, também, entre os próprios trabalhadores.

O caso brasileiro possui características bastante diversas da trajetória dos países de industrialização avançada. O desenvolvimento do mercado de trabalho não foi acompanhado pelo desenvolvimento da proteção ao trabalhador e de políticas voltadas para maior organização e o melhor funcionamento do mercado de trabalho. Como mostrado no segundo capítulo, a introdução das políticas de mercado de trabalho foi tardia em relação àqueles países e também em relação às políticas sociais como, por exemplo, a previdência social. O serviço de emprego somente foi criado na década de 1970 e teve seu funcionamento descontinuado ao longo do tempo, com apenas alguns estados mantendo e desenvolvendo as atividades fundamentais do serviço. Por outro lado, o seguro-desemprego somente foi criado na década de 1980, apesar de existir um mecanismo de auxílio-desemprego que pouca efetividade teve devido ao seu caráter bastante restrito de acesso. Apenas na década de 1990 é que se verifica o desenvolvimento das políticas de mercado de trabalho, a partir da regulamentação do seguro-desemprego e da instituição do FAT.

As políticas aqui implementadas procuraram reproduzir para o plano local as políticas de mercado de trabalho executadas nos países desenvolvidos. Essa reprodução teve como consequência a inadequação ao mercado de trabalho brasileiro, dado que este, diferentemente daqueles países, é pouco estruturado, característica que se acentuou ao longo dos anos noventa com a adoção de políticas de liberalização comercial e financeira e do processo de ajuste fiscal associado à valorização cambial. Ao serem internalizadas sem que fosse feita a mediação necessária, as políticas tiveram como resultado a baixa efetividade, o que foi visto como um problema de integração e de articulação das mesmas, uma vez mais reproduzindo o diagnóstico dos países desenvolvidos. Evidentemente, as políticas implementadas aqui não possuem a articulação necessária, o que poderia resultar em melhor desempenho. Porém, o problema de sua baixa efetividade não resulta dessa falta de integração e articulação, mas sim do contexto econômico em que estas estão inseridas, bastante adverso à produção e ao emprego.

As mudanças que visam à constituição do Sistema Público de Emprego, Trabalho e Renda podem melhorar o desempenho das políticas de mercado de trabalho, mas dependem de uma redefinição da política econômica para que essa melhoria possa ter impactos mais positivos sobre o mercado de trabalho. A retomada do crescimento no plano macroeconômico, associada a uma maior integração e articulação das políticas, abre a possibilidade do desenvolvimento de medidas para incorporar segmentos que atualmente têm poucas chances de serem incluídos nas atividades organizadas da economia. A inclusão destes, seja num emprego em estabelecimento, seja em uma atividade autônoma, só terá condições de sucesso num ambiente de dinamismo econômico. Isso porque, no quadro atual de um mercado de trabalho restrito, os poucos postos de trabalho que se abrem são disputados não só pelos trabalhadores que se encontram na economia informal, mas também pelo contingente de trabalhadores mais qualificados e com maior experiência profissional que se encontram desempregados. Estes, obviamente, têm maiores chances de serem contratados nos empregos de maior produtividade e de melhor remuneração. Portanto, o que resta a esse grupo de trabalhadores mais vulneráveis são as ocupações de baixa produtividade e que remuneram mal, ou então as estratégias de sobrevivência em atividades por conta própria, como serviços de pequenos reparos residenciais, o trabalho ambulante, entre outras atividades pouco estruturadas.

Como foi visto no capítulo terceiro, entre as ações que se prevê venham a ser executadas pelo Sistema para a inserção dos grupos vulneráveis e dos jovens estão aquelas de apoio e fomento às atividades empreendedoras — individuais ou coletivas. Essas atividades, num contexto de baixo dinamismo da economia, podem ajudar como medida paliativa para evitar a inatividade e a falta de renda. Porém, sofrem de grande limitação para tornar-se alternativas viáveis para a emancipação, especialmente para os jovens, que buscam um horizonte que lhes mostre um futuro diferente, em que cada um possa construir sua trajetória de vida por meio do trabalho. Não se trata de desconsiderar experiências bem-sucedidas no âmbito dos programas de geração de emprego e renda, do cooperativismo e da autogestão. Mas sim evidenciar que essas medidas têm limites e não podem prescindir — e, sobretudo, substituir — dos efeitos dinamizadores do crescimento econômico. Portanto, o sistema deve ter nas políticas de geração de emprego e renda e na economia solidária um ponto de apoio importante para a construção de um mercado de trabalho mais civilizado, abrindo espaço para que parte dos indivíduos pertencentes aos segmentos mais vulneráveis possam ser incluídos em atividades viáveis. Porém, isso só deve se constituir numa alternativa quando estiverem esgotadas todas as demais ou quando for do desejo do trabalhador.

Tendo explicitado a importância e os limites do sistema público de emprego, podemos agora examinar os desafios colocados para a sua consolidação. A organização do sistema visando facilitar a integração e articulação das várias políticas caminha para reunir num único local o oferecimento dos vários serviços. Esse local é o Centro Integrado de Emprego, Trabalho e Renda (CIETR), que fará todo o atendimento ao trabalhador. Essa forma de organização segue a tendência observada nos países desenvolvidos, cujo objetivo é oferecer em um mesmo local um conjunto de serviços direcionados ao trabalhador com a finalidade de promover sua inserção no mercado de trabalho. Especialmente na experiência do *One--Stop Center* dos EUA, o atendimento inclui, além das políticas de mercado de trabalho, também serviços sociais. O intuito é facilitar e estimular a saída dos indivíduos da condição de assistência para uma condição de ocupação, fazendo com que o beneficiário, ainda que continue recebendo um benefício assistencial, este passe a ser uma parte de sua renda, com a parte complementar obtida pelo exercício de uma atividade produtiva.

No caso brasileiro, a integração e articulação das políticas de mercado de trabalho com as políticas sociais, especialmente de transferência condicionada de renda como o programa Bolsa Família, podem ser aprimoradas. No entanto, em muitos casos, não se trata de ausência do exercício de uma ocupação pelo beneficiário do programa, mas sim do baixo rendimento auferido com a ocupação exercida, o que implica a necessidade de outras políticas que viabilizem a elevação de renda do trabalhador, mais do que um mecanismo que coloque o beneficiário no mercado de trabalho. Evidentemente, pode-se pensar nos casos em que, por meio do sistema, o beneficiário migre de uma determinada ocupação para outra que lhe dê um rendimento maior, tornando-o independente da assistência social. Atingir esse objetivo é um grande desafio para os programas assistenciais de transferência de renda e sua concretização por meio da articulação desses programas com as políticas de mercado de trabalho poderia torná-los realmente efetivos. Mas as condições para essa efetividade não passam somente pela integração e articulação dessas políticas com o Sistema Público de Emprego, Trabalho e Renda, uma vez que requerem condições mais favoráveis da economia, que permitam um mercado de trabalho mais inclusivo.

Além dos serviços sociais, pensamos que o Centro Integrado de Emprego, Trabalho e Renda poderia incorporar outros serviços associados ao trabalho, tais como informações sobre relações de trabalho, saúde e segurança do trabalhador, entre outras atividades que são prestadas hoje pelas DRTs, tornando-o um ponto de referência nacional em relação às questões do trabalho. Esses novos serviços não seriam para atender única e exclusivamente ao trabalhador, mas também o pequeno empregador, que poderia resolver várias questões em um mesmo lugar, além de ter acesso às informações e, em alguns casos, assessoria especializada, facilitando-lhe a administração das questões trabalhistas. Esse tipo de serviço poderia beneficiar especialmente todos os empreendimentos que não possuem uma estrutura para cuidar especificamente das questões relacionadas ao trabalho. Nesse sentido, o centro integraria todo o conjunto relacionado à gestão do trabalho, ultrapassando as atividades relacionadas somente ao sistema público de emprego.

Reunir um conjunto de serviços num mesmo local é uma medida bastante interessante, pois torna mais simples o acesso para o trabalhador às políticas, principalmente se a localização dos centros for bem distribuída no território. Isso exigirá uma estrutura física capaz de oferecer esse conjunto de serviços com qualidade, além de uma administração integrada e ágil. O desenho do sistema tem, no nosso entender, o serviço de emprego como seu eixo, pois ele é a porta de entrada do sistema. Assim, o CIETR será uma agência do serviço de emprego. A forma como está sendo encaminhada a estruturação do sistema prevê que a execução e a gestão das políticas sejam feitas pelos estados e municípios, a partir de diretrizes básicas e uma coordenação nacional feita pelo MTE, definidas num convênio único. Isso pode trazer limitações à uniformidade do funcionamento, pois toma como ponto de partida uma estrutura pré-existente que é muito desigual entre as várias regiões do país, tanto em termos da capacidade de gestão e desempenho como da capacidade financeira das várias instâncias de governo. Considerando que níveis de governo podem ter interesses e estratégias diferentes, os centros administrados por instâncias distintas podem atuar como concorrentes, uma vez que o desempenho de cada centro será avaliado por seus resultados, e talvez isso prejudique o desempenho do conjunto do Sistema.

Outro aspecto importante a ser considerado diz respeito ao *status* do servidor do Sistema. Pelo desenho institucional, como vimos no exemplo do estado do Paraná, uma parte dos funcionários é do quadro funcional estadual e outra parte, a maior, municipal, ficando cada instância de governo incumbida do pagamento do respectivo quadro de funcionários. Podemos perguntar como se poderá estabelecer um padrão funcional se não se pode definir os níveis dos salários para funções similares em municípios e estados diferentes? A construção de um Sistema homogêneo, com pessoal qualificado em todos os seus níveis e locais onde estiver instalado, depende da elaboração de um quadro de carreira específico. Mas como criar esse quadro de carreira se o movimento de descentralização permite que se criem carreiras diferenciadas, uma vez que estas estão no quadro estadual ou municipal? A nosso ver, a alternativa seria dotar o serviço de emprego de autonomia para administrar seu próprio quadro de pessoal, prestando serviços aos estados e municípios que, por sua vez, pagariam pelo serviço prestado. A definição da estratégia das políticas seria dada pelo MTE em nível nacional, pelas secretarias do trabalho em nível estadual e pelas secretarias do trabalho municipais no nível local. Com isso, fortalecer-se-ia o caráter nacional do Sistema Público de Emprego, Trabalho e Renda.

A questão da distinta capacidade financeira entre as várias unidades federativas e entre os municípios de um mesmo estado é mais um ponto a ser considerado. E outra limitação dessa ordem refere-se aos recursos do FAT. As restrições impostas à execução das políticas de mercado de trabalho pela desvinculação das receitas da União (DRU) é um fator limitante para a ação do Sistema. Para que tenha condições de ampliar e aprimorar as políticas de mercado de trabalho, é fundamental que seja eliminado esse mecanismo, que retira recursos do orçamento social para o ajuste fiscal. Além do mais, devem ser revistos os recursos arrecadados que financiam o sistema S, que representam cerca de 0,3% do PIB, um recurso expressivo que é direcionado a atender um público bastante restrito. Poder-se-ia pensar em um novo esquema para o financiamento de uma rede de formação e qualificação profissional pública que incorporasse as organizações do sistema S, juntando esses recursos com outros oriundos do FAT, sob uma gestão tripartite. Ou seja, somando os recursos arrecadados do FAT com os recursos arrecadados pelo Sistema S, tem-se quase 1,5% do PIB, o que é uma soma considerável em termos de recursos (em comparação com as economias mais desenvolvidas). Se incluirmos, ainda, os recursos do FGTS, teremos em torno de 3% do PIB, o que é uma soma de recursos muito significativa e que poderia dar outro dinamismo nas ações do Sistema.

Apesar dessas limitações, a constituição de um sistema público de emprego é um fator positivo para o mercado de trabalho, tanto por melhorar as condições de operacionalização das políticas de mercado de trabalho implementadas (e aprimorar a proteção aos trabalhadores) como por abrir possibilidades de caminhar para a estruturação do mercado de trabalho. A possibilidade de que tal construção não se concretize ou permaneça incompleta implica a manutenção da situação atual, isto é, deixar-se de lado os efeitos sinérgicos que a ação concatenada das políticas pode obter. No entanto, é preciso salientar que essas possibilidades estão condicionadas a um novo projeto político de desenvolvimento, que possibilite equilibrar metas aparentemente divergentes: uma política de desenvolvimento, com ampliação do gasto público, baixa inflação, baixo desemprego e uma taxa de câmbio mais estável.

Pode não ser uma tarefa simples, especialmente num contexto em que qualquer questionamento sobre o *status quo* é tido como uma tentativa de retorno ao passado ou simplesmente desconsiderada como pouco realista. Mas é decisiva para a construção de uma sociedade mais igualitária e fraterna, em que a liberdade do pleno exercício da cidadania seja uma realidade. É diante da perspectiva do redirecionamento da economia, com o trabalho e o emprego passando a ser uma das variáveis-chave na definição das políticas macroeconômicas, que o Sistema Público de Emprego, Trabalho e Renda abre-se como possibilidade de ser um dos instrumentos para estruturar um mercado de trabalho mais civilizado, reduzindo as desigualdades entre capital e trabalho e entre os próprios trabalhadores, dando a todo trabalhador melhores condições para trilhar uma trajetória profissional. No que diz respeito exclusivamente ao Sistema Público de Emprego, Trabalho e Renda, a redefinição ocorrida cerca de um ano depois de sua criação, sem nenhuma avaliação que justificasse tal mudança, coloca em tela de juízo a concretização do projeto inicial. É nesse espírito que podemos dizer que o sistema público de emprego ainda é uma construção inacabada no Brasil.

Referências Bibliográficas

ABENDROTH, W. *A história social do movimento trabalhista europeu*. Rio de Janeiro: Paz e Terra, 1977.

AGLIETTA, M. *Regulación y crisis del capitalismo*. Madrid: Siglo Veintiuno, 1979.

ALDCROFT, D. H. *Historia de la economía europea, 1914-2000*. Barcelona: Crítica, 2003.

ALVES, José E. D.; BRUNO, Miguel A. P. População e crescimento econômico de longo prazo no Brasil: como aproveitar a janela de oportunidade demográfica. In: ABEP. *Anais do XV Encontro Nacional de Estudos Populacionais*. Caxambu: ABEP, 2006.

AMADEO, E. Mercado de trabalho brasileiro: rumos, desafios e o papel do Ministério do Trabalho. In: POSTHUMA, A. C. (org.). *Abertura e ajuste do mercado de trabalho no Brasil*. Brasília: OIT/MTE, Ed. 34, 1999. p. 35-60.

AMARAL, Ernesto *et al*. Transição na estrutura etária e mercado de trabalho no Brasil e México. In: *Anais do XV Encontro Nacional de Estudos Populacionais*. Caxambu: ABEP, 2006.

AZEREDO, B.; RAMOS, C. A. Políticas públicas de emprego: experiências e desafios. *Planejamento e Políticas Públicas*, n. 12, Brasília: IPEA, 1995. p. 91-116.

AZEREDO, B. *Políticas públicas de emprego*: a experiência brasileira. São Paulo: Associação Brasileira de Estudos do Trabalho — ABET, 1998 (Coleção Teses e Pesquisas, v. 1).

BALTAR, P.; DEDECCA, C. S.; KREIN, J. D. *Salário mínimo e desenvolvimento*. Campinas: Unicamp/Instituto de Economia, 2005.

BALTAR, P.; DEDECCA, C. S. *O mercado de trabalho nos anos 80*: balanço e perspectivas. Campinas: UNICAMP/IE/Cesit, mimeo, 1992.

BALTAR, P.; HENRIQUE, W. Emprego e renda na crise contemporânea no Brasil. In: OLIVEIRA, Carlos A. B. *et. al*. (org.). *O mundo do trabalho*: crise e mudança no final do século. São Paulo: Scritta, 1994.

BALTAR, P.; PRONI, M. W. Mercado de trabalho e exclusão social no Brasil. In: OLIVEIRA, Carlos A. B.; MATTOSO, Jorge (orgs.). *Crise e trabalho no Brasil:* modernidade ou volta ao passado? São Paulo: Scritta, 1996.

BALTAR, P. Estagnação da economia, abertura e crise do emprego urbano no Brasil. *Economia e Sociedade, n. 6,* Campinas: IE/UNICAMP, jun. 1996. p. 75-111.

_____. Abertura econômica e absorção de mão de obra no Brasil. In: CASTRO, N.; DEDECCA, C. S. (org.). *A ocupação na América Latina*. Rio de Janeiro: ALAST, 1998.

_____. Estrutura econômica e emprego urbano na década de 1990. In: PRONI, M. W.; HENRIQUE, W. *Trabalho, mercado e sociedade:* o Brasil nos anos 90. São Paulo: Unesp/Instituto de Economia — Unicamp, 2003 (Coleção economia contemporânea).

BARBOSA, A. de F. *A formação do mercado de trabalho no Brasil*: da escravidão ao assalariamento. Campinas: Universidade Estadual de Campinas, Instituto de Economia, 2003 (Tese: Doutorado em Economia).

BASSANEZI, Maria S. C. B.; BAENINGER, R. *Uma fonte para os estudos de população:* os registros da Hospedaria dos Imigrantes de São Paulo. Curitiba. Seminário Metodológico da Associação Brasileira de Estudos Populacionais — ABEP, mimeo, 1985.

BERNSTEIN, J.; SHAPIRO, I. *Unhappy anniversary.* Washington: Economic Policy Institute, set. 2005.

BEVERIDGE, W. *Pleno empleo en una sociedad libre.* Madrid: Ministerio de Trabajo y Seguridad Social, 1988.

BIAVASCHI, M. B. *O direito do trabalho no Brasil* — 1930/1942: a construção do sujeito de direitos trabalhistas. Campinas: Universidade Estadual de Campinas, Instituto de Economia, 2005 (Tese: Doutorado em Economia).

BORGES, M. A. *Uma contribuição ao debate das políticas públicas de emprego:* o sistema público de emprego. Brasília: MTE, mimeo, 2002.

BOSI, Alfredo. *Dialética da colonização.* 3. ed. São Paulo: Companhia das Letras, 2000.

BRASIL. Ministério do Trabalho. *Política nacional de formação de mão de obra.* Brasília: MTb, 1982. (Coleção 1: Formação de Mão de Obra).

_____. Presidência da República. *O mercado de trabalho e a geração de empregos.* 2. ed. Brasília: Secretaria de Comunicação Social, 1997.

BRUNHOFF, S. *Estado e capital:* uma análise da política econômica. Rio de Janeiro: Forense Universitária, 1985.

CACCIAMALI, Maria C. *Informalização recente do mercado de trabalho brasileiro.* São Paulo: IPE-USP, mimeo, 1989.

CACCIAMALI, Maria C.; SILVA, Gilvanir B.; MATOS, Franco de. Sistema nacional de emprego: desempenho interestadual. In: OLIVEIRA, M. A. (org.). *Reforma do Estado e políticas de emprego no Brasil.* Campinas: Unicamp/IE, 1998.

CAMPINO, Antônio C. C.; CACCIAMALI, M. C.; NOGAMI, Otto. *Recursos e desempenho dos programas de formação de mão de obra.* São Paulo: Nobel/Ministério do Trabalho, 1985 (Coleção Estudos Econômicos e Sociais).

CARDOSO JR., J. C. Desestruturação do mercado de trabalho brasileiro e limites do seu sistema público de emprego. *Texto para Discussão* n. 75. Brasília: IPEA, 2000.

_____. et al. Políticas de emprego, trabalho e renda no Brasil: desafios à montagem de um sistema público, integrado e participativo. *Texto para Discussão* n. 1237. Brasília: IPEA, 2006.

CARNEIRO, R.; MIRANDA, J. C. Os marcos gerais da política econômica. In: CARNEIRO, Ricardo (org.). *Política econômica da nova república.* 2. ed. Rio de Janeiro: Paz e Terra, 1986 (Coleção Economia, v. 15).

CARVALHO, J. A. M. de; WONG, Laura R. *A window of opportunity:* some demographic and socio-economic implications of the rapid fertility decline in Brazil. Belo Horizonte: CEDEPLAR/UFMG, 1995.

CASTEL, R. *Metamorfoses da questão social.* Petrópolis: Vozes, 1998.

CHAHAD, J. P. Z. *Seguro-desemprego*: lições da história e perspectivas para o Brasil. São Paulo: Universidade de São Paulo, Faculdade de Economia e Administração, 1986 (Tese: Livre-Docência).

_____. Sistema público de emprego: um imperativo para a modernização do mercado de trabalho brasileiro. *Mercado de Trabalho — Conjuntura e Análise*, n. 2. Brasília: IPEA, 1996.

_____. O seguro-desemprego no contexto do sistema público de emprego e o seu papel no combate à pobreza no caso brasileiro. In: HENRIQUES, R. (org.). *Desigualdade e pobreza no Brasil*. Rio de Janeiro: IPEA, 2000.

COUTINHO, L. *Das políticas de recuperação à II Guerra Mundial*. Campinas: IE/UNICAMP, mimeo, s/d.

DARES. *La politique de l'emploi*. Paris: La Decouverte, 1997.

DATHEIN, R. *O crescimento do desemprego nos países desenvolvidos e sua interpretação pela teoria econômica*: as abordagens neoclássica, keynesiana e schumpeteriana. Campinas: Universidade Estadual de Campinas, Instituto de Economia, 2000 (Tese: Doutorado em Economia).

DEDECCA, C. S. Emprego e qualificação no Brasil dos anos 90. In: OLIVEIRA, Marco Antônio de (org.). *Reforma do estado e políticas de emprego no Brasil*. Campinas: IE/UNICAMP, 1998.

_____. Sistema público de emprego no Brasil. In: *I Congresso Nacional — Sistema Público de Emprego*. São Paulo: MTE/Codefat/Fonset, 2004.

_____. Anos 90: a estabilidade com desigualdade. In: PRONI, M.; WILNES, H. (orgs.). *Trabalho, mercado e sociedade*: o Brasil nos anos 90. São Paulo: Unesp, Campinas: Instituto de Economia/Unicamp, 2003.

DEDECCA, C. S.; BALTAR, P. (coords.). *Informações para a elaboração das estratégias das políticas públicas de emprego, renda e relações de trabalho*. Relatório de Pesquisa. Campinas: MTE/Unicamp-IE/Cesit, mimeo, mar. 2006.

_____. *O sistema público de emprego, o sistema "S" e a qualificação profissional*. Relatório de Pesquisa. Campinas: MTE/Unicamp-IE/Cesit, mimeo, 2006.

DIEESE. O desemprego e as políticas de emprego e renda. *Pesquisa DIEESE*, n. 10. São Paulo: DIEESE, 1994.

DINGELDEY, I. *Hartz IV in context*: the German way to employability. Real Instituto Elcano de Estudios Internacionales y Estratégicos, mar. 2005.

DOERINGER, B.; PIORE, M. *Internal labor markets and manpower analysis*. New York: Share, 1985.

DRAIBE, S. M. Educação, empregabilidade e capacidade empreendedora na perspectiva das micro e pequenas empresas. *Caderno de Pesquisa*, n. 33, Campinas: Unicamp/NEPP, 1998.

EATWELL, J. Desemprego em escala mundial. *Economia e Sociedade*, n. 6: 25-43, Campinas: IE/UNICAMP, 1996.

EBERTS, R.; HOLZER, H. Overview of labor exchange policies and services. In: BALDUCCHI, D. E.; EBERTS, R.; O'LEARY, C. J. (orgs.). *Labor exchange policy in the US*. Kalamazoo: W.E. Upjohn Institute for Employment Research, 2004.

EICHENGREEN, B. *Globalizing capital, a history of the international monetary system*. Princeton: Princeton University, 1996.

EPI — Economic Policy Institute. *Unemployment insurance*: facts at a glance. Washington: Economic Policy Institute, ago. 2004.

_____. *Welfare*: facts at a glance. Washington: Economic Policy Institute, out. 2003.

FAGNANI, E. *Política social no Brasil (1964-2002)*: entre a cidadania e a caridade. Campinas: Universidade Estadual de Campinas, Instituto de Economia. Campinas, 2005 (Tese: Doutorado em Economia).

FAJNZYLBER, F. *La industrialización trunca de América Latina*. México: Nueva Imagem, 1983.

FARIA, V. Mudanças na composição do emprego e na estrutura das ocupações. In: BACHA, Edmar; KLEIN, Herbert S. *A transição incompleta* — Brasil desde 1945. Rio de Janeiro: Paz e Terra, 1986.

_____. Cinquenta anos de urbanização no Brasil. *Novos estudos Cebrap*, n. 29, São Paulo: Cebrap, 1991.

FAUSTO, B. A revolução de 1930. In: MOTA, Carlos G. (org.). *Brasil em perspectiva*. Rio de Janeiro: Bertrand Brasil, 1995.

FEDERAL Ministry of Economics and Labour. *Annual Economic Report for 2005*: strengthening the upswing — Improving structures. Berlim, 2006.

FERRANTE, V. L. B. *FGTS*: ideologia e repressão. São Paulo: Ática, 1978. (Ensaios 44).

FIDALGO, F.; FIDALGO, N. Negociação da educação e da educação profissional. In: TEIXEIRA, M.; LADOSKI, M. H.; DOMINGUES, M. R. (orgs.). *Negociação e contratação coletiva da qualificação socioprofissional nas relações capital trabalho*. São Paulo: CUT, 2005.

FINN, D. et al. *Reinventing the public employment service*: the changing role of employment assistance in Britain and Germany. Londres: Anglo-German Foundation for the Study of Industrial Society, 2005.

FLORA, P.; ALBER, J. Modernization, democratization and the development of Welfare States in Western Europe. In: FLORA, P.; HEIDENHEIMER, A. (orgs.). *The development of Welfare States in Europe and America*. New Brunswick: Transaction Books, 1987.

FRANCO, L. A. C.; SAUERBRONN, Sidney. *Breve histórico da formação profissional no Brasil*. São Paulo: CENAFOR, 1984.

FREYSSINET, J. As transformaçoes das estruturas do emprego na União Europeia. In: DIEESE; Cesit (org.). *O trabalho no setor terciário*: emprego e desenvolvimento tecnológico. São Paulo: DIEESE; Campinas: Cesit, 2005.

_____. Evolução do sistema público de emprego na Europa. *I Congresso Nacional*: sistema público de emprego, trabalho e renda. São Paulo: MTE, Codefat, Fonset, 2004.

FURTADO, C. *Formação econômica do Brasil*. São Paulo: Nacional, 1995.

GALBRAITH, J. K. *Capitalismo*. São Paulo: Zahar, 1964.

_____. *O novo estado industrial*. São Paulo: Abril, 1982 (Coleção Os Economistas).

GALENSON, W. La fuerza de trabajo y los problemas laborales en Europa, 1920-1970. In: CIPOLLA, C. M. (org.). *Historia económica de Europa* — el siglo XX, v. 5, Barcelona: Ariel, 1985.

GLYN, A. et al. The rise and fall of the golden age. In: MARGLIN, Stephen; SCHOR, Juliet (orgs.). *The golden age of the capitalism*. Oxford: Clarendon, 1990.

GUILHON, M. V. M. *Avaliação do planfor entre a adesão de sujeitos sociais e a acomodação de interesses em torno de uma política*: uma trajetória em direção à tecnificação. Campinas: Universidade Estadual de Campinas, Instituto de Economia, Campinas, 2005 (Tese: Doutorado em Economia).

GUTTMANN, R. *How credit-money shapes the economy*: the United States in global system. Armonk: M. E. Sharpe, 1994.

HENRIQUE, W. *O capitalismo selvagem*. Um estudo sobre desigualdade no Brasil. Campinas: Universidade Estadual de Campinas, Instituto de Economia, 1999 (Tese: Doutorado em Economia).

HOBSBAWM, E. *A era dos extremos*: o breve século XX, 1914/1991. São Paulo: Cia. das Letras, 1995.

_____. *Mundos do trabalho*. Rio de Janeiro: Paz e Terra, 1987.

HOLLOWAY, J. The abyss opens: the rise and fall of keynesianism. In: BONEFELD, W.; HOLLOWAY, J. *Global capital, national state and politics of money*. New York: Martins, 1995.

IPEA, IBGE, UNICAMP/IE/NESUR, IPARDES. *Caracterização e tendências da rede urbana do Brasil*: redes urbanas regionais: Sul. Brasília: IPEA, 2000.

KEMMERLING, A.; BRUTTEL, O. New politics in german labour market policy? *WZB Discussion Paper*. Berlin: Wissenschaftszentrum Berlin für Sozialforschung, fev. 2005.

KEYNES, J. M. *As consequências econômicas da paz*. São Paulo: Imprensa Oficial do Estado; Brasília: Universidade de Brasília, 2002 (Coleção Clássicos IPRI v. 3).

KREIN, J. D. Balanço da reforma trabalhista do governo FHC. In: PRONI, M. W.; HENRIQUE, W. *Trabalho, mercado e sociedade:* o Brasil nos anos 90. São Paulo: UNESP, 2003,

_____. *Tendências recentes nas relações de emprego no Brasil 1990-2005*. Campinas: Universidade Estadual de Campinas, Instituto de Economia, 2007 (Tese: Doutorado em Economia).

LIMA, L. A. de Oliveira. Desregulamentação dos mercados de trabalho e desemprego nas economias capitalistas avançadas. *Revista de Economia Política*, São Paulo, v. 20, n. 4, out./dez. 2000.

LIMA FILHO, F. C. *Um sistema público de emprego para o Brasil e o seu papel no desenvolvimento de políticas de trabalho*. São Paulo: Pontifícia Universidade Católica de São Paulo, 2003 (Dissertação de Mestrado).

MACEDO, R. B. M.; CHAHAD, J. P. Z. *FGTS e a rotatividade*. São Paulo: Nobel/Ministério do Trabalho, 1985 (Coleção Estudos Econômicos e Sociais).

MATTOSO, J. *A desordem do trabalho*. São Paulo: Página Aberta, 1995.

_____. *O Brasil desempregado*. São Paulo: Fundação Perseu Abramo, 1999.

McLAUGHLIN, E. Towards active labour market policies: an overview. In: McLAUGHLIN, E. (org.). *Understanding unemployment*: new perspectives on active labour market policies. Londres: Routledge, 1992.

MELLO, J. M. Cardoso de; NOVAIS, F. A. Capitalismo tardio e sociabilidade moderna. In: SCHWARCZ, Lílian M. *História da vida privada no Brasil*: contrastes da intimidade contemporânea. São Paulo: Companhia das Letras, 1998.

MELLO, J. M. Cardoso de. *Capitalismo tardio*. 10. ed. Campinas: IE/UNICAMP, 1998.

MINISTÈRE DE L'EMPLOI, du Travail e de la Cohésion Sociale. *2005, une anée d' actions pour la cohesión sociale*. Paris, mimeo, jan. 2006.

_____. *Maisons de l'emploi*: tout le monde s'y retrouve. Paris, mimeo, nov. 2005.

_____. *Projet de loi de programmation pour la cohésion sociale*. Paris, mimeo, set. 2004.

MORETTO, A. J.; BARBOSA, A. de F. *As políticas de mercado de trabalho e a sua evolução tardia e fragmentada no Brasil*. Campinas: IE/Unicamp, mimeo, 2006.

MORETTO, A. J.; GIMENEZ, D. M.; PRONI, M. W. Os descaminhos das políticas de emprego no Brasil. In: PRONI, M. W.; HENRIQUE, W. (orgs.). *Trabalho, mercado e sociedade:* o Brasil nos anos 90. São Paulo: Unesp; Campinas: Instituto de Economia/Unicamp, 2003.

MTB/SEFOR. *PLANFOR — Plano Nacional de Educação Profissional*. Termos de referência dos programas de educação profissional. Brasília: Ministério do Trabalho/Secretaria de Formação Profissional, 1996.

MTb — Ministério do Trabalho. *Emprego no Brasil*: diagnóstico e políticas. Brasília: MTb, Assessoria Especial do Ministro, 1998a.

_____. Ministério do Trabalho. *Relatório da força-tarefa sobre políticas de emprego*: diagnóstico e recomendações. Brasília: Ministério do Trabalho, mimeo, 1998b.

MTE. *II Congresso Nacional*: sistema público de emprego, trabalho e renda. São Paulo: MTE, Codefat, Fonset, 2005.

MYRDAL, G. *El reto a la sociedad opulenta*. México: Fondo de Cultura Económica, 1977 (Colección popular Tiempo Presente, 53). 1. ed. em inglês, 1962.

_____. *O Estado do futuro*. Rio de Janeiro: Zahar, 1962.

NUNES, C. A. *A intermediação do trabalho no capitalismo — os desafios da experiência brasileira*. Campinas: Universidade Estadual de Campinas, Instituto de Economia, 2003 (Dissertação; Mestrado em Economia Social e do Trabalho).

O'LEARY, C.; STRAITS, R.; Wandner, S. A. US job training: types, participants and history. In: O'LEARY, C.; STRAITS, R.; Wandner, S. A. *Job training policy in the United States*. Kalamazoo: W.E. Upjohn Institute for Employment Research, 2004.

O'LEARY, C.; STRAITS, R. *Intergovernmental relations in employment policy*: the United States experience. Kalamazoo: W. E. Upjohn Institute for Employment Research, 2000.

O'LEARY, C.; WANDNER, S. Do job search rules and reemployment services reduce insured unemployment? *Staff Working Paper* n. 5-112. Kalamazoo: W. E. Upjohn Institute for Employment Research, maio 2005.

OCDE. *Le service public de l'emploi aux États-Unis*. Paris: Organization for Economic Co-operation and Development, 1999.

OCDE. *Labour market policies and the public employment service*. Paris: Organization for Economic Co-operation and Development, 2001.

_____. *Main economic indicators*. Paris: Organization for Economic Co-operation and Development, 2007.

_____. *The OECD jobs study*: facts, analysis, strategies. Paris: Organization for Economic Co-operation and Development, 1994.

_____. *The public employment service in a changing labour market*. Paris: Organization for Economic Co-operation and Development, 1984.

OFFE, C. A democracia partidária competitiva e o 'Welfare State' keynesiano: fatores de estabilidade e de desorganização. In: OFFE, C. (org.). *Problemas estruturais do Estado capitalista*. Rio de Janeiro: Tempo Brasileiro, 1984.

_____. *Capitalismo desorganizado*. São Paulo: Brasiliense, 1995.

OLIVEIRA, C. A. B. A formação do mercado de trabalho no Brasil. In: OLIVEIRA, M. A. (org.). *Economia & trabalho*: textos básicos. Campinas: Unicamp/IE, 1998.

OLIVEIRA, M. A. *Política trabalhista e relações de trabalho no Brasil*. Da era Vargas ao governo FHC. Campinas: Universidade Estadual de Campinas, Instituto de Economia, 2002 (Tese: Doutorado em

ça e mudança: uma proposta de governo para o Brasil. *Revista do PMDB*, ano II, n. 4. :undação Pedroso Horta, out./nov. 1982.

POCHMANN, M. Trinta anos de políticas salariais no Brasil. In: OLIVEIRA, Carlos A. B. *et al. O mundo do trabalho* — crise e mudança no final do século. São Paulo: Página Aberta, 1994.

_____ . *Políticas do trabalho e de garantia de renda no capitalismo em mudança*. São Paulo: LTr, 1995.

_____ . *O trabalho sob fogo cruzado*: exclusão, desemprego e precarização no final do século. São Paulo: Contexto, 1999.

_____ . *A década dos mitos*. São Paulo: Contexto, 2001.

_____ . (org.). *Desenvolvimento, trabalho e solidariedade*: novos caminhos para a inclusão social. São Paulo: Cortez/Perseu Abramo, 2002.

_____ . (org.). *Políticas de inclusão social*: resultados e avaliação. São Paulo: Cortez, 2004.

POLANYI, K. *A grande transformação*. As origens da nossa época. Rio de Janeiro: Campus, 1980.

PRADO JR., C. *Formação do Brasil contemporâneo*. São Paulo: Brasiliense, 1992.

PRICE, D. *Office of hope*. A history of the public employment service in Great Britain. London: Policy Studies Institute, 2000.

PRZEWORSKI, A. *Capitalismo e social democracia*. São Paulo: Cia. das Letras, 1989.

QUEIROZ, Bernardo L.; TURRA, Cássio M.; PÉREZ, Elisenda R. The opportunities we cannot forget: economic consequences of population changes in Brazil. In: ABEP. *Anais do XV Encontro Nacional de Estudos Populacionais*. Caxambu: ABEP, 2006.

RAMOS, C. A. Políticas de geração de emprego e renda: justificativas teóricas, contexto histórico e experiência brasileira. *Texto para Discussão n. 277*. Brasília: Universidade de Brasília — Departamento de Economia, 2003.

REICH, M.; GORDON, D. *Labour segmentation*. Massassuchets: Heath, 1975.

RICCA, S. Coexistencia de empresas privadas de trabajo temporal y servicios públicos de empleo: efectos y problemas. *Revista Internacional del Trabajo*, v. 101, n. 2, Ginebra: OIT, 1982.

_____ . *Los servicios del empleo*: su naturaleza, mandato, funciones y administración. 1. ed. Ginebra: OIT, 1983.

ROBINSON, J. *Introdução à teoria do emprego*. Rio de Janeiro: Forense Universitária, 1980.

SABÓIA, J. L. M. Emprego nos oitenta: uma década perdida. *Texto para Discussão* n. 258. Rio de Janeiro: UFRJ/IEI, 1991.

_____ . Transformações no mercado de trabalho no Brasil durante a crise: 1980-1983. *Revista de Economia Política* 6 (3): 82-106, São Paulo: Brasiliense, jul./set. 1986.

SALM, C. Estagnação econômica, desemprego e exclusao social. In: SICSÚ, J.; PAULA, L. F. de; MICHEL, R. (orgs.). *Novo-desenvolvimentismo*: um projeto nacional de crescimento com equidade social. Barueri: Manole; Rio de Janeiro: Konrad Adenauer, 2005.

_____ . et al. *O mercado de trabalho brasileiro*: estrutura e conjuntura. Rio de Janeiro: MTb/IEI-UFRJ, 1987.

SANTOS, A. L. *Trabalho e pequenos negócios no Brasil*: impactos da crise no final do século XX. Campinas: Universidade Estadual de Campinas, Instituto de Economia, 2006 (Tese: Doutorado em Economia).

STEINER, V.; WROHLICH, K. *Work incentives and labour supply effects of the 'Mini-Jobs Reform' in Germany*. Berlin, mimeo, 2005.

TAVARES, M. C. A retomada da hegemonia norte-americana. In: TAVARES, Maria C.; FIORI, José L. (orgs.). *Poder e dinheiro*: uma economia política da globalização. Petrópolis: Vozes, 1997.

TEIXEIRA, A.; AZEREDO, B. Impactos sobre o emprego dos programas apoiados pelo FAT. In: POSTHUMA, Anne C. (org.). *Abertura e ajuste no mercado de trabalho no Brasil*: políticas para conciliar os desafios de emprego e competitividade. São Paulo: Editora 34/OIT/MTE, 1999.

THUY, Phan; HANSEN, Ellen; PRICE, David. *El servicio público de empleo en un mercado de trabajo cambiante*. Madrid: Ministério de Trabajo y Assuntos Sociales, 2001 (Colección Informes OIT n. 55).

VEIL, Mechthild. Les lois Hartz, plus qu'une réforme du marché du travail? *Chronique internationale de l'IRES*, n. 92, Paris, jan. 2005. p. 5-19.

VIANNA, L. Werneck. *Liberalismo e sindicato no Brasil*. Belo Horizonte: UFMG, 1999.

WENGER, J. The effect of unemployment insurance eligibility on employment in nonstandard work arrangements. *Working Paper* n. 269. Washington: Economic Policy Institute, out. 2003.

WORLD BANK. Developing effective employment services. *World Bank Discussion Papers*, n. 208. Washington: World Bank, 1993.

WOODBURY, S. A. New directions in reemployment policy. *Employment Research*, Kalamazoo: W. E. Upjohn Institute for Employment Research, out. 2000.

Fontes eletrônicas on-line

EEO — European Employment Observatory. *Basic Information Report*: Federal Republic of Germany. Brussels: European Employment Observatory, 2003. Disponível em: <http://www.eu-employment-observatory.net/resources/bir/bir_de2003_en.pdf> Acesso em: 14 maio 2006.

_____. *Basic Information Report*: France. Brussels: European Employment Observatory, 2002. Disponível em: <http://www.eu-employment-observatory.net/resources/bir/bir_fr2002_en.pdf> Acesso em: 14 maio 2006.

_____. *Basic Information Report*: United Kingdon. Brussels: European Employment Observatory, 2004. Disponível em: <http://www.eu-employment-observatory.net/resources/bir/bir_uk2004_en.pdf> Acesso em: 14 maio 2006.

GREEN BOOK — House Committee on Ways and Means. *Unemployment Compensation*. Disponível em: <http://www.gpoaccess.gov/wmprints/green/2000.html> Acesso em: 18 abr. 2006.

MTE — Ministério do Trabalho e Emprego. Codefat — *Resoluções*. Disponível em: <http://www.mte.gov.br/codefat/leg_assunto.asp> Acesso em: 3 nov. 2006.

MEMORIAL DO IMIGRANTE — Secretaria de Estado da Cultura de São Paulo. *Histórico*. Disponível em: <http://www.memorialdoimigrante.sp.gov.br/index1.htm> Acesso em: 11 jan. 2007.

MOSLEY, H. *Job-centers* for local employment promotion in Germany. In: GIGUÈRE, S.; HIGUCHI, Y. (eds.). *Local governance for promoting employment*: comparing of performance the Japan and seven countries. Tokio: Japan Institute for Labour Policy and Training, 2005. Disponível em: <http://www.jil.go.jp/english/events_and_information/documents/20050209/chapter12.pdf> Acesso em: 12 set. 2006.

OIT — Organización Internacional del Trabajo. *Constitución*. Disponível em: <http://www.ilo.org/public/spanish/about/iloconst.htm> Acesso em: 9 ago. 2006.

_____. *Declaração da Filadélfia*. Disponível em: <http://www.ilo.org/public/spanish/about/iloconst.htm#annex> Acesso em: 9 ago. 2006.

_____. *Convenções*. Disponível em: <http://www.ilo.org/ilolex/spanish/convdisp2.htm> Acesso em: 9 ago. 2006.

_____. *ndações*. Disponível em: <http://www.ilo.org/ilolex/spanish/recdisp2.htm> Acesso

of Labor. *Unemployment Insurance*. Disponível em: <http://www.dol.gov/dol/to-nt-insurance/index.htm> Acesso em: 18 abr. 2006.